BIM 应用发展报告（2019）

中国建筑学会　主编

中国建筑工业出版社

图书在版编目（CIP）数据

BIM 应用发展报告 . 2019/ 中国建筑学会主编 . —北京：中国
建筑工业出版社，2020.8
ISBN 978-7-112-25293-0

Ⅰ.①B… Ⅱ.①中… Ⅲ.①建筑企业-建筑设计-计算机
辅助设计-应用软件-研究报告-中国-2019 Ⅳ.① F426.9-39

中国版本图书馆 CIP 数据核字（2020）第 114919 号

本报告是由中国建筑学会主编完成。通过跟踪国内外 BIM 应用情况，结合线上调研、线下访谈、实地考察等形式，对 2019 年工程建设行业国内外 BIM 应用与发展状况进行分析、总结，以期客观、公正地对 2019 年度国内外 BIM 研究进展、主要政策和标准、市场发展环境等进行介绍；结合国内勘察设计、施工、生产制造企业、业主/开发商、政府 BIM 监管等领域的 BIM 应用情况进行调研分析和总结；报告还有 BIM 技术应用案例等内容供读者借鉴。

报告适合国内广大土木工程从业人员、高校师生阅读使用。

责任编辑：张伯熙　范业庶
责任校对：张惠雯

BIM应用发展报告（2019）

中国建筑学会　主编

＊

中国建筑工业出版社出版、发行（北京海淀三里河路9号）
各地新华书店、建筑书店经销
北京建筑工业印刷厂制版
北京建筑工业印刷厂印刷

＊

开本：787×1092毫米　1/16　印张：$15\frac{1}{2}$　字数：365千字
2020年8月第一版　2020年8月第一次印刷
定价：**60.00**元
ISBN 978-7-112-25293-0
（36035）

本 书 编 委 会

主 任 委 员：许杰峰
副主任委员：李存东　高承勇　王翠坤　王广斌　李云贵　袁正刚
审 查 专 家：马智亮　王广斌　张金月　何关培　过　俊　谢　卫
编写组人员：王　静　童　波　罗能钧　马恩成　朱镇北　熊中元
　　　　　　张津奕　徐旻洋　黄　起　宋路明　杨　群　董建峰
　　　　　　汪少山　马　捷　章诚明　李星亮　陈　光　于　洁
　　　　　　邱奎宁　陈滨津　杨震卿　李雄毅　李　忠　王海斌
　　　　　　夏绪勇　王晓军　姜　立　杨志鹏　隗　刚　鲁丽萍
　　　　　　谭　毅　董耀军　王兴龙　李　巍　曹　乐　金永超
案例编写人员：张晓龙　黄锰钢　徐兆颖　孟禹江　罗振宇　何　威
　　　　　　敖永杰　邹　胜　周俊阳　郭济语　钟文武　陈家勇
　　　　　　杨　键　邓京楠　王彦哲　卢婉玫　黄　贵　李　朝
　　　　　　万仁威　周千帆　彭　波　张　怡　苏李渊　罗惠平
　　　　　　王自伟　苏振华　宋宇亮　贾惠文　于　科　马云飞
　　　　　　刘纪超　刘若南　丁　泓　恽燕春　袁华江　杨远丰
　　　　　　冯俊国　张建奇　次晓乐　刘　辰　向　敏

主 编 单 位：中国建筑学会
参 编 单 位：中国建筑学会BIM分会
　　　　　　中国图学学会土木工程图学分会
　　　　　　中国建筑科学研究院有限公司
　　　　　　上海悉云信息科技有限公司
　　　　　　中信和业投资有限公司
　　　　　　万达商业规划研究院有限公司
　　　　　　华东建筑集团股份有限公司
　　　　　　北京道亨时代科技有限公司
　　　　　　中国建筑股份有限公司技术中心
　　　　　　中国建筑第八工程局有限公司数字建造中心
　　　　　　北京建工集团信息管理部智能建造中心
　　　　　　三一筑工科技有限公司
　　　　　　山东万斯达建筑科技股份有限公司
　　　　　　广州优比建筑咨询有限公司

中国海诚工程科技股份有限公司

天津市建筑设计院

福建省建筑设计研究院有限公司

北京构力科技有限公司

广联达科技股份有限公司

北京鸿业同行科技有限公司

上海建筑信息模型技术应用推广中心

北京市建筑信息模型（BIM）技术应用联盟

天津市 BIM 技术创新联盟

福建省建筑信息模型（BIM）技术应用联盟

陕西 BIM 发展联盟

序　一

2011 年 5 月住房和城乡建设部颁布了《2011-2015 年建筑业信息化发展纲要》，首次以政府发文方式要求加快建筑信息模型技术（BIM）在工程中的应用，吹响了建设行业 BIM 应用的号角。

在自 2011 年至今的近 10 年里，住房和城乡建设部除了配合国家"十二五"、"十三五"信息化战略，先后制定《2011-2015 年建筑业信息化发展纲要》、《2016-2020 年建筑业信息化发展纲要》外，还专门颁发了《关于推进建筑信息模型应用的指导意见》。这三个文件共同形成了 BIM 在工程项目投资决策、规划、勘察、设计、施工、运维等各阶段全生命期应用的顶层设计，为建设领域普及和深化 BIM 应用指明了方向。

中国建筑学会作为拥有 10 余万会员、由全国建筑科学技术工作者组成的学术性团体，10 年来紧紧围绕国家推广 BIM 应用战略，在 BIM 技术交流、BIM 人才培养等方面做了大量工作，特别是在 2017 年成立了 BIM 分会，2019 年开始制定 BIM 相关学会标准，充分发挥学会人才荟萃优势，积极推动 BIM 深度应用，助力建筑行业高质量发展。

2020 年是落实国家"十三五"规划和《2016-2020 年建筑业信息化发展纲要》的收官之年，也是保障"十四五"规划顺利起航的奠基之年。为了全面了解 BIM 应用现状、总结 BIM 应用成功经验、发现 BIM 应用存在的问题，中国建筑学会 BIM 分会组织编写了《BIM 应用发展报告（2019）》（以下简称《报告》）。

《报告》从业主 / 开发商、勘察设计、施工、生产制造、软件开发、BIM 咨询企业以及政府监管部门不同视角对国内 BIM 应用现状进行了调研、分析和总结，汇集了 2019 年 BIM 大赛获奖项目中的典型案例，还对 BIM 应用的可持续发展提出了对策和建议。《报告》特别强调，加强国产 BIM 建模软件研发，拥有 BIM 软件中国"芯"，是中国 BIM 应用可持续发展的根本保证。

希望《报告》能对业主 / 开发商、勘察设计、施工、生产制造、软件开发、BIM 咨询企业的 BIM 应用以及政府部门的 BIM 监管有所帮助，对 BIM 研究工作者、教育工作者的工作和相关专业在校学生的 BIM 学习有所裨益。同时，也希望《报告》对制定住房和城乡建设行业的"十四五"规划起到参考作用。

中国建筑学会理事长

序　二

建筑业是我国国民经济的重要支柱产业，截至 2019 年底，全国建筑业企业（指具有资质等级的总承包和专业承包建筑业企业，不含劳务分包建筑业企业）完成建筑业总产值 248445.77 亿元，同比增长 5.68%。面对国内外复杂的经济环境和各种严峻挑战，在以习近平同志为核心的党中央坚强领导下，以习近平新时代中国特色社会主义思想为指导，建筑业发展质量和效益不断提高，"新基建"的大力发展将进一步带动建筑行业信息化需求，推动建筑行业的数字化转型。

十九大报告指出，要推动互联网、大数据、人工智能和实体经济深度融合。要大力改造提升传统产业，建设数字中国。当前绿色化、信息化和工业化已经成为建筑业发展的三大趋势。在数字经济浪潮推动下，BIM、大数据、物联网、云计算、3D 打印、智能化技术等新信息技术迅速发展，"新基建"和数字化新常态正在助力建筑行业全力开拓"上云用数赋智"的新局面。

BIM 技术是实现工程建筑项目"提质增效"、"缩短工期"的有力工具。在"火神山战疫"过程中，火神山医院建设采用了 BIM 技术，1600 多间病房在 10 天内建成，彰显了"中国速度"。BIM 技术已经发展到了基于 BIM 的多技术集成应用阶段，以 BIM 技术为核心的多信息技术集成应用，突破了项目集约化管理水平的技术瓶颈，大大提升了项目的精细化管理水平。部分企业开始对 BIM 数据进行深入、多维、实时的挖掘和分析应用，积累企业的数据资产，为企业提供科学决策做数据支撑。BIM 已经成为推进建筑企业数字化转型的助推器，充分了解和深入应用 BIM，是企业在市场竞争中的必行之路。

《BIM 发展与应用报告（2019）》受中国建筑学会委托，由中国建筑学会 BIM 分会组织专家编写。通过调研问卷、访谈、案例征集等多种方式对国内外 BIM 政策、市场环境、应用情况等进行研究和分析，并对业主 / 开发商、勘察设计企业、施工企业、生产企业、政府管理机构、软件开发商、信息技术科技企业、BIM 咨询企业等层面的 BIM 应用情况进行分析和总结，同时，在不同领域分别甄选了一批典型 BIM 应用案例，让更多的人系统地了解建筑行业 BIM 应用现状和发展趋势，为 BIM 创新应用提供借鉴。值得一提的是，在 2018 年的《报告》中，提到以通信和信息技术为主的企业准备跨界到建筑行业，在 2019 年的《报告》里，就有腾讯、阿里巴巴、华为等企业中标多个 CIM、智慧城市的建设项目，虽然增加了与建筑行业传统软件开发商的市场竞争，但同时也促进了与传统软件开发商的合作意识，守住传统领域优势，拓展建立软件领域生态圈的思路，推动了建筑行业的软件发展。专家们对 BIM 政策积极建言献策，值得借鉴。

在此，我对所有参与本书编写工作和给予我们支持和帮助的专家和企业表示衷心感谢。同时希望将来有更多的 BIM 专家和企业能够参与到我们的年度报告编写过程中，一同推动我国建设行业的 BIM 发展。

中国建筑科学研究院有限公司总经理

中国建筑学会 BIM 分会主任委员

前　言

近十年来，BIM（Building Information Modeling，简称 BIM）技术在我国获得快速发展。BIM 技术被誉为是继"九五"推广 CAD 技术实施"甩图板"工程后工程建设行业的"第二次革命"。BIM 具有三维可视化、可协调性、可模拟性、可优化性、可出图性等特点，是推动工程建设行业数字化转型的核心技术。近年来，国内 BIM 学术交流空前活跃，BIM 会议、BIM 大赛频频举办，促进了工程建设行业对 BIM 技术的认知和应用。

为了促进 BIM 技术在建设工程生命期的应用，受中国建筑学会委托，由中国建筑学会 BIM 分会牵头，组织多个学、协会及多家企业对我国 BIM 应用现状进行了问卷调研并编写了本《BIM 应用发展报告（2019）》（以下简称《报告》）。

《报告》首先对近千份调查问卷回收信息进行了总结，通过对业主 / 开发商、勘察设计企业、施工企业、生产企业、政府管理机构、软件开发商、信息技术科技企业、BIM 咨询企业等不同类型组织对 BIM 的认识、需求、应用情况、价值认可程度等维度的分析，阐述了工程建设行业的 BIM 应用现状。然后，对国内外 BIM 研究、政策、标准、市场动态及发展进行了比较、分析。接下来，对不同组织的 BIM 应用情况做了介绍。特别是对信息技术科技公司跨界与建筑行业融合发展的技术优势进行了介绍，其带给传统工程建设行业的冲击和机会也陡然可见。在政府监管方面，对较早提出政府公共工程 BIM 建设规划和实施纲要的深圳市建筑工务署的成功经验做了分享，对率先开展工程建设项目 BIM 审查工作的湖南省建设厅的 BIM 审查解决方案进行了深入探讨。

《报告》分为六章：1 调研分析：对调查问卷回收信息进行归纳与展示；2 BIM 发展现状：对国内外政策、标准、市场活动等进行比较与分析；3 BIM 应用情况：结合调研数据和标杆组织的应用经验，对业主 / 开发商、勘察设计企业、施工企业、生产企业、政府管理机构、软件商、信息技术科技企业、BIM 咨询企业的 BIM 应用情况进行介绍；4 BIM 教育与推广：对国内外 BIM 教育及市场推广情况进行介绍；5 发展趋势与建议：针对应用过程中的痛点和难点，预测 BIM 发展趋势并提出发展建议；6 BIM 应用典型案例：分类提供勘察设计、施工、基础设施、装配式建筑等 30 多个 BIM 应用案例，使 BIM 技术在建设工程全生命期及政府监管中的应用成效一目了然。

在中国建筑学会 BIM 分会主任、中国建筑科学研究院总经理许杰峰的领导下，最终明确了《报告》编委会人员构成，同时确定了《报告》编写大纲，以及本书各章节编写人员名单。本书全部内容由王静、童波收集、汇总、整理。本书内容编写分工如下：1 报告调研分析，由童波主编，杨群等编写；2 BIM 发展现状，由董建峰主编，次晓乐等编写；3 BIM 应用情况，由王静主编，3.1 节由童波编写；3.2 节由熊中元、张津奕、徐旻洋、章诚明、马捷、李星亮、董耀军等编写；3.3 节由邱奎宁、陈滨津、杨震卿等编写；3.4 节由罗能钧、朱镇北、李雄毅、王海斌等编写；3.5 节由陈光、夏绪勇等编写；3.6 节由马恩成、汪少山、王晓军、姜立等编写；3.7 节由童波、何关培等编写；3.8 节由李忠等编写；

3.9 节由黄起、宋路明、于洁、鲁丽萍、谭毅等编写；4 BIM 教育与推广，由王广斌负责，曹乐、金永超等编写；5 发展趋势与建议，由王静、李云贵、童波、董建峰、王兴龙等编写；6 BIM 应用典型案例，由王静负责，多名案例提供者提供案例。本书由马智亮审查第 1 章内容，张金月审查第 2 章、第 5 章内容，李云贵审查第 3 章、第 6 章内容，王广斌审查第 4 章内容，何关培、谢卫审查第 5 章内容。

最后，衷心感谢中国建筑学会、中国建筑出版传媒有限公司领导的大力指导，在他们的帮助、支持下，本报告能够排除疫情干扰得以顺利出版。

目　　录

1　报告调研分析 ·· 1

　1.1　报告编制目的 ·· 1

　1.2　BIM 应用调研分析 ·· 2

　　1.2.1　BIM 重视程度 ·· 2

　　1.2.2　BIM 应用程度 ·· 4

　　1.2.3　BIM 价值程度 ·· 6

　　1.2.4　BIM 实施的主要障碍 ··· 8

2　BIM 发展现状 ··· 9

　2.1　BIM 研究进展 ··· 9

　　2.1.1　国外 BIM 研究进展 ·· 9

　　2.1.2　国内 BIM 研究进展 ·· 13

　2.2　BIM 主要政策 ··· 15

　　2.2.1　国外 BIM 政策 ·· 15

　　2.2.2　国内 BIM 政策 ·· 16

　2.3　BIM 主要标准 ··· 18

　　2.3.1　国外 BIM 标准 ·· 18

　　2.3.2　国内 BIM 标准 ·· 20

　2.4　BIM 市场动态 ··· 23

　　2.4.1　国外 BIM 市场动态 ·· 23

　　2.4.2　国内 BIM 市场动态 ·· 23

　2.5　BIM 发展现状 ··· 25

　　2.5.1　国外 BIM 发展现状 ·· 26

　　2.5.2　国内 BIM 发展现状 ·· 26

3　BIM 应用情况 ··· 28

　3.1　BIM 行业图谱 ··· 28

　3.2　勘察设计企业 ·· 29

3.2.1 调研分析 ·· 29

3.2.2 应用现状 ·· 31

3.3 施工企业 ·· 36

3.3.1 调研分析 ·· 36

3.3.2 应用现状 ·· 38

3.4 业主 / 开发商 ··· 39

3.4.1 调研分析 ·· 39

3.4.2 应用现状 ·· 42

3.5 生产制造企业 ·· 46

3.5.1 调研分析 ·· 46

3.5.2 应用现状 ·· 48

3.6 软件开发商 ·· 51

3.6.1 调研分析 ·· 51

3.6.2 开发现状 ·· 53

3.7 BIM 咨询企业 ·· 58

3.7.1 调研分析 ·· 58

3.7.2 应用现状 ·· 60

3.8 信息技术科技企业 ···································· 63

3.8.1 调研分析 ·· 63

3.8.2 应用现状 ·· 64

3.9 政府 BIM 监管 ······································· 67

3.9.1 调研分析 ·· 67

3.9.2 监管现状 ·· 67

4 BIM 教育与推广 ·· 75

4.1 BIM 教育 ·· 75

4.1.1 国际 BIM 教育现状分析 ······················· 75

4.1.2 国内 BIM 教育现状分析 ······················· 77

4.1.3 BIM 教育现状总结 ···························· 80

4.2 BIM 推广 ·· 81

4.2.1 线上推广 ·· 81

4.2.2 线下推广 ·· 81

5 发展趋势与建议 ·· 86

5.1 BIM 发展趋势 ·· 86

5.1.1 BIM 应用理论和软件研发 ·· 86

5.1.2 基于 BIM 的全过程多方协同 ··· 86

5.1.3 "BIM＋装配式"全过程集成应用 ·· 86

5.1.4 海外项目 BIM 应用 ··· 87

5.1.5 BIM 推进工程建设行业企业数字化转型 ·· 87

5.1.6 BIM 应用将成为政府工程项目的准入门槛 ···································· 88

5.1.7 "BIM＋"催生新业态 ·· 88

5.2 BIM 发展对策与建议 ··· 89

5.2.1 勘察设计企业 BIM 发展 ··· 89

5.2.2 施工企业 BIM 发展 ··· 90

5.2.3 业主／开发商 BIM 发展 ··· 90

5.2.4 生产制造企业 BIM 发展 ··· 91

5.2.5 软件开发商 BIM 发展 ··· 91

5.2.6 政府推动 BIM 发展 ··· 92

5.2.7 BIM 人才培养 ·· 92

6 BIM 应用典型案例 ··· 94

6.1 业主／开发商项目应用案例 ··· 94

6.1.1 深圳市医疗器械检测和生物医药安全评价中心项目 BIM 应用 ········· 94

6.1.2 中信大厦建设全生命期 BIM 应用 ·· 102

6.1.3 北京大兴国际机场木棉花酒店项目全过程 BIM 应用 ······················ 108

6.1.4 基于 BIM 的中惠铂尔曼酒店智慧运维 ·· 112

6.1.5 WBIM 在上海市浦江镇万达广场项目中的应用 ···························· 116

6.1.6 国家会展中心（天津）一期展馆区项目 BIM 应用 ························· 119

6.1.7 昆明滇池国际会展中心项目前期建设管理过程中的 BIM 应用 ··········· 123

6.2 勘察设计项目应用案例 ··· 127

6.2.1 白沙长江大桥 BIM 设计应用 ·· 127

6.2.2 成都融创乐园项目全阶段 BIM 应用 ·· 134

6.2.3 浙江空港培训基地 BIM 应用 ·· 139

6.2.4 深圳市五指耙水厂改扩建工程全过程 BIM 应用 ···························· 142

6.2.5 宁德厦钨新能源材料有限公司生产厂房项目 BIM 应用 ··················· 147

6.2.6 内蒙古全民健身中心项目屋顶参数化设计 BIM 应用 ······················ 152

6.3 施工项目应用案例 ··· 158

6.3.1 汕头大学东校区暨亚青会场馆项目（一期）施工 BIM 应用 ············· 158

6.3.2 陕九建西安浐灞自贸国际项目（一期）酒店工程 BIM 应用 ············· 163

    6.3.3　景德镇御窑博物馆项目 ··· 170

    6.3.4　雄安市民服务中心全生命期 BIM 应用 ································· 179

    6.3.5　国家速滑馆项目施工 BIM 技术综合应用 ···························· 184

  6.4　基础设施项目应用案例 ·· 188

    6.4.1　基于 IPD 模式的西安幸福林带项目 BIM 应用及管理 ······· 188

    6.4.2　沪通长江大桥工程建设 BIM 技术应用 ······························· 197

    6.4.3　北京新机场高速公路（南五环—北京新机场）工程施工第 3 标段 BIM 应用··· 201

    6.4.4　郑州新郑国际机场 T2 航站楼工程机电一体化施工 BIM 应用 ······· 208

  6.5　装配式建筑项目应用案例 ··· 213

    6.5.1　山东省禹城市站南片区棚户区改造建设项目 BIM 应用 ······ 213

    6.5.2　江苏淮海科技城创智科技园 A 区 BIM 技术应用 ··············· 217

    6.5.3　上海市青浦区青浦新城 63A-03A 地块装配式设计 BIM 应用 ······· 221

  6.6　软件系统及平台应用案例 ··· 224

    6.6.1　PKPM-BIM 集成应用系统 ·· 224

    6.6.2　鸿业 BIM 设计平台 ··· 226

    6.6.3　优比 Revit 设计插件 ·· 228

    6.6.4　广联达 BIM 系列产品 ·· 231

1 报告调研分析

1.1 报告编制目的

为贯彻落实《2016～2020 年建筑行业信息化发展纲要》（建质函［2016］183 号）等推进 BIM 发展的政策文件，中国建筑学会 BIM 分会受学会委托组织专家编写《BIM 应用发展报告（2019）》。本报告通过跟踪国内外 BIM 应用情况，结合线上调研、线下访谈、实地考察等形式，对 2019 年工程建设行业国内外 BIM 应用与发展状况进行分析、总结，以期客观、公正地对 2019 年度国内外 BIM 研究进展、主要政策和标准、市场发展环境等进行介绍，并结合了国内勘察设计、施工、生产制造企业、业主／开发商、政府 BIM 监管等领域的 BIM 应用情况进行调研分析和总结，对国内主要 BIM 软件开发商进行调研，首次对以从事信息技术为主并跨界到工程建设行业的科技型企业进行调研，引起行业的关注。由于目前对 BIM 人才需求的迫切性，本报告专门对国内外 BIM 教育及推广情况进行了介绍，并遴选出适合本报告内容的行业内 BIM 应用的优秀案例，组成报告的典型示范项目案例，为 BIM 应用树立标杆，推动工程建设行业的数字化转型。

此次调研共收集到有效问卷近千份，对 2019 年我国 BIM 发展与应用整体情况进行了较为全面的调研，涉及区域广泛（图 1-1-1），参与方众多，得到了行业内专家的鼎力支持。

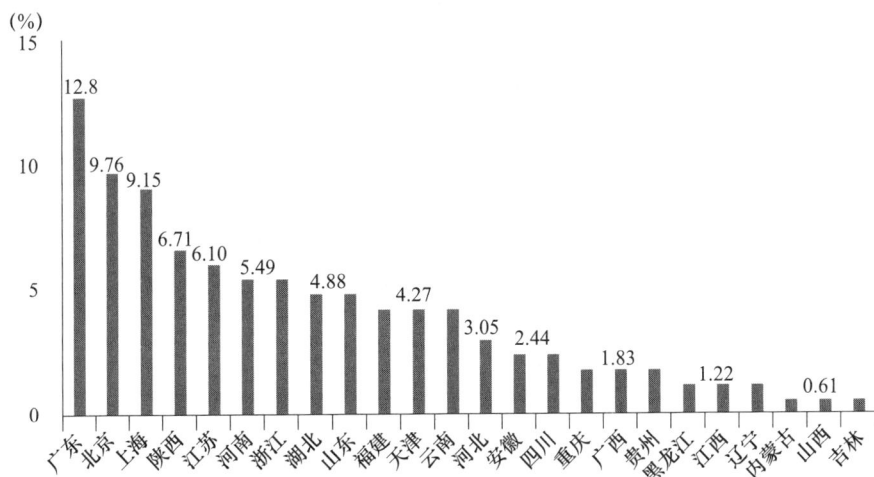

图 1-1-1　BIM 发展与应用调研区域分布图

区域：此次参与调研的区域包括北京、上海、广东、安徽、福建、广西、贵州、河北、河南、黑龙江、吉林、江苏、江西、辽宁、山东、山西、陕西、四川、天津、云南、浙江、重庆等多个省市。其中反馈意见较多的区域是广东、北京、上海、陕西、江苏等地，也说明这些地方的 BIM 应用情况比较好。

参与方：本报告得到了工程建设行业各领域对 BIM 应用发展报告调研的支持，其中 24.54% 为勘察设计企业、33.74% 为施工企业、7.36% 为业主及开发商、1.84% 为生产制造企业、3.07% 为软件开发商、23.93% 为 BIM 咨询企业、1.84% 为政府机构等（图 1-1-2）。

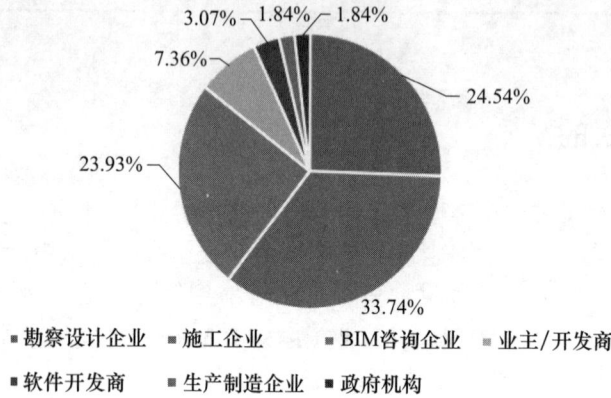

图 1-1-2 BIM 发展与应用调研参与方分布图

1.2 BIM 应用调研分析

本节内容不包括政府机构调研数据，政府机构 BIM 应用情况参见"3.9 政府 BIM 监管"。

为全面、客观地反映 BIM 在我国工程建设行业中整体应用情况，本报告从企业对 BIM 重视程度、应用程度、价值程度、主要障碍这四个方面进行了调研，结合勘察设计、施工、生产制造企业和业主／开发商、软件开发商等领域对 BIM 应用提出的共性问题的调查结果进行分析，针对不同领域的参与方的调查结果与分析将在第 3 章具体展开。

1.2.1 BIM 重视程度

主要从是否熟悉政策标准、BIM 投资总额、BIM 研发投资占比、是否制定清晰的规划和标准、是否建立 BIM 相关组织部门、BIM 从业人员比例、BIM 是否作为考核指标等方面对行业 BIM 重视程度展开分析，调研成果及分析如图 1-2-1～图 1-2-7 所示：

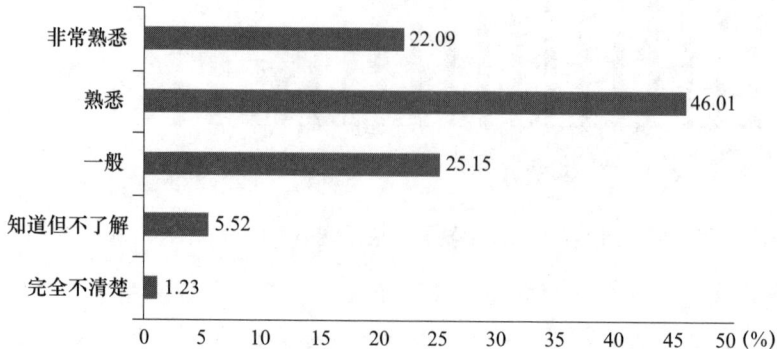

图 1-2-1 国家 BIM 政策、标准等是否熟悉

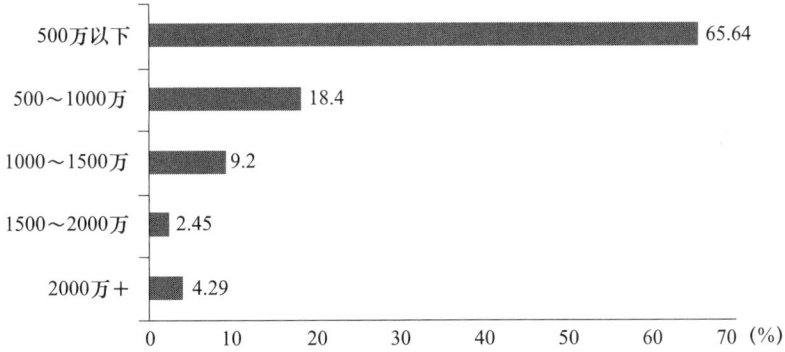

图 1-2-2　企业 2019 年在 BIM 方面投资总额（包括咨询、研发、实施等）

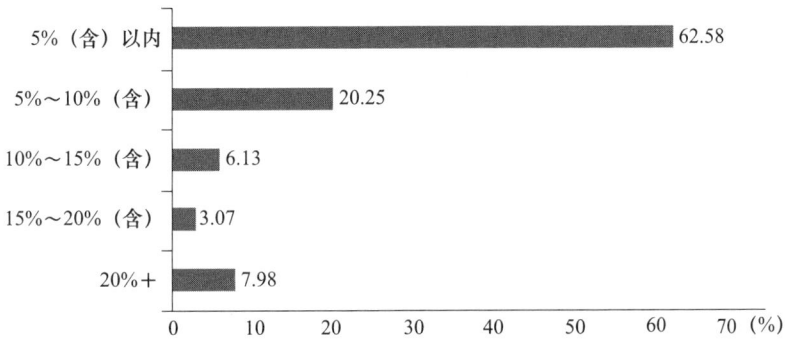

图 1-2-3　企业 2019 年 BIM 投资占全年研发总投资百分比

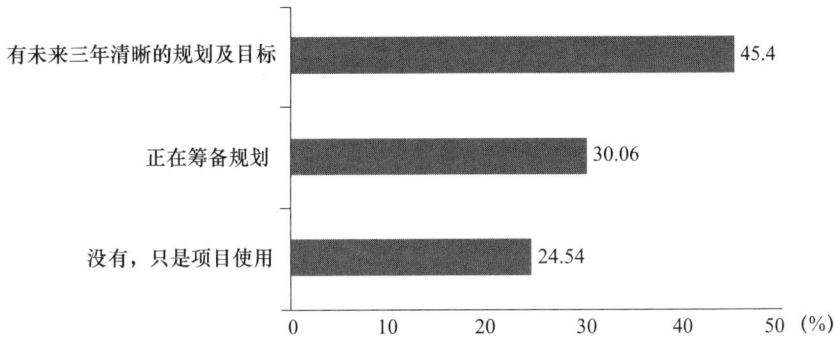

图 1-2-4　企业是否有清晰的 BIM 规划和标准

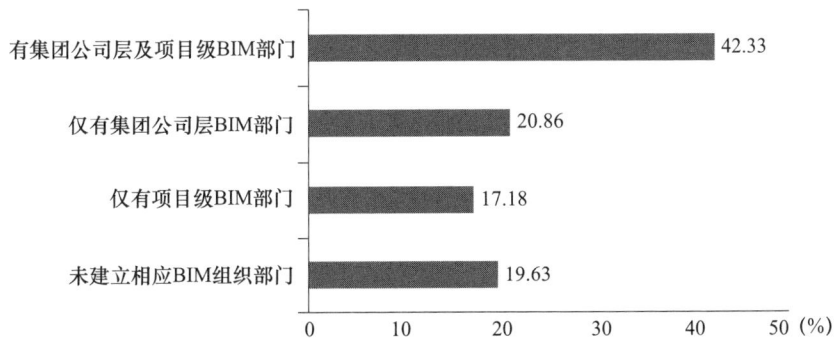

图 1-2-5　企业是否建立 BIM 部门

3

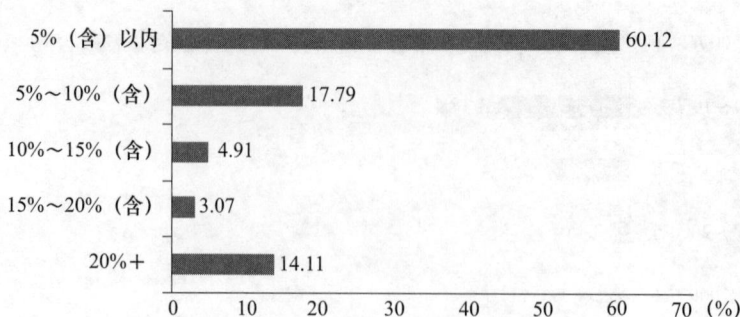

图 1-2-6 企业 BIM 从业人员占比

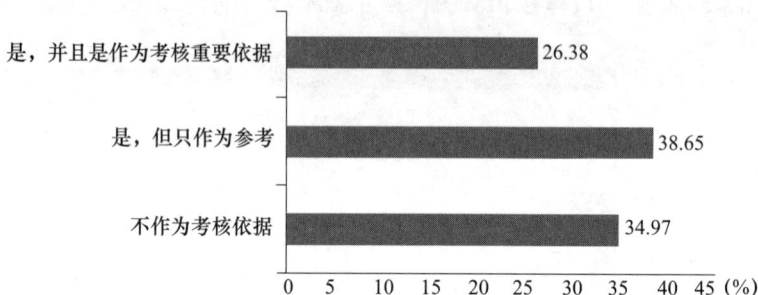

图 1-2-7 BIM 实施成效是否作为部门、人员的考核指标

从以上调研数据分析看，整体上工程建设行业对 BIM 的重视程度呈如下特点：

（1）行业整体对 BIM 政策和标准较为了解，超过 90% 的企业对于政策、标准相对了解，22.09% 的企业对政策、标准非常熟悉；

（2）行业整体对 BIM 年度投资总额不高，约 65.64% 的企业年度 BIM 投入在 500 万以下，约 15.94% 的企业年度 BIM 投入在 1000 万以上，而 BIM 投入的研发费用相对占比较低，近 2/3 的 BIM 投入占比在年度研发总投资的 5% 以内；

（3）从企业内部看：行业整体正积极推进 BIM 的整体规划实施，约 45.4% 的企业已经制定了未来三年清晰的规划和目标，30.06% 的企业正在筹划相关规划，24.54% 的企业尚未制定 BIM 规划，只是在项目中使用；

（4）企业正积极组建自己的 BIM 部门，42.33% 的企业建立了集团公司层及项目级 BIM 部门，20.86% 的企业仅建立集团公司层 BIM 部门，17.18% 的企业仅有项目级 BIM 部门，19.63% 的企业未建立相应 BIM 部门；

（5）BIM 从业人员在行业整体中占比较小。约 60.12% 的企业 BIM 人员占比在 5% 以内，而在企业内部管理中，仅有约 26.38% 的企业将 BIM 实施成效作为部门或人员的重要考核指标，有 38.65% 的企业虽然对 BIM 有考核指标，但仅作为参考。有 34.97% 的企业并不将 BIM 实施成效作为考核指标。

1.2.2 BIM 应用程度

主要从应用 BIM 时间、2019 年度新建项目中应用 BIM 比例、全过程应用 BIM 项目数量占比、重点在哪些阶段应用 BIM 等方面对 BIM 在企业的应用程度进行分析，调研成果及分析如图 1-2-8～图 1-2-11 所示：

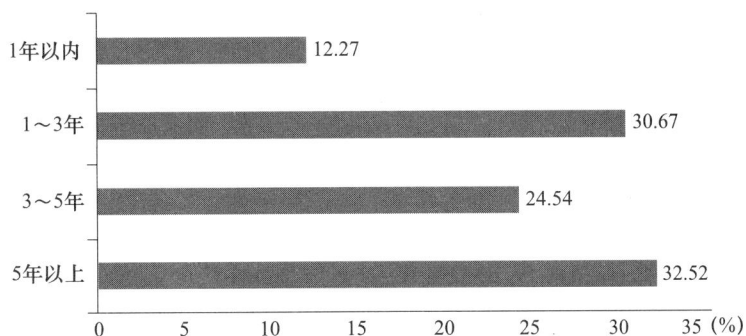

图 1-2-8　企业截至目前已从事多少年的 BIM 项目（含研发、投资、实施等）

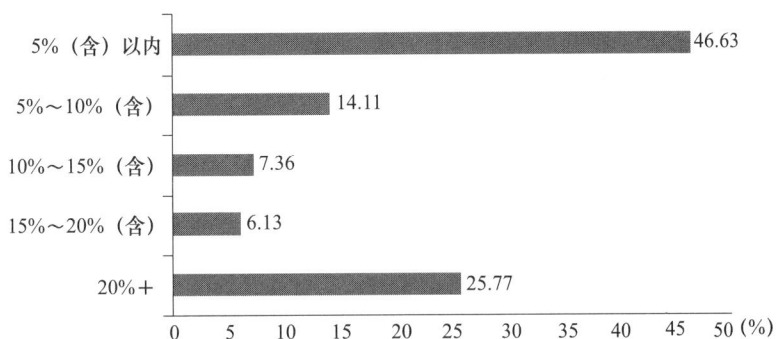

图 1-2-9　企业 2019 年新建项目应用 BIM 情况

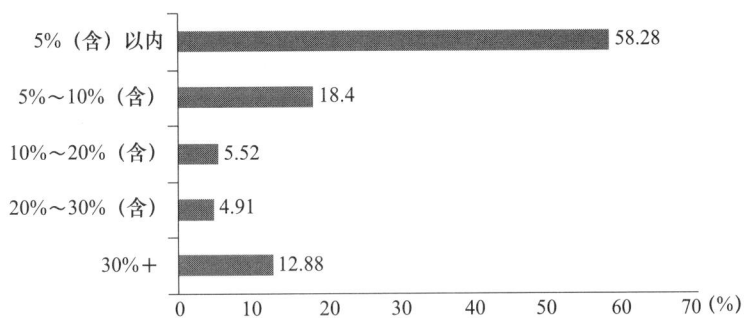

图 1-2-10　企业全过程应用 BIM 项目占新建项目比重

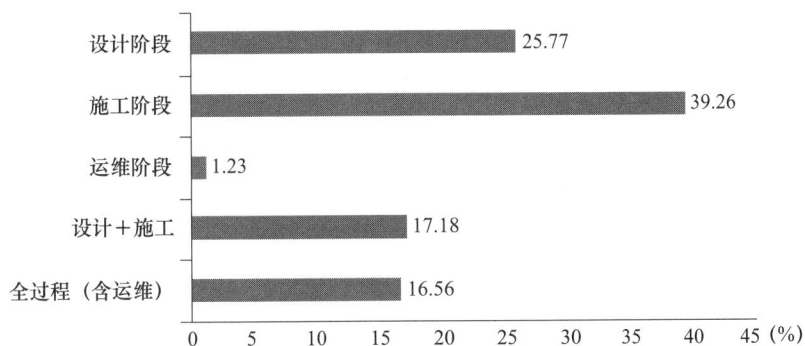

图 1-2-11　企业重点在哪些阶段应用 BIM

从调研数据看，BIM 应用程度整体并不高，全过程 BIM 应用还待完善，单点、单阶段应用占比仍较高，BIM 应用程度主要体现在如下几个方面：

（1）行业内 BIM 在项目中的应用时间并不长：32.52% 的企业从事 5 年以上 BIM 应用，24.54% 的企业从事 3～5 年 BIM 应用，30.67% 的企业从事 1～3 年 BIM 应用，12.27% 的企业仅刚开始应用不到 1 年时间；

（2）BIM 应用在新建项目中占比不高：46.63% 的企业 BIM 应用占比在 5% 以内，14.11% 的企业应用项目数占比约在 5%～10%，7.36% 的企业应用项目数占比约在 10%～15%，6.13% 的企业应用项目数占比约在 15%～20%，25.77% 的企业应用项目数占比约在 20% 以上；

（3）全过程 BIM 应用项目占比不高：58.28% 的企业全过程 BIM 应用项目占比在 5% 以内，18.4% 的企业全过程 BIM 应用项目占比约在 5%～10%，5.5% 的企业全过程 BIM 应用项目占比约在 10%～20%，4.91% 的企业全过程 BIM 应用项目占比约在 20%～30%，12.88% 的企业全过程 BIM 应用项目占比在 30% 以上；

（4）设计和施工应用仍是主流，运维阶段应用较少：25.77% 的企业在设计阶段应用，39.26% 的企业在施工阶段应用，运维阶段应用的企业仅 1.23%，17.18% 的企业设计和施工都应用，16.56% 的企业开展全过程（含运维）的应用。

1.2.3　BIM 价值程度

主要从 BIM 应用项目类型、价值点、BIM 应用标志性事件、投资回报认知度、投入产出测算等方面对整体行业 BIM 价值程度开展分析，调研成果及分析如图 1-2-12～图 1-2-16 所示。

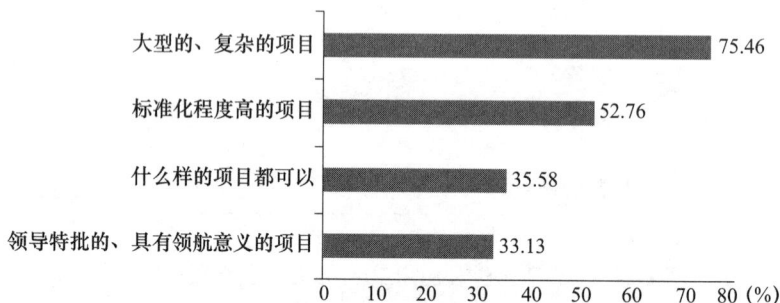

图 1-2-12　企业认为什么样的项目应该应用 BIM（多选）

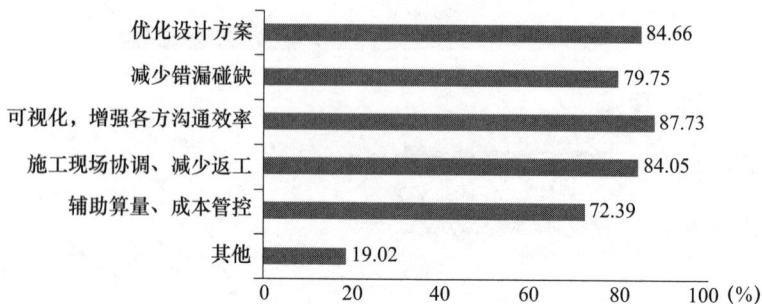

图 1-2-13　企业认为 BIM 价值点主要体现在（多选）

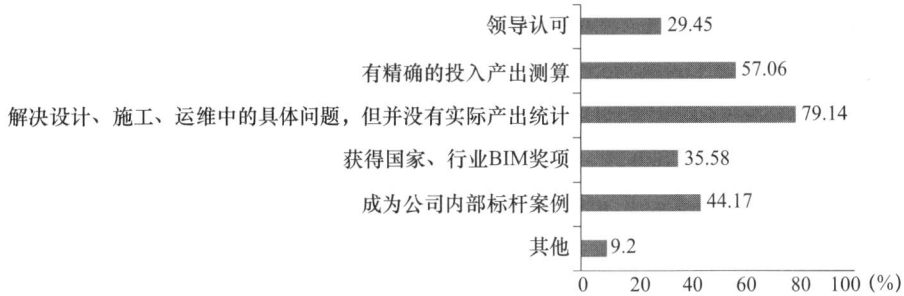

图 1-2-14 企业认为可以认可 BIM 是有价值的标志性事件（多选）

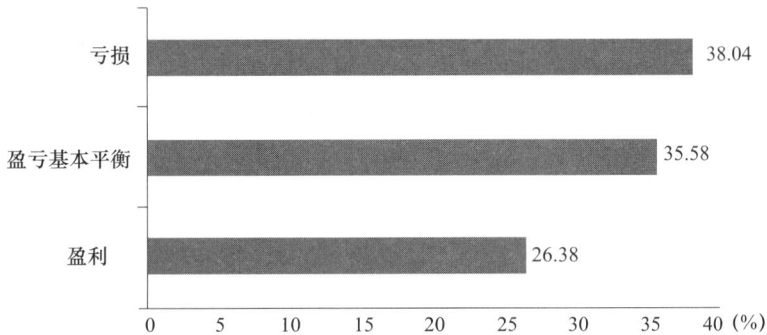

图 1-2-15 企业对 BIM 投资回报的认知度（多选）

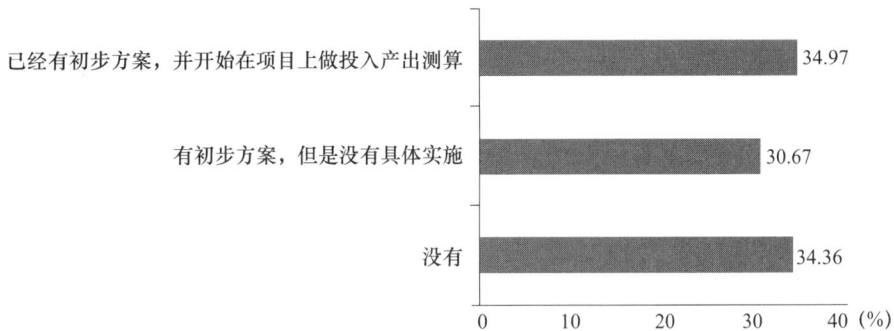

图 1-2-16 企业是否开始对 BIM 应用进行投入产出测算

从调研数据看，行业整体对 BIM 产生的价值有较高认可，对 BIM 价值点认知相对一致，更看重解决工程实施中的具体问题，但普遍缺乏对 BIM 应用的价值评估、测算的量化，主要体现在：

（1）BIM 较为普遍地应用在标准化程度高、大型复杂的项目，分别有 52.76%、75.46% 的企业认可这类观点，有 35.58% 的企业认为什么样的项目都可以应用 BIM，33.13% 的企业认为 BIM 适用于领导特批的、具有领航意义的项目；

（2）行业整体对 BIM 的价值点保持较高一致：行业整体认为 BIM 在优化设计方案（84.66%）、减少错漏碰缺（79.75%）、可视化增强沟通效率（87.73%）、施工现场协调（84.05%）、辅助算量、成本管控（72.39%）等方面提供较高价值；

（3）行业整体认为 BIM 主要价值是解决工程实际问题：其中 79.14% 的企业认为"解决设计、施工、运维中的具体问题，但没有实际产出统计"对 BIM 应用有推动意义，

57.06%的企业认为有精确的投入产出测算能促进BIM应用，44.17%的企业认为成为公司内部标杆是使用BIM的动力，35.58%的企业认为获得国家行业BIM奖项是目的，29.45%的企业认为用BIM是为得到领导认可等；

（4）行业整体对BIM投资回报认可度不高，仅26.38%的企业认为BIM投资是盈利的，35.58%的企业认为能基本做到盈亏平衡，38.04%的企业认为存在亏损，这与行业普遍缺乏投入产出测算有关（34.97%的企业已有初步测算方案，并开始实施，30.67%的企业有但未实施，34.36%的企业没有相关方案）。

1.2.4　BIM实施的主要障碍

本节主要从行业整体对推动BIM的主要障碍角度开展分析，调研成果及分析如图1-2-17所示：

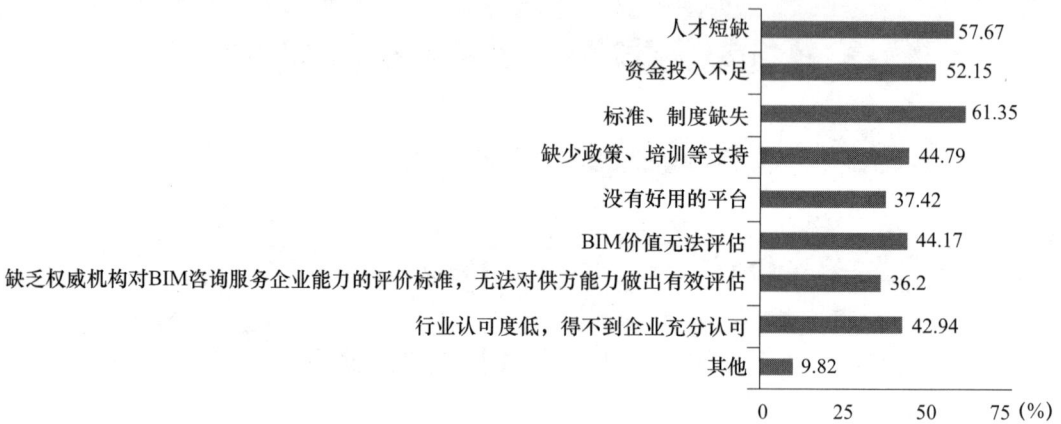

图1-2-17　BIM执行的主要障碍（多选）

从行业整体数据分析，BIM实施主要障碍还是存在，按照普遍性从高到低排布分别为：标准制度缺失（61.35%）、人才短缺（57.67%）、资金投入不足（52.15%）、缺少政策、培训等支持（44.79%）、BIM价值无法评估（44.17%）、行业认可度低，得不到企业充分认可（42.94%）、没有好用的平台（37.42%）、缺乏权威机构对BIM咨询服务企业能力的评价标准、无法对供方能力做出有效评估（36.2%）等。

2　BIM 发展现状

2.1　BIM 研究进展

2.1.1　国外 BIM 研究进展

自 21 世纪初，美国、英国、新加坡、芬兰、澳大利亚等国家陆续出台了 BIM 应用推进规划，为各国的 BIM 技术应用发展指明方向，提出阶段目标。例如，早在 2007 年，芬兰最大的国内资产管理机构（Senate Properties）就要求自 2007 年 10 月起其辖下的所有公共建筑都强制采用 BIM；美国总务署（GSA）要求 2007 年起其投资的建筑项目必须在设计阶段使用 BIM；英国发布的"政府建设战略（Government Construction Strategy）"文件明确要求 2016 年开始，政府公共部门的建设项目强制执行 BIM 达到 BIM Level 2 级别；澳大利亚发布的"国家 BIM 行动方案"要求 2016 年 7 月起所有政府采购要求使用基于开放标准的全三维协同 BIM 进行信息交换；新加坡建设局（BCA）早在 2015 年就把 BIM 导入政府监管流程，规定所有建筑面积大于 5000m^2 的新建建筑都必须在 CORENET 系统上提交 BIM 模型进行合规性审查。

从英国 NBS 在 2019 年发布的调研数据看[1]，近两年已经有近 70% 的企业在应用 BIM 并从中获益（图 2-1-1 和图 2-1-2）。绝大多数受访者不同意 BIM 仅适用于大型组织机构或仅在设计阶段使用，超过三分之二（69%）BIM 用户要求制造商提供 BIM 模型，这一切都表明 BIM 是未来发展方向，BIM 的建设全生命期应用已成行业共识。调研数据同时也显示客户没有需求以及缺乏专业知识是影响 BIM 推广的主要因素。

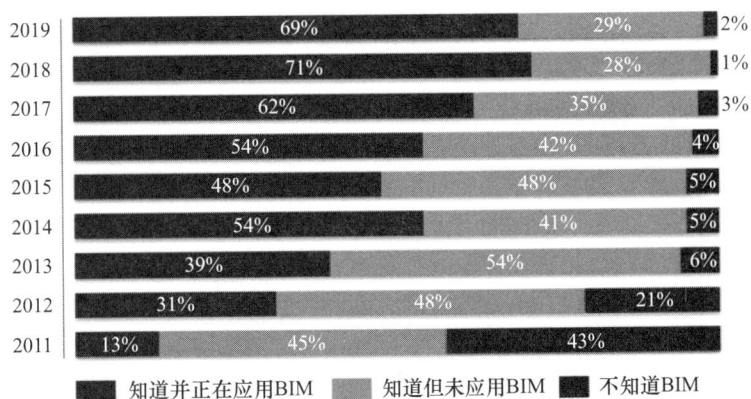

年份	知道并正在应用BIM	知道但未应用BIM	不知道BIM
2019	69%	29%	2%
2018	71%	28%	1%
2017	62%	35%	3%
2016	54%	42%	4%
2015	48%	48%	5%
2014	54%	41%	5%
2013	39%	54%	6%
2012	31%	48%	21%
2011	13%	45%	43%

■ 知道并正在应用BIM　　■ 知道但未应用BIM　　■ 不知道BIM

图 2-1-1　近年英国应用 BIM 的企业数量[1]

1　National Building Specification (NBS).NBS Construction Technology Report 2019 [N/OL].(2020-5-22),
https://www.thenbs.com/knowledge/nbs-construction-technology-report-2019

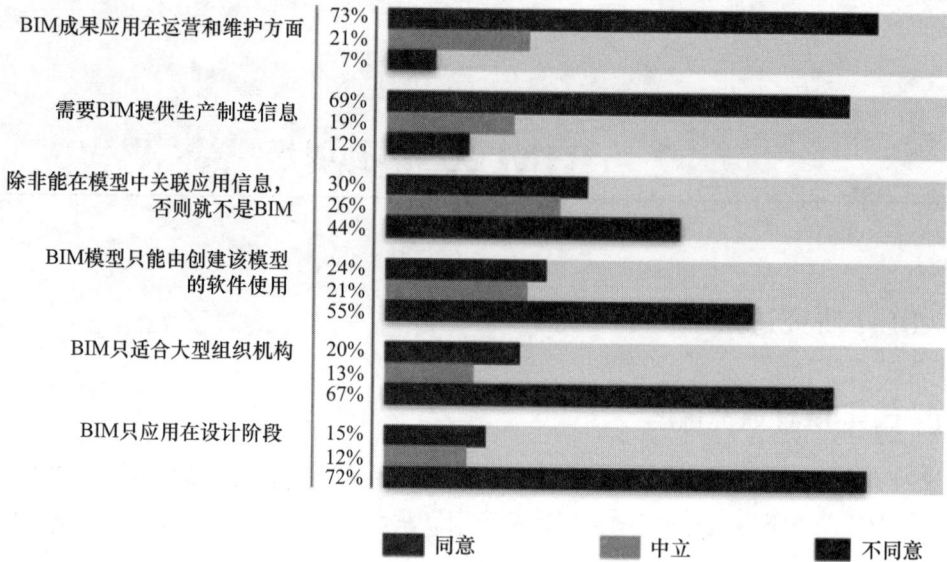

BIM成果应用在运营和维护方面 73% 21% 7%

需要BIM提供生产制造信息 69% 19% 12%

除非能在模型中关联应用信息，否则就不是BIM 30% 26% 44%

BIM模型只能由创建该模型的软件使用 24% 21% 55%

BIM只适合大型组织机构 20% 13% 67%

BIM只应用在设计阶段 15% 12% 72%

■ 同意　■ 中立　■ 不同意

图 2-1-2　英国的 BIM 应用观点 [1]

　　欧洲建筑师协会对建筑师的 BIM 意识以及最近一年应用 BIM 的项目比例做了调研（表 2-1-1）。调研显示只有一小部分建筑师不了解 BIM。希腊和塞浦路斯对 BIM 的意识水平最低，大约一半的建筑师不了解 BIM。在整个欧洲，过去一年有近 19% 的建筑师应用了 BIM，这些建筑师并没有把 BIM 应用于所有项目，应用 BIM 的项目平均比例大约为 37%。其中挪威、瑞典、卢森堡以及芬兰的 BIM 应用比例较高。瑞典的 BIM 应用两极分化明显，能应用 BIM 的建筑师在大部分项目上应用了 BIM，但也有很大比例的建筑师还不了解 BIM。

欧洲建筑师协会对 BIM 应用调查 [2]　　　　　　　　表 2-1-1

受访者所在国	调 研 内 容			其中应用过 BIM 的调研对象（%）
	使用过 BIM 所占比例（%）	了解 BIM，但尚未使用所占比例（%）	不了解 BIM 所占比例（%）	使用 BIM 的项目比例
奥地利	21	67	12	39
比利时	29	64	7	48
克罗地亚	30	66	4	28
塞浦路斯	0	50	50	n/a
捷克共和国	24	68	8	37
丹麦	52	39	9	48

1　National Building Specification (NBS).NBS Construction Technology Report 2019 [N/OL].(2020-5-22), https://www.thenbs.com/knowledge/nbs-construction-technology-report-2019

2　The Architects' Council of Europe (ACE).THE ARCHITECTURAL PROFESSION IN EUROPE 2018 [N/OL]. (2020-5-22), https://www.ace-cae.eu/activities/publications/sector-study-2018/

续表

受访者所在国	调 研 内 容			其中应用过 BIM 的调研对象（%）
	使用过 BIM 所占比例（%）	了解 BIM，但尚未使用所占比例（%）	不了解 BIM 所占比例（%）	使用 BIM 的项目比例
爱沙尼亚	50	36	14	56
芬兰	65	24	11	70
法国	24	58	18	42
德国	12	81	7	48
希腊	11	39	51	
匈牙利	22	44	33	29
爱尔兰	24	76	0	29
意大利	15	57	28	28
立陶宛	28	67	5	53
卢森堡	55	36	9	41
马耳他	18	50	32	31
荷兰	41	55	4	50
挪威	68	27	5	67
波兰	20	80	0	2
葡萄牙	24	37	39	21
罗马尼亚	33	34	33	47
斯洛文尼亚	40	32	28	55
西班牙	32	65	3	38
瑞典	56	16	27	53
英国	26	72	2	39

据美国工程总承包协会（AGC of American）最新调查显示[1]，美国仍有近 38% 的工程总承包商没有应用 BIM。近一半的工程总承包商通过类似 DropBox 等云盘软件进行文件级别的项目协作，36% 的工程总承包商通过在线项目管理系统进行协作，只有 22% 的工程总承包商通过 BIM 文件进行项目参与方协作。

根据调查，目前欧美市场上，BIM 应用软件首选 Autodesk 系列 BIM 软件，如 Revit、Navisworks、BIM 360 Glue。根据 2017 年国外 BIM 软件在上海市的应用情况，上海 BIM 用户最常用的 BIM 建模软件同样是 Autodesk Revit，最常用的 BIM 模型整合软件是 Navisworks。

画图或建模时，主要应用了如图 2-1-3 和图 2-1-4 所示的软件。

---

1 The Associated General Contractors of America (AGC).2019 Construction Outlook Survey Results National Results [N/OL].(2020-5-22), https://www.agc.org/sites/default/files/Files/Communications/2019_Outlook_Survey_National.pdf

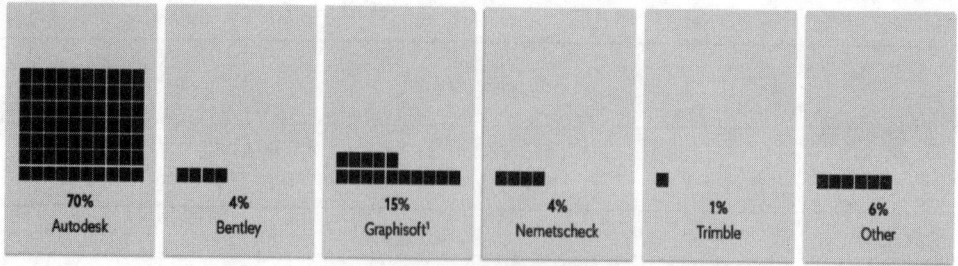

图 2-1-3 **BIM 软件厂商在英国的市场占有率**

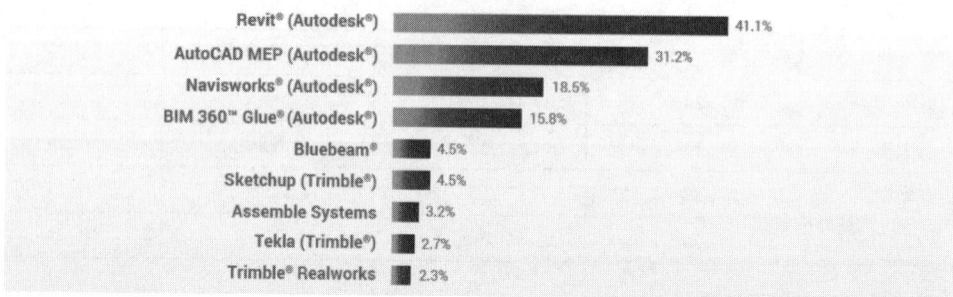

图 2-1-4 **美国用户常用 BIM 软件**

欧美市场调查还显示，美国用户常用的 BIM 文件查询 APP 客户端依次为 Bluebeam、Navisworks 以及 BIM 360 Glue 的移动端，见图 2-1-5。

图 2-1-5 **美国用户常用的 BIM 文件查阅 APP 客户端排名** [1]

工程建设行业数字化转型是大势所趋，大型 BIM 软件开发商在调整战略，以期形成项目全生命周期完整的产品链。国外大型 BIM 软件开发商近一年来继续通过资本手段并购中小企业持续扩张，从细分领域的逆向建模到项目管理、系统集成、数据交换与协作等，以应对大型建设项目、基础设施等日益丰富的 BIM 应用需求。续 2018 年 Bentley 收购 Synchro 丰富其 BIM 数字化施工领域产品、拓普康收购 ClearEdge3D 提高工程建设领域

1 JBKnowledge.2018 Construction Technology Report [N/OL].(2020-5-22), https://jbknowledge.com/tag/construction-technology-report

三维逆向建模能力后，2019 年初，Bentley 和拓普康更是充分整合所收购的这两家企业的技术优势，成立 Digital Construction Works 合资企业，提供施工建模（4D/5D）软件、持续测量现实模型、自动化集成分析和"数字孪生"服务，推动工程建设行业特别是基础设施领域的数字化革命。

基于"BIM ＋"的数字孪生已成国外研究热点，英国财政部（HM Treasury）启动 CDBB 国家数字孪生计划，其长期愿景是通过软件分析、机器学习和大数据等技术来模拟整个英国基础设施系统。该计划建立在 UK BIM 框架的协作信息管理基础上，利用数字建筑的数据共享为社会、经济、商业以及环境提供价值。剑桥试点项目在 2019 年刚有了初步成果，剑桥试点使用了两个数字孪生平台，一个是由 Bentley Systems 根据其 AssetWise 平台开发，另一个是内部开发的基于 IFC 的数字孪生平台。目前已经通过无人机拍摄并经后期处理形成了现实模型，在室内关键设备贴资产识别标签，并部署了近 50 个状态监测传感器（图 2-1-6 和图 2-1-7）。在接下来的两年中，计划增加传感器以用于交通监控、空气质量、停车和基于视觉的路面状况监控，并且还会对 IFC 做进一步研究，将 GIS 数据和 BIM 数据整合。

图 2-1-6　建筑物和周围场地的现实模型

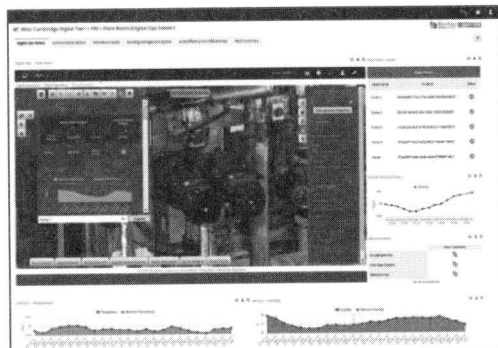

图 2-1-7　仪表盘查看工厂模型和运营数据

2.1.2　国内 BIM 研究进展

2019 年是我国推动落实《2016～2020 年建筑行业信息化发展纲要》的关键年，国家及各地政府对于 BIM 技术的重视程度不减，多地出台指导意见，进一步推动 BIM 技术在更加广泛、更加专业化的领域进行应用，鼓励 BIM 在本地的落地应用，引导 BIM 与绿色建筑、装配式建筑及物联网的深度融合，挖掘 BIM 的深层次应用价值。"十三五"国家重点研发计划项目"基于 BIM 的预制装配建筑体系应用技术"对装配式建筑的设计、施工一体化平台进行了研究。国家重点研发计划课题"基于 BIM 和物联网的装配式建筑建造过程关键技术研究与示范"、"基于 BIM 的信息化绿色施工技术研究与示范"，对 BIM 在施工现场装配式建筑的建造过程和绿色施工技术进行研究和示范。

在《国务院办公厅转发住房城乡建设部关于完善质量保障体系提升建筑工程品质指导意见的通知》中，进一步明确了推进 BIM 等技术在设计、施工、运营维护全过程的集成应用，推广工程建设数字化成果交付与应用，提升建筑品质。铁路、公路、全过程咨询以及预制装配式建筑的相关发展规划，都明确提及了 BIM 的应用，例如《交通运输部办公厅关于推进公路水运工程 BIM 技术应用的指导意见》、《城市轨道交通工程 BIM 应用指南》、《装配式混凝土建筑技术体系发展指南（居住建筑）》，BIM 的应用领域更加广泛，也愈加专业化。同时，地方政府也在完善地方政策，以响应国家政策以及引导适合当前技术发展阶段的本地特色 BIM 应用方向。例如在 2018 年 11 月深圳市住房和建设局关于公开征求《关于加快推进建筑信息模型技术（BIM）应用的实施意见（征求意见稿）》意见的通告，就提出了 BIM 监管、电子招标、全过程 BIM 应用、融入智慧城市建设等 BIM 重点任务，以促进深圳市形成更为成熟的 BIM 应用市场环境，全面普及 BIM 应用，实现全市 BIM 数据信息和可视化城市空间数字平台的集成。

国际局势动荡复杂，国家相关政策更加重视 BIM 基础关键技术的自主创新。2018 年住房和城乡建设部工程质量安全监管司组织专家开展"工程建设行业信息化发展评估"课题研究。其中软件企业组报告显示，我国 BIM 建模软件的底层技术仍受制于国外，是行业的"卡脖子"问题。2019 年住房城乡建设部印发"关于印发《住房和城乡建设部工程质量安全监管司 2019 年工作要点》的通知"，在推进 BIM 技术集成应用的同时，提出支持推动 BIM 自主知识产权底层平台软件的研发。

BIM 技术已经开始逐步融入政府的行业监管流程，改变政府的监管模式。随着 BIM 技术的日渐成熟，2019 年已经基本具备了把 BIM 融入政府监管的技术环境。企业和地方政府积极行动，在基于 BIM 的招标、BIM 审批方面，在管理流程中融入了 BIM 技术。住建部《"多规合一"业务协同平台技术标准》征求意见，鼓励有条件的城市在 BIM 的基础上建立城市信息模型，开展 BIM 在工程建设项目策划阶段的应用，实现与工程建设项目审批阶段 BIM 应用的对接。作为政策试点城市，厦门从标准、制度、平台、工具四个方面进行 BIM 报建审批方面的研究和开发。2019 年 4 月 25 日，厦门市"多规合一"工作领导小组办公室印发了《厦门市工程建设项目启用 BIM 成果报建实施方案（试行）》，标志着厦门报建审批工作从二维向 BIM 的转变正式开启。按照深圳市人民政府办公厅印发的《深圳市进一步深化工程建设项目审批制度改革工作实施方案》，深圳也将取消施工图审查，建立基于 BIM 的"规建管用服"工程建设项目全生命期智慧审批平台。BIM 与招投标工作紧密结合，海南省已经进行了 BIM 招标的尝试，发布了建设工程 BIM 计算机辅助评标数据接口，并于 2018 年 5 月，在万宁市文化体育广场体育馆、游泳馆项目中，在国内首次实现基于 BIM 技术的电子招投标。

在"互联网＋"数字经济浪潮推动下，BIM 技术不但应用在建设全生命期支撑工程建设行业的数字化转型升级，而且其更与"新基建"、GIS、物联网、云计算等信息技术融合应用在城市治理现代化，建立城市信息模型（CIM），推动智慧城市的建设和管理。城市的规划建设已经成为新型智慧城市顶层设计的重要一环。在过去的 2019 年，阿里中标雄安新区规划建设 BIM 管理平台、华为中标东莞"数字政府"建设项目、京东跨界发布"智能城市操作系统 2.0"并在雄安新区数据平台应用，智慧城市的数据智能整合需求在驱动着软件及设备供应商的跨界融合。工程建设行业 BIM 技术应用在保持战略定力继续深挖行业精细化管理需求和深化建设全过程 BIM 集成应用的同时，还需加快 BIM 数据开放以及 BIM 云计算转型的研究，以适应更多的应用场景。

2.2 BIM 主要政策

2.2.1 国外 BIM 政策

目前全世界主要国家都在积极推进 BIM 技术的发展，推动方式与发展策略囿于各国制度不同而异，但对于 BIM 技术的未来发展前景，都有一致的共识。2020 年以前国外 BIM 相关主要政策一览表见表 2-2-1。

2020 年以前国外 BIM 相关主要政策一览表   表 2-2-1

发布国家	推进机构	政策要点
美国	美国总务属（GSA）	2003 年启动 3D-4D-BIM 计划，2007 年起，所有的大型项目招标都需要应用 BIM
	美国陆军工程兵团（USACE）	2006 年，USACE 发布了为期 15 年的 BIM 发展路线规划，计划到 2020 在军事建筑项目的招投标及阶段交付都采用美国国家 BIM 标准，实现建设全生命周期智能化
	美国建筑科学研究院（National Institute of Building Science，NIBS）	分别在 2007 年、2012 年、2015 年，发布美国国家 BIM 标准（National Building Information Model Standard，NBIMS）的第一版、第二版、第三版，指导美国的 BIM 实施
英国	内阁办公室（the British Cabinet Office）	2016 年发布了《政府建设战略 2016～2020》，在 2016 年全部公共建筑强制性应用 3D-BIM，全部文件在信息化管理的基础上，积极运用和推广建筑信息模型，加强政府的采购能力，降低公共项目的成本和碳排放量
芬兰	资产管理机构（Senate Properties）	2007 年发布了建筑设计的 BIM 要求（Senate Properties' BIM Requirements for Architectural Design，2007），自 2007 年 10 月起其辖下的所有公共建筑都强制采用 BIM。基于此要求，buildingSMART Finland 在 2012 年发布了更加完善的 "BIM 通用要求"，指导芬兰的 BIM 应用
澳大利亚	澳大利亚 buildingSMART 组织	2012 年发布《国家 BIM 行动方案》（NATIONAL BUILDING INFORMATION MODELLING INITIATIVE），要求 2016 年 7 月 1 日起所有政府采购使用基于开放标准的全三维协同 BIM 进行信息交换
法国	住房与国土平等部（du Logement et de la Nature）	2018 年 11 月，法国政府公布了 BIM 2022 计划。该系统取代了 PTNB（法国的建筑数字化过渡计划），其目标是推动项目经理对 BIM 流程的实施和广泛应用
德国	交通运输部	2015 年发布了 BIM 路线图，从 2020 年起所有联邦基础设施项目必须强制使用 BIM（BMVI 2015）。德国铁路运营商 Deutsche Bahn 作为最大的基础设施建设机构，在 2017 年发布了详细的 BIM 指南（Deutsche Bahn 2017），并在其项目中实现了 BIM 的广泛应用
西班牙	Es.BIM 委员会	该委员会是开放的团体，其主要任务是在西班牙实施 BIM，并设定了一个临时时间表，建议在 2018 年 3 月之前在公共部门项目中使用 BIM，在 2018 年 12 月之前在公共建筑项目中强制使用 BIM，并在 2019 年 7 月之前在基础设施项目中强制使用（EsBIM 2019）
新加坡	新加坡建设局（BCA）	2013 年发布 BIM 指南第二版（BCA 2013），2015 年把 BIM 纳入政府监管流程，规定所有建筑面积大于 5000m² 的新建建筑都必须在 CORENET 系统上提交 BIM 模型进行合规性审查

发布国家	推进机构	政策要点
日本	国土交通省（MLIT）	2014年发布了基于IFC标准的《BIM导则》，2016年，宣布了i-Construction倡议和政策，旨在通过将包括BIM在内的信息和通信技术整合到建筑实践中来提高生产率
韩国	韩国庆熙大学及building SMART韩国和韩国建筑学院	国土交通省（MOLIT）要求自2016年起对所有5亿韩元以上的公共建设项目强制实施BIM。韩国庆熙大学及buildingSMART韩国和韩国建筑学院联合研究，发布了2016年以后的路线图，将韩国的BIM的发展将分三个阶段进行：在第一阶段，到2018年，通过BIM建立集成数字化工程建设行业服务；第二阶段，到2021年在建造行业各阶段同时运用BIM服务；在第三阶段，到2030年，通过BIM与IT技术融合形成工程建设行业的高端服务及管理系统，实现世界领先的智能化建造服务

2.2.2 国内 BIM 政策

2019年是我国推动落实《2016～2020年建筑行业信息化发展纲要》的重要一年，与国外的BIM产业政策相比，2019年我国的BIM产业政策更有力度、更加落地，积极推动了我国BIM市场快速健康发展。2019年颁布的BIM相关主要政策如表2-2-2所示：

2019 年颁布的 BIM 相关主要政策　　　　　　　　　　表 2-2-2

发布部门	文件名	政 策 要 点
住房和城乡建设部	《住房城乡建设部关于开展运用BIM系统进行工程建设项目报建并与"多规合一"管理平台衔接试点工作的函》（建规函〔2018〕32号）	通过实行BIM系统工程建设项目电子化报建，提高项目报建审批数字化和信息化水平，并将BIM报建系统与"多规合一"管理平台衔接，逐步实现工程建设项目电子化审查审批，推动工程建设领域信息化、数字化、智能化建设，为智慧城市建设奠定基础
	《住房城乡建设部关于开展运用BIM系统进行工程建设项目审查审批和CIM平台建设试点工作的函》（建城函〔2018〕222号）	试点城市政府要以工程建设项目三维电子报建为切入点，在"多规合一"的基础上，建设具有规划审查、建筑设计方案审查、施工图审查、竣工验收备案等功能的CIM平台，精简和改革工程建设项目审批程序，减少审批时间，探索建设智慧城市基础平台
	《住房和城乡建设部工程质量安全监管司2019年工作要点》（建质综函〔2019〕4号）	推进BIM技术集成应用。支持推动BIM自主知识产权底层平台软件的研发。组织开展BIM工程应用评价指标体系和评价方法研究，进一步推进BIM技术在设计、施工和运维全过程的集成应用
	《城市轨道交通工程BIM应用指南》2018年5月30日	城市轨道交通工程新建、改建、扩建项目的BIM创建、使用和管理
	《装配式混凝土建筑技术体系发展指南》2019年7月4日	以指导部品部件的标准化、通用化、系统化发展为核心内容，以模块化设计方法统领建筑系统集成，依托BIM技术、工程总承包模式促成一体化建造、信息化管理
国家发展和改革委员会	《产业结构调整指导目录（2019年本）》（中华人民共和国国家发展和改革委员会令第29号）	将CIM列为鼓励性产业

发布部门	文件名	政 策 要 点
国家发展改革委员会与住房和城乡建设部	《关于推进全过程工程咨询服务发展的指导意见》（发改投资规〔2019〕515号）	大力开发和利用建筑信息模型（BIM）、大数据、物联网等现代信息技术和资源，努力提高信息化管理与应用水平，为开展全过程工程咨询业务提供保障
国务院办公厅	《国务院办公厅关于全面开展工程建设项目审批制度改革的实施意见》（国办发〔2019〕11号）	提出"统一信息数据平台"。地方工程建设项目审批管理系统要具备"多规合一"业务协同、在线并联审批、统计分析、监督管理等功能，在"一张蓝图"基础上开展审批，实现统一受理、并联审批、实时流转、跟踪督办
厦门市人民政府	《厦门市进一步深化工程建设项目审批制度改革实施方案》	试点工程建设项目BIM成果电子化报建，将BIM模型应用于工程建设项目报审各阶段，提高项目报审审批数字化和信息化水平，提高审批效率；同时，实现BIM技术应用于项目的规划、设计、施工、运维全生命周期，推动建设领域信息化、数字化、智能化建设，促成一批试点项目，着力打造试点片区，实现智慧园区管理，为智慧城市建设奠定数字基础
深圳市人民政府	《深圳市进一步深化工程建设项目审批制度改革工作实施方案》	建立基于BIM的工程建设项目智慧审批平台：结合BIM（建筑信息模型）技术在工程建设项目中的实际应用情况，形成统一规范、共同使用的BIM信息数据存储、交换、交付等通用标准，建立基于BIM的"规建管用服"工程建设项目全生命周期智慧审批平台，融合基于CIM（城市信息模型）的规划设计数字化系统，对接投资项目在线审批监管平台，推进建筑工程大数据信息共享
黑龙江省住房和城乡建设厅	《黑龙江省住房和城乡建设厅关于进一步推进装配式建筑工作的通知》（黑建科〔2019〕7号）	要充分发挥设计先导作用，推行装配式建筑一体化集成设计，提升设计人员的BIM（建筑信息模型）技术应用能力。要按照住建部推进装配式建筑发展的总体思路，以完善、成熟和可复制、可推广的装配式建筑体系为"一体"，以工程总承包（EPC）模式承建装配式建筑和基于BIM技术的一体化设计为"两翼"，加大推动装配式建筑采用工程总承包模式，在装配式建筑的设计、生产、施工、运维过程中应用BIM技术，充分发挥EPC优势，打通全产业链壁垒，实现技术系统集成和管理高效协调，进一步体现装配式建造的综合优势，促进建筑产业转型升级与可持续发展
天津市	《市住房城乡建设委关于推进我市建筑信息模型（BIM）技术应用的指导意见》	到2020年末，天津市工程建设行业甲级勘察、设计企业以及特级、一级房屋建筑工程施工企业应掌握并实现BIM与企业管理系统和其他信息技术的一体化集成应用。以国有资金投资为主的大中型建筑、申报绿色建筑的公共建筑和绿色生态示范小区的新立项目勘察设计、施工、运维中，集成应用BIM的项目比率达到90%
广州市住房和城乡建设局	《广州市城市信息模型（CIM）平台建设试点工作联席会议办公室关于进一步加快推进我市建筑信息模型（BIM）技术应用的通知》（穗建CIM〔2019〕3号）	BIM应用范围及要求。明确了自2020年1月1日起，以下新建工程项目应在规划、设计、施工及竣工验收阶段采用BIM技术（其中经论证不适合应用BIM技术的除外），鼓励在运维阶段采用BIM技术： 1. 政府投资单体建筑面积2万㎡以上的大型房屋建筑工程、大型桥梁（隧道）工程和城市轨道交通工程；

发布部门	文件名	政 策 要 点
广州市住房和城乡建设局	《广州市城市信息模型（CIM）平台建设试点工作联席会议办公室关于进一步加快推进我市建筑信息模型（BIM）技术应用的通知》（穗建 CIM〔2019〕3 号）	2. 装配式建筑工程； 3. 海珠区琶洲互联网创新集聚区，荔湾区白鹅潭中心商务区，天河区国际金融城、天河智慧城、天河智谷片区，黄埔区中新广州知识城，番禺区汽车城核心区，南沙区明珠湾起步区区块、南沙枢纽、庆盛枢纽区块，花都区中轴线及北站核心区等重点发展区域大型建设项目
广东省住房和城乡建设厅	《广东省建筑信息模型（BIM）技术应用费用计价参考依据（2019 年修正版）》	制定广东省新建工业与民用建筑工程、市政隧道工程、轨道交通工程、地下综合管廊工程、园林景观工程 BIM 计费标准，工业与民建按照面积基础计价，市政道路、轨道交通、地下综合管廊、园林景观等按照工程造价基础计价
南京市人民政府	《市政府关于促进我市建筑行业高质量发展的实施意见》（宁政发〔2019〕75 号）	主要任务：着力培育全过程工程咨询服务企业。鼓励建设企业进行全过程咨询发包，政府投资的项目（不含地铁）、装配式建筑及应用建筑信息模型的项目优先实行全过程工程咨询 加快推行工程总承包。政府投资项目、装配式建筑及应用建筑信息模型的项目优先采用工程总承包模式 加快数字建造技术应用普及。加大建筑信息模型（BIM）技术人才的培养力度，全面提升 BIM 应用能力。2019 年开始，在实行工程总承包的装配式建筑、大型公共建筑和投资额超过 10 亿元的桥梁隧道、地下管廊等复杂市政工程中，试点推广应用 BIM 技术。争取到 2020 年末，甲级勘察设计企业以及特级、一级施工总承包企业能够掌握并实施 BIM 技术一体化集成应用

至今，我国有多地（如上海、浙江、广东、广西、湖南等）发布了 BIM 收费的相关政策，对建模专业类型、复杂程度和工程阶段进行了区分，确定收费标准。在各地收费标准中，上海政策出台早，规定了单项工程和保障性住房在项目建设不同阶段的 BIM 收费。广东和广西的收费标准划分较为详细，计价方式相近，采用基价 ×A（应用阶段调整系数）×B（工程复杂程度调整系数）×C（造价咨询调整系数）方式计价。湖南规定了设计、施工阶段的 BIM 费用，缺少运维阶段的收费标准。从全国范围看，出台收费标准的地区还较少，但住房和城乡建设部在 2017 年《建设项目工程总承包费用项目组成（征求意见稿）》中明确了 BIM 费用出处，相信后续各地会很好地借鉴既有的收费标准，紧跟 BIM 发展形势，发布或完善各地的 BIM 收费标准，进一步构建良好的 BIM 推广环境。

2.3　BIM 主要标准

2019 年，BIM 技术应用在全球范围内稳步增长，BIM 标准体系研究稳中有进，各国在逐步建立适合本国国情的标准体系并编写关键标准。

2.3.1　国外 BIM 标准

国外发达国家非常重视 BIM 标准研究，已经基本形成了较完整的 BIM 标准体系，为今后的大范围、深层次 BIM 推广应用打下了基础。例如：美国的 NBIMS 标准体系、英国的 UK1192 系列等。这类国家标准体系注重标准的层次设计，是一系列 BIM 相关标准的集合，如 BIM 技术参考引用标准、BIM 信息交换标准、BIM 实施标准等，不同层次的标准之间相互引用、相互联系、相互依托，形成一个系统性的整体。美、英等国家都有专门机构，统一管理本国的 BIM 国家标准。例如，美国 NBIMS 标准的评估、开发、实施由 buildingSMART Alliance（bSa）进行顶层设计和管理。NBIMS 标准体系包含 IFC、Omniclass 编码、COBie 等多个技术标准，也包含了最佳工程实践以及技术说明和指南等，形成一套完整的国家标准。

美国、英国等国家非常注重标准的国际化，一直在努力把本国的 BIM 标准升级为 ISO 标准，以期国家标准更加开放、更加国际化，争取国际 BIM 标准的话语权，如 2018 年英国主导编制并正式发布了 ISO 19650-1 和 ISO 19650-2 标准。ISO 19650 标准的开发基于英国 UK1192 标准的 BS 1192：2007 ＋ A2：2016 建筑工程信息协同工作规范和 PAS 1192-2：2013 项目建设资本／交付阶段 BIM 信息管理规程。同时，英国 PAS1192 标准体系已经调整了标准组成，增加了对这两部 ISO 标准的引用，并且在 2019 年发布了针对 ISO19650 标准的项目交付指南。英国已有 BIM 项目在实施中采用了 ISO 19650 标准。英国应用 BIM 标准见图 2-3-1。

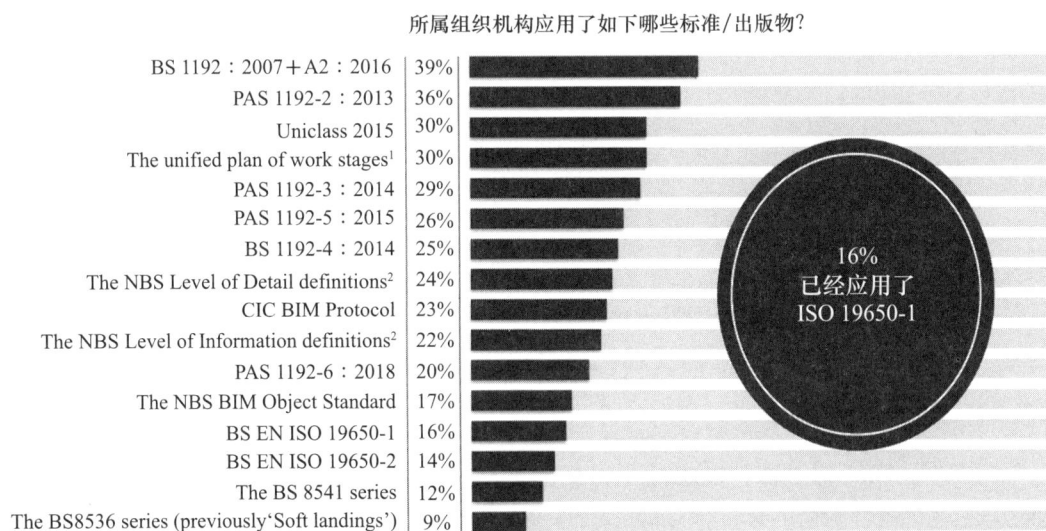

所属组织机构应用了如下哪些标准/出版物？

标准	百分比
BS 1192：2007 ＋ A2：2016	39%
PAS 1192-2：2013	36%
Uniclass 2015	30%
The unified plan of work stages[1]	30%
PAS 1192-3：2014	29%
PAS 1192-5：2015	26%
BS 1192-4：2014	25%
The NBS Level of Detail definitions[2]	24%
CIC BIM Protocol	23%
The NBS Level of Information definitions[2]	22%
PAS 1192-6：2018	20%
The NBS BIM Object Standard	17%
BS EN ISO 19650-1	16%
BS EN ISO 19650-2	14%
The BS 8541 series	12%
The BS8536 series (previously'Soft landings')	9%

16% 已经应用了 ISO 19650-1

图 2-3-1 英国应用 BIM 标准 [1]

欧美国家的 BIM 标准提倡开放共享，可实施性很高，能够用在很多 BIM 项目中。据最新调查，英国的 BIM 项目中有近 77% 采用 IFC 标准、近 40% 采用 COBie 标准完成 BIM 数据互用。国外 BIM 厂商重视软件产品的数据开放性，支持多种开放的数据标准。Vectorworks 是首个通过 IFC4 Reference View 1.2 建筑输出认证的软件。Vectorworks 是 Open BIM 的坚定支持者，IFC 是其首选数据协作格式，并且 Vectorworks 2020 版本升级了 BIM 建模套件，通过使用开放设计联盟（ODA）的 BIM 技术，该软件可以直接导出 RVT

1　National Building Specification (NBS).NBS Construction Technology Report 2019 [N/OL].(2020-5-22), https://www.thenbs.com/knowledge/nbs-construction-technology-report-2019

和 RFA 格式文件。

2018～2019 年国外发布的主要 BIM 相关标准见表 2-3-1。

2018～2019 年国外发布的主要 BIM 相关标准 表 2-3-1

发布组织及发布时间	标准名称	内容概要
ISO / TC 59 / SC 13 技术委员会 （2018 年 11 月）	ISO 16739-1：2018：行业基础类（IFC），用于建筑和设施管理行业数据共享 - 第 1 部分：数据模式	IFC 数据交换标准。此版本中扩展了基础设施资产在其生命周期中的数据定义。标准中包含了 IFC 的数据模式（表示为 EXPRESS 模式和 XML 模式）以及参考数据，并且定义了特定 MVD 以支持建筑和设施管理的工作流程
ISO / TC 59 / SC 13 技术委员会 （2018 年 12 月）	ISO 19650-1：使用建筑信息模型的信息管理 - 第 1 部分：概念和原则	此标准为工程建设的全生命期提供了信息管理的原则框架，包括所有参与者的信息交换、记录、版本控制和组织
ISO / TC 59 / SC 13 技术委员会 （2018 年 12 月）	ISO 19650-2：2018- 使用建筑信息模型的信息管理 - 第 2 部分：资产的交付阶段	此标准定义了资产交付阶段基于 BIM 的工作流程以及信息管理要求
英国 UK BIM Framework （2019 年 11 月）	政府软着陆（GSL）修订 - 政府公共部门应用 BS8536 标准指南第 1 部分和第 2 部分	本指南是为公共建筑更好地应用 BS8536 标准而编写的设计和施工标准应用指南，以促进协作并确保整个设计和建造阶段以及与运营阶段的目标保持一致
英国 UK BIM Framework （2019 年 11 月）	基于 BS EN ISO 19650 信息管理：指南第 2 部分：项目交付过程	本指南提出了数据公共环境（CDE）的概念，基于 ISO 19650 标准，定义了在项目前期评估、招标、投标以及项目实施结算等各阶段的信息管理方法
美国 BIMForum （2019 年 4 月）	LOD 定义 第一部分及释义（建筑信息模型及数据）	为了更明确对 BIM 模型的内容与细节的定义，以 AIA E202 所定义的 LOD 为基础，将各个建筑系统的 LOD 更详细地定义出来

2.3.2 国内 BIM 标准

各国建立 BIM 标准体系的思路不尽相同，都是根据本国特点逐步推进相关工作。我国同样在建立适合国情的标准体系时，编写关键标准，国家、各地政府及行业协会的 BIM 标准陆续颁布。同 2017 年开始实施的《建筑信息模型应用统一标准》，6 部国家 BIM 标准已经出版齐全，初步构建了我国 BIM 标准基本体系。另外，2018 年发布了《建筑工程设计信息模型制图标准》JGJ/T 448—2018 促进设计各方基于模型化信息进行协作，《"多规合一"业务协同平台技术标准（征求意见稿）》使得 BIM 在"一张蓝图绘到底"监管过程中有了详细的应用技术导则。行业协会和地方政府也陆续发布了多项 BIM 标准。如中国工程建设行业协会发布的团体标准《装配式混凝土建筑信息交互标准》、江苏省发布的《公路工程信息模型分类和编码规则》、天津市发布的《天津市城市轨道交通管线综合 BIM 设计标准》、河南省发布的《市政工程信息模型应用标准（道路桥梁）》、浙江省发布的《建筑信息模型（BIM）应用统一标准》、广东省发布的《广东省建筑信息模型应用统一标准》、上海市发布的《上海市保障性住房项目 BIM 技术应用验收评审标准》等。这些技术文件都具有很好的实操性，有效支撑了 BIM 产业政策的落地，促进了当地 BIM 的普及。表 2-3-2 为 2019 年全国发布的主要 BIM 相关标准。

2019 年全国发布的主要 BIM 相关标准   表 2-3-2

发布部门	标准、规范名称	主 要 内 容
住房和城乡建设部	《建筑工程信息模型存储标准（征求意见稿）》	规定建筑全生命周期各类信息数据交换和共享，保证数据存储与传递的安全，以及软件输入和输出数据通用格式一致性的验证
	《绿色建筑评价标准》GB/T 50378—2019	在设计、施工、运维阶段应用 BIM 得 15 分
	《装配式混凝土建筑技术体系发展指南（居住建筑）》	规定"基于 BIM 的信息化管理体系搭建"应包括装配式建筑基于 BIM 的全过程应用系统架构、标准化预制部品部件库、支撑装配式建筑全流程集成应用的 BIM 平台、装配式建筑各阶段应用软件和管理系统等；同时规定 BIM 一体化设计模式，在设计、生产、施工、运维、政府监管与服务等方面要求
	《装配式内装修技术标准（征求意见稿）》	装配式内装修工程宜依托建筑信息模型（BIM）技术，实现全过程的信息化管理和专业协同，保证工程信息传递的准确性与质量可追溯性
	《工程建设项目业务协同平台技术标准》CJJ/T 296—2019	为规范"多规合一"业务协同平台建设，统筹项目策划实施，促进部门空间治理协同，深化审批制度改革，优化营商环境，提升政府服务水平，实现"多规合一"的"数据共享、空间共管、业务共商"。主要内容包括：平台应用体系、平台数据体系、基础环境与安全体系、平台管理体系等
	《制造工业工程设计信息模型应用标准》GB/T 51362—2019	面向制造业工厂和设施的 BIM 执行标准，内容包括这一领域的 BIM 设计标准、模型命名规则，数据该怎么交换、各阶段单元模型的拆分规则，模型的简化方法，项目交付，还有模型精细度要求等
	《"多规合一"业务协同平台技术标准（征求意见稿）》	可基于城市信息模型（CIM），开展 BIM 在工程建设项目策划生成阶段的应用，实现与工程建设项目审批阶段 BIM 应用的对接
	《建筑工程设计信息模型制图标准》JGJ/T 448—2018	2019 年 6 月 1 日实施。协调工程各参与方在三维视图状态下快速识别构件特征、位置、连接、控制、从属关系等信息，促进设计各方基于模型化信息进行协作而制定的一套行业标准
教育部	《建筑信息模型（BIM）职业技能等级标准》	面向国家中等专业学校以及以上在校学生和工程建设行业从业人员，划分初级、中级、高级的等级与内容、技能要求、等级评价等
上海市城乡建设和管理委员会	《上海市保障性住房项目 BIM 技术应用验收评审标准》	上海市应用 BIM 技术的保障性住房项目，建设单位在组织验收完成后，可向市 BIM 推广中心申请组织专家验收。本标准为统一专家验收评审而制定，BIM 技术应用项评价指标涵盖 5 个阶段，包括项目设计阶段、施工准备阶段、施工实施阶段、运维阶段和构件预制阶段；每个子阶段评价指标包括若干必选项和可选项，通过验收的要求为全部必选项和一项可选项通过验收
中国科技产业化促进会	《建筑信息模型（BIM）与物联网（IoT）技术应用规程》T/CSPSTC 21—2019	规定了 BIM 和 IoT 智能化集成系统相关技术要求。本规程适用于新建、扩建和改建的住宅、办公、旅馆、文化、博物馆、观演、会展、教育、金融、交通、医疗、体育、商店等民用建筑及通用工业建筑，以及轨道交通，道路桥梁、市政公用、多功能组合的综合体等建筑物，在设计和施工、运营中采用了物联网技术，并希望采用建筑信息模型（BIM）技术来实现其建筑物和建筑设备数字化表达的智能化或信息化分项工程

发布部门	标准、规范名称	主 要 内 容
中国科技产业化促进会	《建筑信息模型（BIM）工程应用评价导则》T/CSPSTC 20—2019	本标准规定了建筑信息模型（BIM）工程应用评价的评价对象、评价指标、评价方式与方法。本标准适用于对建筑信息模型（BIM）在工程应用环节中的创建、使用和管理等事项进行评价，为各相关方提供建筑信息模型（BIM）工程应用及管理实施的指导依据
辽宁省住房和城乡建设厅	《装配式建筑信息模型应用技术规程》DB21/T 3177—2019	规定了辽宁省装配式建筑工程项目全生命周期内 BIM 技术的应用和管理内容，包括资源配置要求、BIM 实施规划以及方案设计阶段、初步设计阶段、施工图设计阶段、深化设计阶段、施工准备阶段、施工实施阶段、竣工验收阶段、运营维护阶段 BIM 应用要求及模型精细度要求
山西省住房和城乡建设厅	《山西省装配式建筑设计导则》	装配式建筑设计宜结合建筑信息模型技术实现全专业、全过程的信息化管理；并对设计阶段、参数化预制部件、数据管理系统、数据间接口等进行了规定
	《山西省建筑信息模型（BIM）技术应用服务费计价参考依据（试行）》	BIM 技术应用服务费是指运用 BIM 技术为建设工程服务的费用。BIM 技术应用服务费在工程建设其他费用中单独列支。 建筑信息模型（BIM）技术应用服务费＝计价基础×单价或费率；规定房建、市政、轨道交通、综合管廊等工程费用基价表
深圳市住房和建设局	《房屋建筑工程招标投标建筑信息模型技术应用标准》SJG 58—2019	规定了 BIM 技术在房屋建筑工程招标投标阶段的应用，适用于房建工程设计类、施工类项目，对招标方和投标方进行招投标、软件供应商相关产品开发提供标准
	《深圳市建筑工程信息模型设计交付标准（征求意见稿）》	对深圳市新建、扩建、改建建筑工程信息模型设计交付物做出了相关规定，包括总图、建筑、结构、装配式混凝土、钢结构、电气、智能化、给排水、通风空调、燃气等专业交付物
浙江省住房和城乡建设厅	《建筑信息模型（BIM）应用统一标准》DB33/T 1154—2018	本标准充分借鉴国内外 BIM 标准规范和应用经验，在国家相关 BIM 标准基础上，针对浙江地区工程建设项目管理的特点，建立统一的、开放的、可操作的应用技术标准，从基础数据、模型细度、工作方法和工作环境等四个层面，指导项目参与方遵从统一的标准进行信息应用和交换，切实提高浙江省建筑信息模型应用能力，整体提升工程建设行业生产效率，实现工程建设行业与环境协调可持续发展
广东省住房和城乡建设厅	《广东省建筑信息模型应用统一标准》DBJ/T 15-142-2018	本标准借鉴了国内外相关标准和工程实践经验，在国家标准《建筑信息模型应用统一标准》基础上进行各阶段、各专业、各应用方向的细化，对 BIM 技术在建筑工程的设计、施工、运维各阶段中的模型细度、应用内容、交付成果作出规定，整体考虑了各阶段模型与信息的衔接，是广东省第一部建筑信息模型应用方面的工程标准
广西壮族自治区住房和城乡建设厅	《广西壮族自治区建筑信息模型（BIM）技术应用费计价参考依据（试行）》	规定了本自治区 BIM 应用费用按照设计、施工、运维三个阶段列项支出，适用于新建建筑工程、市政道路工程、城市轨道交通工程、综合管廊工程和园林景观工程，其余类工程和改扩建项目可酌情参考

随着不同层次、不同维度 BIM 标准的陆续出台，我国 BIM 标准体系已经初现国家标准保基本、行业标准补遗漏、团体标准搞创新、企业标准保质量的格局。但目前看仍需进一步加强 BIM 标准的顶层设计。标准之间还没形成一个完整的体系，缺乏系统性。再者，BIM 标准只有落地实施才能迭代进化并产生价值，如何协调政府、协会、企业、学校，形成目标一致、高效的标准推广模式，是迫切需要解决的问题。

2.4 BIM 市场动态

2.4.1 国外 BIM 市场动态

在工程建设行业数字化转型的过程中，越来越多的国外企业意识到了 BIM 的商业价值，认识到了 BIM 和数字化解决方案带来的益处，加大了 BIM 技术的投入和应用力度。过去的一年中，相关 BIM 软件企业也继续通过并购重组等方式，完善各自的产品线。2018～2019 年国外 BIM 软件市场动态见表 2-4-1。

2018～2019 年国外 BIM 软件市场动态 表 2-4-1

日 期	内 容 概 要
2018 年 4 月	Trimble 以 12 亿美元收购 Viewpoint
2018 年 7 月	英国财政部（HM Treasury）启动 CDBB 国家数字孪生计划，该计划建立在 UK BIM 框架的协作信息管理基础上，寻求利用数字化建筑的数据共享为社会、经济、商业以及环境提供 BIM 在数据共享中的价值
2018 年 11 月	2018 美国 AU 大师汇及全球工程建设行业 BIM 卓越大赛颁奖典礼。其中，89 项优秀的中国 BIM 作品参与了大赛的角逐，提交的项目数量超越美国、法国等国，成为本届大赛之最
2018 年 12 月	Autodesk 以 2.75 亿美元收购了 BuildingConnected，加强设计与施工和运营之间的连接
2019 年	Bentley 和拓普康成立合资公司，推动工程建设行业数字化革命
2019 年 4 月	buildingSMART International 宣布首次有软件供应商（Vectorworks）通过 IFC4 Reference View 1.2 建筑输出认证。Autodesk、GRAPHISOFT、Solibri 等其他公司接近完成
2019 年 11 月	美国 AU 大师汇及全球工程建设行业 BIM 卓越大赛颁奖典礼在拉斯维加斯举行。来自中国、美国、瑞士、西班牙等 54 个国家和地区的超过 186 份参加大奖角逐，27 个项目入围决赛，中国有 12 个项目入围
2020 年 3 月	英国初创公司 XYZ Reality 筹集到 570 万欧元，用于开发加强工程级增强现实设备 HoloSite、AR 云和软件平台

2.4.2 国内 BIM 市场动态

BIM 应用已经涉及到工程建筑项目全生命期，BIM 的市场可分为 BIM 产品市场、BIM 咨询市场、BIM 培训市场等领域。BIM 市场在蓬勃发展，对 BIM 市场动态的掌握，就进一步明确了企业 BIM 的应用方向。

表 2-4-2 列举了我国的部分 BIM 市场动态，主要含 BIM 政策发布、项目招投标、开展交流会、教育培训信息。

我国的部分 BIM 市场动态

表 2-4-2

日期	内 容 概 要
1 月 11 日	《雄安新区工程建设项目招标投标管理办法（试行）》提出在招标投标活动中，全面推行建筑信息模型（BIM）、城市信息模型（CIM）技术，实现工程建设项目全生命周期管理；雄安新区工程建设项目在勘察、设计、施工等阶段均应按照约定应用 BIM、CIM 等技术，加强合同履约管理
2 月 15 日	住建部质量安全监管司发布了《住房和城乡建设部工程质量安全监管司 2019 年工作要点》，提出推进 BIM 技术集成应用
2 月 26 日	《深圳前海城市级 BIM 模型创建整合》项目，招标部分估价：5492.95 万元
3 月 7 日	住建部发布了《2019 年部机关及直属单位培训计划》，附件《2019 年住房和城乡建设部财政经费支持的培训计划》、《2019 年住房和城乡建设部国家级专业技术人员继续教育基地培训计划》、《2019 年住房和城乡建设部直属单位自主办班培训计划》制定了不同人员的培训计划（含 BIM）及经费预算
4 月 1 日	人力资源社会保障部、市场监管总局、统计局正式向社会发布了 13 个新职业信息，其中包括建筑信息模型技术员 L[1]
4 月 15 日	教育部职业技术教育中心研究所公布参与"1 + X"证书制度试点的首批职业教育培训评价组织及职业技能等级证书名单，其中廊坊市中科建筑产业化创新研究中心（中国建设教育协会人才评价中心）承担 BIM 职业技能等级证书项目
6 月 24 日	住房和城乡建设部网站发布《关于 2019 年第一季度全国工程质量安全提升行动进展情况的通报》，全国应用建筑信息模型（BIM）技术的工程项目共计 1142 个，应用工程建设行业 10 项新技术中 6 项以上新技术的项目共计 837 个。其中，重庆市、上海市、山东省、福建省应用 BIM 技术工程项目较多，山东省、陕西省、浙江省推行工程建设行业 10 项新技术情况较好
8 月 9 日	雄安新区规划建设 BIM 管理平台（一期）项目对外招标，阿里云 4022 万元中标
9 月 9 日	由中国勘察设计协会与欧特克软件（中国）有限公司联合举办的第十届"创新杯"建筑信息模型（BIM）应用大赛优秀作品发布交流会成功召开。第十届"创新杯"建筑信息模型（BIM）应用大赛有 1228 个有效申报项目，最终有 397 个项目、17 家单位在比赛中胜出
9 月 10 日	住房和城乡建设部网站发布《关于 2019 年第二季度全国工程质量安全提升行动进展情况的通报》，全国应用建筑信息模型（BIM）技术的工程项目共计 1041 个，应用工程建设行业 10 项新技术中 6 项以上新技术的项目共计 918 个。其中，重庆市、上海市、浙江省应用 BIM 技术工程项目较多，山东省、陕西省、甘肃省推行工程建设行业 10 项新技术情况较好
9 月 17 日	华为 27.4128 亿元中标东莞"数字政府"建设项目，从新体制、新架构、新服务、新发展四个方面发力，推进以数据资源为驱动的政府信息化建设工作体制改革，构建"管运分离"的数字政府建设管理新体制
9 月 25 日、9 月 26 日	第六届 BIM 技术国际交流会在上海成功召开，本届主题为"智慧建造在地产、设计、施工领域应用与发展"。来自国内外的知名专家、勘察设计、生产、施工、运营、房地产开发、软件厂商、BIM 服务商等企业代表、高校师生近 500 人齐聚一堂，围绕智慧建造在地产、设计和施工领域以及政府监管中的相关技术、政策，共同探讨交流 BIM 技术在相关行业的应用及前景，分析行业现状、描绘未来蓝图

1　L：对具有（环保、低碳、循环）等绿色特征的职业标示为绿色职业，统一以"绿色职业"的汉语拼音首字母"L"标识。

日 期	内 容 概 要
9 月 26 日	深圳市人民政府办公厅印发了《深圳市进一步深化工程建设项目审批制度改革工作实施方案》的通知文件，取消施工图审查，改为 BIM 审批平台
10 月 28 日～31 日	BuildingSMART 国际标准峰会暨中国建设数字大会 2019 中国 BIM 论坛在北京国家会议中心成功召开，大会以"迈向数字化未来"为主题，旨在结合工程建设领域的数字化转型探索与实践，进一步扩大国际技术交流，引进最新 BIM 理念和标准，进一步促进我国 BIM 应用国际化，加快推动数字化与工程的深度融合，以信息化培育新动能，用新动能推动新发展，以新发展创造新辉煌
11 月 14 日	南京市运用建筑信息模型系统（BIM）进行工程建设项目审查审批和城市信息模型平台（CIM）建设试点项目——CIM 平台（V1.0）网上公开招标公告，项目费 1339.5 万元
11 月 15 日	由广州奥格智能科技有限公司、中国建筑科学研究院有限公司和北京构力科技有限公司组成的联合体中标广州市住房和城乡建设局 2019 年广州市城市信息模型（CIM）平台项目，项目费 2511 万元
11 月 15 日、11 月 16 日	第五届全国 BIM 学术会议在湖南长沙成功召开
11 月 21 日	2019 年全国 BIM 高峰论坛暨第九届"龙图杯"启动会及第八届"龙图杯"颁奖会在京举行，共有参赛企业 1266 家，共收到参赛作品 1844 项，参赛人数 15506 人次，涵盖 BIM 应用的各个阶段。经过初审、复审、现场答辩及终审、评审结果公示等环节，按照公平、公正、公开的原则，从 BIM 技术应用功能、应用创新、应用水平和综合效益等方面严格评审，最终四个组别共评出一等奖 60 项，二等奖 130 项，三等奖 181 项，优秀奖 198 项
12 月 23 日	住房和城乡建设部公布《关于 2019 年第三季度全国工程质量安全提升行动进展情况的通报》，其中全国应用建筑信息模型（BIM）技术的工程项目共计 1540 个，应用工程建设行业 10 项新技术中 6 项以上新技术的项目共计 926 个。其中，北京市、重庆市、上海市应用 BIM 技术工程项目较多，陕西省、浙江省、山东省推行工程建设行业 10 项新技术情况较好
12 月 23 日	由阿里云联合易居联合主办的"云上建瓴，智汇未来"——2019 阿里云数智空间峰会在广州四季酒店盛大举行。此次峰会邀请了包括碧桂园、旭辉、保利、中南置地、卓越地产、越秀地产等在内的众多地产行业嘉宾及业内媒体出席，共同探讨地产数字化，碰撞地产和科技融合的各种可能
12 月 27 日、12 月 28 日	中国建筑业协会在深圳召开"建设工程 BIM 技术应用成果经验交流会"，会上专家对工程建设行业转型中数字化 BIM 应用、工程建设行业企业 BIM 应用中的问题及应对报告。并对"中国建设工程 BIM 大赛"获奖部分优秀项目进行交流

2.5 BIM 发展现状

2019 年，BIM 技术应用在全球范围内稳步增长。而我国出台 BIM 推广意见的省市数量逐渐增多，全国 BIM 技术应用的范围更加广泛。由于住房和城乡建设部大力推动 BIM 发展与应用，各省市政策相继出台 BIM 推广应用文件，到目前我国已初步形成 BIM 技术应用标准和政策体系，为 BIM 的快速发展奠定了坚实的基础。国家政策是一个逐步深化、细化的过程，BIM 政策已从最初的引导示范应用推广发展到引导全面推进及多技术融合阶段，协同集成工作系统及云平台、BIM 与 CIM 及物联网的融合等等，预示着"BIM ＋"

时代的到来，BIM 技术正在加速深入应用到工程建设行业的各个方面，促进 BIM 效能最大化。

2.5.1 国外 BIM 发展现状

（1）BIM 标准体系有较强实用性。美英等国家的 BIM 体系比较完善，不同层次的标准之间相互引用、相互联系、相互依托，形成一个系统性的整体，有助于其推行 Open-BIM 理念。特别是 IFC、Omniclass 编码、COBie 等多个技术标准能够获得很多软件产品支持。很多 BIM 项目通过技术标准促进了项目数据协同。

（2）构建 BIM 全面应用生态圈。国外大型 BIM 软件厂商为了应对工程建设行业数字化转型，正在通过合作、并购或自行研发，形成项目全生命期完整的产品链（从细分领域的逆向建模产品到项目管理、系统集成、数据交换与协作产品），以应对大型基建等日益丰富的 BIM 应用需求。

（3）数字孪生已成研究热点。国外已经在利用人工智能和机器学习手段，研究开发城市数字孪生平台，并结合物联网技术，将其用在资产的设计、建造、运营和维护场景。

2.5.2 国内 BIM 发展现状

（1）城市级 BIM 应用：以雄安新区、深圳前海、广东东莞等地区为代表，2019 年度 BIM 由单体建筑级向城市区域级应用转变，从 BIM 到 CIM 转变，实现区域级工程建设全生命期管理，建筑工程与市政工程 BIM 模型整合，深入挖掘 BIM 技术在区域级城市开发中的应用。

（2）行业规范化：国家逐渐规范 BIM 技术的教育与培训，从针对领导干部、设计院、监理、施工企业的总工，再到 BIM 技术负责人和信息化工程师高级别人员的 BIM 相关培训；以及针对高职院校的职业技能等级人才培养，人社部发布建筑信息模型技术员新职业信息，国家正在逐步推进 BIM 人才培养的规范化。

（3）市场影响力：全国各省市 BIM 应用项目数量逐渐增高，"龙图杯"、"创新杯"、"中国建设工程 BIM 大赛"等 BIM 比赛申报企业、项目数量再创新高，应用 BIM 水平不断提高。2019 年中国的 BIM 发展仍是国内、国际工程建设行业市场数字化、智慧化的焦点，围绕 BIM 技术在全生命期应用、智慧建造等国内外技术交流会搭建了交流平台，促进了"BIM ＋"相关技术的落地应用。以阿里、华为、平安等为代表的互联网企业正跨界参与工程建设行业的"BIM ＋"数字化建设。

（4）底层平台及建模技术研发：受美国制裁华为影响，国家发改委、工信部、住建部在政策和资金方面大力支持自主知识产权的图形平台及建模系统研发，推进 BIM 与 CIM、大数据、物联网等现代信息技术的集成应用，提高信息化管理应用的水平。

（5）试点审批制度改革：2019 年厦门、广州等地积极推进工程建设项目审批制度改革落地，推进试点工程建设项目 BIM 成果电子化报建，将 BIM 模型应用于工程建设项目报审各个阶段，提高报建审批数字化和信息化水平，建立基于 BIM 的"规建管服用"工程建设项目智慧审批平台，为智慧建造、智慧园区、智慧城市建设奠定数字化基础。

（6）推进 BIM 应用评价：国家推进组织开展 BIM 工程应用评价指标体系和评价方法研究，尚未有较为明确的工作计划及落地措施，但是对未来我国 BIM 市场的规范化管理、评级评定等起到了积极作用。

（7）标准体系逐渐完善：在国家已发布的 3 本 BIM 标准（《建筑信息模型应用统一标准》GB/T 51212—2016、《建筑信息模型施工应用标准》GB/T 51235—2017、《建筑信息模型分类和编码标准》GB/T 51269—2017）的基础上，2019 年又发布了《建筑信息模型设计交付标准》GB/T 51301—2018、《制造工业工程设计信息模型应用标准》GB/T 51362—2019、《建筑工程信息模型存储标准（征求意见稿）》，标志着我国 BIM 标准体系基本完成。同时，行业、地区、企业、专项（如绿建和装配式等）制定相应 BIM 标准或条款，不断充实和完善我国的 BIM 标准体系。

3 BIM 应用情况

3.1 BIM 行业图谱

BIM 涉及工程建设行业全生命期各个环节，本报告按照产业上下游的关系制定了 BIM 行业图谱（部分企业示例）如图 3-1-1 所示：

图 3-1-1 BIM 行业图谱（部分企业示例）

业主／开发商：BIM 实施推动的主要发起者，也是 BIM 最终的获益者，这类参与者多以业主、开发商等为主，比如万达、恒大、碧桂园、融创、泰康、旭辉、中信、中海、云南城投等；

勘察设计企业：设计阶段 BIM 应用、BIM 设计的主要实施者，这类参与方多以勘察设计院体系为主，如华东建筑集团股份有限公司、同济设计院、CCDI、北京市建筑设计院、湖南省建筑设计院有限公司、中国海诚工程科技股份有限公司、福建省建筑设计院、广州市设计院、联创设计院等；

施工企业：施工阶段 BIM 应用的主要实施者，这类参与方多以施工企业、EPC 企业为主，如中建各局、中铁、北京城建、北京建工、上海建工、浙江省建工、河南建工、陕西建工等；

生产制造企业：将 BIM 与生产制造、装配式等结合的主要实施者，这类参与方多以生产型企业为主，如三一筑工、中建科技、中建科工、远大、万斯达等；

软件开发商：以 BIM 为核心，开发项目级、企业级 BIM 应用和管理平台，这类参与方多以软件开发商企业为主，如广联达、北京构力、鸿业科技、中设数字、北京道亨时代、建研宏图、杭州品茗等；

BIM 咨询企业：提供 BIM 咨询服务、BIM 系统集成与服务等企业，这类企业多以设计院和施工企业、监理及造价企业、科技研发企业体系下孵化的咨询公司为主，如上海悉云信息科技有限公司、广州优比建筑咨询有限公司、中国建筑科学研究院有限公司、毕埃慕（上海）建筑数据技术股份有限公司、益埃毕建筑科技有限公司等；

信息技术科技企业：非传统工程建设行业企业，以"外来者"身份进入基于 BIM 的工程建设行业信息化建设、管理等业务，这类参与方多以大型的互联网、科技型企业为主，如阿里、平安、华为、云狐时代等；

政府机构：对工程建设项目进行监管与服务主体，是工程建设行业基于 BIM 及信息化发展的推动者和监督者，这些部门大多以各地政府、地方 BIM 推广中心、工程建设行业监管部门等为主；

此外，还有很多围绕 BIM 延伸出来的参与方，如培训与教育类、科研机构类、媒体类等。

由此可见，围绕 BIM 产生的生态圈逐渐成形，以下内容将进一步分析上述主要参与企业 BIM 发展与应用情况。

3.2 勘察设计企业

3.2.1 调研分析

为全面、客观地反映勘察设计企业在 BIM 应用中的情况，本报告从 BIM 重视程度、应用程度、价值程度、主要障碍等方面对勘察设计进行了专项调研，本节将从上述四个维度中各选取一项重要的典型数据进行分析。其他方面可看行业总体情况（见第 2 章）。

如图 3-2-1 所示，2019 年勘察设计企业 BIM 投资研发占比普遍较低，其中约 50% 的企业投资占比不超过 5%，32.5% 的企业投资占比在 5%～10%，投资占比超过 10% 以上的企业相对较少，占企业总数的 17.5%。从调研数据分析，大部分设计企业并没有完全做好准备，包括管理能力的准备，也包括技术能力的准备。

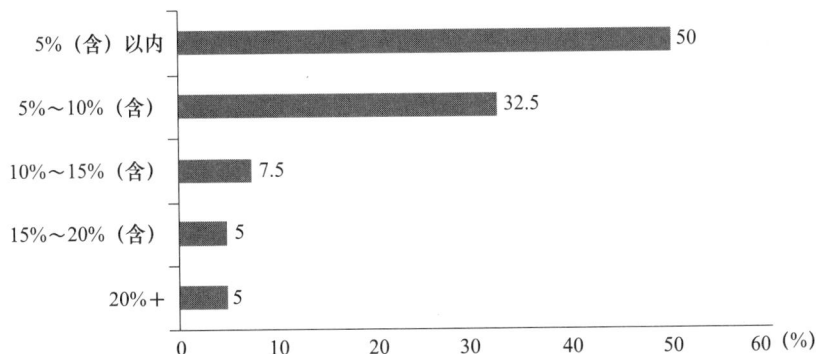

图 3-2-1　勘察设计企业 2019 年 BIM 投资占全年研发总投资百分比

如图 3-2-2 所示，勘察设计企业 2019 年在新建项目中应用 BIM 比例在 5% 以内的占 47.5%，5%～10% 的占 15%。勘察设计企业 BIM 应用比例的不同，一方面是自身业务发展需求不同，另一方面也是市场需求程度的不同。部分先进企业已经将 BIM 作为企业的核心竞争力，加大了投入力度，组建了 BIM 中心，期望得到更广阔的市场和远期效益。但有的企业迫于生存压力，被动接受 BIM，对 BIM 应用的准备相对欠缺。

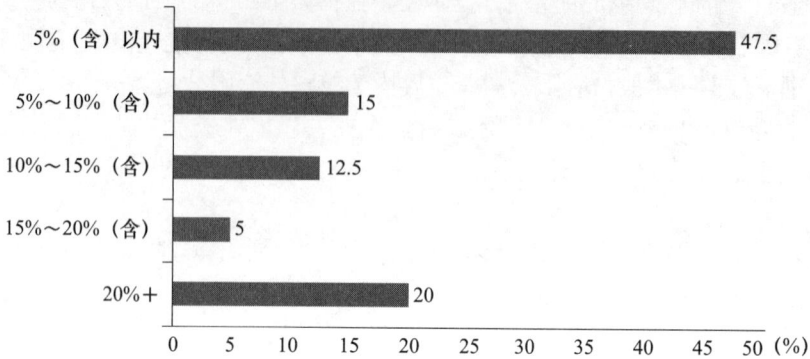

图 3-2-2　勘察设计企业 2019 年在新建项目应用 BIM 的比例

如图 3-2-3 所示，勘察设计企业对 BIM 投资回报的判断有较大差异：约 27.5% 的企业认为应用 BIM 已经盈利，37.5% 的企业认为应用 BIM 盈亏基本平衡，35% 的企业认为应用 BIM 存在亏损。

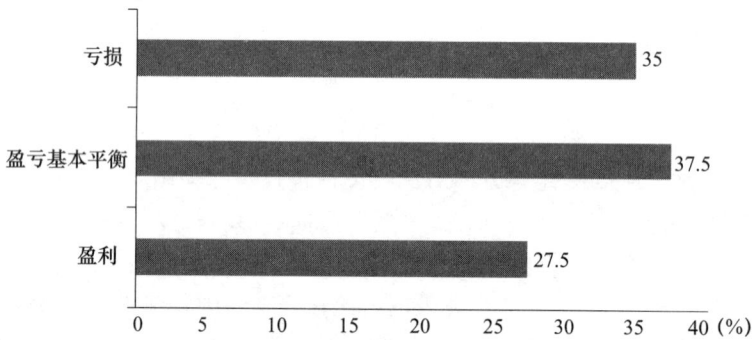

图 3-2-3　勘察设计企业对 BIM 投资回报的判断

作为产业上游的建筑设计企业，面临着为适应 BIM 的设计方法而必须进行的多方面调整。例如，改变应用多年的管理模式，制定并逐步施行适应 BIM 设计方法的企业管理机制；为设计人员提供额外的学习时间及技能培训资金；购买 BIM 相关软件的资金投入等。这些都会给设计企业带来短时成本的增加，以及软件应用带来的业务转型方面的风险，从而使得许多设计企业的管理层虽然对 BIM 的优势及其发展趋势有所了解，但却将视野放在企业的中短期效益上，满足于现有业务模式，企业转型的动力匮乏。目前通过 BIM 技术提升设计收费的前景并不乐观，大部分项目并不会接受 BIM 技术专项收费。整体来说，BIM 技术带来的经济效益暂时较少。

如图 3-2-4 所示，勘察设计企业应用 BIM 的主要障碍包括：56.1% 的企业认为标准、制度缺失，43.9% 的企业认为 BIM 价值无法评估、资金投入不足、人才短缺，41.46% 的企业认为行业认可度低，得不到企业充分认可，39.02% 的企业认为没有好用的平台，34.15% 的企业认为缺少政策、培训等支持，12.2% 的企业认为有除前面障碍以外的因素。BIM 的应用，要求建筑设计师的设计思维从二维到三维转型，学会使用 BIM 的建筑语言来描述建筑信息，而大多数设计院的建筑师却仍在犹豫和徘徊。转型初期，对建筑信息模型的片面观念、短暂的工作低效率、学习成本的增加、繁重的现有工作压力等因素都会导致设计师转型的源动力不足。

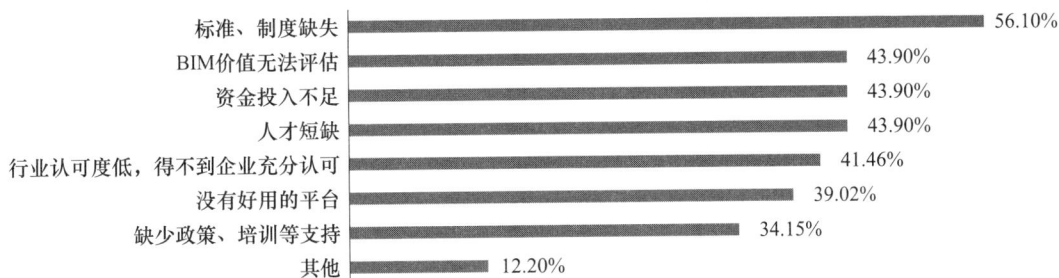

图 3-2-4 勘察设计企业应用 BIM 的主要障碍

3.2.2 应用现状

从目前我国工程建设行业的实际应用现状来看，BIM 技术主要应用于工程建设项目的设计阶段。设计人员通过应用 BIM 技术，可以建立工程建设项目三维模型，从二维图纸设计转变为三维参数化设计，在设计过程中开展专业内协同、专业间协同，依托 BIM 技术手段提升精细化设计能力，最终提高设计工作的效率和精度，保证了设计的合理性，尽可能避免出现施工阶段的设计变更。同时，在工程建设项目的设计环节中应用 BIM 技术，还可以实现设计人员和施工、运维人员之间的信息共享，进而结合可视化的动态模拟，加强对工程建设全过程的监督和控制，在很大程度上也有利于提高工程建设行业的工程管理水平。

从技术发展角度看，设计院是工程项目各环节中负责接收信息、整合信息、输出工程信息的主体，BIM 技术的应用将极大提高设计院设计信息交互和整合的能力及效率。设计院的 BIM 应用策略应以构建项目信息 "I" 为核心，BIM 三维模型 "M" 作为形体信息和其他项目信息的载体。目前，单项 BIM 技术应用的较好、较多，综合应用甚至全生命期运用的项目有限。随着国内的 BIM 成功案例宣传，有较大影响力的 BIM 大赛的举办，行业内的频繁交流，OpenBIM 在国内的大力推广，国际之间的合作交流机会增加，"BIM ＋" 与互联网＋前沿技术的应用，使得 BIM 可发挥的空间逐渐变大，其价值也将逐步呈现。

从政策发布角度看，国内各地的 BIM 相关政策，以鼓励 BIM 技术应用为主，缺乏约束和执行标准，政策审批验收并没有与 BIM 技术对接，跟传统的图纸交付审批相比，尚未形成一个良好的生态圈。以上海为例，政策文件要求从 2017 年起，规模以上项目必须应用 BIM 技术，但是此类项目在报建、报审、报批环节，并没有严格的 BIM 技术应用审查，这使得政策要求落入 "空谈"。另外，从经济层面看，在 BIM 技术快速发展应用的大环境下，应在设计时间和费用上给予宽容的态度，当前的项目 BIM 相关费用大多纳入设计总包，不利于技术的专项化发展。

从行业发展角度看，虽然设计过程逐步三维化、参数化，但二维图纸作为设计交付物的情况将会长期存在，当前大量存在设计翻模（根据设计输出的图纸进行建模）的情况，没有体现出参数化设计的优势，距离行业整体达到 BIM 设计有一定的距离。主要原因有：

（1）设计人员不仅需要一段时间学习与熟悉 BIM 技术，更需要将设计思维从二维转向三维；

（2）设计与审核过程都是基于规范进行，而规范中的大量要求都是基于二维图纸提出的。因此在标准规范未转化为对三维模型提出要求之前，从 BIM 设计导出视图加工形成两维图纸的情况不会改变；

（3）施工企业仍以查看二维图纸为主，这种现象也影响设计企业推进 BIM 设计的发展。

在勘察设计类企业中，华东建筑集团股份有限公司、湖南省建筑设计院有限公司、中国海诚工程科技股份有限公司、中建西北建筑设计研究院有限公司等推进 BIM 应用的力度较大，值得其他相关企业学习、借鉴。

1. 华东建筑集团股份有限公司

华东建筑集团股份有限公司（以下简称华建集团）定位为以工程设计咨询为核心，是为城镇建设提供高品质综合解决方案的集成服务供应商。信息化建设是华建集团在新形势下，求创新、求发展，立足于经济市场的必备实力。实现工程设计全过程数字化，在 BIM 标准制定和 BIM 平台研发等方面不断创新发展。

2016 年至今，华建集团作为主编单位，编制了上海市工程建设规范《建筑信息模型应用标准》DG/TJ 08-2201-2016。参与编制了国家 BIM 标准《建筑信息模型分类和编码标准》GB/T 51269—2017、《建筑信息模型设计交付标准》GB/T 51301—2018 以及行业标准《建筑工程设计信息模型制图标准》JGJ/T 448—2018。

2017 年，集团通过资本市场募集资金，开始新一轮的整体信息化升级改造，首当其冲就是整体的生产业务平台建设。生产平台总体建设目标是数据互联，提供一个基于云计算架构的全生命期业务应用与管理平台（图 3-2-5）。平台以数据管理、大数据云计算为核心，提供基于 Web 的交互式可视化、数据查询、数据抽取等功能，通过 BIM 数据的积累，未来服务于工程建设行业 BIM 大数据分析与挖掘，为设计咨询业的知识管理、知识发觉、知识推送、人工智能提供基础的驱动保障。以社交连接层、数据连接层和网络连接层为纽带，通过平台建设，实现企业生产业务和管理的互联互通，最终优化管理、优化生产、助力创新，为知识产生、加工、归集提供社交界面。最终实现工程建设行业业务链的横向整合、纵向连通，资源整合、规范流程、统一标准，打造面向工程建设行业的一体化平台。平台聚焦海量 BIM 数据的管理需求，通过技术架构的革新，实现了 BIM 数据文件解析，基于 WebGL 的 3D 可视化、BIM 对象查询、BIM 子模型抽取，实现了可支持 PB 级规模的 BIM 模型数据的存储与管理，为城市级 BIM 数据管理的理想数据管理平台提供基础。

2. 湖南省建筑设计院有限公司

BIM 设计研究中心于 2012 年底正式成立。成立之初，这个团队便作为全院在建筑领域新技术探索方面的排头兵，致力于用信息化技术来提升项目质量。2013 年至今，已完成

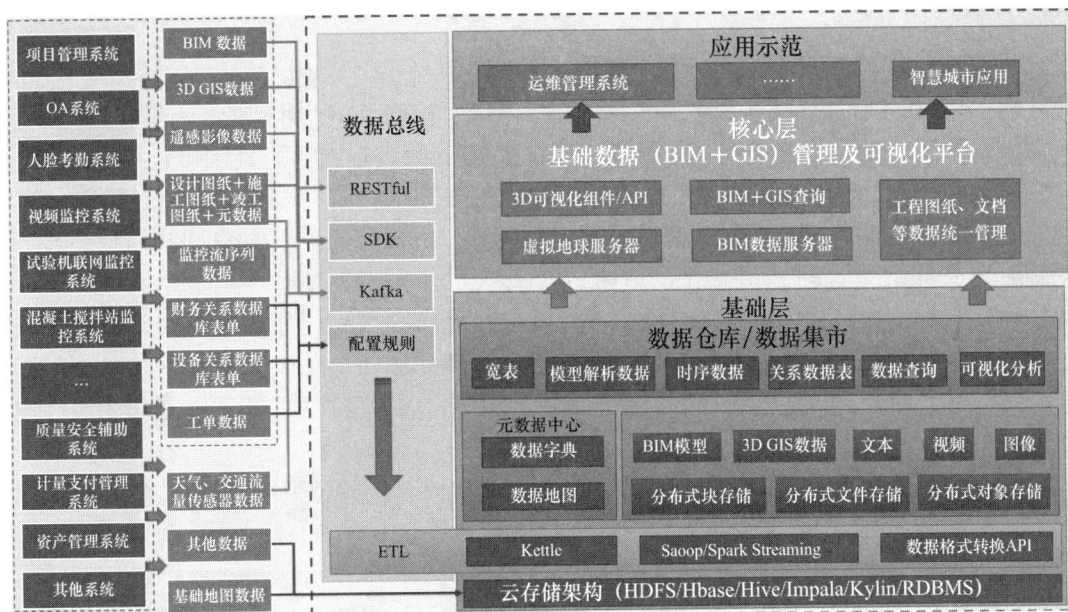

图 3-2-5 全生命期业务应用与管理平台

BIM 相关项目 100 多项，项目类型包括办公、场馆、交通、商业、教育、住宅、市政、医疗等。湖南省建筑设计院有限公司 BIM 应用主要包括设计质量复核、装配式探索、施工辅助管理、项目运维探索、工艺设计研究等。其中，设计质量复核为主要应用点，其他应用点结合项目进行探索，并没有全面铺开。

经过了多年的发展，BIM 设计研究中心经过不断发展和职能细分，现主要负责如下几个方面的工作：

（1）复杂项目 BIM 技术应用探索：BIM 设计研究中心以湖南省博物馆改扩建工程为首，依次完成了长沙世茂广场、滨水商业街、常德湘雅、张家界冰雪世界、鑫达医院等 30 多个项目，在钢结构参数化建模、机电管线综合优化、设计管理统筹等方面取得了显著成果；

（2）BIM 新技术探索与研究：完成了模型能耗分析、复杂钢结构管线设计、参数化设计、造价三维化模型计算、族库管理平台等多个探索计划；

（3）BIM 相关标准、体系、流程制定：完成了湖南省建筑设计院有限公司 BIM 实施标准体系编制，完成了全公司样板文件、样板项目、标准流程的制定；

（4）湖南省建筑设计院有限公司内部推广、培训与外部沟通：完成了各分院 BIM 团队的培训、共四届 BIM 文化节的举办、60 多个项目的技术支持；外部沟通方面，完成了省 BIM 联盟相关工作的开展，协助湖南省住建厅进行全省 BIM 事务协调，完成了《湖南省建筑工程信息模型交付标准》DBJ 43/T 330—2017 的主编工作，完成了《湖南省民用建筑信息模型设计基础标准》DBJ 43/T 004—2017、《湖南省建筑工程信息模型设计应用指南》的参编工作。

3. 中国海诚工程科技股份有限公司

从 2011 年开始，中国海诚工程科技股份有限公司（以下简称中国海诚）通过参与上海国际旅游度假区和北京国际旅游度假区项目的契机，与多个国际设计公司合作完成了多个项目 BIM 全过程设计，取得了良好的效果和经验。

中国海诚 BIM 发展和应用过程中解决了两个问题：

（1）以 BIM 软件、技术为主要工具，完成常规工程项目中设计院的所有工作；

（2）利用 BIM 软件中的新技术、新功能，来提升设计院在工程项目中的工作能力。

在此基础上，中国海诚制定了自身的 BIM 发展规划：

近期目标：2019～2021 年，在设计院层面逐步实现工程项目以 BIM 设计软件平台为主体，完成 BIM 设计和 BIM 出图的目标。

远期目标：在完成 BIM 近期目标，总结经验的基础上，结合企业统一业务管理，统一业务标准的要求，制定企业级 BIM 实施标准和管理平台。

中国海诚结合自身的规划目标，稳步推进，截至目前，已在如下几个方面推进具体实施工作：

（1）建立设计院层面的以满足当前 BIM 设计、BIM 出图规范要求为目标的 BIM 标准；

（2）总结以往 BIM 项目经验，试点一批有代表性项目的 BIM 设计实践课题，制定 BIM 实施项目的细则和具体操作步骤标准；

（3）细化和总结项目设计专业信息传递，交互的流程，结合 BIM 软件平台的功能实现两者的融合及总体效率的优化，形成设计院层面的 BIM 设计信息流程管理规则；

（4）动态管理 BIM 设计标准，根据经验、技术和标准的变化，适时更新和补充标准内容；

（5）建立和完善各类 BIM 设计族库的架构和标准制定工作。

4. 中国建筑西北设计研究院有限公司

中国建筑西北设计研究院有限公司建立企业级 BIM 应用发展目标：BIM 技术的实施可以带来企业业务经营模式的创新和企业业务价值链的重组，通过企业级的 BIM 技术实施和 EPC 项目的业务发展建立新的企业业务模式和流程，充分调动企业的一切有利资源，有效推动企业 BIM 发展。企业级 BIM 实施的目标主要有以下几个方面：

（1）提高企业团队协作，提升工作效率；

（2）提升企业管理的标准化；

（3）提升企业信息化管理；

（4）提高企业核心竞争力。

企业制定了自身的 BIM 发展规划：

近期规划：根据公司业务板块系统规划公司 BIM 应用探索、开发进程、企业标准及管理流程是首要任务。

中期规划：建立与建设工程各阶段、各相关业务的联动机制，合理利用外部资源，优劣互补，实现工程项目实施过程中强化与各项业务的集成与融合，发挥各环节一体化联动中的集约优势，实现 BIM 整体的创收。

远期规划：形成 BIM 技术支撑公司发展的优势，BIM 将作为公司知识密集型独立部门进行营运。实现 BIM 促进设计、BIM 带动施工、BIM 引领成本节约。以 BIM 为动力，实现 BIM 全员化，驱动传统产业高速发展。

基于 EPC 全过程 BIM 应用：

（1）策划阶段

策划工作是 EPC 项目 BIM 管理和应用的最主要阶段，也是 BIM 技术辅助设计施工一体化应用的关键阶段。在策划阶段须引入设计与施工的 BIM 人员，确保设计施工的数据融合，在此基础上确立 EPC 项目各阶段 BIM 标准，完善 BIM 应用管理的组织架构，细化各阶段应用流程和工序，辅以相应的软硬件和管理平台，明确 EPC 项目 BIM 全生命期应用管理的具体实现路径，以确保 EPC 项目各个阶段数据的无缝传递。主要的策划内容有：

1）制定 IPD 模式在项目中的策划应用；

2）建立项目 BIM 实施体系；

3）制定 BIM 应用原则；

4）制定项目 BIM 应用组织架构；

5）制定 BIM 应用总体流程；

6）制定 BIM 实施方案和 BIM 系列标准；

7）确立 BIM 软硬件架构并配备软硬件。

（2）设计阶段

在 EPC 项目中，设计工作不仅是只完成通常的设计任务，而是站在全生命期的角度上通过 BIM 技术优化设计，利用设计的统筹来进行项目的总体策划和协调。

EPC 项目初期应组织设计及施工各方 BIM 人员共同建立 BIM 实施体系，利用 BIM 技术辅助项目实现设计施工一体化，即打造建设项目的 IPD（Integrated Project Delivery）模式，将施工阶段的隐患点前移，充分发挥设计优势，实现设计与施工的深度融合。

1）方案设计阶段：利用 BIM 技术建立建筑物信息模型，进行环境分析模拟、建筑通风状况分析模拟，根据结果调整方案设计；

2）初步设计阶段：建立各专业初步设计 BIM 模型，在整合模型中，所有设计相关方共同检查模型，发现初步设计问题，提出优化建议。如优化建筑标高或控制净高、优化机房位置、优化管线路由等；

3）施工图阶段：依据施工图精度建立施工图设计 BIM 模型，通过 BIM 模型发现施工图设计问题，反馈设计进行修改调整。同时从设计源头推广整体式交付机房，充分发挥设计源头控制作用和技术优势，将机房相关设计的工作时间提前，减少工作交接面、提高工程效率。

（3）施工阶段

EPC 项目施工阶段是以执行计划为主的阶段，BIM 技术成为一个施工现场各方交流的沟通平台，参与方多且统筹协调难度大，使项目施工管控极其困难。通过施工 BIM 应用和管理使各方人员方便地协调项目方案，论证项目的可造性，及时排除风险隐患，减少由此产生的变更，从而缩短施工时间，提高施工现场生产效率。施工阶段 BIM 应用主要有：

1）智慧建造优化专项方案；

2）施工可行性分析；

3）复杂节点深化；

4）装配式深化；

5）施工方案交底；

6）工艺工序模拟；

7）临建 CI 标准化及实例模拟；

8）BIM 安全教育。

3.3 施工企业

3.3.1 调研分析

为全面、客观地反映施工企业的 BIM 应用情况，本报告从 BIM 重视程度、应用程度、价值程度、主要障碍等方面对施工企业进行了专项调研，本节将从上述四个维度各选取一项重要的典型数据进行分析。其他方面可参看行业总体情况（见第 2 章）。

如图 3-3-1 所示，2019 年，施工企业 BIM 投资研发占比普遍不高，其中约 78.26% 的企业投资占比在 5% 以内，17.39% 的企业投资占比在 5%～10%，仅 4.35% 的企业投资占比超过 10%。大部分施工企业目前还是以单点应用为主。部分先进企业认识到随着技术的不断成熟，BIM 逐渐成为解决包括成本管理、进度管理、质量管理等项目管理问题的有效手段之一，已经有部分企业开始加大对 BIM 的研发投入，其应用重心也正从单点技术应用向项目管理应用方向逐步过渡。

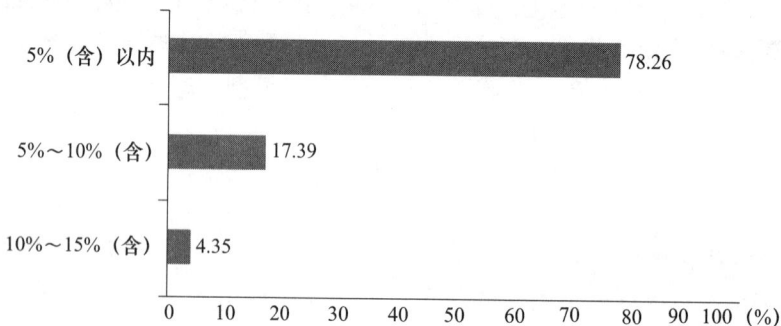

图 3-3-1　施工企业 2019 年 BIM 投资占全年研发总投资百分比

如图 3-3-2 所示，施工企业在新建项目中应用 BIM 比例不高，分别为：52.17% 的企业新建项目应用 BIM 比例在 5% 以内，17.39% 的企业新建项目应用 BIM 比例约在 5%～10% 之间，4.35% 的企业新建项目应用 BIM 比例约在 10%～15%，8.7% 的企业新建项目应用 BIM 比例约在 15%～20%，17.39% 的企业新建项目应用 BIM 比例在 20% 以上。目前，业界的 BIM 应用发展不均衡，中建、中铁、中交等大型央企项目应用 BIM 的普及率比较高，而大量的中小企业和民企还有较大差距，这与对 BIM 的认识程度、标准的可实施性、软件的成熟度和法律环境以及投入产出效益有关。

如图 3-3-3 所示，施工企业对 BIM 投资回报的判断与勘察设计企业类似，结果喜忧参半：约 26.09% 的企业认为应用 BIM 技术已经盈利，39.13% 的企业认为盈亏基本平衡，34.78% 企业认为存在亏损。在施工项目过程管理中的 BIM 基础应用，包括建模、碰撞检测、管线综合以及施工方案模拟等应用给施工企业自身管理带来了一定价值，一些大型、先进施工企业正在逐渐推进基于 BIM 的进度、质量、安全和现场管理。

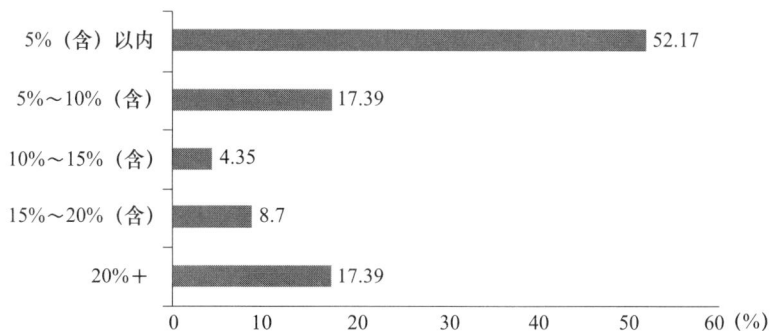

图 3-3-2 施工企业 2019 年新建项目应用 BIM 比例

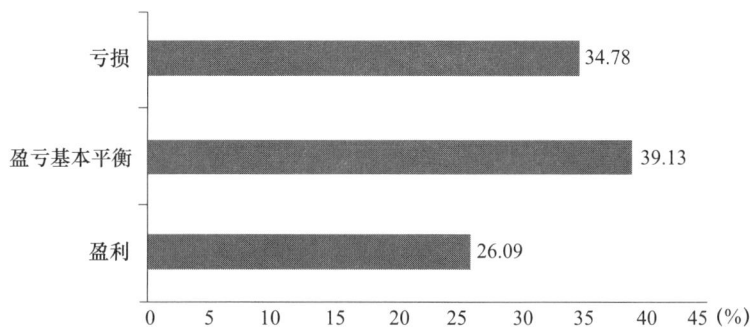

图 3-3-3 施工企业对 BIM 投资回报的判断

如图 3-3-4 所示,施工企业应用 BIM 的主要障碍依次为:71.74% 的企业认为设计人才短缺,65.22% 的企业认为是资金投入不足,63.04% 的企业认为设计标准、制度缺失,54.35% 的企业认为是 BIM 价值无法评估,34.78% 的企业认为是行业认可度低、得不到企业充分认可、缺少政策、培训等支持;30.43% 的企业认为是没有好用的平台,还有 8.7% 的企业认为是由于其他因素影响 BIM 的应用。从整体看,BIM 技术的应用水平仍处于起步阶段,不可避免地在专业人才、软硬件环境、成果交付等方面出现各种问题和阻碍。

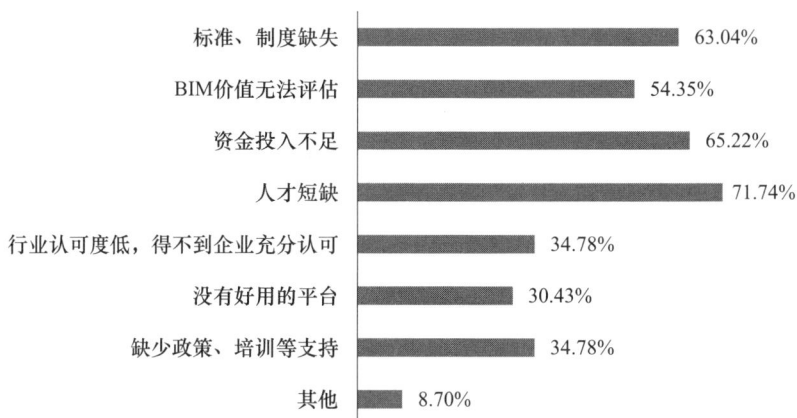

图 3-3-4 施工企业应用 BIM 的主要障碍

3.3.2 应用现状

在过去几年的发展过程中，施工 BIM 应用还是以单项任务为主要应用方式，随着技术的不断成熟，BIM 逐渐成为解决包括成本管理、进度管理、质量管理等项目管理问题的最有效手段之一，其应用重心也正从单点技术应用向项目管理应用方向逐步过渡。另外，随着物联网、移动互联网等新的信息技术迅速发展，云存储和移动设备的应用，满足了工程现场数据和信息的实时采集、高效分析、及时发布和随时获取等需求，进而形成了"云＋网＋端"的应用模式。这种基于网络的多方协同应用方式与 BIM 集成应用，形成优势互补，为实现工地现场不同参与者之间的协同与共享，以及对现场管理过程监控都起到了显著的作用。

从应用水平上来看，国内外相差也不大，但中国的建筑市场大、大型复杂工程多，BIM 实践经验积累更丰富。但在 BIM 与生产管理流程集成、企业资深从业人员 BIM 应用参与度、BIM 基础数据积累和信息利用等方面仍然普遍存在差距。

从推动施工 BIM 应用角度，我国施工领域 BIM 应用还面临诸多问题，大的方面包括：模型法律地位问题、设计模型与施工模型共享的技术问题和责任问题、BIM 应用风险问题等。具体的问题表现如下：

（1）目前国内施工领域使用的 BIM 软件大都停留在解决单项技术问题、提供单项使用功能的水平上，且在其应用中也遇到了信息难以互通、设计与施工产业链割裂、未形成明晰的商业模式等瓶颈。

（2）总体来说，目前 BIM 设计使用的软件多，施工使用的软件少；建模软件多，模型应用和集成管理软件少。

（3）受现行工程建设法律法规以及施工合同的制约，施工阶段直接使用设计阶段 BIM 模型还没有先例，既缺少相应保障，也缺少有效数据和接口，一般情况下，施工企业需单独另行建模。

从发展的角度，施工 BIM 应用可分为"感性认识"、"理性回归"、"知行合一"和"价值实现"四个阶段，而当前正处于"理性回归"阶段。当前，工程建设行业对施工企业 BIM 技术应用的先期准备和投入、问题和掣肘、可产生价值和回报等认识得更加清晰和理性，这不仅有利于技术良性发展，也更加夯实了全面推广和行业整体技术升级的基础。

在施工企业中，中建八局数字建造中心、北京建工集团信息管理部智能建造中心在已经从 BIM 应用拓展到数字建造、智慧建造，值得其他相关企业学习、借鉴。

1. 中国建筑第八工程局有限公司数字建造中心

数字建造中心是中国建筑第八工程局（以下简称为中建八局）在 BIM 与数字建造领域科技研发、人才培育、技术服务与成果转化牵头单位。近年来，在 BIM 与数字建造领域，中建八局建立了总部 BIM 工作站（数字建造中心）、二级单位 BIM 工作站、三级单位 BIM 工作站、项目 BIM 工作室共 4 级 BIM 垂直管理体系。根植项目一线，累计培养了 2.2 万人次的实操级 BIM 人员。通过"业务引导 BIM、BIM 辅助管理"，建立起了以"全人员覆盖、全业务前置、全参建方协同"为特色的中建八局 BIM 实施体系。

近年来，在 BIM 与数字建造领域，中建八局先后承担国家科技部"科技支撑计划"子课题 1 项、国家科技部"重点研发计划"子课题 1 项、国家工信部"工业互联网创新发展工程"子课题 2 项。主持、参与了《建筑信息模型设计交付标准》GB/T 51301—2018、《建筑信息模型施工应用标准》GB/T 51235—2017 两部国家标准以及北京、上海、广西等多部地方 BIM 标准的编制。主持开发了"企业 BIM 族库管理平台"、"企业 BIM 快速建模平台"、"企业 BIM 工程算量平台"、"企业 BIM 施工工艺管理平台"、"项目 BIM 协同管理平台"、"基于实景重建的工程质量分析技术"、"机电工程数字化建造技术"等一系列 BIM＋数字建造科研成果，累计在 1800 余个在建工程中得到广泛应用，先后两次获得中国工程建设科学技术二等奖。在代表国内设计与施工 BIM 最高水平的中国勘察设计协会"创新杯"、中国工程建设行业协会"中国工程建设 BIM 大赛"、中国图学学会"龙图杯"中，累计获得一等奖 65 项。2017 年，承建的天津周大福金融中心摘得全球工程建设行业 BIM 大赛（AEC Excellence Awards）施工组桂冠，实现了中国施工企业在这一全球最高水平 BIM 赛事中的首次突破。

2. 北京建工集团信息管理部智能建造中心

北京建工集团信息管理部智能建造中心是在集团 BIM 中心基础上升级组建形成的，为通过将信息技术与工业自动化深度融合、实现落地应用，将建筑信息化、智能化与相关技术在集团全产业链推广而成立的实体机构，下设 23 个不同领域的研究分中心。中心本部现有员工 40 余人，其中专业工程师 20 余人，软件研发工程师 20 余人，其中双博士后 1 人，高级工程师 5 人，一级建造师 1 人。中心具有集团博士后工作站、是北京市的青年创新工作站，全国智能建造技术创新企业。中心是北京建工集团有限责任公司（以下简称北京建工集团）在智能建造系统管理、技术研究和业务实施实体单位，以支持北京建工企业数字化转型，产业链赋能为目标。

北京建工集团的智能建造理念是在多年 BIM 技术研究应用基础上，结合北京市城市副中心、大兴新机场等项目实践总结形成的。北京建工集团信息管理部智能建造中心主要有三个方面的工作方向：一是建筑信息化研究应用，其中包含管理信息化和生产信息化，其最终方向是实现工业互联网级别的信息打通；二是装备智能化，包含建筑产品的智能化和建筑装备的智能化；三是作为接口和通道，对集团内企业进行需求对接和服务提供，对企业外部进行资源引入，实现对产业链的赋能。

北京建工集团信息管理部智能建造中心目前从事集团智能建造顶层设计、相关研究成果转化、企业孵化、对外培训、BIM 技术咨询与服务等专业工作，相关成果在天安门修缮改造、国家会议中心二期、北京城市副中心、大兴新机场、广州地铁 5 号线东延、中国科学院高能光伏高能同步辐射光源项目等重大工程中逐步实践落地。

3.4 业主／开发商

3.4.1 调研分析

为全面、客观地反映业主／开发商在 BIM 应用中的情况，本报告从 BIM 重视程度、应用程度、价值程度、主要障碍等方面对业主／开发商进行了专项调研，本节将从上述四个维度各选取一项重要的典型数据进行分析。其他方面可参看行业总体情况（见第 2 章）。

如图 3-4-1 所示，2019 年业主／开发商 BIM 投资研发占比相对较高，其中约 50% 的业主/开发商投资占比在 5% 以内，33.33% 的业主/开发商投资占比在 5%～10%，16.67% 的业主/开发商投资占比超过 20%。业主是推动 BIM 应用的主导方，基于其投资及经营主体的特性，业主在 BIM 技术应用上发挥了重要作用。经过 2017 年、2018 年的 BIM 知识普及，在 2019 年，业主 BIM 应用发展进入了新的高潮。从 2017 年之前的观望，到 2018 年的尝试，再到 2019 年的完全实践，国内大中型业主均加大了 BIM 的应用力度。一些业主/开发商纷纷招聘或建立 BIM 专项研发小组，定制研发 BIM 相关软件平台，并着手对内部制度进行优化。

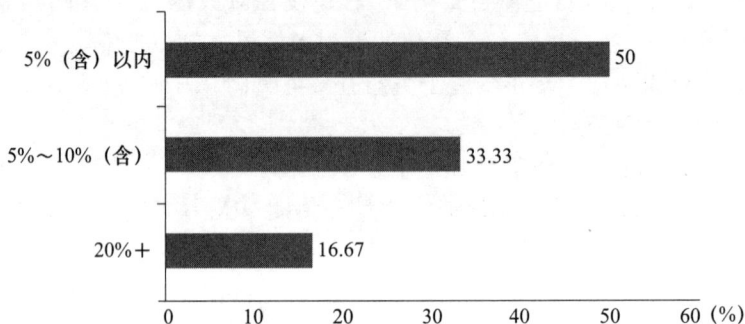

图 3-4-1 2019 年业主/开发商 BIM 投资占全年研发总投资百分比

如图 3-4-2 所示，业主/开发商在新建项目中应用 BIM 占比呈现两极化：41.67% 的业主/开发商应用 BIM 的比例在 5% 以内，33.33% 的业主/开发商应用 BIM 的比例超过 20%。一些先进的大型企业经过一定的研发投入，建立了一套自身的 BIM 管理体系、应用体系，并在自身的大量项目中推广使用，投入产出获得了一定回报。同时，也有一些业主/开发商的 BIM 应用还处在探索阶段，点状应用试试看的也不在少数。

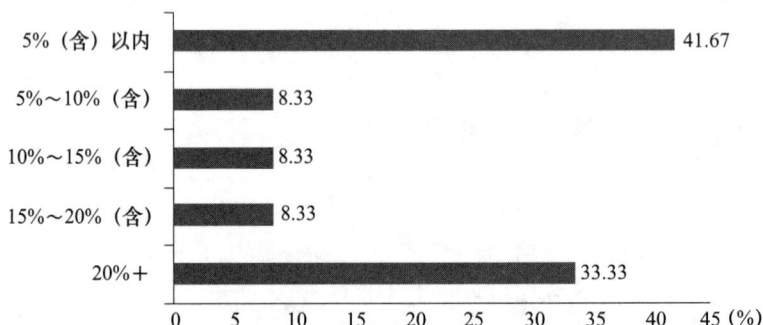

图 3-4-2 2019 年业主/开发商新建项目应用 BIM 比例

如图 3-4-3 所示，认为 BIM 投资回报盈利的业主/开发商占到 33.33%，盈亏基本平衡的占到 25%，亏损的占到 41.67%。虽然业主/开发商作为 BIM 技术的最大受益者，但由于到目前为止还没有具体的行业收益数据，一些业主/开发商认为未来收益存在风险，不愿意冒这种风险。对于业主/开发商来说，BIM 技术要解决短期利益和长远利益的认识问题，从建筑物的全生命期管理角度重新定位投入产出。部分开发商只考虑用最便宜的设计、材料、设备完成建设任务，不考虑运行维护问题，以及数据复用带来的便捷，这就缺少使用 BIM 技术的动力。部分业主/开发商认为：BIM 多用于外形复杂的建筑，对于住宅等相对简单的建筑来说，现阶段意义并不大，因为一旦选择 BIM，就意味着要重新选择技术实力匹配的设计院、施工总承包、顾问、监理等企业，会有前期投入的增加。然而，建筑生产从传统粗放型向精细化转型，以及对品质、质量、形象的高要求，都需要更重视 BIM 的长期效益。

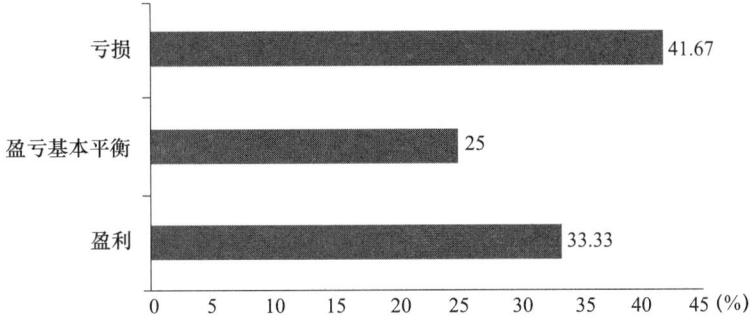

图 3-4-3　业主／开发商对 BIM 投资回报的认知

如图 3-4-4 所示，业主／开发商应用 BIM 的主要障碍依次为：66.67% 的业主／开发商认为是人才短缺，58.33% 的业主／开发商认为缺乏权威机构对 BIM 咨询服务能力的评价、无法对供方能力做出有效评估，50% 的业主／开发商认为缺乏相应的 BIM 标准、制度，50% 的业主／开发商认为是没有好用的平台，50% 的业主／开发商认为是行业认可度低、得不到企业充分认可，41.67% 的业主／开发商认为是资金投入不足，41.67% 的业主／开发商认为是缺少政策、培训等支持，25% 的业主／开发商认为是 BIM 价值无法评估。人才短缺是行业整体的通病。不同于设计、施工等其他参与主体，对于业主／开发商全生命期数据传递与使用价值更大，同时带来的挑战也更大。BIM 信息是基于全生命期的，从建设工程的前期规划到建筑设计、施工，再到最后的使用、维护、物业管理，覆盖了项目的全过程。然而，建设工程中的设计、施工、监理、运营各方是互相割裂的，分属不同的行业和企业，不是利益共同体。目前缺少完善的技术规范和数据标准，导致国内 BIM 的应用或局限于二维出图、三维翻模的设计校核、展示应用，或局限于原来设计、造价等专业软件的开发各成一体，造成了行业对 BIM 技术能否产生效益的困惑，这在很大程度上也阻碍了 BIM 技术的发展。

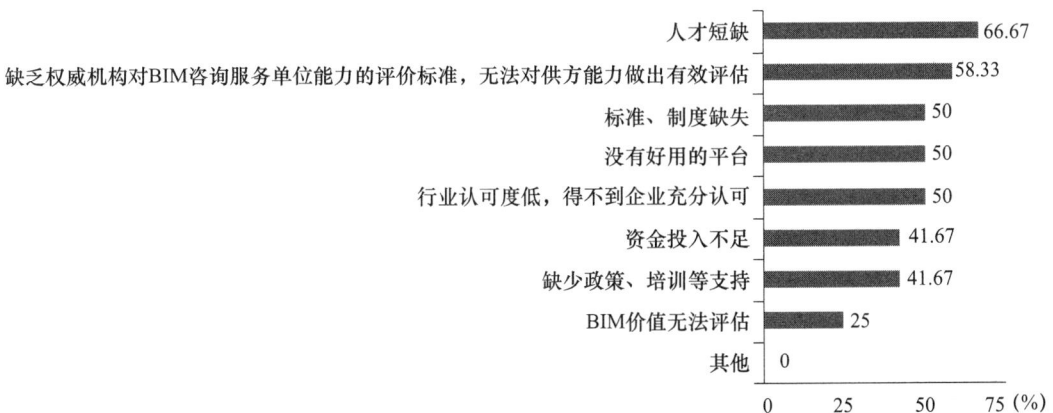

图 3-4-4　业主／开发商 BIM 应用的主要障碍

3.4.2 应用现状

与设计、施工企业相比，业主／开发商在 BIM 的应用上显得更为全面。基于业主／开发商开发的不同建筑类型，BIM 在规划设计、施工、销售租赁、运维等方面得到了全面应用。

设计是业主／开发商的重要把控环节。设计的结果直接影响了后续的物业销售或租赁收入情况，为此，业主／开发商纷纷使用 BIM 技术对设计过程进行了全面的优化升级。从规划设计，方案比选到设计深化，BIM 的三维可视及参数化分析均显示出其重要的作用。在 2019 年，大部分业主／开发商都已在设计阶段或多或少地采用了 BIM 技术进行部分或者大部分的设计工作。此外，部分业主／开发商率先启动 BIM 设计的研发及应用，希望通过 BIM 设计提高模型准确性并解决二维图纸与三维模型一致性的问题。

在施工方面，业主／开发商的 BIM 应用与施工企业的应用有着很大区别。业主更着重于成本、进度、质量等主要环节。4D、5D BIM 应用目前已被业主／开发商广泛接纳，部分业主／开发商已强制要求施工企业进行基于 BIM 模型进行形象的进度汇报。此外基于 BIM 模型的质量管理，移动端现场质量检查等也已纷纷应用到众多项目当中，成为项目质量管控的基本要求。在住宅地产，众多大型业主／开发商纷纷启动 BIM 与装配式建造结合的研究与试点，把前端 BIM 模型数据用于预制件生产、运输及现场吊装，在 2019 年已取得一定的成效。

在运维方面，BIM 技术可发挥数据可视化及整合能力，在设施设备管理、空间管理、环境管理、能耗管理等方面创造价值。截至 2019 年，行业已出现不少优秀 BIM 运维应用案例。但整体上，相比 BIM 技术在设计及施工中的广泛应用，除个别优秀业主／开发商外，BIM 运维应用整体还停留在试点或尝试阶段，尚未形成规模化及标准化应用。

2019 业主／开发商的 BIM 应用主要分为以下三个梯队：

（1）BIM 应用先锋业主／开发商：该类型业主／开发商已有多年 BIM 应用经验，BIM 应用价值已得到企业全面认可并进行广泛推广。企业内部中已完善建立了基于 BIM 技术的管理体系和技术标准、应用软件、协同平台及人力培训体系。此类业主／开发商对 BIM 应用投入的资金通常累计在亿元以上。

（2）BIM 应用实施中的业主／开发商：此类业主／开发商已充分认识到 BIM 的价值，初步摸索出符合企业特点的 BIM 应用办法。实施团队、平台软件、管理制度均正在建设或完善当中，已有实际项目进行 BIM 试点应用。2019 年持续对 BIM 应用进行投入，将 BIM 技术作为企业的核心竞争能力。此类业主／开发商对 BIM 应用投入的资金通常累计在数千万元以上。

（3）尝试性 BIM 应用业主／开发商：已了解 BIM 的应用价值，并开始在特定项目中进行小范围的尝试性探索及验证，待验证成功，企业将会进入正式的 BIM 实施阶段。此类业主／开发商对 BIM 应用投入的资金通常累计在数百万元。

在业主／开发商中，万达商业规划研究院有限公司、中信和业投资有限公司、融创（北京）文化旅游规划研究院有限公司的 BIM 应用经验值得其他相关企业学习、借鉴。

1. 万达商业规划研究院有限公司

万达商业规划研究院有限公司是行业中最早提出 BIM 数字化管理的业主企业，其数字化管理体系涵盖了建筑全产业链协同管理的所有环节：制度层面描述了数字化管理的愿景目标和管理机制，技术层面规范了数字化研发的技术体系和产品体系，实施层面明确了全生命期的应用规范和评价回顾。万达商业规划研究院有限公司作为万达商管集团BIM研发创新的整体负责部门，经过几年的率先实践，规划研究院已建立了完善的标准、模型、软件、平台四大类BIM成果。目前已建立了万达WBIM建筑信息模型标准体系（图3-4-5），主编行业团体标准《商业建筑信息模型应用统一标准》，全面推行基于筑云（建设阶段）和慧云（运营阶段）的全生命期的企业级BIM应用，并通过BIM人力注册系统，对项目人员进行专业培训、考试及认证管理，确保人员达到万达BIM应用所需的技术能力及管理水平。

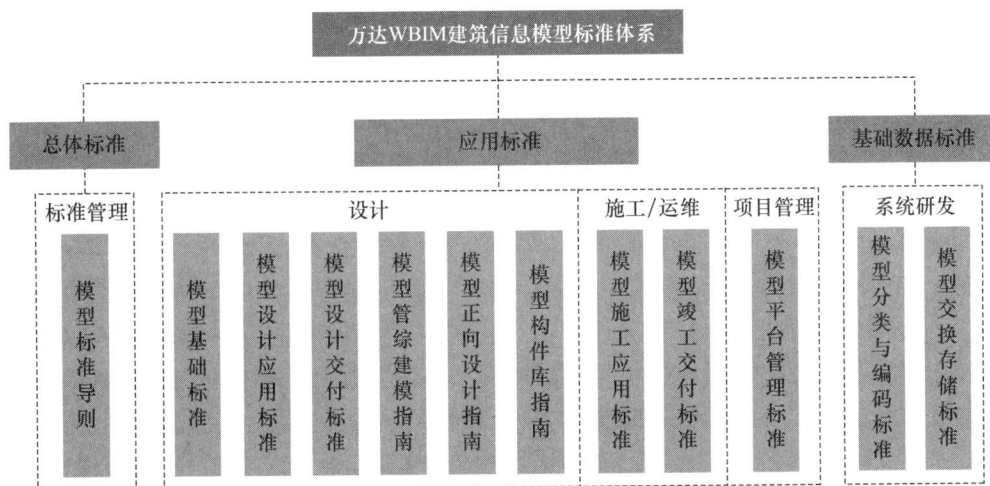

图 3-4-5　万达 WBIM 建筑信息模型标准体系

万达BIM模式在建设阶段的应用，是在项目模型中输入并集成设计、建造、运维等业务信息，业主单位、设计总包、施工总包和工程监理（以下简称四方）在筑云平台上基于BIM实时获取设计、成本、计划、质量等精确信息和管控要点，进行全程同步共管，实现四方对管理标准、执行计划、操作平台、验收成果的统一。2019年有超过40个万达广场项目采用BIM总发包模式，应用效果显著。通过连续三年的数据统计及对比显示，BIM协同设计的成果质量稳步提升，审查问题数量同比减少20%。工程总包应用BIM技术模拟施工实现精细化管理，变更洽商金额减少28%，业主及监理单位运用"筑云平台"对现场施工实时监控，云端协同管理材料设备，移动端对照模型现场检查，确保工程品质及项目安全。

移交运营阶段，交付项目竣工模型作为广场数字化运维的基础条件，实现自动导出设备设施的台账信息和质保信息，并录入工程信息化系统，将建设阶段的信息完整、准确地传递到运维阶段。运用轻量化模型与慧云系统关联，利用互联网、物联网及人工智能等新技术，建立起可视化操作、跨系统关联、多维信息展示的商业建筑智能化云平台管理系统。截至2019年底，万达慧云系统已累计对超过300座的万达广场进行集中管控，实时监控设备90万台、信息点位1000万个。

同时，根据BIM技术在众多项目中的应用反馈及总结分析，深度挖掘BIM技术的特点，2019 年同步推进万达 BIM 数字化管理平台 2.0 的升级工作。全面启动 BIM 设计、BIM ＋ AI 自动审查、BIM 大数据应用、数字孪生建筑的创新和试点，进一步提升生产效率和管理水平。

万达商业集团始终坚持与国内外顶尖机构联合创新，积极推动整个供应链系统进行信息的协同共享，达到国际 BIM 标准的要求。2019 年，万达商业集团成为中国第一也是唯一一家同时获得 PAS1192 和 ISO 19650 等多项 BIM 数字化管理认证的不动产企业，英国标准协会在 BIM 国际标准的审核过程中，万达各个评测项的通过率均为 100%，取得了"零不符合项"的杰出成绩，充分展现出中国企业在数字化创新及项目实践的全球领先水平。

2. 中信和业投资有限公司

中信和业投资有限公司作为业主，在中信大厦的建造过程中率先采用集成项目交付（IPD）模式，在项目全生命期深入应用 BIM 技术。经过中信和业投资有限公司与参建各方的共同打造，实现了缩短工期、减少拆改、降低成本和提高品质，为大楼运维提供数据基础的既定目标。中信大厦 BIM 技术的成功应用，除了建设期间取得的实际效益之外，更主要是拓展了中信大厦的特殊附加值：一是为提升大厦经营能力和降低运维费用打下了坚实的基础；二是 BIM 提升了大厦的品牌价值；三是业主方开发团队—和业公司通过 BIM 竣工模型衍生出来的运维模型，掌握了提升未来物业管理经营水平的核心技术，使得 BIM 成为一个可持续的效益增值主体，在中信大厦全生命期管理中尽显其价值优势；四是为推进中国超高层建设 BIM 应用树立了历史标杆；五是为中国超高层建设全生命期管理和 BIM 技术行业标准的制定，提供了应用实例。中信大厦项目 BIM 应用表明，以需求为导向，从价值和实效中获取内在原动力，并以对 BIM 的深刻理解与信任，结合项目管理，通过严谨和严格的制度体系和工作指引，将 BIM 各项工作落到实处，是 BIM 应用成功的基石。结合中国的国情，BIM 应用由业主方为主导并主动承担一定的费用和资源的投入，又以合同明晰权责利，以管理制度为 BIM 应用保驾护航，创造管理共享、技术共享、成果共享、利益共享的多赢平台，形成高层管理协同的商业模式和利益共同体，是 BIM 应用成功的关键。

中信大厦在建设全生命期内应用 BIM 技术，在与项目所有参与方签约的合同中，中信和业投资有限公司要求乙方运用 BIM 技术提高专业服务水平，提升项目品质。利用信息技术提高了项目数据管理，将三维技术引入项目管理，使数据变得有用、有序，且非常有价值。项目管理水平的提升发挥 BIM 技术的独特作用，同时 BIM 带来的管理体系因其严谨、准确、真实、可靠的特性，又反过来促进项目管理水平进入新的高度。

在设计阶段，要求设计企业统筹管理设计方及专业设计顾问，会同专业顾问，应用 BIM 技术完成设计和顾问工作，并交付 BIM 成果。

在施工阶段，要求总承包企业、机电总承包企业、专业分包企业、设备／材料供应商及监理企业应用 BIM 技术提高施工深化设计质量和效率，辅助施工管理目标的达成。

同时，各参与方的 BIM 工作将为运维阶段的信息化、数字化管理建立良好的技术基础。

从设计阶段移交到施工阶段，则进行模型的移交，施工总包接到设计模型后，经过分析与细化，又将分发给土建和钢结构去做专业模型，然后再汇总到总模型里面，变成最后进入现场且指导现场的施工模型。整个施工过程完成以后，再与原来的设计模型进行比较，经过模型清洗作为运维的数据基础。

超高层建筑的深化设计（二次设计）工作量非常大。中信和业公司充分理解和认识到专家指导的重要作用，通过专家库和顾问公司来解决可施工性的问题，使得深化设计量大大减少，很多可能在深化设计时发现的可施工性问题在设计阶段就得到了根本解决。同时，通过 BIM 技术，将整个深化设计工作的生产全面前移，从而产生管理体系革新带来的工作效率。

在中信和业 BIM 管理体系中（图 3-4-6），集成项目交付（IPD）十分重要。事实上，BIM 诞生的背景就是 IPD，即集成项目交付。只有业主对项目有一个整体的控制，才能令 BIM 这一复杂技术得以实现。中信大厦项目提前在设计阶段完成对设计模型的可施工性分析，并让有施工总包经验的专家提前参与，比如在机电总包进场之前，就已经完成了机电的可施工性分析，这就较好地践行了 IPD 原则。

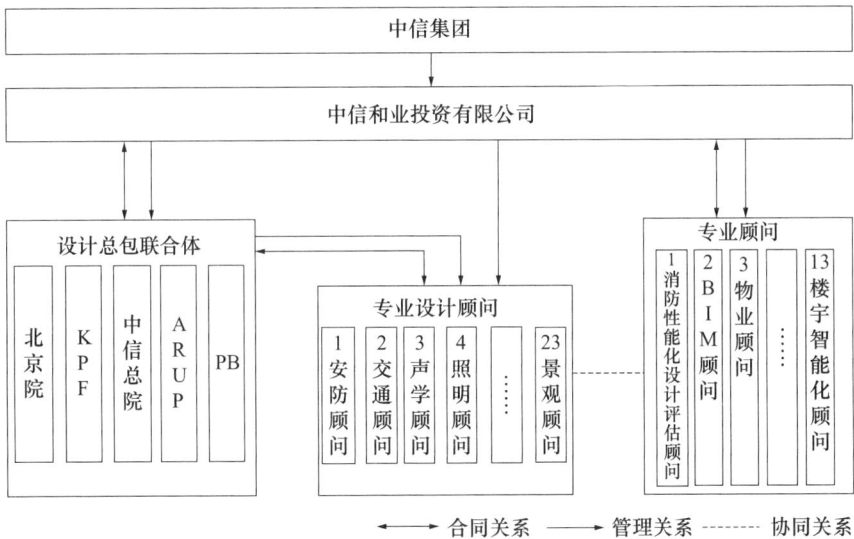

图 3-4-6 中信和业 BIM 管理体系

中信大厦项目的 BIM 应用在设计协调中的作用非常明显。在设计阶段，中信大厦项目全专业合模次数约为普通建筑的 6～7 倍；在施工阶段，截至地下结构工程，土建设计变更数量约为同类项目变更数的 1/17。

BIM 技术在中信大厦项目设计阶段也同样发现了大量的错、漏、碰、缺问题，共完成施工图的 BIM 复核 33 批次，解决了各种设计问题 5557 项。仅仅针对地下部分的机电预留预埋、管线排布，通过 BIM 技术共协调解决问题 519 项。

在施工阶段，施工总包构建的深化设计模型，又要交由专业分包分拆模型再重新组合，并且一般要反复多次，总包方必须有较强的技术实力进行自查。但相对于设计阶段，施工阶段的深化设计模型主要是在对设计模型的承继、补充、微调等方面，原则上已不是重大错、漏、碰、缺问题，而是将工作重点放在精细化管理方面。

这一阶段，BIM 顾问、设计方、监理审核，主要是为了提升 BIM 模型的应用性问题，防止施工方对模型产生理解偏差，并且审核也具有对施工方的应用指导性质。业主通过专家评审会进一步进行模型综合评议，是守住 BIM 应用的最后一道重要防线，以全面提升建筑品质与质量，加强生产安全，确保工期和成本可控。

3. 融创（北京）文化旅游规划研究院有限公司

融创（北京）文化旅游规划研究院有限公司（以下简称融创文旅院）是融创文旅集团 BIM 应用的总部归口管理部门，是中国文化旅游行业首家获得"国家高新技术企业"认定的研发机构，是融创文旅集团的创意中心、科技创新中心、研策研发中心。融创文旅集团定位于"中国家庭欢乐供应商"，主要包括融创文化旅游城、融创旅游度假区等业务板块，具备设计、建设、运营完整的体系能力。

融创文旅院作为《文化旅游工程建筑信息模型应用标准》的主编单位之一，在国内文化旅游行业率先推行全业态、全过程 BIM 应用实践，在融创文旅集团建立了完备的 BIM 技术和管理体系。目前，已推动融创文旅集团旗下的 12 个大型文旅城（涵盖室外主题乐园、室内滑雪场、水乐园、海洋馆、体育乐园、演艺剧场、体育场馆、酒店群、商业综合体、会展中心、特色小镇、影视产业园等业态，数百个复杂建筑单体及主题娱乐构筑物）的 BIM 应用实践，是国内大型复杂工程项目 BIM 应用实践最丰富的业主单位。

文化旅游工程 BIM 应用具有异形空间多、涉及专业多、集成难度大的特点。融创文旅院在 BIM 实践中，大量采用三维扫描、3D 打印、参数化设计、效果模拟等技术。目前，融创文旅院在复杂场地分析、复杂外立面、大型主题包装、大跨钢结构、特殊机电系统（如海洋维生、水处理、制冷造雪）、大型游乐设备、复杂演艺设备等方面的 BIM 应用水平位居国内领先地位。

融创文旅院立足行业发展现状，针对国内工程建设领域的软硬件和人才发展水平，并参考了国外先进 BIM 应用理念，搭建了融创文旅集团的 BIM 管理制度和标准体系。在集团总部和项目层面设置专职 BIM 管理岗位，并在各专业的设计及施工合同中对 BIM 应用都做出了明确约定，实现全业态、全专业、项目建设全过程 BIM 应用，为业主企业的大型复杂项目 BIM 应用管理树立了良好典范。

融创文旅院在 BIM 应用实践中不断创新。针对文旅项目实施中遇到的场景需求，融创文旅院制定了复杂特异类外立面等一系列专项 BIM 应用标准，主导开发了游乐设备构件库和景观构件库等 BIM 数据库。这些标准和数据库在项目 BIM 应用中发挥了重要作用且具有较大的推广价值。

融创文旅院高度重视 BIM 行业交流，积极为设计院、工程承包商、咨询顾问单位等合作伙伴提供良好的 BIM 技术应用平台，分享先进的 BIM 技术理念和管理思路，积极与软件厂商、行业协会开展合作，努力实现与合作伙伴的共同进步，为 BIM 技术推广应用，尤其是在大型综合类复杂项目上的应用，发挥了重要的作用。面向未来，融创文旅院将继续与 BIM 同行携手共进，持续创新，为推动我国文化旅游建设行业的高质量发展做出新的贡献。

3.5　生产制造企业

3.5.1　调研分析

为全面、客观地反映生产制造企业在 BIM 发展与应用中的情况，本报告从 BIM 重视程度、应用程度、价值程度、主要障碍等方面对生产制造企业进行了专项调研，本节将从上述四个维度各选取一项重要的典型数据进行分析，其他方面可参考行业整体情况（见第 2 章）。

如图 3-5-1 所示，2019 年生产制造企业 BIM 投资研发占比普遍较低，基本在 10% 以内。生产制造企业是推动"BIM ＋"装配式的重要参与方，本身应用 BIM 的技术含量较低，再加上整体投入偏低，因此 BIM 投资占比相对较低。

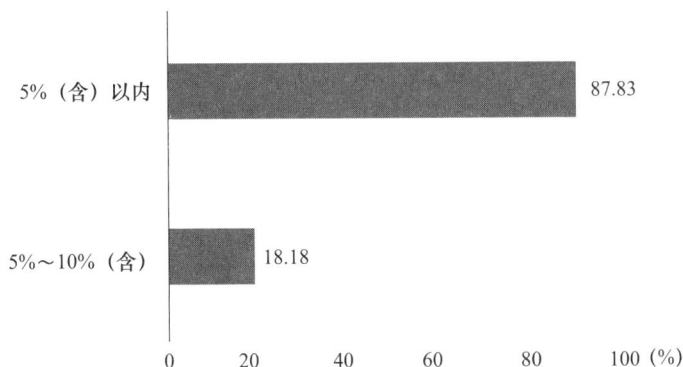

图 3-5-1　2019 年生产制造企业 BIM 投资占全年研发总投资百分比

如图 3-5-2 所示，2019 年生产制造企业在新建项目中应用 BIM 比例不高：27.2% 的企业在不超过 5% 的新建项目中应用 BIM；18.2% 的企业在 5%～10% 的新建项目中应用 BIM；45.6% 的企业在 10%～15% 的新建项目中应用 BIM，9% 的企业在 15%～20% 的新建项目中应用 BIM。生产企业的 BIM 应用相对比较少，目前主要是把 BIM 模型导入生产 MIS 系统，建立产品标准化管理平台，结合移动信息技术及物联网技术，对预制构件生产过程进行平台化的生产进度及质量追溯管理。例如通过二维码或者 RFID 技术，对预制构件生产状态进行实时跟踪，基于移动终端搭载的信息模型进行生产质量追溯。有条件的企业更是把生产 MIS 系统和企业的 ERP 系统相结合，基于 BIM 对构件的设计制作、供应链及库存、质量、运输以及合约进行一体化管理，实现内部协同及外部上下游产业链的深度协作。

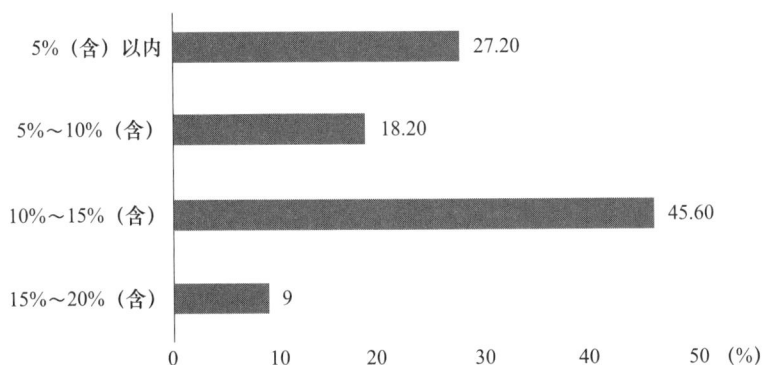

图 3-5-2　2019 年生产制造企业新建项目应用 BIM 比例

如图 3-5-3 所示，生产制造企业普遍认为尚未看到投资 BIM 盈利，但大部分企业

（2/3）认为基本可以保障盈亏平衡，约 1/3 认为存在亏损。整体上看，似乎对于生产制造企业来说 BIM 的应用尚未给企业带来实际效益，行业整体对生产制造应用 BIM 能否带来效益持保留态度，应用 BIM 的盈利模式仍难确认。

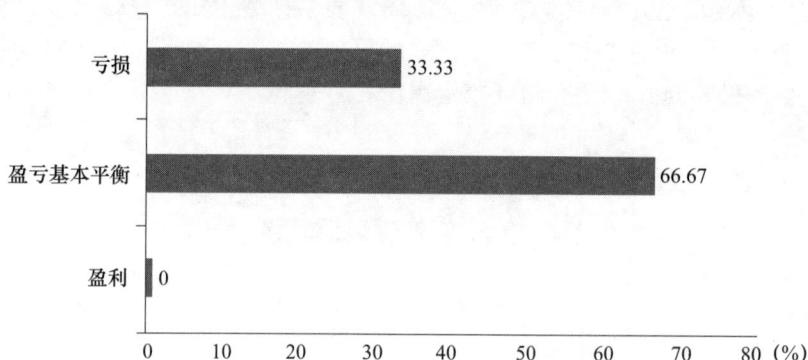

图 3-5-3 生产制造企业对 BIM 投资回报的认知

如图 3-5-4 所示，生产制造企业认为 BIM 应用的主要障碍依次为：76.92% 的企业认为是人才短缺，76.92% 的企业认为是标准、制度缺失，69.23% 的企业认为是资金投入不足，61.53% 的企业认为是缺少政策、培训等支持，46.10% 的企业认为是 BIM 价值无法评估和没有好用的平台，30.77% 的企业认为是行业认可度低，得不到企业充分认可和缺乏权威评价，15.38% 的企业认为是其他因素影响 BIM 应用。生产制造企业作为劳动密集型行业，工人知识储备不足，技能水平低下也是限制装配式产业及 BIM 技术推广的一大瓶颈。由于缺乏针对性的行业标准，很多制造企业没有能力根据通用规范建立企业 BIM 标准，从而影响了 BIM 技术的推广实施，同时制造生产企业在实际生产过程中存在诸多问题，例如 PC 构件工厂生产自动化、信息化程度低，构件种类多、标准化程度低，再如缺乏合理的生产管理制度，工厂实际生产产能远低于设计产能等。这些都限制了 BIM 在生产制造企业中的应用。

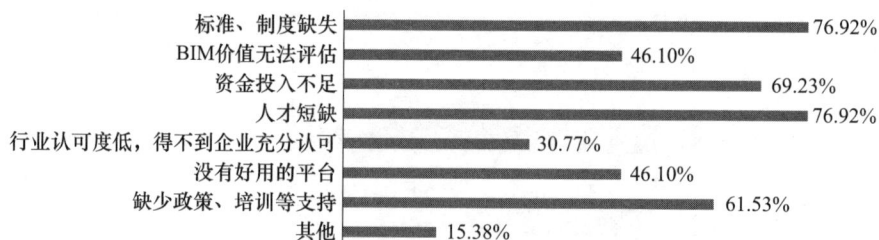

图 3-5-4 生产制造企业认为 BIM 应用的主要障碍

3.5.2 应用现状

伴随 BIM 设计信息在工厂应用的日渐深入，有生产企业在构件智能生产的基础上，将 BIM 应用系统与 ERP 系统结合，实现了工厂生产数据管理、排产计划、过程管理、构件库存、构件查询、运输、模具加工、原材料管理、物料采购、半成品等智慧工厂信息化综合管理。截至 2019 年，中建科技、成都建工、浙江建材以及中建三局的部分预制工厂已经上线运行智慧工厂信息化产品，实现了工厂内部智能协同。

越来越多的生产企业在构件生产过程中植入 RFID 芯片或采用二维码技术，基于 BIM 技术并借助构件编码体系和移动物联网技术，实现构件可追溯性质量管控。在构件生产前期依据 BIM 模型确定质量控制要点及芯片预埋位置，准备阶段进行质检的同时完成 RFID 标签的制作和预埋；生产过程中，工作人员可以从 BIM-RFID 数据信息系统中查看构件的质量检验信息，包括质检日期、质检结果以及不合格的维修处理办法等工作项清单，脱模堆放阶段对构件、模具和车辆等参与生产的移动实体进行位置的实时跟踪更新，便于工作人员对生产资源的位置把控和调度管理。

基于 BIM 和 RFID 构件的可追溯数据，已经开始应用于政府的行业监管领域。2018 年 10 月，湖南省住房和城乡建厅启动了装配式建筑全产业链智能化应用集成新技术研发项目。该项目将建立包含系列标准和通用部品部件库的标准化体系，研发涵盖装配式建筑报建、设计、生产、施工、质监、运维等各环节的平台和软件，实现项目建造全流程的信息互联互通和各参与方的高效协同；并且自动提取包括构件生产信息在内的关键数据，传送到政府的装配式建筑产业大数据及公共服务平台，形成全省装配式产业大数据。2019 年，浙江杭州市为了实现预制构件质量信息可追溯和全过程质量监管，决定在全市推广运用杭州市装配式建筑质量监管平台。该平台由 Web 端、移动端 App、ID 芯片、可调式手持读写器、北斗定位终端、人员工牌等软硬件组成。平台依托构件（PC 构件、钢构件等）结合物联网技术，实现从项目立项、设计深化、加工制作、工厂堆放、道路运输、现场堆放、现场安装、安装完成等过程的精细化管理，协同各方主体企业共同参与，实现数据协同，并同时为监管部门提供行业数据，提升行业管理水平。

发展装配式建筑有利于促进工程建设行业与工业化、信息化深度融合，培育新产业新动能，是建造方式的重大变革。我国已经出台了不少配套政策，推动装配式建筑落地，并且实践也证明了装配式建筑已经在我国得到广泛认可。装配式建筑构件的工厂化生产是建筑工业化的重要一环，生产企业主要指 PC 构件和钢结构构件生产企业，如今，构件生产企业正在通过 BIM、物联网、云计算等为主要特征的信息化途径不断推进建筑工业化进程，促进工程建设行业的跨越式变革。

构件生产企业只有与建筑设计、运输和施工各环节的企业基于共同的 BIM 数据标准协同工作，才能形成装配式建筑的 BIM 技术全流程集成应用。BIM 深化设计数据能否直接转换为工业化生产数据，是预制构件产业链能否高效协同的关键因素。PC 深化设计软件可输出的机器加工数据包括两类：钢筋加工数据、自动化生产数据。BIM 模型中的钢筋信息输出为钢筋数据文件（如 BVCS），将此文件导入钢筋加工数控机床即可自动加工某个构件所需要的钢筋。BIM 模型输出工业控制软件的数据格式（如 PXML/Unitechnik 格式），与自动化的预制件生产设备对接，则能实现构件的全自动化生产。Allplan 软件在装配式建筑预制构件设计、输出数据上有它独特的优势，可通过 IFC 格式输入 Autodesk Revit 深化设计构件 BIM 信息模型，生成用于机器加工的生产数据，包括钢筋加工数据 BVBS、自动化生产数据 PXML。2019 年，"十三五"国家重点研发计划项目"基于 BIM 的预制装配建筑体系应用技术"已经顺利结题，该项目研究了基于自主 BIM 协同平台的多元异构 BIM 与生成设备的数据转换技术，BIM 设计模型信息可以转换成工厂的生产设备数据格式，例如廊坊凯博钢筋加工数控设备（导出 EXCEL 格式）、中建科技北京公司的安夫曼生产线（Unitecnnik 标准）、三一叠合构件生产线（PXML 标准）以及远大的 BPCMaker（JSON 格式）。

预制构件包括了钢构件、PC 构件，生产企业所采用的 MES 系统也多种多样，目前还没有一种 BIM 数据交换标准能够为国内多数生产企业的 MES 系统支持。尽管在预制生产设备中已安装的某些系统可以读取 IFC 格式，但其仍不能将其用于生产。

作为生产制造类企业，三一筑工科技有限公司、山东万斯达建筑科技股份有限公司推进 BIM 应用的经验值得其他相关企业学习、借鉴。

1. 三一筑工科技有限公司

通过 SPCS ＋ PKPM 数字化设计软件进行一比一的精确三维建模，然后利用软件进行结构计算、输出计算等，同时，完成结构主体一键配筋、PC 构件自动拆分，并输出 BOM 清单，极大提高了设计效率，做到在一个设计软件中实现设计、建模、计算、拆分和结果输出。而且，数字化模型可通过三一独有的数据解析服务，将设计数据无损传递到生产阶段，PC 工厂根据 BOM 清单为每个构件生成一个唯一编码（一件一码），并且进行可视化确认。此时施工企业会根据总体施工吊装计划和实际工期，将计划任务进一步细化到要货批次，并发送给工厂，作为构件生产和运输的依据（图 3-5-5）。

通过 PC 深化设计软件进行二次拆分设计，可为后续构件模具设计、构件加工模拟及吊装入库提供基础，其准确性和精度直接影响最终产品的制造精度和安装精度。

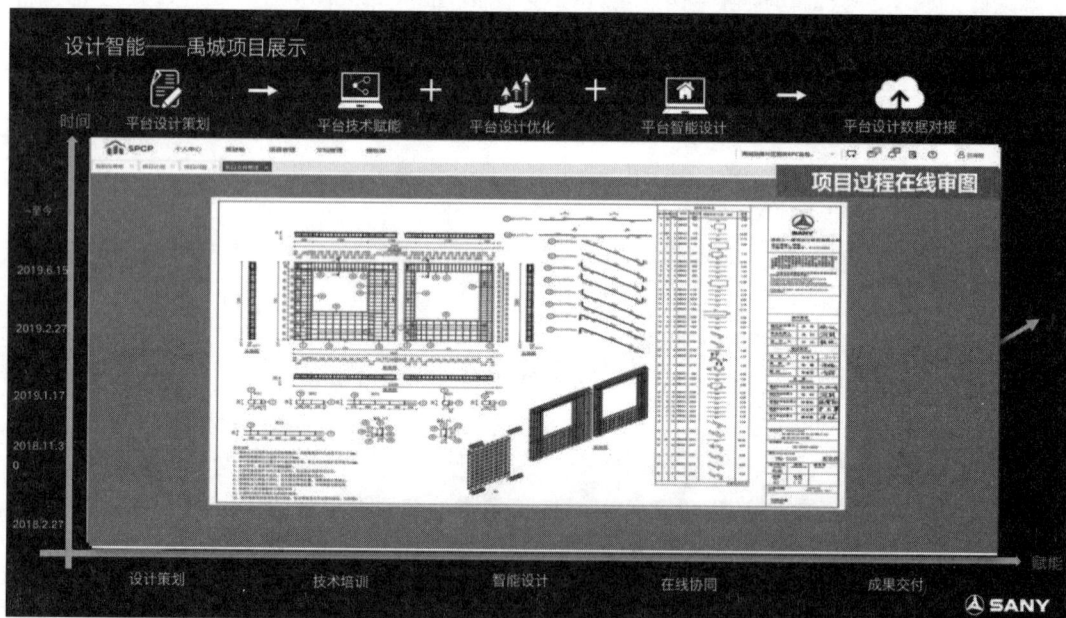

图 3-5-5　三一筑工装配式建筑智能设计

2. 山东万斯达建筑科技股份有限公司

在山东万斯达建筑科技股份有限公司，BIM 技术在装配式建筑的集成应用，主要表现在装配式建筑的设计、生产、施工方面。在生产过程中各部门协同工作，需要以 BIM 技术为支撑，提高设计效率，使项目的执行力加强并可以对比不同的方案来选择更加合理的优质方案，运用 BIM 技术建立三维立体模型，可以更加有效地降低设计错误、遗漏、缺失等后患，减少风险。

工厂生产部品部件利用 RFID、无线数据通信等物联网云服务技术，在每一块构件中均埋置 RFID 芯片，通过互联网实现人与物、物与物之间的自动识别，相关信息的互联与共享，建立部品部件的质量可追溯系统。

以 BIM 技术为基础，企业以 ERP 为协助，从构件设计图纸到原材料、生产、物流等方面，优化采购、生产、物流运输等管理，提高企业管理绩效。

以 BIM、PLC 电气系统、机械终端操作计算机、智能布料机和 PC 自动布料振捣系统组成预制混凝土智能化系统，见图 3-5-6。

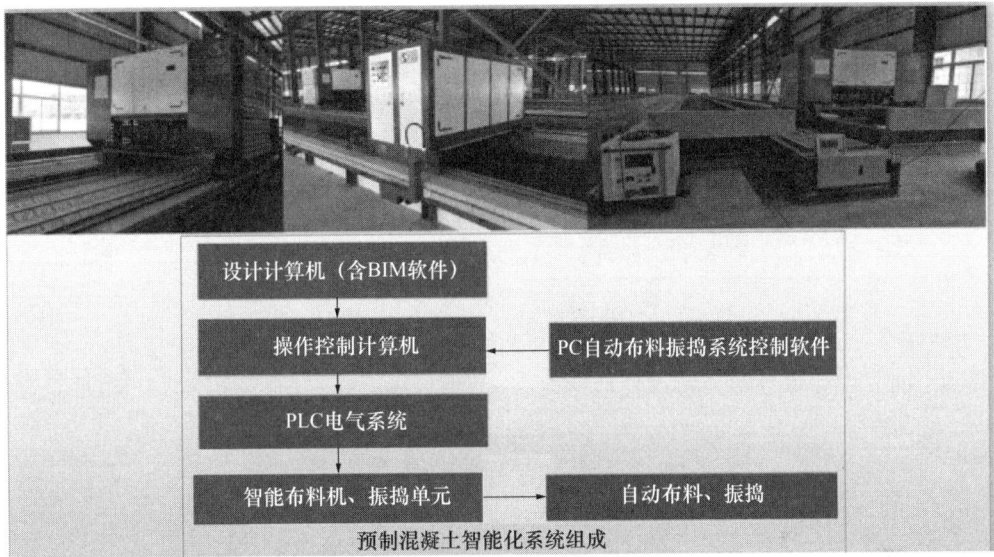

图 3-5-6 预制混凝土智能化系统

3.6 软件开发商

3.6.1 调研分析

为全面、客观地反映软件开发商在 BIM 发展与应用中的情况，本报告从 BIM 重视程度、研发力度、价值程度、主要障碍等方面对软件开发商进行了专项调研，本节将从上述四个维度各选取一项重要的典型数据进行分析，其他方面可参考行业整体情况（第 2 章）。

如图 3-6-1 所示，软件开发商 2019 年 BIM 研发经费占全年研发经费百分比呈现两级化：40% 的企业占比不超过 5%；20% 的企业占比约在 10%～15%，40% 的企业占比超过 20%。软件开发商是推动 BIM 发展的重要力量，对于推进 BIM 研发较为积极。受工程建设行业政策推动、市场环境发展影响，工程建设行业信息化软件企业发展迅速，整体对于行业发展预期基本保持乐观，国内软件行业深耕工程建设行业市场多年，大部分国内工程建设行业信息化企业已在国内市场发展近 30 年，深谙国内设计、施工的实际情况与需求，这与国外软件厂商相比具有一定优势。随着市场发展的不断变化，客户需求的多元化、定制化，软件行业整体向多元化、集成化发展。

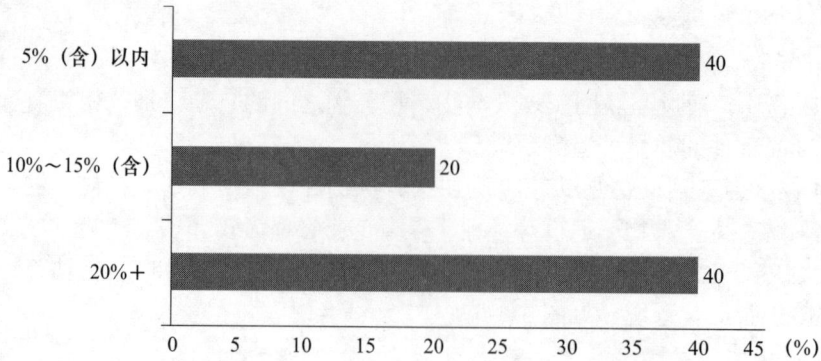

图 3-6-1　软件开发商 2019 年 BIM 研发经费占全年研发经费百分比

如图 3-6-2 所示，软件开发商开展的 BIM 研发项目占总研发项目的比例相对较高：有 60% 的企业占比超过 20%。

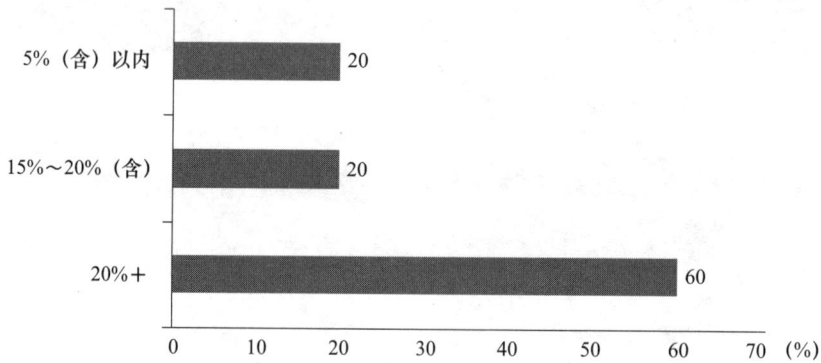

图 3-6-2　软件开发商 2019 年 BIM 研发项目占总研发项目的比例

如图 3-6-3 所示，软件开发商中约有 40% 的企业认为 BIM 研发可以盈利，60% 的企业认为 BIM 研发入不敷出。

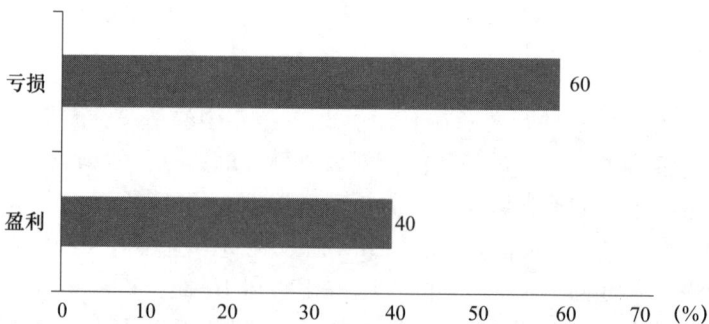

图 3-6-3　软件开发商对 BIM 投资回报的认知

如图 3-6-4 所示，软件开发商 BIM 研发的主要障碍为：20% 的软件开发商认为是人才短缺，40% 的软件开发商认为是标准、制度缺失，20% 的软件开发商认为是缺少政策、培训等支持，40% 的软件开发商认为是没有好用的平台，20% 的软件开发商认为是 BIM 价值无法评估，20% 的软件开发商认为是行业认可度低、得不到企业充分认可，40% 的软件开发商认为是其他因素影响 BIM 软件的研发。特别是国内尚未有自主知识产权的 BIM 基础平台，导致 BIM 软件的国产化程度低，而目前市场上规模较大、应用比较成熟的 BIM 基础平台都掌握在国外软件商手中，这已成为制约我国 BIM 软件发展和工程建设行业转型升级的"卡脖子"关键技术。国内大部分 BIM 软件开发商只能基于国外图形平台或在国外 BIM 产品上做二次开发，多数软件功能仅能满足个别阶段、个别专业的单一业务场景需求，难以形成系统化、通用化的软件产品。BIM 核心建模软件是 BIM 赖以产生和发展的根本，我国在核心建模软件上基本处于空白状态，核心软件受制于人，导致 BIM 软件无法实现数据全互通、互导，全过程理念难以实施。而国内缺乏系统 BIM 标准体系，导致 BIM 各软件间的协同及推广存在障碍。软件之间的数据若无法有效进行交互，将导致数据丢失、重复建模等问题，造成人力、时间、成本的浪费。

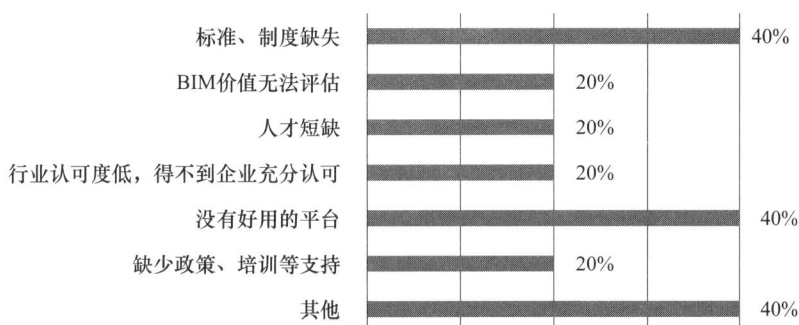

图 3-6-4 软件开发商 BIM 研发的主要障碍

3.6.2 开发现状

近年来，在 BIM 设计软件以国外产品为主的情况下，国内软件开发商纷纷研发 BIM 软件产品。软件开发商的 BIM 软件产品分为两大类：一类是基于国际流行的 BIM 平台结合现行国家标准规范进行二次开发，如：鸿业 BIMSpace、斯维尔 BIM 等。另一类是基于自主 BIM 平台研发的软件产品，如：PKPM—BIM、广联达 BIM5D、品茗等。在设计和施工阶段 BIM 软件的应用情况如下：

（1）大多数设计院对 BIM 的研究和应用都集中在设计阶段，各设计企业通过国内 BIM 设计软件的应用，建模和出图效率有大幅提高，但在 BIM 数据的延续性与扩展应用没有得到很好的发挥，信息存在割裂现象。北京构力的 PKPM—BIM 正在打造二次开发环境，构建 BIM 生态圈。

（2）在协同、提资、校审方面，大部分设计院还在延续传统二维协同的理念。没有发挥出 BIM 信息化的优势，鸿业 BIMSpace 已经与中建西南院、铁一院、重庆医药设计院等设计院开展了 BIM 设计协同、BIM 校审提资、BIM 在线校审、可视化设计交流等方面的合作研究，实现了 BIM 设计的在线协同和在线校审。

（3）设计企业的工作由设计阶段向施工、运维阶段延伸，设计企业主导的 EPC 项目也越来越多，设计企业发挥作用的空间也越来越大，很多大型设计企业都在研究开发基于 BIM 的全生命期协同管理平台，在设计阶段实现建筑、结构、水暖电等专业的信息集成与共享，在工程全过程建设阶段，提供数据信息服务和精细化管理服务，利用信息技术提升自身竞争力，扩展业务范围。例如重庆医药设计院研究把自己的 BIM 设计成果用于运维，把模型和运维系统直接提供给甲方，为甲方提供 BIM 信息的增值应用服务。

（4）BIM 设计走向规范化和体系化，对知识共享复用也越来越重视，鸿业科技已为数百家设计企业提供了 BIM 族库建设服务，目前鸿业科技正在研究和推进 BIM 设计标准体系建设。构件是 BIM 信息的基础载体，建立标准化的 BIM 构件库，是提高标准化设计效率、进行专业计算、进行模型算量，以及信息向施工、运维传递应用的基础。

（5）建筑产业正从现场建造向工厂制造转变，国家要求工程建设行业要标准化设计、工厂化生产、装配化施工、一体化装修、信息化管理、智能化应用，从设计、制造、运输、装配到后期管理是一条完整的信息链，适应装配式的 BIM 设计与信息化管理是发展趋势，北京构力科技有限公司、北京鸿业同行科技有限公司已经研发了装配式设计、铝模设计，并打通了连接设计与算量的通道，大幅提高了装配式设计及计算效率，适应装配式设计的全流程信息化平台也已在规划中。

（6）施工阶段的 BIM 软件已经从机电深化设计产品，质量、安全、成本等业务管理模块，向集成平台应用发展。广联达 BIM5D 能完成施工阶段大部分的 BIM 业务应用，并正在以 BIM 应用为核心，结合云、大、物、移、智等数字化技术，对施工现场"人、机、料、法、环"等各关键要素做到全面感知和实时互联，实现工程项目管理的数字化、系统化、智能化，最终驱动项目管理方式的转型升级，实现工程项目的精细化管理。

除了民建领域之外，其他领域（如电力领域）也在积极推进 BIM 研发工作，2019 年国家电网和南方电网对 BIM 技术在电力工程建设方面的应用不断创新，BIM 技术在发电、输变电、配电等专业辅助设计中得到较深入的应用，形成了一个涵盖软件开发、信息技术咨询服务为一体的完整产业链。随着高清晰度测量与定位技术、高分辨率图像技术、3D 扫描技术、地理信息系统（GIS）技术等专业技术与 BIM、大数据、物联网、云计算、节能环保等新技术集成应用，智能化、网络化和移动化的便携消费电子产品层出不穷，新技术、新设备的融合与突破成为建筑信息化的新动力，共同推动建筑信息化持续快速蓬勃发展，电网建设工程正转向数据库替代绘图、分布式模型和工具＋流程的 BIM 技术理念，BIM 软件应用人员对 BIM 技术的认知逐步从传统设计观点向信息化理念转变，BIM 定制化、智能化体验需求也逐步提升，考虑到快速变化和日益多元的使用人员需求，BIM 技术及其相关产品的开发推广势在必行。

作为软件开发商，北京构力科技有限公司、北京鸿业同行科技有限公司、北京道亨时代科技有限公司、广联达科技股份有限公司在 BIM 产品和平台研发方面紧密结合市场需求，在公司发展方向有切合的理念，值得其他软件开发商学习、借鉴。

1. 北京构力科技有限公司

北京构力科技有限公司（以下简称为构力科技）是我国最早开发工程建设行业计算机软件的单位之一，前身为中国建筑科学研究院建筑工程软件研究所，1988 年创立了 PKPM 软件品牌，历经 30 多年的发展历程。2017 年 3 月，经国资委批准，整合中国建筑科学研究院所有软件与信息化业务，成立北京构力科技有限公司，成为全国首批 10 家混合所有制试点企业之一。

构力科技坚持自主创新研发，PKPM 产品涵盖了建筑、结构、机电、绿色建筑全专业设计软件，以及面向生产、施工、运维各阶段的应用软件或系统，其中 PKPM 结构设计软件市场覆盖度达 95% 以上，成为国内房屋建筑的主要设计软件。

构力科技积极承担解决工程建设行业"卡脖子"关键技术"BIM 平台"的自主研发，打造自主知识产权的 PKPM-BIM 平台，成为工程建设行业国产 BIM 二次开发平台，建立我国自主 BIM 的软件生态。基于自主 BIM 平台推出 PKPM-BIM 全专业协同设计系统、装配式建筑全流程集成应用系统、BIM 报建审批系统、智慧城区管理系统等 BIM 全产业链整体解决方案，助力我国工程建设行业数字化转型与升级。

PKPM-BIM 平台包括图形平台、数据平台与协同平台，并采用中心数据库存储方式，各专业在数据库中有专业子模型，各子模型有专业的权限约束，同时专业子模型之间又有联系，通过这种联系实现专业或不同阶段间的数据传递、更新与协同。数据的集中管理，实现了建筑项目各参与方共享模型数据，也保证了数据的一致性和关联性，专业模型可互相引用参照，冲突检测，实现全专业和全流程的数据共享、协同工作。PKPM-BIM 集成应用系统架构图如图 3-6-5 所示。

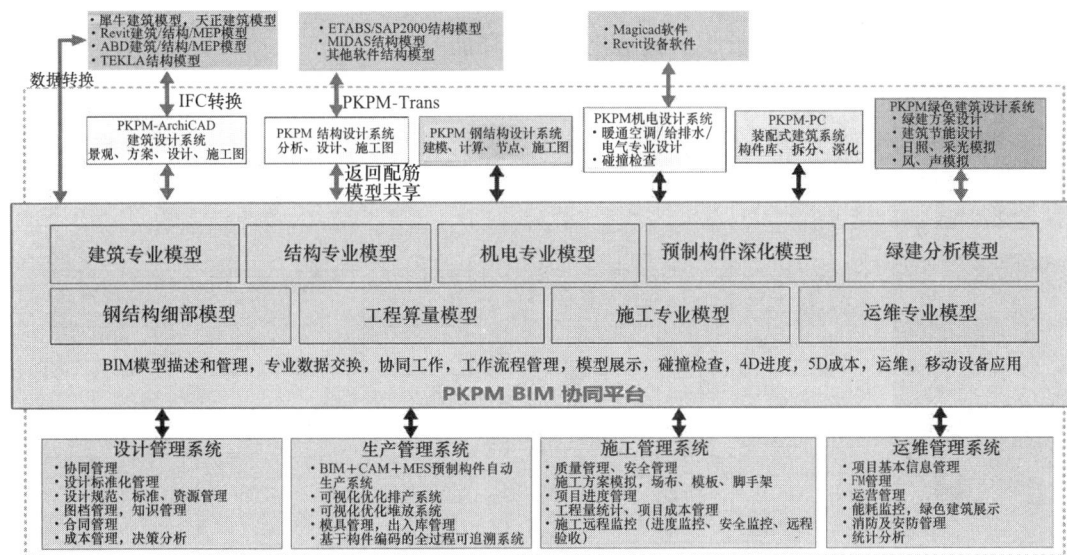

图 3-6-5　PKPM-BIM 集成应用系统架构图

构力科技承担了多项"九五"～"十三五"国家科技攻关课题、国家自然基金项目、国家重点研发计划项目，始终站在我国工程建设行业科学研究的前沿，先后获得多项国家科技进步奖和住建部科技进步奖，PKPM 软件产品连续多年被中国软件行业协会评为全国优秀软件。

"十三五"期间，PKPM-BIM 平台在国家重点研发计划项目"基于 BIM 的预制装配建筑体系应用技术"中起到了关键支撑作用，形成了面向装配式建筑的全流程集成应用系统，到 2019 年 6 月底已经有 800 多万 m² 的实际工程项目示范应用，并推广到超过 1000 家企业正式应用。

2. 北京鸿业同行科技有限公司

作为国内最早进行 BIM 技术研究与 BIM 软件研发的公司，北京鸿业同行科技有限公司（以下简称为鸿业科技）利用自己在市政工程设计、建筑设计，建筑性能分析、BIM 技术、互联网技术及装配式建筑软件方面的专业积累和研发优势，以推进工程建设行业信息化、提高建筑工程全生命期信息共享和运作效率为目标，加大了在 BIM 产品研发方面的投入，在设计、施工、运维等阶段均推出了适用的 BIM 软件及应用解决方案。在国内已有 5000 余家企业在使用鸿业软件，鸿业科技也将随着技术及应用的发展，以建筑全生命期的 BIM 应用体系，沿着智慧化、智能化的方向，为用户提供更加高效智能的应用软件，为用户提质增效，向高效率高质量转型赋能。

研发的系列软件产品有 BIMSpace 设计、机电深化—蜘蛛侠、装配式设计—魔方等系列产品。装配式设计—魔方是国内首家基于 Revit 平台二次开发，符合国内要求、方便设计师使用的装配式 BIM 软件。软件主要包含构件拆分、参数化布置钢筋、预埋件布置、构件库、预制构件出图和预制率统计、构件统计等功能。

鸿业 BIM 设计管理平台（图 3-6-6）是为 BIM 项目设计阶段提供全过程设计协同及管理服务的软件，为 BIM 设计及管理提供统一的工作环境。平台基于大数据平台，依据最新国家 BIM 标准，提供 BIM 资源管理、BIM 项目策划、协同设计、计划跟踪、批注校审、成果交付与管理、统计分析、轻量化协作等功能。

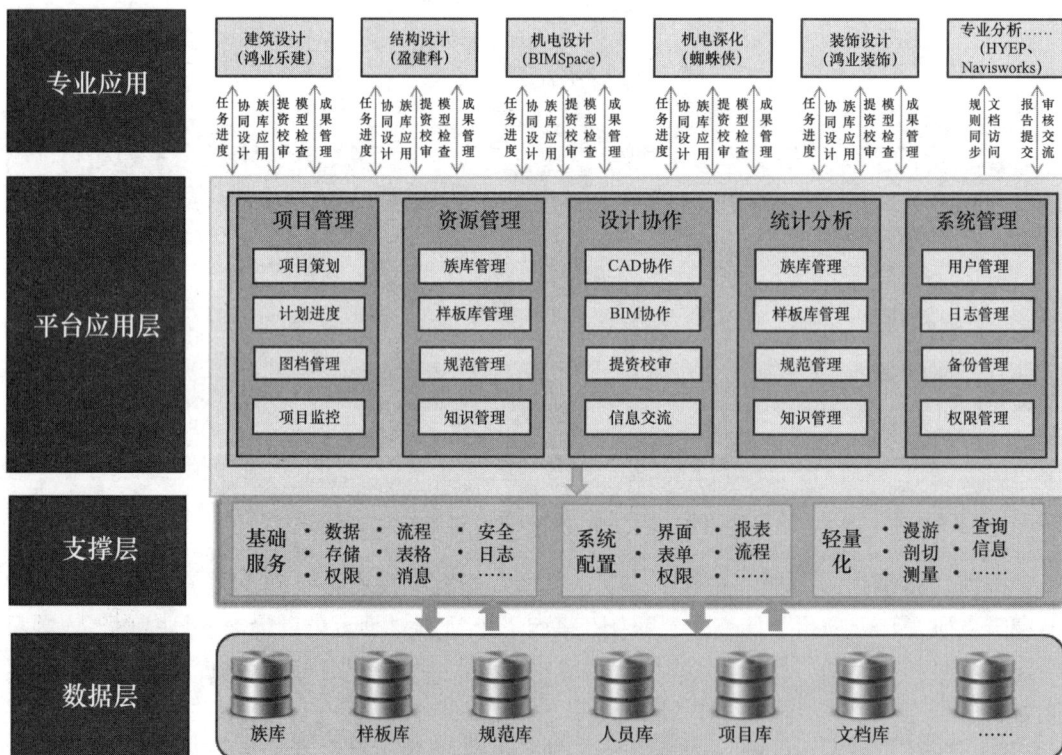

图 3-6-6　鸿业 BIM 设计管理平台

3. 北京道亨时代科技有限公司

北京恒华伟业科技股份有限公司（简称：恒华科技）创立于 2000 年。恒华科技运用云计算、大数据、物联网、移动互联网、BIM、GIS、人工智能等技术，为智能电网提供全生命周期一体化、专业化信息服务，是中国智能电网信息化领军企业。目前，公司拥有电网三维设计、工程造价、基建管理、运维管理、电网营销管理等系列软件产品，具有雄厚的电网工程全生命周期数字化服务能力。近年来，在国家大力推进"数字中国""能源革命"的发展背景下，公司结合多年电力行业的业务经验和技术实力，全面布局智慧水利、智慧交通、智慧能源等行业领域，逐步转型升级为一家面向垂直领域的数字化综合服务供应商。

北京道亨时代科技有限公司（以下简称为道亨时代）是恒华科技旗下全资子公司，位于华北电力大学国家大学科技园区，是国内架空输电线路设计领域具有领先地位的专业软件开发商和解决方案提供商。作为电力设计软件行业的领军企业，道亨时代长期致力于计算机技术在电力行业的应用研究和市场推广，拥有自主知识产权的三维图形平台、三维数字地球平台，参与制定国家电网和南方电网相关设计标准近十项，是业内为数不多掌握硬核科技的实力型公司，产品覆盖送变电工程的初设、可研、设计、制造、施工、运维等全生命周期，其相关 BIM 技术服务于广大电力设计院、经研院所、供电公司、运维公司、杆塔制造等企业。道亨三维线路设计平台（图 3-6-7）支持多源地理数据，采用矢量参数模型构建三维仿真场景进行工程设计，功能完全满足输电线路径规划、通道清理、杆塔排位、电气校验、结构计算、数字化移交等专业要求，是国内领先的能够真正完成线路工程施工图设计的全三维设计平台。

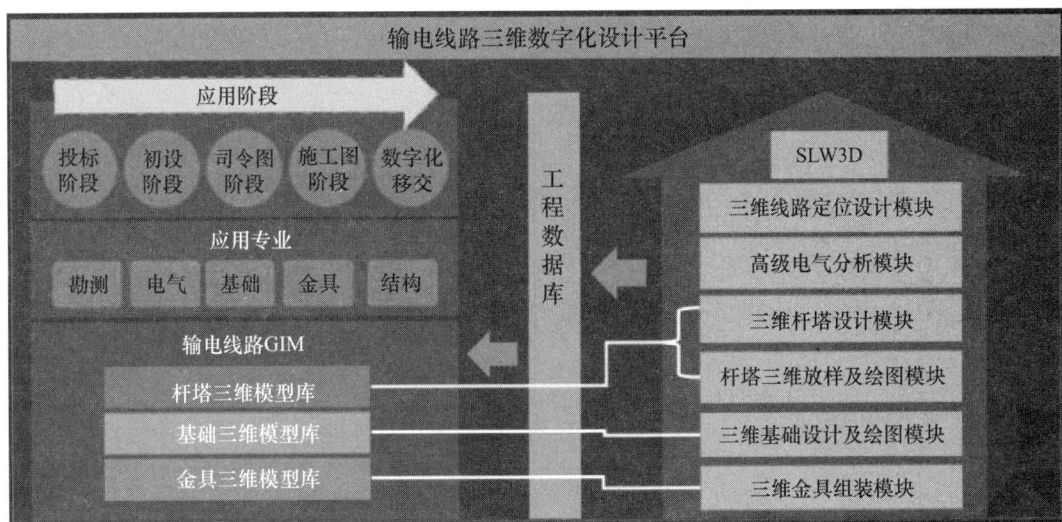

图 3-6-7 道亨三维线路设计平台

道亨三维变电设计平台基于 Autodesk Revit 环境，应用 BIM 理念研发，能够实现快速智能搭建变电站三维数字化模型，实现变电站全专业的协同设计、全生命周期的设计和管理，设计成果符合国网三维数字化设计相关标准，能向审查、施工、运维各环节进行数字化移交，成果满足国网 GIM 标准。

4. 广联达科技股份有限公司

广联达科技股份有限公司（以下简称为广联达）成立于 1998 年，是提供以建设工程领域专业应用为核心基础支撑，以产业大数据、产业新金融为增值服务的数字建筑平台服务商。广联达经过 20 余年的发展，在全球建立 70 余家分子公司，拥有员工 7000 余人，涵盖全产业链包含设计、造价、施工、装修、运维、供采、园区，以及金融、教育、投资并购等业务，为 20 余万企业用户，百万专业工程技术和管理人员，提供近百款专业应用产品及服务。

广联达高度重视产业研究与技术创新，秉承"数字建筑"理念，聚焦运用 BIM 和云计算、大数据、物联网、移动互联网、人工智能等信息技术助力建筑产业转型。数字建筑结合先进的精益建造理论方法，集成人员、流程、数据、技术和业务系统，实现建筑的全过程、全要素、全参与方的数字化、在线化、智能化，构建项目、企业和产业的平台生态新体系，从而推动以新设计、新建造、新运维为代表的产业升级，实现让每一个工程项目成功的产业目标。2008 年起，广联达在美国、英国、芬兰、瑞典、卢森堡、波兰、马来西亚、印度尼西亚、新加坡等国家设立子公司、办事处与研发中心，深入拓展海外业务，广联达正在以实际行动为全球客户创造价值。

2008 年以来，广联达一直专注 BIM 技术研发，与斯坦福、清华等国际名校的 BIM 专家合作，自主研发三维图形平台，并与国内众多知名建筑企业积极展开 BIM 技术在实际项目中的应用，成为 BIM3.0 时代的引领者。广联达 BIM 产品应用在住宅、商场、商业综合体、厂房、机场等数千个综合 BIM 项目中，已有近千个项目在"龙图杯"和中国工程建设行业协会"中国工程建设 BIM 应用大赛"中获奖。

广联达 BIM 理念：广联达 BIM 建造聚焦施工建造阶段，以 BIM 为载体，进度为主线，成本为核心，通过云＋端为企业及项目各个岗位及时提供模型和信息数据，实现项目精细化管理、企业集约化经营的最终目标。

广联达 BIM 体系：广联达 BIM 体系包括四层结构：岗位层是业务工具应用；项目层将 BIM 模型与进度、资源、作业标准等信息进行数字化；企业层重点关注对多项目数据的决策分析；企业经营层通过对多项目数据的采集、分析和挖掘，综合考虑各项分析指标，从而实现更加科学合理的决策。

广联达 BIM 产品：广联达 BIM 建造产品为岗位、项目、企业三个层级提供完整的施工解决方案。

3.7 BIM 咨询企业

3.7.1 调研分析

为全面、客观地反映 BIM 咨询企业在 BIM 发展与应用中的情况，本报告从 BIM 重视程度、应用程度、价值程度、主要障碍等方面对 BIM 咨询企业进行了专项调研，本节将从上述四个维度各选取一项重要的典型数据进行分析，其他方面可参考行业整体情况（第2 章）。

如图 3-7-1 所示，2019 年 BIM 咨询企业 BIM 研发投资占比分别为：56.41% 的企业投资研发占比在 5%（含）以内，12.82% 的企业投资研发占比约在 5%～10%，5.13% 的企业投资研发占比约在 10%～15%，7.69% 的企业投资研发占比在 15%～20%，17.95% 的企业投资研发占比超过 20%。

如图 3-7-2 所示，BIM 咨询企业在新建项目中应用 BIM 呈现两极化的端倪：有43.59% 的企业应用占比在 5% 以内，30.77% 的企业应用占比在 20% 以上，12.82% 的企业应用占比约在 5%～10%，12.82% 的企业应用占比约在 10%～20%。两极分化的这类分歧主要跟 BIM 咨询企业主体、主营业务有关，很多 BIM 咨询企业是依托于设计体系、软件开发体系，相对 BIM 业务并非主流，新建项目的 BIM 应用也会存在不同的情况。

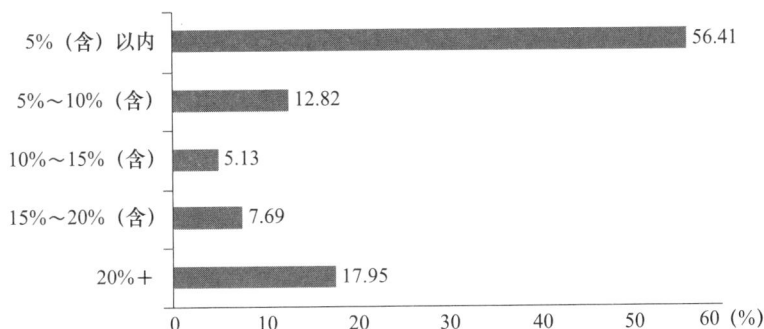

图 3-7-1　BIM 咨询企业 2019 年 BIM 研发投资占全年研发总投资百分比

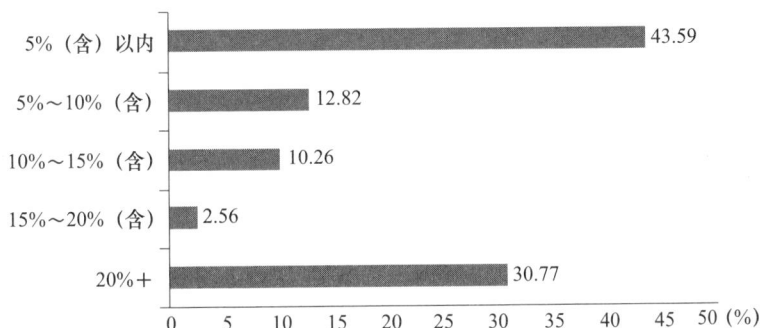

图 3-7-2　BIM 咨询企业 2019 年新建项目中应用 BIM 比例

　　如图 3-7-3 所示，25.64% 的 BIM 咨询企业认为承接 BIM 咨询项目可以盈利，38.46% 的企业认为存在亏损，35.9% 的企业认为盈亏平衡。对于 BIM 咨询企业来说，能否盈利关键取决于 BIM 计价问题。但在 BIM 技术大力推广的过程中存在 BIM 应用计价费用不规范的现象：一方面，在政府投资项目中缺少列支 BIM 技术应用的科目，使得报价无据可依；另一方面，由于缺乏统一的计价标准，导致 BIM 技术应用市场存在低价中标、无序竞争等现象。这些问题使得 BIM 技术无法真正发挥其有效价值，不利于 BIM 技术的发展与推广。

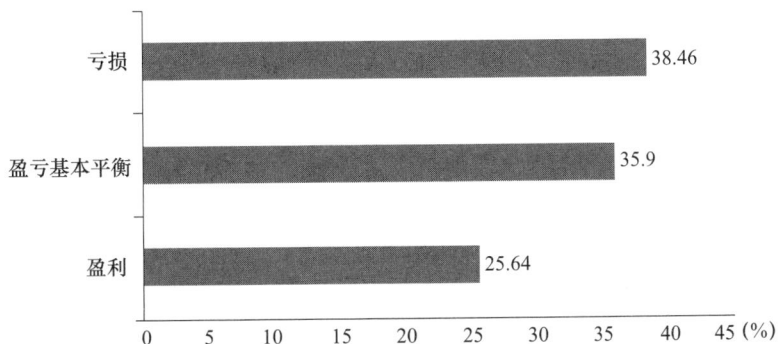

图 3-7-3　BIM 咨询企业对承接 BIM 咨询项目盈利的判断

如图 3-7-4 所示，BIM 咨询企业应用 BIM 的主要障碍依次为：71.79% 的企业认为是标准制度缺失，64.1% 的企业认为是缺少政策、培训等支持，51.28% 的企业认为是人才短缺，48.72% 的企业认为是 BIM 价值无法评估，48.72% 的企业认为是行业认可度低、得不到企业充分认可，43.59% 的企业认为是没有好用的平台，41.03% 的企业认为是资金投入不足。BIM 在未来引领行业发展仍有很大空间，目前从 BIM 应用调研的数据以及近几年对 BIM 咨询市场的接触了解，BIM 咨询市场内常常听到这样的几类问题：BIM 咨询工作越来越难做，项目费用回款压力大，甲方不认可 BIM 咨询成果；设计院、施工企业对 BIM 咨询企业提交的成果执行力欠佳，多方协同能力较差；BIM 咨询行业受到设计、施工企业同行的崛起，竞争压力越来越大。

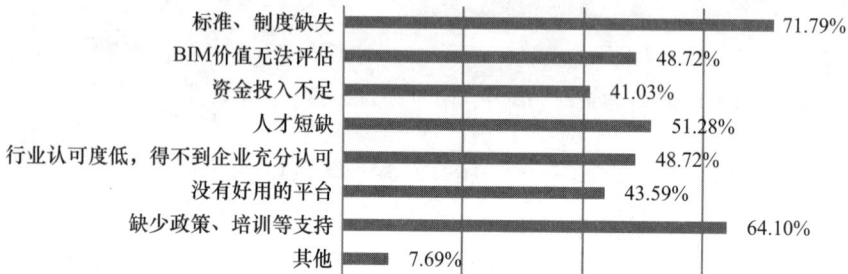

图 3-7-4　BIM 咨询企业承接项目的主要障碍

3.7.2　应用现状

当前我国 BIM 咨询市场发展处于初步阶段，大型咨询项目被大型设计院、承包商以及强势业主所掌控。BIM 咨询企业大多具有设计院、软件公司背景，部分咨询企业专注设计、施工阶段的应用，部分咨询企业专注于造价管理，部分咨询企业专注于 BIM 软件系统开发。BIM 咨询企业以各种可能的路径助推 BIM 在整个行业中的发展。

工程建设行业有三个发展方向：（1）工程成本控制能力成为核心竞争力，工程成本及时间期的总体控制能力将成为争夺市场资源的核心竞争力；（2）全生命期数字化管理成为主流，应用横向贯穿数字化房地产建设全过程的工程大设计理念，通过智能化、可视化的协同设计，实现从规划、设计到建设、运维的精益化管理，提升客户投资效益；（3）三维可视化设计成为新兴应用，三维可视化设计过程，在于打通设计到运维交付的项目管理全过程，消除专业分工和工程参与各方的信息孤岛，增强沟通协作同时提高管理精度和管理效率。从这三个方面看，BIM 是工程建设行业信息化、数字化发展的核心技术。

BIM 咨询企业在工程建设 BIM 实施中发挥核心作用，但凭借低成本优势在碰撞检测、管线综合、净高分析等方面的应用服务已不能长久，应向更高层次、更深应用去探究，真正挖掘出 BIM 的核心价值。具体来说 BIM 咨询企业可以向如下四层级发力：

（1）工程技术级：这是目前市场上接受度普遍较高的层级，涉及各专业冲突协调、管线综合、工程量复核等。

（2）工程管理级：在工程技术级基础上向项目 BIM 标准编制、管控、协同管理方面延伸，国家提倡的全过程 BIM 咨询大体在这个层级。

（3）企业管理级：在工程管理级的基础上更上一层，参与企业级 BIM 标准制定、企业级 BIM 平台研发，比如目前一些大型地产企业的探索基本在这个层面。

（4）行业平台级：这个相对比较理想化，通过为行业提供解决方案重塑整个行业格局。

因此 BIM 咨询企业的发展趋势有如下两个方向：①服务定位的转变；②服务内容的延伸。

服务定位的转变。早期 BIM 顾问的产生对于原先的工程管理模式流程等带来一定收益和影响，随着时间的推移，技术的不断进步，各参与方经验的不断积累，原先的服务模式不再适应新的发展需求，因此 BIM 咨询企业服务定位势必要发生转变：一种是由模型建立者向承接设计、施工业务转变，比较典型的例子是 BIM 设计，BIM 咨询企业不再依托设计企业图纸进行建模和应用，而是代替设计院进行设计；一种是 BIM 咨询企业代替业主 BIM 中心、管理人员进行 BIM 的相关管理，对设计院、施工企业的 BIM 成果进行监督和审核；另一种是业主主导 BIM 管理，BIM 顾问企业作为专业的 BIM 顾问提供方法、经验、培训、开发等，辅助业主实施管理。

服务内容的延伸。一个是由传统的 BIM 建模、管线综合、碰撞检测、净高分析等应用向工程管理级延伸，即基于 BIM 的工程项目管理，以 BIM 工程总顾问的身份为项目提供全生命期咨询，目前这类咨询也是国家所倡导的，除了原先的基本 BIM 能力之外，还要求此类服务企业至少提供全过程 BIM 总策划、全过程 BIM 管理以及各阶段各参与方数据标准模型数据一致性、安全性管理；另一个是向企业级 BIM 管理延伸，此类服务目前市场上开始逐渐增多，得益于万达等先行企业的示范效应，新的一批业主在数字化浪潮的推动下往基于 BIM 的信息化管理方向发展，期望基于 BIM 打通各个环节的数据，达到各部门之间数据贯通；再一个是向行业平台级延伸，此类服务内容的畅想基于互联网思维，通过构件库（大数据）、线上平台（远程协同）、社群管理（评价体系）等推动行业的变革，改变以往行业的运行规律，重塑企业其至行业的商业模式和业务流程。

作为 BIM 咨询企业，上海悉云信息科技有限公司、广州优比建筑咨询有限公司推进BIM 应用发展的经验值得其他相关咨询企业学习、借鉴。

1. 上海悉云信息科技有限公司

上海悉云信息科技有限公司（以下简称为悉云）是国内最早从事 BIM 及建筑工程信息化的专业咨询公司之一。悉云扎根城市建设和开发领域，为政府机构、开发商、设计企业、施工企业和运营方提供包括规划、设计、施工、运维阶段的 BIM 咨询、BIM 实施、IT 平台和 BIM 培训服务。企业定位于为工程建设行业基于 BIM 等相关信息化技术提供管理咨询及工程技术咨询，曾参与毛里求斯机场、SOHO BIM 项目、北京中心大厦等多项国内重大 BIM 工程项目，并参加了 BIM 分类与编码、交付、制图、市政指南等国家级、行业级标准的编写工作，参与编审北京、上海、深圳等地区 BIM 标准工作。2018 年悉云作为全国唯一民营企业参加国家多行业工程信息标准融合工作。将多年实施 BIM 经验凝结成体系化知识，编写多本 BIM 相关教材，为 BIM 发展贡献力量。

悉云根据多年 BIM 实施经验，创新性地研发了基于 BIM 的 4S 方法论模型。悉云认为企业推进 BIM 发展不能单看工程应用、软硬件发展，更应该从企业系统的发展去规划、实施 BIM，在这个思路下，推进 BIM 实施应遵循 4S 框架的组合策略模型：战略、协同、软硬件、应用，即 4S 模型（图 3-7-5）。

悉云积极推进企业级 BIM 规划、标准、协同管理平台开发的咨询工作，通过成熟的方法论体系及经验，已经先后为万达、泰康、旭辉、金科、湖南院、天华等地产甲方、设计院提供企业级 BIM 战略规划、企业级 BIM 标准体系、企业级 BIM 协同管理平台选型及开发建议等咨询服务。

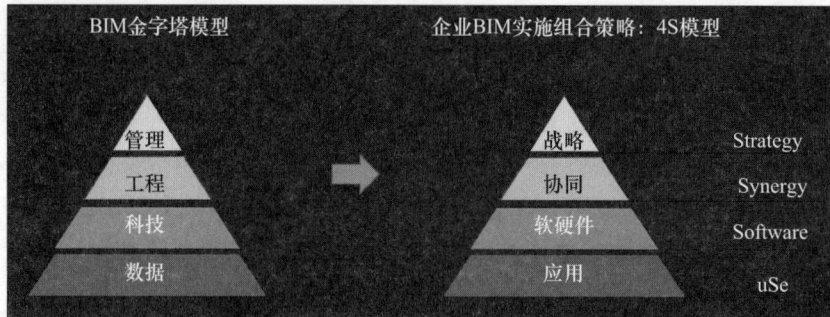

图 3-7-5　BIM 金字塔模型转变为 4S 模型

工程类业务分布于 BIM 全领域，包括建筑工程项目策划 BIM 服务；建筑方案设计、施工图设计 BIM 服务；建筑工程施工项目 BIM 服务；建筑能耗分析；绿色建筑设计 BIM 服务；项目级 BIM 解决方案规划及实施；企业级 BIM 解决方案规划及实施；BIM 技术培训；BIM 项目协同管理平台咨询及搭建；协同设计及 BIM 设计。特别在超高层、大型综合体、大型公建及装配式建筑领域的 BIM 实施在业内独树一帜。悉云与众多国内一线地产公司有着密切的业务往来，如中海地产、恒大地产、绿城置业、旭辉地产、中粮地产、碧桂园、龙湖地产等。

悉云始终将自己定位于 BIM 总顾问（数字化服务）角色（图 3-7-6），通过数字化服务引导企业对投资造价条线、工程条线、软硬件供应等条线等进行管理，致力于推进建设企业基于 BIM 思维（数字化）使企业、工程项目的 BIM 实施落地。

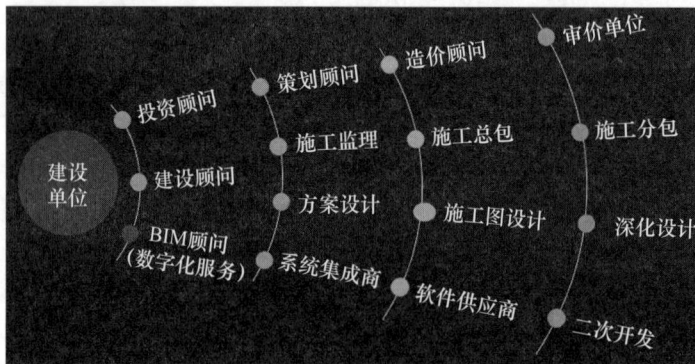

图 3-7-6　悉云科技咨询定位

2. 广州优比建筑咨询有限公司

广州优比建筑咨询有限公司（以下简称为优比咨询）在其核心管理团队从 2003 年开始的 BIM 研究和应用领域深入耕耘与长期积累基础上，依托广州国资委下属广州珠江实业集团有限公司及其全资子公司广州珠江外资建筑设计院平台实现跨越式发展，为城市建设和管理领域提供专业 BIM 战略咨询、BIM 项目咨询、一带一路与 BIM Level2 项目咨询、

BIM 软件研发、企业 BIM 应用决策、企业 BIM 生产力建设培训、BIM 可视化体验等专业服务。

优比咨询目前服务的项目已超过 400 个，服务面积累计超过 2000 万 m²，项目类型涵盖城市设计、城市地下管廊、市政道路、桥梁、码头、高铁站、地铁、综合交通枢纽、展览馆、博物馆、商业综合体、酒店、医院、学校、办公、住宅等；同时，优比咨询在研发上不断加大投入，目前已获得 2 项技术专利，30 余项软件著作权，形成了具有核心竞争优势的系列 BIM 软件工具、BIM 运维管理系统。

优比咨询自成立以来其核心团队成员承担过多项住房和城乡建设部、北京市等地方的 BIM 政策、标准的编写，比如：作为主要起草人编写了住建部 BIM 工程建设国家标准《建筑信息模型应用统一标准》GB/T 51212—2016、《建筑信息模型施工应用标准》GB/T 51235—2017、《建筑信息模型分类和编码标准》GB/T 51269—2017，以及北京市《民用建筑信息模型深化设计建模细度标准》DB11/T 1610—2018、广东省《广东省建筑信息模型应用统一标准》DBJ/T 15—142—2018、广州市《民用建筑信息模型（BIM）设计技术规范》DB 4401/T 9—2018。参与编写了"BIM 技术应用丛书"等 BIM 书籍。

企业作为第一、二、三届"广州 BIM 论坛"发起和承办单位，"羊城工匠杯"2018、2019 BIM 劳动和技能大赛承办单位，第一届、第二届中国工程建设 BIM 大赛技术支持单位。作为《中国商业地产 BIM 应用研究报告 2010》《中国工程建设 BIM 应用研究报告 2011》《施工企业 BIM 应用研究报告 2012—2016》主要编写单位。

3.8 信息技术科技企业

在全球范围推进经济社会向数字经济和智慧社会快速发展的过程中，业界越来越关注如何最大化实现项目全生命期的 BIM 应用效益、实现政府机构对工程项目的高效监管、打通 BIM 技术从数字建筑到智慧城市的数据传递，围绕启用物联网、5G、人工智能、数据驱动、城市治理等，一些通讯基础设施供应商、物联网企业、科技金融企业等以信息技术为主的科技企业，开始跨界到工程建设行业与传统建筑软件开发商融合发展。这些企业的进入，促进了工程建设行业传统软件开发商打破信息壁垒，建立软件开发生态圈，与信息技术企业共融发展。

3.8.1 调研分析

我国每年的工程建设（含基础设施）数量居世界首位，信息技术的应用推动着行业的技术进步，BIM 作为工程建设获取数据服务的技术，得到了阿里、腾讯、华为、平安等非传统工程建设企业的认可和青睐。从近几年这些企业的布局发展可见一斑：腾讯、阿里、华为等企业纷纷成立为工程建设行业提供解决方案的企业或者部门，在国内外广泛招聘具有 BIM 平台开发和 BIM 应用经验的工程师，研发工程建设行业的软硬件产品。腾讯云对外发布"腾讯云微瓴 BIM 协同平台"，就是为了解决 BIM 应用中的系统化管理和内外部协同问题，打破信息壁垒，使得工程建设行业的协同作业更加简单、高效；平安城市建设科技（深圳）有限公司（简称"平安城科"）是中国平安集团成立全资公司，以"让建筑无限连接"的企业愿景，结合 GIS、BIM、IoT、LBS 等技术，实现智赋产业能力、智联行业资源、智造产业价值、智建产业生态的目标；阿里云提出"云上建瓴智汇未来"的理念，与各大地产企业、科技公司等围绕智慧人居生活，融合多方面的信息与技术，从多场景切入，为人们构建全面智能化的人居环境，构筑美好生活。

随着信息化时代的到来，工程建设行业信息化发展也在不断深入。2019 年阿里以 4022 万中标雄安的 BIM 管理平台。2016 年，网易对建筑设计行业首次进行研究，网易和浙江天尚建筑设计有限公司这类大型实体设计院合作，共同搭建起了平台化的互联网设计院。可以看出，工程建设行业作为我国的龙头传统行业之一，已经与互联网企业相对接，发生着日新月异的变化，工程建设行业正朝着数字化转型迈进。

3.8.2 应用现状

从百度、腾讯、阿里、华为、京东等开始应用 BIM 技术的情况分析，反映出互联网企业 BIM 技术应用的现状，从自身的建设工程项目尝试运用，到参与跨界竞标，再到技术引进，正在围绕 BIM 技术进行协同工作平台、智慧建造平台、"数字孪生"平台等的开发和应用，成为工程建设行业不可阻挡的一支强劲队伍：

（1）自身尝试应用：百度大厦、腾讯总部大楼等知名互联网企业建造公司本部大楼时施工企业都应用了 BIM 技术。百度大厦建筑内涵深刻，使用功能丰富。其施工和管理存在许多难点，但建立以 BIM 应用为载体的项目管理信息化，可以实现三维渲染，宣传展示、快速算量、精度提升、精确计划，减少浪费、多算对比，有效管控、虚拟施工，有效协同、碰撞检查，减少返工以及冲突调用，决策支持等，解决了极大部分施工中可以预见的问题。腾讯总部大楼为更好地应对这些设计施工中的困难项目而设置 BIM 管理部，下设由 10 人组成的土建、钢构、机电、幕墙、精装修等 BIM 专业小组，总包各部门配置 BIM 专员，并将专业分包 BIM 小组纳入总包 BIM 管理体系，组建由项目总工牵头，BIM 管理部负责，涵盖所有部门、所有分包的 BIM 管理组织架构，以此保证 BIM 管理目标一致、职责明确、任务清晰、标准统一。

（2）参与跨界竞标：阿里云、腾讯云、华为、科大讯飞等企业强势进军 BIM 行业，包括继上半年阿里云中标雄安新区 BIM 管理平台，华为中标东莞市"数字政府"项目，腾讯控股公司以 2511 万中标广州住建局"CIM 管理平台"等，在 BIM 行业圈子里可谓是一石激起千层浪，被业内人士认为"数字建筑信息化时代"正式来临，也预示着 BIM 技术在国内的发展即将进入新的阶段。其实这种跨界布局，国内互联网科技企业巨头早已着手准备：

1）腾讯云招聘智慧建筑架构师，岗位职责：跟进行业技术发展变革方向（会 BIM 或者 CAD 建模优先），针对云服务特点在行业解决方案上做前瞻性布局；数据识别与转换工具开发工程师，岗位职责：负责分析和处理多源 BIM、CAD、GIS 矢量数据；

2）阿里云招聘 BIM 业务专家，岗位职责：把控 BIM 设计方案，完成和 GIS 系统的整合对接；

3）华为招聘数据工程师，岗位职责：BIM 建模的设计与开发，对数据处理的效率和数据质量负责。

（3）技术方案引进：华为云服务中 BIM 技术的引进，高清制图桌面云助力中国京冶打造建筑应用新标杆，以及帮助 MicroDC 加速企业信息化华为都采用了 BIM 技术来实现更好的客户服务。当然在华为的合作伙伴中，不乏有许多建筑企业使用的是基于华为公司后台 GPU 直通桌面云的服务方案，但为了更好地满足用户的需求，提高用户体验，华为引入了 BIM 技术并为其 BIM 三维模型提供了 GPU 直通桌面云解决方案。首先，将安装 GPU 卡的图形工作站虚拟机集中部署，实现工地远程接入共享，并通过工程软件实现多用户协作用户只需通过 TC 或者 SC 接入办公，维护只需在总部进行，解决了客户 PC 管理和维护困难的问题。在 BIM 应用和云计算的结合方面，华为云计算架构帮助客户实现了 IT 支撑系统的升级。通过集中部署工作站虚拟机，实现资源共享和多用户协助办公，帮助客户节省了 30% 的 BIM 软件采购费用。

在信息技术科技企业中几个跨界进行 BIM 相关产品研发的企业，包括平安城市建设科技（深圳）有限公司、阿里云计算有限公司等在智慧园区、智慧城市、政府建设管理等方面进行"BIM ＋"创新应用，值得其他拟进入工程建设行业的物联网、信息技术科技企业学习、借鉴。

1. 平安城市建设科技（深圳）有限公司

平安城市建设科技（深圳）有限公司（以下简称为平安城科）是中国平安集团的全资子公司，秉承着"让建筑无限连接"的企业愿景，致力于全面搭建建筑产业互联网平台，推动中国新兴建筑科技本土化发展，全方位构建"金融＋科技"的建筑产业生态体系。平安城科围绕着搭建建筑产业互联网平台，推动建筑科技本土化发展，构建建筑产业生态体系的战略方向，平安城科聚焦打造 1 个核心平台，协同 5 个建筑科技能力，实现智赋产业能力、智联行业资源、智造产业价值、智建产业生态的目标。

平安卓管：平安卓管是一款面向业主、运营公司，提供设备设施维保、安全管理、能耗管理等功能，打破信息孤岛，实现项目运维过程中各类传感器、设备、弱电子系统的统一连接和管理的建后项目设备设施一体化运维管理平台。平安卓管核心功能模块包括：设备设施管理、安全管理、维保管理、大数据分析与决策。

平安智采：平安智采是平安城科依托平安集团强大的金融优势，运用前沿科技手段，结合中国工程建设行业协会、中国建材协会等专业机构的优势产业资源，打造的智能、透明、高效的产业互联网平台。平安智采核心模块包含智慧招采、智慧直采、智慧金融三大部分。

平安域联：平安城科全力打造的智慧园区综合服务平台，以金融科技赋能，增强园区企业活力；打通自足生态链，促进园区要素流通；夯实运营体系，提高运营管理效率。平安域联旨在实现各类型产业园区的智能化发展，联合打造生产和生活的供应链平台，以"金融＋科技"助力新型园区的升级发展。

平安易建：即智能施工现场管理一体化平台。该平台依托云计算、BIM、互联网、IoT、大数据、AI 等前沿科技及行业经验，通过对建造过程进行"数字化、智能化、虚拟化、可视化"的"四化"升级，打通了数据信息孤岛，为参与建造的多方实现数据联通，从而实现智能施工现场一体化管理。平安易建主要包括六大功能模块：智能协同管理、智能进度管理、智能安全管理、智能劳务管理、智能质量管理、智慧工地平台。

平安友筑：即智能房地产项目管理一体化平台。面向城投公司和房地产公司等开发商企业，以工程项目端到端数字化打通为突破口，通过 BIM 引擎、数据引擎、工程 BI 引擎等平台核心能力，实现项目精益化管理、企业数字化转型、行业生态化发展。

城科 CIM 云平台：CIM（City Information Modelling）云平台是城市空间数据与城市运行数据的有机结合和超级计算引擎，以 GIS ＋ BIM ＋ LoT ＋ LBS ＋ Internet 数据为核心构建的三维数字底板，注入平安城科平台层能力，为城市建设和运营管理的各类解决方案提供基础支持，实现全面感知的数据研判决策治理一体化。

主要应用场景包括：

（1）城市空间可视化平台。以 GIS ＋ BIM ＋ LoT 数据为核心，形成三维数字底板，为智慧城市建设从规划阶段、建设阶段到运行阶段提供基础决策支持。

（2）数据分析与决策支持系统。融合了大数据处理、AI 建模、舆情分析、可视化报表等能力，提供灵活的数据管理、加工建模、数据空间化、可视化报表配置等功能，为城市建设管理提供决策支持。

2. 阿里云计算有限公司

阿里云计算有限公司的云计算能力支撑了天猫商家日处理 400 万单的量，保证了每年"双 11"天猫全球狂欢购物节的订购、缴费等大量数据的集中处理能力。这样一个在日常生活中提供服务的数据公司，在 2019 年 9 月 17 日发布，阿里云计算有限公司与中国城市规划设计研究院联合体拿下"雄安平台第一标"，中标雄安新区规划建设 BIM 管理平台（一期）项目，中标金额：4022 万元。雄安新区的建设发展牵动着每一个干工程人的心，雄安的建设标准就是未来工程建设的一面旗帜。

这个"雄安平台第一标"在工程建设行业激起了千层浪，标志着阿里云正式进入工程建设行业，共同参与 BIM 及数字化建设。在这次的平台招标文件中要求，管理平台建设内容包括一个平台、一套标准。把建设数据也放进来。这些数据不是现成的，而是要所有人一起造出来，这就不仅仅是靠计算力能解决的，而要能把规划、园林、市政、管廊、交通、建筑，横跨数十家设计机构和建造单位，专业不同、标准不同、使用的软件不同、交付的格式不同等全部解决。平台要解决数据的展示、查询、交互、审批、决策，实现对雄安新区生长过程的记录、管控与管理。

雄安平台的做法是：六个渐进环节：现状空间（BIM0）、总体规划（BIM1）、详细规划（BIM2）、设计方案（BIM3）、工程施工（BIM4）、工程竣工（BIM5），每个环节对应的是工程建设的不同阶段，对数据的录入方式和使用者加以区分。每个阶段的数据流到下一个阶段，都要编制入库标准，对结果进行统一编码。进入平台的所有成果数据，都要遵循一个统一的数据转化标准：XDB。这一标准也正在不断完善。[1]

这一年，阿里云已经在我国的苏州、上海、澳门、海南等地合作了城市大脑项目，单次合同最高中标金额 2.99 亿。

阿里云在数据计算力方面已经领跑了十年，它不是忽然跨界而来，而是在要做城市大脑的大数据运营商的目标下，做足了准备来分羹工程建设行业的数字经济。对传统工程建设行业软件开发商既是冲击，也是鞭策，更是共同融合发展的推动力。

1　http://www.xiongan.gov.cn/2019-08/09/c_1210235814.htm

3.9 政府 BIM 监管

3.9.1 调研分析

近年来，各地以"环节整合＋互联网"为基本路径，快速提升行业监督信息化水平，不断推动设计成果数字化交付、审查及存档系统，逐步完善工程竣工备案管理信息系统，大力推动政府职能转向减审批、强监督、优服务，促进市场公平竞争。

数字化图审工作稳步推进，部分省市完全实现电子审图，部分省市同时采取纸质和电子审图两种形式，数字化图审系统已在 9 个省市建成运行；个别省市已实现行政区域内所有审查合格的电子图纸集中管理和在线调用，并不同程度地实现了施工图纸的数字化交付、审查合格施工图的标准化电子归档。深圳提出建立基于 BIM 的工程建设项目智慧审批平台：结合 BIM（建筑信息模型）技术在工程建设项目中的实际应用情况，形成统一规范、共同使用的 BIM 信息数据存储、交换、交付等通用标准，建立基于 BIM 的"规建管用服"工程建设项目全生命期智慧审批平台，融合基于 CIM（城市信息模型）的规划设计数字化系统，对接投资项目在线审批监管平台，推进建筑工程大数据信息共享；湖南省于2016年启动施工图管理信息系统建设，并于2018年进一步启动湖南省 BIM 审查系统建设，湖南省住房和城乡建设厅在全省现有施工图管理信息系统基础上搭建 BIM 报建审批平台，提供 BIM 报建审批服务，不仅有利于推动 BIM 技术在工程建设项目全生命期的集成应用，而且还可为全国工程建设项目行政审批制度改革提供有益探索。

在新科技对工程质量安全监管应用中，BIM 主要应用在对安全施工进行可视化管理、现场施工与检查、质量安全风险预警、安全区域设施布置与评价等方面；在工程质量安全监管领域中，绝大部分省份都在应用 BIM。

应该指出，BIM 技术融入政府监管流程也面临挑战。BIM 技术的发展不仅仅是二维向三维的转换，还涉及到政府监管、工程建设、运维各个环节，现行工程建设行业各个环节的政府监管流程都是在传统体制和技术条件下制定的，需要进一步在流程中融入 BIM 技术，BIM 交付成果在规划、建设、管理中应用的法律依据仍不完备。

3.9.2 监管现状

在住房和城乡建设部发布的《2016～2020 年建筑行业信息化发展纲要》中，对工程建设监管中的 BIM 应用提出了明确要求：

建立完善数字化成果交付体系：建立设计成果数字化交付、审查及存档系统，推进基于二维图的、探索基于 BIM 的数字化成果交付、审查和存档管理。开展白图代蓝图和数字化审图试点、示范工作。完善工程竣工备案管理信息系统，探索基于 BIM 的工程竣工备案模式。

《国务院办公厅关于全面开展工程建设项目审批制度改革的实施意见》（国办发〔2019〕11 号）提出：地方工程建设项目审批管理系统要具备"多规合一"业务协同、在线并联审批、统计分析、监督管理等功能，在"一张蓝图"基础上开展审批，实现统一受理、并联审批、实时流转、跟踪督办。以应用为导向，打破"信息孤岛"，2019 年底前实现工程建设项目审批管理系统与全国一体化在线政务服务平台的对接，推进工程建设项目审批管理系统与投资项目在线审批监管平台等相关部门审批信息系统的互联互通。

住房和城乡建设部颁布《住房城乡建设部关于开展运用 BIM 系统进行工程建设项目报建并与"多规合一"管理平台衔接试点工作的函》（建规函〔2018〕32 号）和《住房城乡建设部关于开展运用 BIM 系统进行工程建设项目审查审批和 CIM 平台建设试点工作的函》（建城函〔2018〕222 号）后，将广州、厦门、雄安新区、南京、北京城市副中心设为"运用 BIM 进行工程项目审查审批和 CIM 平台建设"示范点。五个示范点都开展了 CIM 相关工作。如：河北雄安新区管理委员会印发了《雄安新区工程建设项目招标投标管理办法（试行）》的通知；广州制定了《广州市城市信息模型（CIM）平台建设试点工作方案》；厦门市人民政府印发《厦门市运用 BIM 系统进行工程建设项目报建并与"多规合一"管理平台衔接试点工作方案》，并发布《厦门市人民政府关于印发多规合一业务协同平台运行规则的通知》；南京市人民政府发布了《南京市运用建筑信息模型系统进行工程建设项目审查审批和城市信息模型平台建设试点工作方案》。各示范点都开展了一系列示范内容。如：厦门运用 BIM 系统进行工程建设项目报建并将系统与"多规合一"管理平台衔接，管理部门可实现对工程建设项目不限于规划设计方案审批的全生命期数字化管理。2019 年广州市城市信息模型（CIM）平台项目完成招标；南京完成"南京市运用建筑信息模型系统（BIM）进行工程建设项目审查审批和城市信息模型平台（CIM）建设试点项目——CIM 平台（V1.0）"的招标。

在配合政府 BIM 监管工作的各地机构和联盟中，上海 BIM 技术应用推广中心、深圳市建筑工务署、北京市建筑信息模型（BIM）技术应用联盟、湖南省住房和城乡建设厅等单位和部门在 BIM 推进中做的政策、标准、平台等方面的工作，值得其他地方或部门在开展 BIM 推广应用、业务监管工作时学习、借鉴。

1. 上海 BIM 技术应用推广中心

为全面总结 2018 年上海市 BIM 技术应用情况，上海 BIM 技术应用推广中心开展了《2019 上海市建筑信息模型技术应用与发展报告》的编制工作。报告中对 2018 年报建信息汇总显示：2018 年上海市新增项目 6390 个，应用 BIM 技术的项目数量达到 822 个，总投资 6351 亿元，其中政府投资 210 个，投资额 896 亿元；社会投资 612 个，投资额 5455 亿元。相较于 2017 年，BIM 应用率稳定在 88%，应用基本贯穿整个全生命期。其中在规模以上应当使用 BIM 技术的项目数量统计中，上海浦东新区应用 BIM 数量 115 个居首位，应用率达 92%，其他各区的应用率均大于 75%。

上海积极推进"建筑信息化"与"建筑工业化和建筑绿色化"的融合，上海市在建筑装配式项目中应用 BIM 技术达到了 70% 以上，长宁、黄浦等区 BIM 应用率达到 100%。上海积极推进 BIM 在预制装配式建筑的设计、构件生产、物流运输、现场施工、物业运维等阶段的应用，将传统手工作业转变为工厂化作业，实现了设计、深化、加工、运输、施工、运维等阶段的信息传递，同时利用 BIM 三维模型指导预制构件的生产，将构件编号、类型、生产厂家、日期、材料、验收等数据输入设备后，就可以实现机械的自动化生产，数字化建造方式大大提高工作效率和生产质量。

试点示范项目、教育培训和政策的扶持方面基本达到了该市三年行动计划（2015~2017）的期望，而共性研究、基于 BIM 的研发、数据丰富性与准确性、各参与方的协同工作、BIM 应用阶段与内容、项目组织模式与流程方面仍有较大差距。上海市 BIM 市场出现了很多新的变化，相关 BIM 应用趋势也越来越明显，不再局限于单纯的 BIM 技术应用，不仅仅是应用范围的变化，还有应用阶段的变化。BIM 技术的应用势必从点（单个应用点、单体工程、单个公司）逐步拓展至面（平台化、系统化、区域建设或企业资产）。BIM 技术不再单纯地应用在技术管理方面，而是深入应用到项目各方面的管理，除技术管理外，还包括生产管理和商务管理，同时也包括项目的普及应用以及与管理层面的全面融合应用。同时随着技术的发展，云计算、大数据、物联网、智能化、移动设备的发展，各种技术的综合应用也越来越多，BIM 的应用必将融入企业的全面管理。[1]

BIM 技术应用正向全生命期一体化管理方向不断发展，目前出现了两种导向的应用体系：一种是以建设企业为导向，另一种是以运维为导向。这两种模式各有优劣，应结合自身业务选择。BIM 技术作为载体，能够将项目在全生命期内的工程信息、管理信息和资源信息集成在统一模型中，打通设计、施工、运维阶段分块割裂的业务，解决数据无法共享的问题，实现一体化、全生命期应用。2019 年是 BIM 技术从深化应用向正向应用转化的关键年，按照该市应用实际，针对正向应用企业端和政府端的瓶颈难点问题，研究解决方案和制定长效机制，持续推进上海 BIM 技术应用，具体工作措施包括：

（1）完善 BIM 技术应用推进机制：针对应当公开招标的项目，在设计、施工和监理招标中应按照 BIM 技术应用示范条款，在招标文件中写明 BIM 技术应用的相关条款，并要求投标企业响应。监管部门在招投标监管中，发现未写明 BIM 招标条款的，应当要求整改后重新发布。试点施工图审查提交施工图模型，开展 BIM 模型辅助施工图审查试点工作，试点成熟逐步推广。

（2）制定关键管理环节 BIM 技术应用规则：包括研究制定基于 BIM 模型算量计价规则，逐步完善建筑信息模型技术计价费用体系，研究制定 BIM 模型直接出图规则和表达方式，允许建模软件按规则生成的二维数字化图纸可以直接用于审图、质量安全监管、竣工验收等管理环节，打通各管理环节 BIM 技术应用的堵点，提升企业和政府应用效率。[2]

（3）开展"1 ＋ X"模式的人才培养：建立培训师资、培训机构的认定与管理制度，全面开展 BIM 技术应用能力培训及认证工作，规范 BIM 技术培训服务市场，探索关键岗位持证上岗机制。

2. 深圳市建筑工务署

深圳市建筑工务署（以下简称为工务署）作为深圳市政府投资工程（不含水务、交通）的集中建设管理企业，在工程项目建设管理中大力推动 BIM 技术应用。在以 BIM 为核心的数字化转型、新技术集成应用、数字化验收交付等行业发展新要求下，针对全过程 BIM 应用链条尚未形成、BIM 技术在工程项目建设管理中的作用尚未实现最大化、BIM 成果交付缺少统一规范管理等突出问题，深入研究政府公共工程 BIM 技术应用方式，形成了进一步实现"全员、全专业、全过程"BIM 体系化应用新的探索。

工务署"全员、全专业、全过程"BIM 体系化应用。早在 2012 年，工务署便开始布局 BIM 技术应用，2015 年发布了《深圳市建筑工务署信息化建设总体规划》和《市建筑

1　上海市绿色建筑协会 .《2019 上海市 BIM 发展报告》深度解读（上）[N].建筑时报，2019-5-30（07）.

2　上海市绿色建筑协会 .《2019 上海市 BIM 发展报告》深度解读（下）[N].建筑时报，2019-6-20（07）.

工务署政府公共工程 BIM 应用实施纲要》，提出了"管控 BIM"的概念和"以模型为基准，以平台为支撑，以质量为主线，以管理为重点"的 BIM 实施方针。后续，工务署在国内率先编制发布了《工程项目 BIM 普及应用指引（设计阶段 BIM 实施分册）》、《工程项目 BIM 普及应用指引（施工阶段 BIM 实施分册）》以及纵向贯穿工程设计、施工和运维准备，横向聚焦工程质量、安全、投资、进度等管理业务的 41 项 BIM 实施要点，为 BIM 推广应用做好了顶层设计。

截至 2019 年 12 月，共有 79 个项目按照工务署政府公共工程 BIM 技术应用统一要求落实 BIM 技术应用。根据项目的实践验证，不断完善工务署 BIM 实施标准及工务署 BIM 协同管理平台功能，形成标准、项目、平台三位一体良性互动，进一步推进政府公共工程的 BIM 技术全面应用。2019 年，工务署立足自身的长远发展，结合行业 BIM 应用特点和新要求，对政府公共工程"全员、全专业、全过程"的 BIM 应用进行了新的研究与思考：政府公共工程的 BIM 应用特色在于体系化应用，不是单点、单环节的应用；是管控 BIM 的应用，而不是技术型 BIM 应用；是统筹一体化应用，不是单兵作战的应用。基于政府公共工程 BIM 应用特点，工务署提出 BIM 体系化应用框架，如图 3-9-1 所示。BIM 体系化应用包含两个维度：纵向贯穿工程规划、设计、施工和运维全生命期，横向聚焦工程质量、安全、投资、进度等管理业务，形成全链条、全员参与的 BIM 应用体系。平台、标准、现场实施，各参与方形成有机整体，重点是适应信息化要求，形成建筑数字档案和数字资产，进而形成知识库，建立数据驱动的工程项目建管方式。

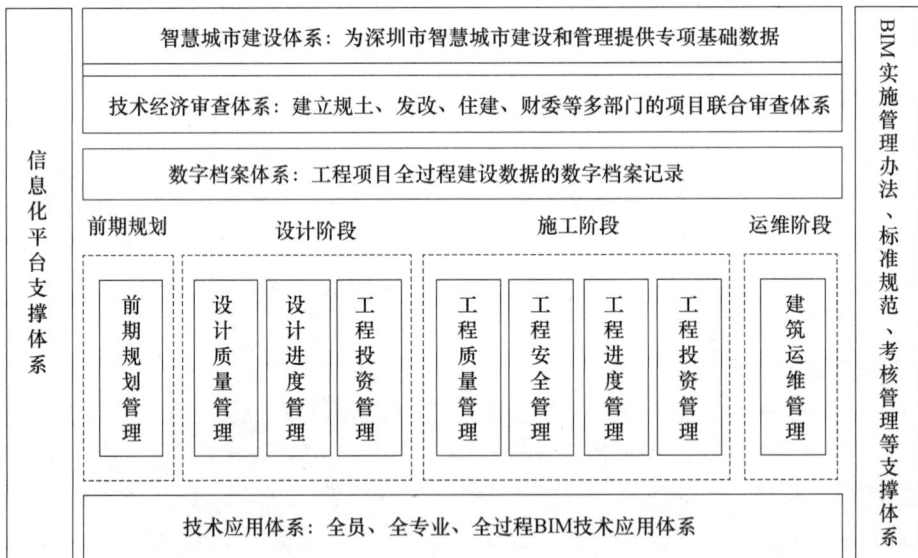

图 3-9-1 深圳建筑工务署 BIM 技术体系

工务署 BIM 体系化的应用特点主要表现在以下几个方面：

（1）管控为主，强化 BIM 技术对工程项目建设管理的价值。工务署作为建设企业，其 BIM 应用的初衷是优化工程项目建设管理模式，通过以 BIM 为核心的信息化手段提升工程项目建设管理能力和水平。工务署将 BIM 做为工程项目高质量建设管理的辅助手段，通过三维定位、数据关联、模拟分析等功能服务于工程项目的质量、安全、投资、进度管理。工务署在 BIM 应用方面，有别于设计企业和施工企业的技术 BIM 应用，工务署的 BIM 是要成为工程项目管理人员愿意用、离不开的项目建设高效管理工具。

（2）延伸两端，强化前期规划和运维阶段应用，建立全过程 BIM 技术应用模式。在管控 BIM 实施的总体要求下，强化 BIM 技术在工程各阶段的管理应用，强化工程建设管理数据在全过程的传递和应用。在前期阶段，重点用于项目与周边环境的协同关系分析；分析项目与交通、电力、水务、燃气等企业的对接需求和建设要求，明确项目建设及投入使用所需的外围条件，合理安排与其他配套项目的建设时序；利用 BIM 模型主动引导使用企业明确需求、稳定需求，辅助开展规划阶段报批报建，提升沟通效率，提高各方的决策参与度。在运维阶段，以运维模型为基础，形成数字化的运维管理方式，利用 BIM 模型开展主体结构安全监测、大型机电设施健康运行监测、资产清单管理、设备维护管理、突发情况应急管理等运维管理工作。

（3）加强预制生产环节应用和管理。2019 年 3 月，住建部发布《关于行业标准〈装配式内装修技术标准（征求意见稿）〉公开征求意见的通知》。工务署承建的保障房、学校宿舍、职工宿舍等项目非常适合开展装配式建造。根据项目需要，合理选择混凝土构件、商品钢筋、幕墙构件、装饰装修部件、机电产品和钢构件，开展基于 BIM 的预制生产；结合项目特点，从造价、运输、拼装等多方面综合考虑 BIM 模型预制构件拆分；利用 BIM 模型模拟预制构件运输路径、进场路径、现场堆放和拼装工艺，合理安排构件进场批次。通过强化装配式建造的实施和管理，提升工程建设管理质量和效率，节约工程造价。

（4）立足数字化转型，加强数字化成果管理，建立数字资产。在新形势下，工务署 BIM 技术应用以数字化转型为总体要求，建立数字化的工程项目建设管理方式。强化工程重要节点和最终交付的成果管理，形成建筑数字化资产，实现工程建设全过程的数字化管控，在竣工交付时实现实体与数字化成果的双移交。利用交付成果，形成工程项目数字资产，在数字资产的基础上挖掘工程项目建管知识，建立工程项目建设管理知识库，并利用数据库知识提前预防高发工程质量、安全问题发生，实现事后补救向前期预防的转变。

3. 北京市建筑信息模型（BIM）技术应用联盟

为推进"BIM＋"物联网等信息技术在北京市建筑工程领域的应用，促进工程建设行业转型升级，北京市建筑信息模型（BIM）技术应用联盟（以下简称为 BIM 联盟）在北京市住房和城乡建设委员会（以下简称为北京市住建委）、联盟专家的指导以及各成员单位的支持下，积极协助政府制定相关政策，开展课题研究、标准体系建设以及各类宣传交流活动，大力推进 BIM 的落地应用。开展的主要工作如下：

（1）协助北京市住建委制定北京市 BIM 相关政策

制定了《北京市推进建筑信息模型应用工作的指导意见》；编写了《关于加强装配式混凝土建筑工程设计施工质量全过程管控的通知》，明确要求建筑信息模型（BIM）技术应在设计施工全过程中应用；编制《北京市住房和城乡建设委员会关于加强建筑信息模型应用示范工程管理的通知》（京建发〔2018〕222 号）、《北京市住房和城乡建设委员会关于加强北京市建筑信息模型（BIM）应用示范工程验收管理工作的通知》（京建发〔2019〕163 号）。

（2）北京市 BIM 标准体系建设

编制北京市地方标准 2 项：《民用建筑信息模型施工建模细度技术标准》《智慧工地技术规程》；编制完成《钢结构工程施工模型细度标准》等 6 项北京市地方标准审查稿。

（3）开展北京市 BIM 应用示范工程建设工作

北京市住建委自 2017 年始开展 BIM 应用示范工程建设，三年来，共有 200 余个工程项目参与申报，工程涵盖了住宅、办公楼、医院、装配式建筑、超低能耗建筑、桥梁、地下管廊、地铁等，涉及建筑面积约 2000 万 m^2，市政里程超过 200km。联盟协助北京市住建委开展示范工程的征集、立项、过程检查和指导、验收等相关工作，并编制示范工程集。

（4）开展北京市智慧工地建设工作

为推进北京市"智慧工地"建设工作，受北京市住建委委托，联盟自 2017 年开展智慧工地相关课题研究及标准编制工作，编制完成了北京市地方标准《智慧工地技术规程》，对建设工程施工现场人、机、料、法、环、质量、安全等管理要素采用信息化手段进行管理的基础内容、信息、数据做了详细规定。目前，联盟正在开展《北京市智慧工地技术应用评价指标体系研究》课题研究及北京市地方标准《智慧工地评价标准》的编制工作。后续，联盟还将协助政府探索研究推进智慧工地建设发展的配套政策，完善智慧工地标准体系，培育智慧工地示范工程，为北京市智慧城市建设提供有力的数据和技术支撑。

（5）开展北京市住房城乡建设大型公益讲座

联盟组织专家协助北京市住建委举办了十余场大型公益讲座，内容涵盖了北京市 BIM＋信息技术应用示范工程建设、工程建设行业 10 项新技术（2017 版）—信息化技术、工程项目智慧建造、BIM 技术与 GIS、人工智能在建筑全生命期的应用、智慧管理助力数字建筑等，共有联盟成员单位及北京市其他建设、设计、施工、监理、质监等 200 余家单位参加，7000 余人从中直接受益。

联盟组建了"北京市建筑信息模型（BIM）技术应用专家库"，通过征集、评选，共有 93 名工程技术及管理人员入选专家库。联盟还开展了 BIM＋物联网等信息技术交流活动，其中"项目经理 BIM 应用高级研修班活动"、"北京市 BIM 应用项目经理沙龙活动"受到项目经理的欢迎，对项目经理的 BIM 能力提升具有很好的效果。

4. 湖南省住房和城乡建设厅

为推进城乡建设事业信息化、智能化，促进勘察设计企业转型升级，推动基于 BIM 技术的施工图审查制度和工程许可审批制度改革，2019 年 1 月湖南省住房和城乡建设厅在全国范围内率先启动了全省工程建设项目 BIM 审查系统工作流程（图 3-9-2），在中国建筑科学研究院北京构力科技有限公司全力支持下，通过企业调研、可研分析、流程梳理、技术论证、样本测试和专家验收等科学、严谨的研发历程，一年时间就推出了基于 BIM 技术的工程项目数字化审查系统，并将于 2020 年 6 月正式上线运行。

BIM 审查系统采用多项创新技术，在多项关键技术上取得突破：

（1）建立自主可控的 BIM 审查数据标准和技术标准体系

形成了以 BIM 审查技术标准、模型交付标准、数据标准为基础的标准体系，各类主流软件设计的 BIM 模型通过统一的标准格式 XDB 载入系统进行审查，并完成后续的数据管理业务，全过程权限分级、批注留痕、不可篡改。

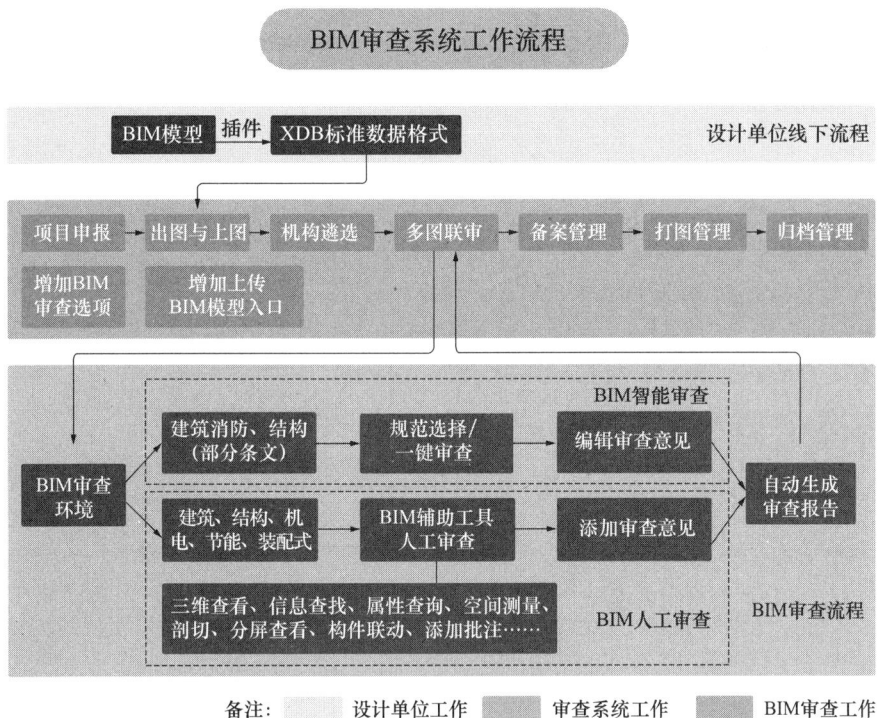

图 3-9-2 **BIM 审查系统工作流程**

（2）将规范条文转换为计算机语言，实现计算机审查

系统对规范条文进行拆解形成领域规则库，对 BIM 模型自动提取数据形成语义模型，通过审查引擎对领域规则库及语义模型进行审查，最终得到审查结果。

（3）智能化、可视化的 BIM 审查软件

系统中的 BIM 辅助审查工具软件，可实现对建筑、结构、水、暖、电、人防、消防、节能及装配式等专业的三维辅助审查，并可实现对建筑消防及结构专业的 BIM 智能审查，审查范围包含了以上专业的几十本常用规范，审查意见经编辑后可添加至批注管理系统，自动生成审查报告。

（4）轻量化展示和辅助工具

基于云服务，系统可在手机及网页端实现轻量化模型浏览，包含平面化表达、轻量化三维模型表达、符号化表达、实体钢筋表达等多种表达方式，也可进行信息查询、空间测量、专业数据审查、数据统计及模型对比；可将二、三维分开在多个屏幕上对比查看，也可在三维模型下衬二维图纸对照及检查。

审查通过项目的 BIM 模型可加入到城市信息模型（CIM）平台，为今后的城市智能化运营管理服务。2019 年 11 月，系统在湖南省多家审图机构和设计院完成了测试应用，对 100 个工程实例模型进行样本测试，达到了建筑消防审查正确率 92%，结构审查正确率 100% 的良好效果。2019 年 12 月系统通过了专家评审验收。

湖南省勘察设计协会在 2020 年 1 月和 4 月分别举办了两期 BIM 审查系统操作专题培训班，参加培训的审图人员和设计人员达到了近 3000 人，接下来会持续组织类似的专题培训班。通过实战培训，营造了 BIM 审查先期生态氛围，普及了 BIM 审查认知，为系统

更好地应用落地与推广奠定了良好基础。

　　湖南省住房和城乡建设厅将按照分阶段、分类型的推进思路，自 2020 年 6 月起，将分阶段开展 BIM 审查，建设单位在申报施工图审查时，应同步提交二维施工图和 BIM 模型，逐步实现全省房屋建筑、市政基础设施领域新建项目全覆盖。与此同时，系统研发单位将对 BIM 审查系统持续改进升级，扩大智能审查范围，完善配套工具，与工程项目保险系统衔接，融入区块链和人工智能等新技术，进一步提升系统的科技含量和技术水平。

4 BIM 教育与推广

4.1 BIM 教育

近年来，BIM 技术的推广力度日益加大，实际项目中对于应用 BIM 技术的需求也越来越大，但 BIM 人才却远远不能满足工程建设行业发展的需求。这种缺乏不仅仅体现在数量上，更大程度上体现在对 BIM 应用的能力上。工程建设行业市场需要受过院校教育的 BIM 人才，BIM 的发展也需要院校教育的支持。随着 BIM 技术的推广，国内外部分高校和教育机构相继成立了 BIM 教学研究组织并开设 BIM 相关课程。

4.1.1 国际 BIM 教育现状分析

1. 美国 BIM 教育及课程设置

美国作为发起 BIM 技术和虚拟设计与施工（VDC）的国家，在学术界和工业界均已开展了许多探索和应用，并且取得了很好的科研成果。其中，美国部分高校 BIM 课程设置具有一定代表性。下面详细介绍美国总承包商协会、斯坦福大学、佐治亚理工学院的教育现状，包括 BIM 课程的开设和 BIM 实验室的建设两个方面。美国高校土建类专业的 BIM 课程一览表见表 4-1-1。

美国高校土建类专业的 BIM 课程一览表 表 4-1-1

高校名称	课程名称	课程教学目标
马萨诸塞大学阿默斯特分校	CAD 与 BIM 高级主题研讨	了解建筑 CAD 软件的高级主题及其在设计与施工中的用途；具备进行 3D 建模和创建建筑装配构件和建筑物的 3D 模型的能力；具备创建参数化建筑模型和提取数据的能力；具备在规划过程中使用基于 CAD 的工具解决技术问题的能力；了解行业常用的 BIM 软件，例如 Revit、Navisworks、Google SketchUp 和 AutoCAD 等
斯坦福大学	BIM	BIM（模型）的创建、管理和应用；学习用于创建建筑组件和几何图形的 2D 和 3D 计算机表示的过程和工具；组织和操作模型以生成建筑视图和构造文档、渲染和动画，以及与分析工具进行交互
东南密苏里州立大学	BIM	了解建筑信息模型（BIM）的概念；审查可用于 BIM 的软件和技术；使用 BIM 软件创建建筑物模型；使用 BIM 技术检查建筑项目的干扰和冲突；使用 BIM 探索施工进度和工序；探索使用 BIM 进行成本估算；探索 BIM 如何协助设施管理
南方理工州立大学	BIM	培养使用 Revit Architecture，Revit Structure 和 Revit MEP 生成和修改 BIM 模型所需的知识和技能；进行工程量估算和成本估算；使用 BIM 识别可施工性问题
美国阿肯色大学	BIM	了解 BIM 在住宅和商业建筑中的基本功能；了解建筑构件的几何形状、空间关系、地理信息、数量和属性；创建可用于工程量估算的建筑物虚拟模型

美国总承包商协会的 BIM 教育课程是由 BIM 从业人员、科技公司和教育部门共同开发的，目的是为行业专业人才成功实施 BIM 作好准备。这门课程提供了共 40 小时的课堂讲授和实训环节。课程内容共有 4 个单元，分别为：BIM 的介绍，BIM 技术，BIM 合同谈判及风险分配，BIM 的流程、应用和集成。每一单元的讲解历时 8 小时（课程详细情况见表 4-1-2）。如今，这 4 个单元的教学内容已经分别出版成书，形成了较为系统的 BIM 教学知识体系。

美国总承包商协会的 BIM 教育课程　　　　　　　　表 4-1-2

单　元	内　容	教学对象	章　节	时长
第一单元：建筑信息模型导论（第二版）	BIM 第一单元专为渴望学习 BIM 基本概念的建筑专业人士而设计。全天（8 小时）课程介绍了通过使用 3D、4D 和 5D 模型提高建筑项目可视化程度的优势，建立了 BIM 技术的知识库，并概述了成功实施 BIM 的案例研究	本课程专门为学习 BIM 基本概念的建筑专业人员设计	第 1 节：什么是 BIM 第 2 节：BIM 可视化用途和空间协调 第 3 节：BIM 计划、估算和设施管理 第 4 节：BIM 入门	8 小时
第二单元：BIM 技术（第二版）	BIM 技术探索贯穿于整个项目阶段 BIM 工具的主要应用及分类。探索 BIM 应用在工程预算、施工图、预制加工及施工进度方面是如何提升项目效率；探索 BIM 模型在提高工程算量、施工进度及项目协调方面的影响	这个为期一天（8 小时）的课程专门为建筑专业人士设计，建立一个选择 BIM 工具的可靠流程，并研究模型对改善估算、计划和协调的重要影响	第 1 节：BIM 技术、功能、流程和工具 第 2 节：估算 / 工程量预算、计划和协调	8 小时
第三单元：BIM 合同谈判与风险分配	BIM 合同谈判和风险分配是一门全日制（8 小时）课程，旨在检查 BIM 和合同术语，以确定将 BIM 集成到项目合同中的最佳做法。讨论了诸如标准、知识产权、保险和担保范围之类的热点问题，以帮助参与者成功地为 BIM 实施做准备	假定通过参加第一单元 BIM 导论，所有参与者都已了解 BIM 的基本概念和术语。本课程包括活动、课堂讨论和讲师指导的讨论	第 1 节：BIM 合同谈判简介 第 2 节：合同责任与谨慎标准 第 3 节：BIM 执行计划合约条款 第 4 节：知识产权示范 第 5 节：保险和保证担保的问题 第 6 节：风险分配与管理	8 小时
第四单元：BIM 流程、应用和集成	BIM 流程、应用和集成是一门全日制（8 小时）课程，为参与者建立和执行 BIM 流程，促进其采用以及在单个项目和公司层面实现集成，可同时执行多个 BIM 项目提供基础	本课程是为那些通过参加第一单元 BIM 导论和第二单元 BIM 技术而对 BIM 工具、力学、理论和过程有大量了解的人士和想要了解可在建筑项目和业务实践中实施的人士开发的	第 1 节：BIM 流程、应用和集成简介 第 2 节：项目层面 BIM 实施 第 3 节：公司层面 BIM 实施	8 小时

斯坦福大学的集成设施工程中心（CIFE）设置了 BIM 和 VDC 的本科和研究生课程。以土木与环境系为主导，与建筑系和计算机系合作开设了相关课程，通过研讨会、实习等途径为学生提供切实可行的学习 BIM 和 VDC 的机会。CIFE 中心还提供了 VDC 的证书课

程，包括建筑、工程、施工和设备设施管理相关的内容，目前已开设几门主要课程，分别是：《VDC 的行业应用》《BIM 研讨会》《BIM 专题研究》。

佐治亚理工大学的 BIM 教育以建筑系（School of Architecture）为主导，与建筑工程系合作组建研究团队，开设了三门 Revit 相关的实训课程，在建筑工程系开设了 BIM 案例研究课程，名为《基于 BIM 的多学科集成》，旨在从技术、设计和建设实践的角度来了解 BIM，将 BIM 技术作为建筑工程系本科生的专业课程。这门课程没有设置软件实训的内容，课程开展主要通过研究总结现有的案例、设置课程研讨会、开发新的案例三个方面进行。实验建设方面，在设计学院下设了数字化建筑实验室，以及在建筑系下设高能效建筑实验室，两个实验室均包含了 BIM 技术作为研究内容。在校企合作方面，佐治亚理工大学与德国 RIB 集团合作开设了 BIM & iTWO 课程，授课的教授一部分来自 RIB 公司，一部分来自佐治亚理工大学，同时还联合建立了 iTWO 5D BIM 实验室，作为师生的科研实践平台。

2. 新加坡 BIM 教育

新加坡的 BIM 应用推进工作得到了政府部门的大力支持，在 BIM 人才的教育培养方面也取得了一定的成就。根据《2016 年全球 BIM 教育报告》中显示，新加坡有 8 所高等院校一共开设了 30 个全日制 BIM 课程和 14 个在职的 BIM 课程，截至 2015 年，已有超过 2500 名全日制学生和 8500 的专业人士完成了 BIM 培训。三分之二的大学在本科和硕士课程中设置了 BIM 模块；南洋理工大学和新加坡国立大学也成立了各自的 BIM 中心，致力于提升有关 BIM 方向的科研能力。高等职业教育院校应用 BIM 技术则主要针对的是软件的应用能力，用于服务一些专业技术课程，比如建筑空间设计、土木及结构工程设计和设备系统设计等。

新加坡建筑学院（BCAA）作为建设局的教育和研究机构，设置了 BIM 和 VDC 两个专科学位，需考察并认证以下 4 个方面的内容：一是运用 BIM 技术进行建模（包括建筑、结构、机电专业），二是基于 BIM 的管理，三是基于 BIM（为业主和设施管理人员）的规划，四是基于 BIM 的管线综合（MEP）协调。对于 BIM 在施工管理中的应用，BCAA 还与澳大利亚的纽卡斯尔大学合作开设了一门本科水平的课程——《建筑工程管理》。报告中还显示，超过 700 名的全日制学生和 3700 名专业人士通过了 BCAA 的 BIM 相关课程培训。

2015 年底，BCAA 成立了精益和虚拟工程中心，这是第一个沉浸式的体验和学习"BIM、VDC 和精益建设"的场所，目的是为了鼓励高校和行业企业到中心进行训练和体验式学习。

4.1.2 国内 BIM 教育现状分析

1. 香港高校的 BIM 教育现状

香港中文大学建筑学院在课程设置方面开设了《住房设计和施工技术》课程。这一课程主要介绍全球最新的住房设计及建筑技术，BIM 的学习是课程中的主要内容。课程中设置了 Revit 研讨会，专门讲授 Revit 的应用。

香港大学的建筑学院，有关 BIM 的课程分别是：《建筑信息模型与管理导论》《建筑实践中的建筑信息模型》和《建设通信》。土木工程学院也于 2014 年新开设了一门名为《建筑信息模型：理论，发展和应用》的研究生课程。

香港理工大学建筑及房地产学系，有五门与 BIM 相关的本科生课程，贯穿五个学年；在土地调查及地理信息学系，也有三门本科生 BIM 课程，贯穿四个学年。在实验室建设方面，建筑虚拟模型实验室提供覆盖 BIM、解决方案的过程仿真和工程建设行业专业培训等服务。

总体来看，根据《2016 年全球 BIM 教育报告》，香港各院校共提供了 19 门 BIM 课程作为相应学位课程中的一部分。职业训练局，包括职业教育学院和香港大学专业进修学院，共提供了 20 个 BIM 相关课程，开设方式为在相关课程中植入 BIM 模块和单独开设两种方式。

2. 内地 BIM 教育及高校开设的 BIM 课程

内地高校对实施 BIM 教育和培训的响应十分热烈，在 2010 年以后很多高校都相继成立了 BIM 相关的组织与社团，致力于 BIM 的学习与研究。

在学校或院系层面，目前各地很多高校成立了 BIM 研究中心，包括 211 和 985 高校，特别是一些地方院校也较早开展 BIM 教学与应用研究，这是国内与国外的不同之处。例如同济大学下设"同济大学 -Autodesk 建设全生命期管理联合实验室"和"211 工程管理信息化实验室"、天津大学有"天津大学 - 天宝联合 BIM 实验室"、上海交通大学有"BIM 研究中心"、重庆大学有"BIM 研究中心"、华中科技大学有"BIM 工程中心"，地方院校例如云南农业大学设立"BIM 工程研究中心"等，此类型的组织一般是由高校里具备学术研究能力的 BIM 专家或教授发起成立的，兼具科研、教学和应用实践的功能。许多高职院校也成立了 BIM 实训中心，主要用于 BIM 的实践教学或职业培训，提高高职人才的 BIM 应用能力。概括下来，目前 BIM 实验室的功能主要为：BIM 教学、开展 BIM 相关的学术研究、工程项目实践、BIM 职业技能培训等。除此之外，在校企合作方面，广东番禺职业技术学院、黑龙江东方学院、云南农业职业技术学院等高职院校通过校企合作，设立 BIM 项目工作组，让学生在实践中掌握 BIM 技术；部分高校如昆明理工大学津桥学院与建设企业或 BIM 软件公司达成合作，通过联合成立 BIM 实验室或搭建学生实习平台方式进行 BIM 人才的培养。

在学生层面，现阶段各高校土建类专业学生对于 BIM 的学习充满热情，于是促成了一些学生兴趣团体的出现，如成立相对较早的有重庆大学 BIM 俱乐部和同济大学 BIM 学生俱乐部，后来上海交通大学、上海大学、清华大学、南昌大学、云南农业大学、吉林建筑大学、长安大学等高校也成立了 BIM 相关的学生兴趣社团。另外，目前一些高校的学生还自发地组织了 BIM 学习的校际交流活动。

总体而言，内地的高校成立了如 BIM 研究中心、BIM 实训室、BIM 项目工作组、校企联合实习基地、学生 BIM 俱乐部等组织形式的 BIM 教学与研究组织，由此看来 BIM 的发展切实地引起了教育界的重视，但由于在发展初期，高校 BIM 的教育体系还缺乏规范性和系统性，需进一步进行探索与研究。

高校开展 BIM 教学主要有三种模式：一是开设 BIM 专门课程，二是在现有的课程体系中融入 BIM 的内容，三是进行专门的 BIM 培训。

据不完全统计，目前内地的 100 余所高等本科院校、90 所高职院校成立了 BIM 中心或 BIM 工作室研究 BIM 技术。也有部分学校开设相关课程，例如清华大学、同济大学、天津大学等在本科领域开设了 BIM 软件课程；部分高校以选修课的形式开设 BIM 课程，例如山东建筑大学、西安建筑科技大学、沈阳建筑大学、云南农业大学等。同济大学还在多门工程管理专业课程中嵌入 BIM 模块，结合多种 BIM 软件就工程造价电算化教学及 BIM 技术进行研究。大连理工大学、上海交通大学等高校相继开展 BIM 软件的使用培训。表 4-1-3 是内地部分高校开设 BIM 课程的基本情况。值得一提的是华中科技大学于 2012 年率先面向在职的专业人士开设 BIM 方向的工程硕士学位，并制定了相应的培养方案。

内地部分高校新开设 BIM 课程情况

表 4-1-3

教学对象	高校名称	BIM 课程设置	教学目标
研究生	华中科技大学	增设 BIM 方向的工程硕士学位，培养方案里包含一系列 BIM 相关课程	系统性培养 BIM 综合管理人才
	广州大学、武汉大学、重庆大学	校企合作，开设《BIM 概论》《项目案例分析与应用》	培养 BIM 综合管理人才
	大连理工大学	成立 BIM 技术实训中心，举办工程管理软件的培训与教学活动	培养学生的 BIM 软件应用能力并逐步融入到教学中
	哈尔滨工业大学	开设《BIM 技术应用》课程	介绍 BIM 基本概念、BIM 在建筑设计和施工中的应用等
研究型大学本科生	重庆大学	工程管理类专业开设《BIM 概论》相关课程	介绍 BIM 基本理论和 Revit 基本操作
	同济大学	在工程管理专业课程中嵌入 BIM 模块（P6、PW 平台、广联达 5D、鲁班等）运用多种软件进行工程管理相关的电算化研究	培养现代化综合型工程管理人才
	四川大学	基于 BIM 的工程造价全过程控制实践	把 BIM 技术运用到工程造价课程教学过程中
	天津大学	建筑信息模型概论	介绍 BIM 基本概念
教学研究型大学本科生	云南农业大学	成立 BIM 工程研究中心，土木建筑类全专业开设《BIM 技术应用》课程（各专业要求不同，分别第 4～6 学期 48/32 学时）、多专业协同 BIM 联合毕业设计，学生 BIM 社团	建立 BIM 思维、培养 BIM 技能、开展技术应用研究、竞赛和第二课堂等活动
应用型大学本科生	延安大学	BIM 与毕业设计结合	以 BIM 为基础，培养实践技能

3. 高职院校 BIM 教育培训

部分高职院校也在积极开展 BIM 教育，如天津城市建设管理职业技术学院、四川建筑职业技术学院、广西建筑职业技术学院、山东城市建设职业技术学院、云南农业职业技术学院、云南交通职业技术学院等已经开设或正在准备开设建设项目信息化管理专业。

还有一部分高职院校，如黑龙江建筑职业技术学院、江苏建筑职业技术学院、辽宁林业职业学院、陕西铁路建筑职业技术学院、上海建材学院等积极采取行动，与国内知名 BIM 技术公司开展校企合作，设置了 BIM 教学平台，把 BIM 技术与相关专业课程教学相结合。

近年来，为更好地培养应用型初级 BIM 人才，部分高职院校已将 BIM 技术融入具体专业课程的教学和实践中。以北京经济管理职业学院工程造价专业为例，该专业对课程教学结构进行改革，将专业基础课《房屋建筑学》、《建筑识图和CAD》、《建筑施工与组织》调整为《BIM 的房屋建筑学》《建筑识图和 Revit》《BIM5D 的工程项目管理》，将专业核心课《安装工程施工工艺与识图》《安装工程预算与清单计价》调整为《安装工艺与识图 for Magi CAD》《安装工程计量计价 for GBQ&GQI》（表 4-1-4 和表 4-1-5）。

内地部分高职院校新开设 BIM 课程情况　　　　　　　　　　　　　　　表 4-1-4

教学对象	高校名称	BIM 课程设置	教学目标
高等职业院校学生	天津市城市建设管理职业技术学院	校企合作，将 BIM 融入到教学实践中	培养 BIM 的高素质高技能人才
	陕西铁路建筑职业技术学院、上海建材学院、云南交通职业技术学院	校企合作，设置了 BIM 教学平台，BIM 技术和虚拟仿真实验教学	把 BIM 技术运用到建筑工程相关专业课程教学过程中

内地部分技校/技师学院新开设 BIM 课程情况　　　　　　　　　　　表 4-1-5

教学对象	学校名称	BIM 教学设置	教学目标
技校/技师学院学生	重庆五一技师学院	面向行业开展培训	培养行业 BIM 操作技能人才
	云南省建筑技工学校	面向行业开展培训，有网络课程	培养行业 BIM 技术技能人才
	云南文山高级技工学校	校企合作，将 BIM 融入到教学实践中	培养 BIM 基础技能人才

4.1.3　BIM 教育现状总结

目前，各级各类学校开展着各种各样的 BIM 教育行动，主要可归纳为以下几种：增设 BIM 专业学位、开设 BIM 相关课程、开展 BIM 联合毕业设计、成立 BIM 中心并建立BIM 实验室、成立 BIM 项目组、举办 BIM 专题论坛或讲座、行业技术培训、认证培训、学生自发组织校际间的 BIM 学习交流、学生参与实践型 BIM 比赛等。

BIM 的教育培训在高等院校中越来越受到重视，很多不同层次的土木类院校都开设了BIM 相关的课程以及进行了 BIM 实验室的配套建设，由此看来，学校实施 BIM 教育和培训是一个很重要的趋势。

在 BIM 的教育和培训过程中，一般采用校企合作"产学模式"，即专业的 BIM 公司为学校在相关人才培养方面提供反馈，与学校形成相互协作（例如以合作开设课程、共建BIM 实验室的方式）、资源（包括师资、软硬件配置资源）共享的局面，以帮助学校持续为建设工程领域培养更多优秀的基础技能人才和应用复合型人才。

在一部分高校中已经在课堂教学内容上应做到理论讲解、协同实践和案例分析并重，增强学生的协同创新能力。在实践教学过程中，注重 BIM 在实际工程建设行业的实践应用，结合真实的项目或案例，培养学生的整体设计思维和操作能力。在研究生教学中，除了讲授现有的理论知识外，还应通过讨论、讲座、专题报告、研讨会等各种形式，使学生掌握发达国家的前沿技术，为学生未来的科研和工作打好基础。

配套 BIM 教材建设。教材建设是推进 BIM 教育开展的重要环节，目前 BIM 教材已有不少，成体系的 BIM 教材也已经面世，比如由西安交通大学出版社出版的"全国 BIM 技术应用校企合作教材系列规划教材"是其中的典型代表，系列教材体现了校企双方在 BIM 技术应用过程中的重要成果，更是学校培养人才模式的有益探索。

相比较而言，BIM 课程在建筑学专业、建筑环境与能源应用工程专业和工程管理专业设置较为突出，很多学校的建筑学和工程管理专业都设置了专门的 BIM 课程，这与这些专业的综合性以及该专业中 BIM 技术的应用特点密切相关。

BIM 技术是一个整体的系统，应避免将各应用软件、各参数化设计孤立讲解，注重 BIM 技术整合，加强不同专业的互操作性以及 BIM 与相关专业的融合。

4.2　BIM 推广

4.2.1　线上推广

许多 BIM 软件开发商都有企业网站，同时借助官方微博、官方微信公众号等多种线上平台，设立了线上产品发布会、产品销售、案例介绍及技术培训等。欧特克软件（中国）有限公司公司、达索系统（上海）信息技术有限公司、北京构力科技有限公司、广联达科技股份有限公司、北京鸿业同行科技有限公司等软件开发商，提供了 Revit 和 NavisWork、达索软件、PKPM、BIM5D、BIMSpace 等软件产品的在线服务，这对 BIM 应用推广起到积极作用，也为 BIM 的应用推广提供了技术支撑。

筑龙、柏慕筑云等 BIM 培训机构在公司官网、官方微博、官方微信公众号等线上渠道对 BIM 的应用发展情况做资讯报道，并不定期更新国家 BIM 政策及 BIM 应用案例，对 BIM 的应用推广也起到了积极作用。

还有一批 BIM 资讯和培训网站，中国 BIM 门户 www.ChinaBIM.com、BIM 中国网 www.cnbim.com、BIM 建筑网 www.uibim.com、筑龙学社 www.zhulong.com、BIM 自学网 www.bimbim.cn、土木建筑工程信息技术 http：//tmjzgcxxjs.manuscripts.cn// 等，都在对 BIM 发展及应用资讯进行报道，为社会提供 BIM 资讯和服务。

4.2.2　线下推广

1. BIM 大赛

BIM 大赛对推动 BIM 应用起到了非常积极的作用，为工程建设行业提供了一个 BIM 普及应用的良好氛围。大赛不仅可以调动相关企业的积极性、提高 BIM 应用水平，同时还能促进并提高工程建设行业 BIM 应用的广度和深度。大赛的作品获奖可作为企业奖励员工的依据。例如，福建省建筑设计院、中建八局等企业已经将 BIM 大赛获奖以及 BIM 考试成绩与员工的绩效奖励挂钩。

目前以企业参加为主的全国性 BIM 大赛很多，具有全国性影响力并且举办次数较多的 BIM 大赛有"创新杯"、"龙图杯"、"中国建设工程 BIM 大赛"、"科创杯"中国 BIM 优秀案例作品展示会大赛等。

（1）"创新杯"建筑信息模型（BIM）应用大赛，由中国勘察设计协会和欧特克软件（中国）有限公司联合主办，该 BIM 应用大赛自 2010 年开始每年举办一次，已经成为行业内最具影响力的赛事之一，为广大勘察设计企业及设计工作者提供了交流和展示的平台。大赛旨在提高中国勘察设计行业三维数字模型技术的应用水平，帮助各勘察设计企业实现真正意义的计算机辅助设计，提升工程质量和效率、降低造价和节约资源，推动技术创新、设计创优和人才队伍建设。见图 4-2-1。

图 4-2-1　第十届"创新杯"建筑信息模型（BIM）大赛

大赛奖项涵盖民用建筑、基础设施和综合类三大领域，奖项设置比较细致，考虑了BIM 在不同类型工程的应用差异，2019 年共设置了 25 个奖项。该大赛从 2010 年开始举办。大赛作品以设计类项目为主，并兼顾了施工、总承包等 BIM 应用的拓展。据统计，该大赛在 2017 年、2018 年、2019 年的有效作品数量分别为 599 项、863 项、1228 项，2019年的有效作品增加了近 43%。

（2）"龙图杯"全国 BIM（建筑信息模型）大赛（图 4-2-2）由中国图学学会主办，旨在以 BIM 大赛促进工程建设行业的创新、创造、创业，以 BIM 大赛促进学习和交流，以BIM 大赛促进 BIM 新兴技术、信息技术和智能技术在建筑工程领域的应用。

图 4-2-2　"龙图杯"全国 BIM（建筑信息模型）大赛

该 BIM 大赛自 2012 年开始每年举办一次，分为设计组、施工组、综合组和院校组，奖项分为一等奖、二等奖、三等奖、优秀奖，面向施工企业、专业承包企业、设计企业、施工与设计联合体、施工与建设联合体、建设企业以及参与工程建设某一阶段推广应用工作的大专院校、科研企业。

该大赛得到了工程建设行业从业人员的普遍认可，其年度颁奖大会已经成为了行业知名的 BIM 年度盛典。大赛的参赛作品和参赛人员逐年增加，2019 年共收到设计、施工、综合、院校 4 个组别的 1844 项成果，作品数量比 2018 年度增加了 59%。作品的质量也在逐年提高，作品中体现的 BIM 应用趋势正在逐步向 BIM 的精细化应用、多技术集成应用等方向发展。

（3）"中国建设工程 BIM 大赛"由中国建筑业协会主办，以工程建设行业建筑企业为主，每年举办一次，分为 BIM 技术综合应用、BIM 技术单项应用两类成果。已经举办了五届，采用地方协会按照名额推荐方式，每届参赛作品控制在近千家。

大赛在推动行业 BIM 发展方面起到了非常重要的推动作用。通过 BIM 大赛，树立 BIM 应用示范项目，激励获奖项目团队，推动企业的 BIM 应用。同时大赛对促进行业、政府制定一系列 BIM 政策的落地应用有很好的推动作用。许多地方政府和协会结合自身制定的 BIM 政策先组织地方 BIM 大赛，借大赛之际进行 BIM 应用交流，再把优秀项目推荐到行业协会的大赛。通过 BIM 大赛既可以调动建筑企业应用 BIM 技术的积极性，又有助于 BIM 技术的推广普及，是拓展工程建设行业 BIM 应用广度和深度发展的交流平台。

（4）"科创杯"中国 BIM 优秀案例作品展示会大赛，由中国建筑信息模型科技创新联盟牵头，联合中国科技产业化促进会、浙江省 BIM 服务中心等企业共同主办，自 2015 年起每年与住博会同期举办，是面向设计、施工企业以及高等院校的全国性 BIM 大赛。2015 年第一届有 330 项作品参加比赛；2016 年第二届有 650 项作品参加比赛；2017 年第三届有 932 项作品参加比赛；2018 年第四届有 760 项作品参加比赛；2019 年第五届有 964 项作品参加比赛（图 4-2-3）。奖项设置：最佳 BIM 设计应用、最佳 BIM 施工应用、最佳 BIM 运维应用、最佳 BIM 专项应用。

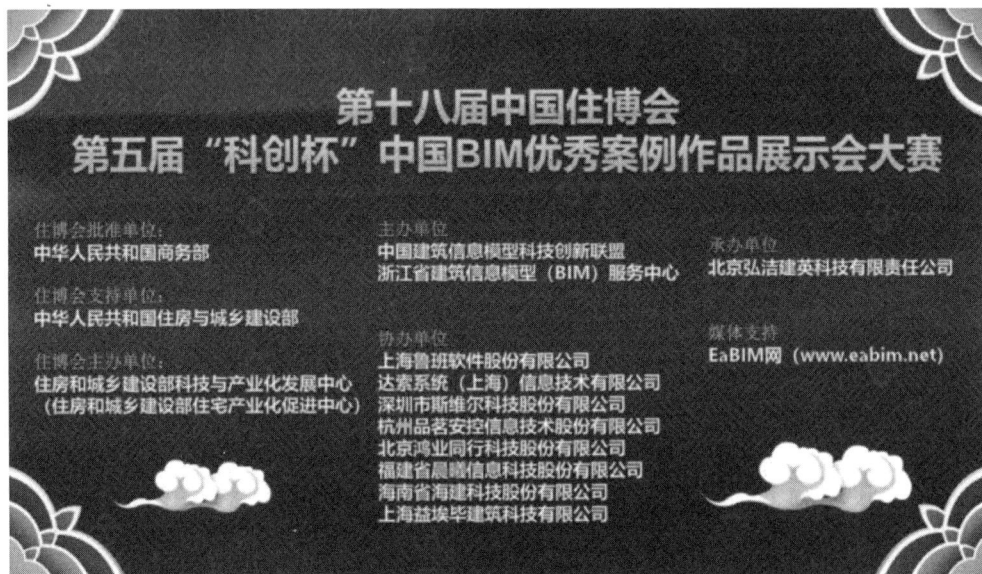

图 4-2-3　第五届"科创杯"中国 BIM 优秀案例作品展示会大赛

大赛组委会通过对每份作品参赛报名表中填写的 BIM 软件进行统计，整理出大赛 BIM 参赛软件使用频率排行榜单。对来自不同省份、不同地区的全部作品进行软件使用频率统计。软件使用统计的意义在于让业界了解 BIM 项目所采用的参赛软件及 BIM 类软件的使用状况。通过大赛 BIM 参赛软件使用频率分析可以看出人们已经不再将 BIM 的应用局限在模型上，而是将更多的目光放在专业间的 BIM 模型协同工作和 BIM 模型在项目后期运营维护管理中的使用。

2. BIM 会议

每年在国内举办几十个 BIM 的相关会议，为 BIM 的推广应用起到重要推动作用。举办最早、影响最大是中国图学学会举办的 BIM 技术国际交流会，会议自 2010 年开始举办。2019 年 9 月 25、26 日，第六届 BIM 技术国际交流会（图 4-2-4）在上海召开。会议由中国图学学会土木工程图学分会主办，中国建筑科学研究院有限公司、广联达科技股份有限公司等十余家企业共同协办。来自国内外的知名专家、勘察设计、生产、施工、运营、房地产开发、软件厂商、BIM 服务商等企业代表、高校师生近 500 人齐聚上海，共同交流探讨 BIM 技术在相关行业的应用及前景，分析行业现状、描绘未来蓝图，并围绕设计、施工、政府监管等内容，交流 BIM 技术落地应用的经验，为实现 BIM 设计、生产与施工全过程 BIM 应用提供了新思路。

图 4-2-4　第六届 BIM 技术国际交流会

2019 年 10 月 28~31 日，BuildingSMART 国际标准峰会暨中国建设数字大会（图 4-2-5）在国家会议中心举行。会议由中国建设科技集团联合建筑智慧国际联盟（BuildingSMART International），携手中国交通建设股份有限公司、铁路 BIM 联盟共同举办。大会以"迈向数字化未来"为主题，旨在结合工程建设领域的数字化转型探索与实践，进一步扩大国际技术交流，引进最新 BIM 理念和标准，进一步促进我国 BIM 应用国际化，加快推动数字化与工程的深度融合，以信息化培育新动能，用新动能推动新发展，以新发展创造新辉煌。

图 4-2-5　BuildingSMART 国际标准峰会暨中国建设数字大会

2019 年 11 月 7 日，在第二届中国国际进口博览会上，数字工程认证服务贸易大会胜利召开，会议主题为"工程认证服务新时代，共享数字经济新未来"。来自数字工程相关领域业企业、社会团体、科研院校的 400 余位专家共聚一堂，在住房和城乡建设部、国家市场监督管理总局、中国国际贸易促进会的指导和见证下，中国数字工程认证联盟在此次大会上正式启动（图 4-2-6）。

图 4-2-6　中国数字工程认证联盟及检测中心启动仪式

5 发展趋势与建议

5.1 BIM 发展趋势

5.1.1 BIM 应用理论和软件研发

随着 BIM 在实际工程项目中的普及和深入应用，BIM 应用理论和软件对项目和城市建设的支持能力瓶颈也越来越明显，包括模型组织灵活度和大模型处理能力、多源异构数据集成能力、集成数据和模型支持多种用途的适应性、BIM 与 GIS 等其他信息技术的融合或集成应用方法、国产 BIM 软件竞争力等，这些问题已经成为目前 BIM 价值进一步实现的主要影响因素。

特别是，目前在实际项目 BIM 应用中，解决不同工程问题需要创建不同的模型，一个项目的模型需要分拆成不同的小模型，不同软件之间无法进行简单、有效、完整的数据共享，模型数据挖掘、分析和应用还没有合适的方法和产品；城市级 BIM 应用（CIM）缺乏合适的理论和产品，国外软件占据主要市场。这些问题都需要在下一步的 BIM 应用发展过程中取得突破。

5.1.2 基于 BIM 的全过程多方协同

发挥工程项目的全过程 BIM 应用价值，重点在于如何推进基于 BIM 的全过程多方协同，这种全过程协同发展趋势主要呈现为：

（1）建立多方协同工作平台。企业通过建立多方协同工作平台，使各业务子系统能够共享数据，并对多来源渠道、相互不一致的数据进行融合处理，加强业务部门间的互操作性，真正实现多方高效信息化协同的建设目标。2019 年，纵观行业一些大的业主／开发商，均以建设 BIM 平台为目标，如规划 - 设计协同平台、设计 - 施工一体化管理平台等。此外，业主／开发商基于 BIM 的多业务整合平台，以及内部 ERP 系统与 BIM 技术结合形成数字资产也已成为 BIM 应用的重要发展趋势。

（2）多技术的协同集成。结合"新基建"，工程项目全过程的多个专业应用系统会有新的升级，从而促进建筑全生命期的建设和运营效率的进一步提升。随着政策的推动和技术的成熟，BIM 与 5G、物联网、大数据、AI、VR、AR 等多技术的协同集成应用将成为发挥工程项目全过程 BIM 应用价值的必然趋势。

5.1.3 "BIM ＋装配式"全过程集成应用

在装配式建筑中充分利用 BIM 将成为工程建设行业未来的主流技术与生产方式，"BIM ＋装配式"的叠加效应会给建筑生产制造企业带来更大的收益。装配式建筑的核心是"集成"，BIM 是"集成"的技术基础，贯穿起设计、生产、施工、装修和管理的全过程，服务于装配式建筑全生命期。BIM 技术应用为装配式建筑设计提供强有力的技术保障，实现设计三维表达，避免传统的二维设计容易出现的专业间、预制构件间的碰撞问题，减少图纸量。

未来工程建设行业和制造业将会进一步紧密结合。与制造业的高度机械化、自动化不同，传统的工程建设行业生产流程中大量工序是由工人在建筑现场手工完成的。但随着装配式技术的应用，设计人员将 BIM 模型中所包含的各种构配件信息与预制构件生产制造厂商共享，生产制造厂商可以将产品的尺寸、材料、预制构件内钢筋的等级等参数信息直接导入系统，所有的设计数据及参数可以直接转换为加工参数，实现装配式建筑 BIM 模型中的预制构件设计信息与装配式建筑预制构件生产系统直接对接，提高装配式建筑预制构件生产的自动化程度和生产效率。

另外，将 BIM 数据导入到智能设备（如砌砖机器人、抹灰机器人等），可以实现由智能设备取代人的工作，至少取代人的部分工作，弥补现在工程建设行业的用工不足。BIM 与 IoT、移动互联网等技术的集成应用，将会在优化构件生产、构件仓储与堆放、动态调整作业计划、优化的运输等方面发挥重要作用。同时把 BIM 数据与生产管理系统结合，就可实现通过系统提供辅助决策，最终实现智慧建造。

5.1.4 海外项目 BIM 应用

随着国家"一带一路"倡议的推行和中国施工企业产能输出的需求提升，越来越多的中国施工企业开始参与到国际工程的竞争中。目前 BIM 技术在海外工程业主中的认可度逐渐增高，中国企业在走出去的同时就要熟悉对应的海外标准。海外工程使用的 BIM 标准基本上来源于美国和英国，其中美国 BIM 标准是被全球广泛引用的技术标准，如 IFC、LOD、COBie 等；英国则具有比较完善的 BIM 应用标准体系，包括 BS/PAS 1192（ISO 19650）系列等。目前大部分海外项目的 BIM 标准均是直接引用美国标准或英国标准（以下简称为美标或英标）：例如采用美国 LOD 标准作为建模细度技术要求，采用英国 PAS 1192-2 作为项目 BIM 实施指南。由于海外 BIM 标准技术体系和应用逻辑的复杂性，海外项目的 BIM 应用对中国企业是一项较大的挑战——中国企业在海外工程 BIM 技术应用及项目信息管理中，需要按照英标或美标要求建立项目 CDE、编制 MIDP，再提交 COBie 表单等工作。所以对 BIM 相关英标、美标的内容有所了解和掌握，是"走出去"的中国施工企业不可或缺的技能之一。企业应加强对海外工程技术和信息技术管理人员的 BIM 相关英标、美标的学习和培训，从而为海外工程施工信息技术的实施提供履约保障。

5.1.5 BIM 推进工程建设行业企业数字化转型

数字化转型是整个行业的发展趋势。推进工程建设行业企业数字化转型有两大要素：数字技术和市场竞争环境。

在数字技术方面，BIM 及信息技术奠定了数字化转型的技术基础。对于传统产业而言，数字化转型是利用数字技术进行全方位、多角度、全链条的改造过程，要充分发挥数字技术在传统产业发展中的赋能引领作用。BIM 技术作为工程建设行业的数字技术，可实现数字建筑，可在工程项目的全生命期进行数字化应用，是推进企业数字化转型，促进工程建设行业数字化转型的工具。

目前，大多数企业对 BIM 的应用还停留在单个项目的应用，BIM 应用的投入产出比还没有达到企业预期，影响了企业推进 BIM 应用的决心。但随着 BIM 技术的深入应用、专业应用软件的成熟以及 BIM 数字化管理平台的建立，部分企业在 BIM 的探索应用中或多或少达到"提质增效"、"节省工期"、"减少返工"、"节约成本"的目标，企业开始采取积极态度拥抱 BIM 技术。有的企业已经成立以 BIM 技术为核心的数字化管理部门，着手建立 BIM 数据管理平台、协同工作平台、工程项目全生命期管理平台，打通企业各阶段专业应用软件的数据传递。

在市场环境方面，政府对数字技术应用的促进是数字化转型的催化剂。目前，在政府对工程项目的设计成果审核、质量安全等监管中，正在逐步推进 BIM、CIM 的应用，例如，住建部设立 CIM 试点城市，湖南省住房和城乡建设厅开展建设工程项目报建审批中使用 BIM 审查系统等。这些政策和措施极大地推进了企业的 BIM 应用和数字化转型。另外，国内外工程项目从招投标开始就竞争激烈，只能通过新技术、精细化管理等手段才能提高企业竞争力，BIM 是提供精细化管理的工具，可推进以流程为中心向以数据为中心转化；数据将成为企业的数字资产，为基于数据驱动的科学决策、最大化减少浪费减低成本提供支撑，为企业数字化转型奠定基础。

5.1.6 BIM 应用将成为政府工程项目的准入门槛

BIM 应用已成为政府工程的准入门槛。从行业应用现状看，在政府主导、市场运作、社会积极参与下，BIM 已成为设计企业和施工企业服务于工程建设的基本技能。政府管理部门将进一步完善设计、施工总包、专项工程施工、监理、全过程工程咨询等招标文件及合同范本中的 BIM 及信息化应用要求。从政府对工程项目管理的角度看，会形成一定的准入门槛：（1）住房和城乡建设部的 BIM 应用指导意见要求，到 2020 年末，以国有资金投资为主的大中型建筑、申报绿色建筑的公共建筑和绿色生态示范小区的新立项项目勘察设计、施工、运营维护中，集成应用 BIM 的项目比率达到 90%。（2）各地政府规定，当地政府类投资项目，需应用 BIM，比如上海 2020 年实现政府投资项目全面应用 BIM 技术。

5.1.7 "BIM ＋"催生新业态

随着信息技术的发展，以 BIM 应用为核心的"BIM ＋"数字技术模式会形成新业态，推动工程建设行业众多领域的创新变革。从 BIM 的发展方向已经清晰地看到 BIM 与云计算、移动技术等新兴技术相互融合的发展趋势。"移、大、云、物、智"（移动互联网、大数据、云计算、物联网、人工智能）等信息技术融合交叉发展，可以改善工程建设行业的信息化应用技术环境，为实现工程建设行业的数字化转型奠定基础。

BIM 应用是工程建设行业数字化转型的动力引擎，引导着信息技术在建筑的发展方向。以 BIM 技术为核心的多信息技术集成应用，突破项目集约化管理的技术瓶颈，不但大大提升项目的精细化管理水平，而且推动 BIM 应用至城市管理领域。"BIM ＋三维打印"、"BIM ＋ GIS"、"BIM ＋物联网"、"BIM ＋云计算"等以 BIM 为基础的各种"BIM ＋"，促进工程建设行业的多信息技术融合，已经催生智能加工、智慧工地、智能建筑、智慧城市等多个新产业。腾讯、阿里、京东等大企业都在布局智慧城市，通过 BIM 技术尝试跨界创新，BIM 已经成为创业创新的热点技术。

随着用户在项目的全生命期中对 BIM 技术应用的不断深化，结合云平台的使用，BIM 技术的应用范围将更加的广泛和深入。如今，以 5G 为代表的"新基建"将拉动新一代信息技术、装备、人才等要素的投入，其中，5G 技术的应用将会有助于打通建筑产业的各个环节，可使目前相互孤立的建材产业、工程机械、劳务派遣与项目施工的各方面整合成一体。可以预判，BIM 将进一步赋能新基建，5G、GIS、物联网等新一代信息技术与 BIM 技术相结合，不但可用在绿色建筑、装配式建筑、智慧城市等领域，也可以应用于普及和加强建筑市场服务和质量监管体系、提高政府公共服务效能方面，而且可以发挥"BIM ＋"新信息技术在整合建筑全产业链中的作用，推动整个行业创新发展。BIM 技术与建筑产业深度融合，已初步形成了新生产方式、商业模式、产业形态的雏形，BIM 应用的价值正在逐步显现。

5.2 BIM 发展对策与建议

此次调研的众多 BIM 专家也为 BIM 发展与对策提出了自己的看法与意见，归纳如下：

5.2.1 勘察设计企业 BIM 发展

（1）系统建立 BIM 应用环境，推进 BIM 普及应用

鼓励基于 BIM 的设计应用。加强设计人员的能力培养，帮助设计人员转变设计观念，掌握 BIM 技术的相关知识，提高 BIM 技术的应用水平。明确 BIM 设计目标，BIM 设计技术路线，商业 BIM 软件和 BIM 标准配套应用，形成 BIM 应用的激励机制，推动项目团队 BIM 设计成果的交付，促进设计人员的 BIM 应用创新。

（2）建立平台化思维，积累并利用企业的核心数据资产

结合云计算、大数据等信息技术，研发企业设计协同数据管理平台，采用平台化思维对设计过程、资源库等生产要素进行数字化，与既有 ERP 对接，形成基于 BIM 的企业生产数据中心。基于数据的共享、可视化的协作，形成设计数据的采集、管理和应用的互通互联。BIM 技术的重心正逐步从技术要素向数据要素转化，从偏重 3D 模型向重视多元化数据的发掘和应用转化，从以流程为中心向以数据为中心转化。未来 BIM 技术的应用推广重心将转移到对组织内外部的数据进行深入、多维、实时的挖掘和分析，以满足各相关部门充分共享的需求和满足决策层的应用需求。因此，数据的积累对于企业有重大意义。勘察设计企业应进一步积累 BIM 资源库，并通过设计协同数据管理平台形成基于 BIM 的规范化设计流程，积累并深度挖掘 BIM 设计数据的意义和内涵，积累企业的核心数据资产。

（3）推进 BIM 设计，打造多方共享共赢的产业生态圈

继续推进全专业 BIM 设计，革新现阶段二维设计手段，并实现项目管理、数据协同。完善 BIM 设计交付机制，保证 BIM 技术能够应用到工程设计以及后续阶段。依托云计算、大数据等技术，推进以设计为龙头的全生命期 BIM 应用，通过整合规划、勘察、设计、施工和运营维护阶段 BIM 应用，将建筑产业链各方从以往的串行的"价值链"合作模式向闭环的"价值环"模式升级。工程建设行业各参与方实现信息共享、充分协作和资源整

合，打破企业边界和区域边界的限制，实现合作共赢，打造高效、完整、多方共享共赢的产业生态圈，从而重塑行业创新体系。

5.2.2　施工企业 BIM 发展

（1）BIM 技术与企业管理体系有效结合

BIM 只有与企业管理体系相融合，才能形成生产力。企业应发挥企业级 BIM 组织管理机构的作用，结合自身所处的 BIM 应用阶段，建立信息化建设中的 BIM 应用规划。形成合理的 BIM 人员配置和软硬件资源配置，研究企业层面的 BIM 数据接口，安排专职人员摸索如何从现有的 BIM 模型中收集企业信息化管理平台所需数据，最终结合云、移动应用等技术实现基于 BIM 的企业信息化管理，解决信息化管理的落地问题。

（2）建立工程总承包（EPC 项目）BIM 协同管理机制

由于 EPC 项目本身就是一个跨企业、跨专业、跨地域、甚至跨语言的协作行为，BIM 技术在 EPC 项目中可以发挥全过程协同应用。针对 EPC 项目，制定 EPC 项目各参与方 BIM 协同管理的组织原则，明确 BIM 协同管理实施的控制方法和实施方案，以确定 EPC 项目 BIM 协同管理的机制，以此保障 EPC 项目各参与方各阶段的 BIM 高效协同，确保项目各参与方的协作信息的无缝传递，提高项目的协同效率，提升企业对项目全生命期的服务能力。

（3）建立工程项目数字化建造集成管理系统

建立工程项目数字化建造集成管理系统，以 BIM 模型为载体，将 BIM 模型及数据与工程项目管理业务流程、各类工地传感器有效结合，通过 PC 端、移动端、LED 大屏端等多平台使用，创建模型浏览查看与管理、BIM 智慧工地、设计管理、进度管理、质量管理、安全管理等集成化管理环境。

5.2.3　业主／开发商 BIM 发展

BIM 应用价值对业主／开发商来说是巨大的，未来将会向多样化、平台化、大数据应用等方向发展。

（1）开展"BIM ＋"应用

业主／开发商的商业模式是多样化的，因此业主／开发商应用 BIM 的模式也是多样化的。未来，各种"BIM ＋"应用模式将会根据业主的不同商业模式而被灵活应用，例如，应用于土地规划的 BIM ＋ GIS，用于看房选房的 BIM ＋ VR，用于建筑工业化生产的"BIM ＋装配式"，用于项目运维管理"BIM ＋运维"等。

（2）推进 BIM 平台化建设

业主／开发商业务涉及设计、施工、运维等多个环节，是 BIM 全生命期应用的最大受益者。BIM 技术的单点应用已不能满足业主／开发商的综合业务要求，因此 BIM 平台化已成为其 BIM 应用的一个重大趋势。2019 年，纵观各行业各大业主／开发商，均以建设 BIM 平台为目标，如规划 - 设计协同平台、设计 - 施工一体化管理平台、运维管理平台等。此外，多业务整合、把内部 ERP 系统与 BIM 技术结合成为业主／开发商 BIM 平台建设的重要发展趋势。

（3）充分利用 BIM 数据

BIM 模型具有数据承载及数据交换能力，对于重复性较高的开发建设项目，建立标准化的可重复使用的模型、数据及流程，使得业主／开发商实现高效、高质、低成本的发展，由此带来巨大的经济效益。目前，业主／开发商已越来越重视 BIM 应用所带来的庞大业务数据，纷纷研发 BIM 应用数据分析平台，利用大数据，发掘 BIM 在业务深层次应用的潜在价值，进一步提高企业竞争力，并为未来"BIM ＋人工智能"应用奠定基础。

5.2.4 生产制造企业 BIM 发展

（1）完善"BIM ＋装配式"全过程数据应用标准

在生产制造企业标准基础上，结合设计、生产制造加工、建造等环节的标准、规范，进一步完善制定"BIM ＋装配式"全流程数据应用标准。

（2）发展建筑机器人及智能装配线

目前工程建设行业对劳动力资源的需求越来越紧缺，不断研发、推广应用建筑机器人和智能装配线等，可大大节约人力资源，缩短工期，提高建造效率，保证质量。

（3）建设基于 BIM 的装配式建筑全产业链信息平台

建设基于 BIM 的装配式建筑全产业链信息平台，有效将设计、生产制造加工、建造和管理等环节的数据、信息进行传递和共享。

（4）加强产业工人培养

企业可根据自身情况，开展产业工人培训，并探索与高职院校合作培养装配式建筑人才，创新 BIM ＋装配式建筑的技能人才培养模式。

5.2.5 软件开发商 BIM 发展

（1）建立开放的数据接口

软件开发商都具有各自的产品优势和客户，随着 BIM 在工程项目全生命期的应用，客户反映最大的问题是各个软件产品之间的数据交换带来的费时、费力。各软件开发商应开放专业软件数据接口，建立产品生态圈之间的公共数据交换格式标准，打通各软件的数据壁垒。这是包括项目管理在内的建筑各个专业应用都存在的技术痛点。

（2）加强国产 BIM 建模软件的研发

BIM 建模软件是 BIM 应用及发展的核心。国内的 BIM 基础建模软件几乎都使用国外产品。国家已经制定了发展"中国芯"的措施和政策，拥有 BIM 应用软件"芯"的三维建模技术，是发展中国 BIM 应用软件的根本保证。

（3）BIM 专业应用软件深度研发

各个阶段的 BIM 专业应用软件有很大的功能改进空间，特别在模型规范性检查等方面有待提高。专业软件开发除应符合国家相关标准规范外，应考虑上下游数据接口。

（4）建立设计成果自动审核系统

在设计阶段的施工图审查、施工阶段的深化设计都需要相应的 BIM 自动审查功能。各专业 BIM 审图软件应能快速、全面、准确地发现全专业的图纸问题，实现设计成果的自动核审，满足政府主管部门施工图审查全部实行 BIM 审查的要求，减少施工过程中的变更率。

5.2.6 政府推动 BIM 发展

（1）加强政府的政策指导

多国政府对 BIM 发展都制定了中长期战略、计划、行动方案、指南或者路线图。"十三五"期间在住房和城乡建设部 BIM 及信息化政策的指导下，我国 BIM 落地应用取得显著成绩。在"十四五"期间，建议制定 BIM 及信息化发展中长期战略，加强对"BIM＋"创新应用的政策指导，鼓励全生命期 BIM 应用。倡导 BIM 与装配式建筑、绿色建筑、智能建造及城市管理融合，以及 BIM 技术与云计算、"新基建"、大数据、智慧城市的融合应用。

（2）完善并逐步落实标准体系

整体来看，我国 BIM 标准体系已经覆盖了国家标准、行业标准（含学协会团体标准）、地方标准、企业标准四个层次，初步形成了一个相互联系、相互融合却又不失层次性的一个系统框架体系。但目前看，仍需进一步加强 BIM 标准的顶层设计，进一步加强完善标准之间的联系和互补性。对一些应用较好、有一定社会认可度的企业或者地方 BIM 标准，建议纳入团体标准。

（3）加大对基础技术的研究支持

工程建设行业的基础技术是能支撑行业技术创新、技术进步、推动行业发展的技术，例如，基础图形平台、人工智能、建筑机器人算法等。政府和企业应加大对基础图形平台的研发投入，通过产业政策、专项资金资助、税收减免等多种方式，促进软件开发商展开国产 BIM 基础平台的研发和产业化应用工作。

（4）建立健全监管认证体系

在业务管理层面应建立基于 BIM 技术的全过程全流程监管模式，探索制定三维模型和施工图文件自动审查、审核监管政策，推进施工图审查由审核图纸向同时审核模型和图纸过渡。在市场监管层面，应逐步构建以企业整体 BIM 实施能力和个人 BIM 技能相结合的市场准入和市场监管方式，建立认证体系，对企业和个人开展 BIM 能力认证。

（5）加强各地 BIM 示范工程建设

BIM 的落地应用可引导各地工程项目的 BIM 应用发展方向。对质量标准要求高、技术难度大、策划应用 BIM 技术合理、预期效益显著的工程项目，可以开展示范工程建设。在示范过程中不断修正、完善，总结经验，探索 BIM 和数字化应用，通过树立应用典型，推动 BIM 的落地应用。

（6）行业主管部门人员 BIM/CIM 应用能力建设

目前一些地区在试点和示范 BIM 方案报建、BIM 施工图审查、CIM 应用等工作，从项目级 BIM 应用到城市级 BIM 应用（CIM）发展成为必然趋势，对政府行业主管部门的 BIM 和 CIM 应用能力提出了相应要求。因此，需要根据各地 BIM/CIM 应用的发展进程制定与之匹配的行业主管部门人员能力建设计划。

5.2.7 BIM 人才培养

（1）完善 BIM 人才技能评价、推进 BIM 人才培养

2019 年 1 月国家人力资源和社会保障部颁布了 15 个新职业，建筑信息模型技术员是

其中之一，并且规划为绿色职业，从国家层面制定了 BIM 从业人员职业技能等级标准，开启了 BIM 人才技能评价工作。

2019 年 3 月国家教育部正式公布首批 1 ＋ X 证书方案，建筑信息模型（BIM）职业技能等级证书是其中之一，先行面向土木类院校在校生进行试点工作。

人力资源和社会保障部、教育部同时对 BIM 技能建立评价考核标准，BIM 技能人才的培养进入规范化阶段，人才培养将进入"井喷"状态。因此，应加强 BIM 培训教材、考试题库的建设，满足技能人才培养。

（2）高校开设 BIM 相关课程

BIM 专业人才应至少具备两个方面的能力：项目实践能力和 BIM 的专业应用能力。项目实践能力可以按照项目全生命期的主要阶段分成项目设计、项目施工和运维三种类型，每一个项目阶段需要完成的工作又可以分成不同的专业或分工。BIM 的专业应用能力主要体现在三个方面：①软件操作能力；②模型创建整合能力；③模型应用能力。

各高校可将 BIM 相关课程系统性地嵌入原有的人才培养方案，着重培养学生的项目实践能力和 BIM 专业应用能力，BIM 课程的教学方式应与原有的单一性的教学方式有所不同，从资源共享和相互协作的角度实现教学模式的多元化。

（3）构建 BIM 人才培养体系

构建"教育链 - 人才链 - 行业链"三合一的 BIM 人才培育体系，面向土木类院校、行业工程建设技术人员、相关住建行政主管部门管理人员开展 BIM 知识和技能培训。

建议企业建立 BIM 人才培养的中、长期规划，在企业人力资源制度中针对 BIM 技术人员建立有效激励机制。土木类院校可在人才培养目标、课程体系、教学方法、考核方式、实训基地和师资队伍建设等方面建立 BIM 技术人才培养标准，同时与企业建立合作，探索行业、企业、教育一站式 BIM 人才联合培养机制，确保培训质量，满足行业对不同层次 BIM 人员的需求，做到 BIM 人才培养的可持续发展。

6 BIM 应用典型案例

6.1 业主／开发商项目应用案例

6.1.1 深圳市医疗器械检测和生物医药安全评价中心项目 BIM 应用

1. 项目概况

（1）项目基本信息

项目位于深圳市南山区科技园中区，北环大道和深南中路之间，周边是以医疗器械和生物研发为主的产业园。项目总建筑面积约 4.8 万 m²、总建筑高度 94.8m，建筑层数为地上 19 层的不规则"L"形，地下 3 层，是为科学检测与研究提供的特殊实验场所，集动物饲养房、医疗器械检测、GLP 安全性评价、微生物检测和保化毒理检测等各类功能的综合性实验室。项目建成后，将成为全国药检系统中单体建筑规模最大、工艺布局最复杂、涉及使用领域最广，全国乃至全球范围的首例多功能专业高层实验大楼。项目效果图见图 6-1-1。

图 6-1-1　项目效果图

（2）项目难点

本项目将各类型实验室以及实验动物用房集中安置在同一座建筑中，因其建设规模大、工艺复杂、涉及领域广等因素，在建设过程中面临诸多难点，主要体现为以下方面：

1）施工场地狭小，基坑施工难度大

首先，本项目占地面积仅 3500 多 m²，在狭小的空间内完成钢筋加工、主体结构施工等工作非常艰难；其次，项目基坑开挖深度达 16.1m，基坑周围距离无桩基的药检一期建筑最近处仅 6m，这无疑增加了土方开挖、机械转运、内支撑支护与拆除等施工难度。

2）功能复杂、系统繁多，建设难度大

对比国内外同类实验楼通常采用多栋低层的园区建筑形态，建筑难度及工艺需求相对简单，本项目实验室涉及专业门类广，涵盖了电气实验室、理化实验室、微生物实验室、动物实验室等，实验环境要求苛刻，工艺布局复杂，且集多种功能于一座建筑中，对设计和施工组织都是很大的挑战。实验室功能分布见图 6-1-2。

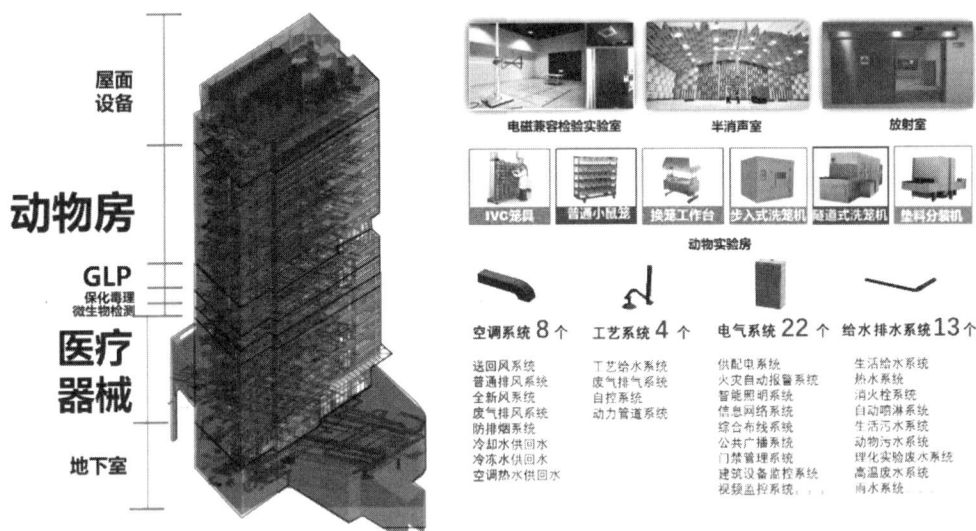

图 6-1-2　实验室功能分布

2. BIM 技术应用概况

本项目在深圳市建筑工务署（以下简称为"工务署"）"全员、全专业、全过程"BIM应用目标的指导下，建立以运维为导向的设计、施工、运维全生命期 BIM 信息化管理体系。通过采用 BIM 技术的三维可视化、专业协同等特性，提升了项目管控水平，为项目建设提质增效。同时，探索并总结出可复制、可推广的 BIM 应用管理经验，为同类型项目的 BIM 应用起到示范、指导作用。

（1）BIM 管控体系建立

1）确定 BIM 应用模式

本项目 BIM 应用管理模式采用项目组主导，全过程咨询＋BIM 咨询配合的模式。由专业的 BIM 咨询单位负责根据工务署及项目组的要求，进行 BIM 工作策划、组织、协调和审核等一系列推进操作。由全过程咨询单位负责协助项目组、BIM 咨询单位落实 BIM工作事宜，检查各参建单位现场实施与 BIM 实施情况，确保 BIM 工作有效推进。BIM 组织架构见图 6-1-3。

2）制定 BIM 实施管理文件

为明确各参建单位的 BIM 实施职责与要求，做好各方 BIM 实施工作的衔接，加强协作，防止工作断档、推诿、扯皮，在项目组的指导下，BIM 咨询单位根据工务署 BIM 实施标准编制本项目《BIM 总体实施方案》、《BIM 实施管理制度》、《BIM 模型创建标准》、《BIM 实施管控细则》等管理文件，明确了本项目的 BIM 实施统一要求，从制度和流程上为 BIM 实施工作保驾护航。

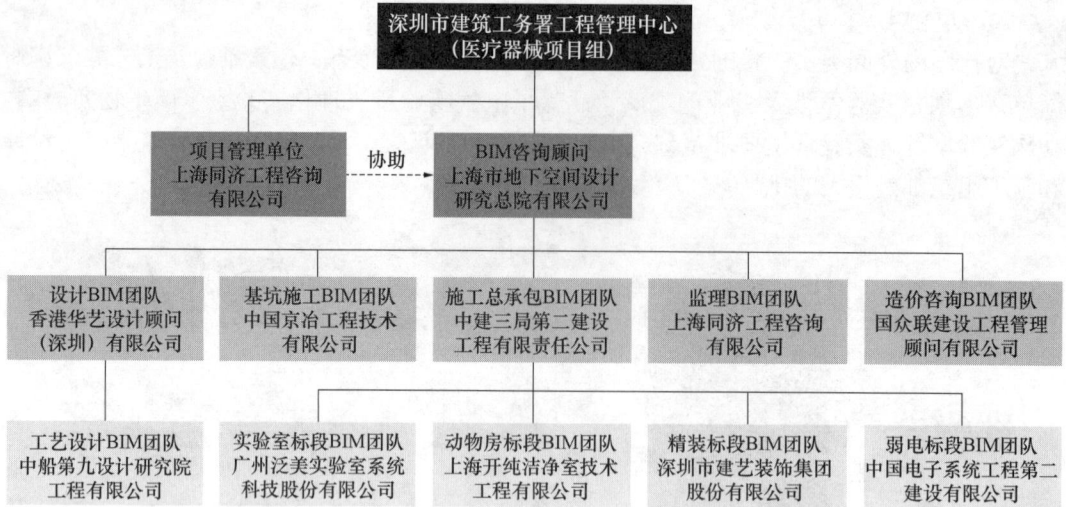

图 6-1-3　BIM 组织架构

3）制定 BIM 实施方案

为保证 BIM 实施工作的顺利进行，明确各 BIM 实施单位的实施目标、实施团队、软硬件环境、应用点价值及方案、保障措施等内容，要求各 BIM 实施单位根据 BIM 实施管理文件的要求和项目特点，制定符合本项目的 BIM 实施方案。

4）工务署工程管理平台

根据工务署统一部署，为建设单位及各参建单位提供统一的工程管理平台协同管理（图 6-1-4），平台模块包括：BIM 模型、招标管理、合同管理、质量安全、投资管理、履约评价等功能。其中，BIM 模块充分运用平台分组、分类的模型树功能，每周定时上传工况模型，根据每周施工实际进度与模型计划进度对比，分析进度偏差，制定纠偏措施。

图 6-1-4　深圳市建筑工务署工程管理平台

（2）设计阶段 BIM 应用

在设计整个周期，从方案推演到工艺空间分析，BIM 应用贯穿整个设计阶段，通过十余项 BIM 应用，提升了设计整体质量，优化了设计方案。

1）BIM 技术辅助设计优化

利用设计 BIM 模型完成各专业碰撞检查、管线综合、可建性分析、净高分析等应用（图 6-1-5），提前发现设计阶段中的潜在问题，记录并解决重大问题 30 余处，降低设计阶段各类设计错漏碰缺的风险，有效提升设计质量。

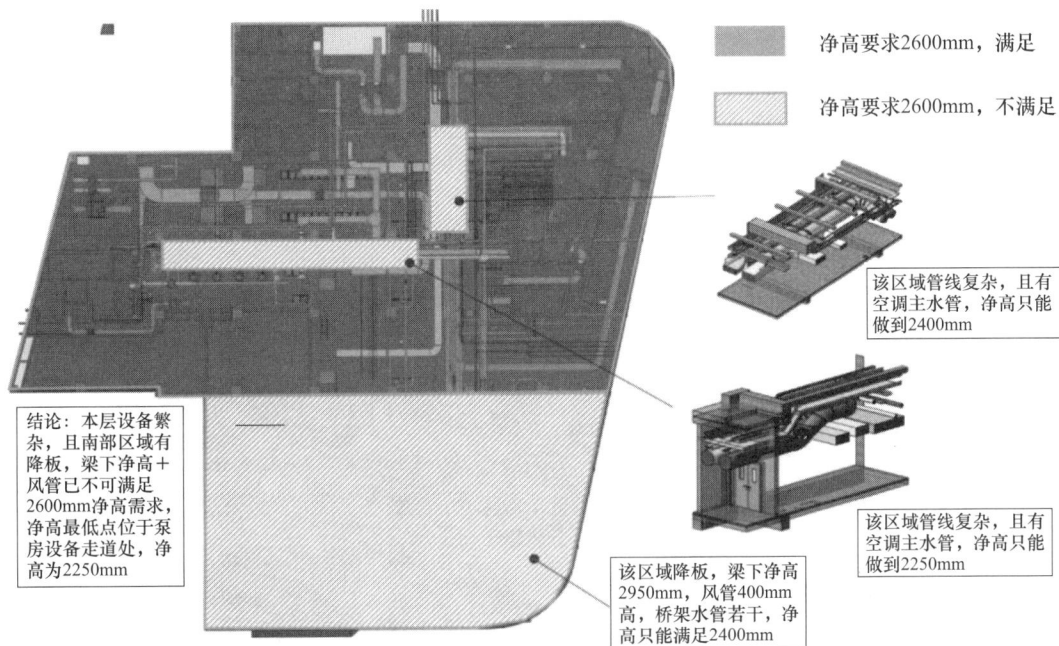

净高要求2600mm，满足

净高要求2600mm，不满足

该区域管线复杂，且有空调主水管，净高只能做到2400mm

结论：本层设备繁杂，且南部区域有降板，梁下净高＋风管已不可满足2600mm净高需求，净高最低点位于泵房设备走道处，净高为2250mm

该区域管线复杂，且有空调主水管，净高只能做到2250mm

该区域降板，梁下净高2950mm，风管400mm高，桥架水管若干，净高只能满足2400mm

图 6-1-5 管线综合及净高分析

2）动物房气流组织模拟分析

利用 BIM 模型通过空气流体力学动态模拟仿真技术（图 6-1-6），解决本项目动物饲养间存在的温度、氨气、空气龄等不均衡的现像，对送（排）风口的大小、数量、位置的选择，排放效果和节能绩效进行评估，选择最优的气流组织方案。

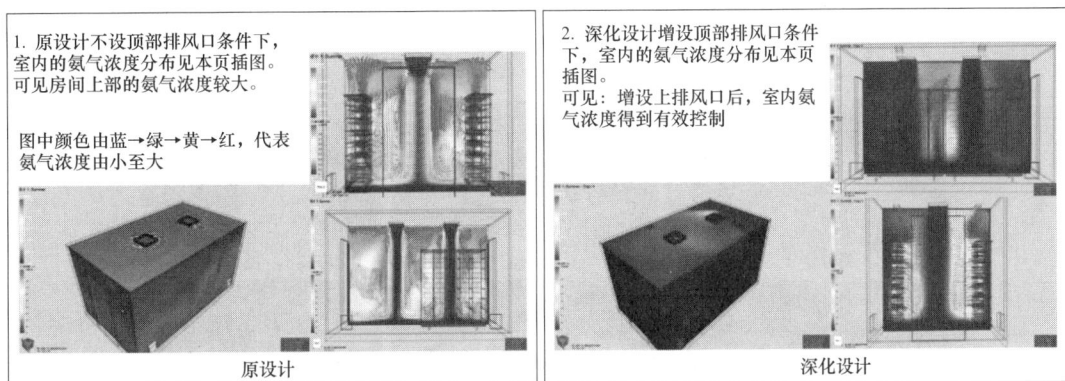

1. 原设计不设顶部排风口条件下，室内的氨气浓度分布见本页插图。可见房间上部的氨气浓度较大。

图中颜色由蓝→绿→黄→红，代表氨气浓度由小至大

原设计

2. 深化设计增设顶部排风口条件下，室内的氨气浓度分布见本页插图。可见：增设上排风口后，室内氨气浓度得到有效控制

深化设计

图 6-1-6 气流组织模拟分析

（3）施工阶段 BIM 应用

为解决现场实际施工需求，本项目在施工各阶段开展 BIM 应用几十项，主要有：基

坑开挖方案 BIM 论证、各阶段三维场地布置、内支撑拆除方案 BIM 论证、塔式起重机安装拆卸方案 BIM 论证、机电管线综合深化、安装工程空间管理、碰撞检查及净高分析、设备管线预留预埋洞口、砌体排砖、悬挑式外脚手架 BIM 论证、机房深化、室外管网深化、污水池和降温池开挖模拟等应用。本文将从基坑开挖、三维场地布置、管线空间管理进行举例阐述。

1）基于 BIM 的土方开挖方案

利用 BIM 技术，对基坑开挖及内支撑施工的 8 项关键点进行可行性模拟分析，重点解决了内支撑梁下挖土干涉、倒运阶梯垂直运土、基坑分层开挖、土方运输等问题，形成施工深化图纸 1 份，各类分析报告 12 份，有效地规避了施工中可能存在的安全风险。基坑土方倒运分析见图 6-1-7。

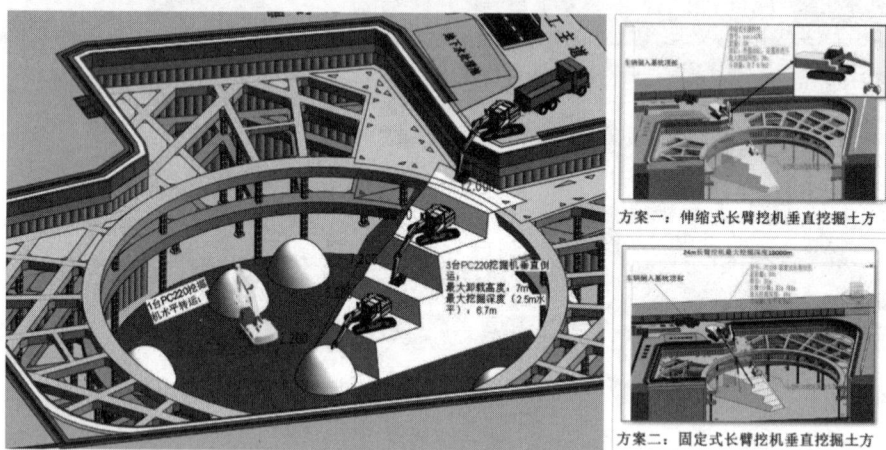

图 6-1-7　基坑土方倒运分析

2）施工各阶段三维场地布置

本项目场地狭小，现场施工、原材料堆放和转运困难。通过 BIM 技术的可视化、模拟建设等特点，对不同施工阶段的场地需求进行动态规划和方案进行比选，制定科学的分区、分流程施工作业方案，从而降低材料周转、安全文明等施工管理难度。施工各阶段场地布置见图 6-1-8。

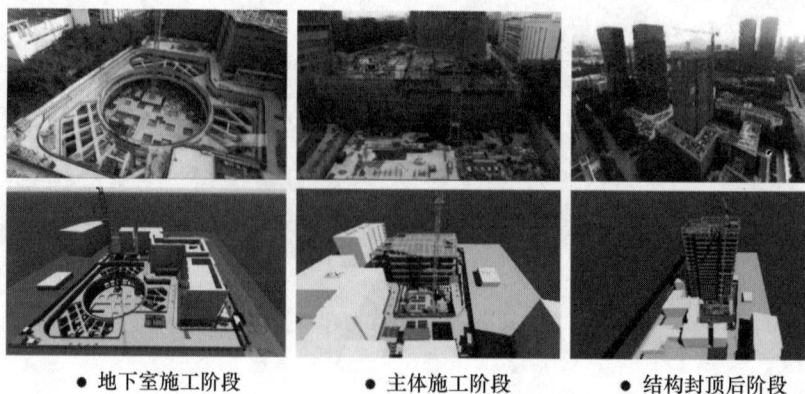

● 地下室施工阶段　　　● 主体施工阶段　　　● 结构封顶后阶段

图 6-1-8　施工各阶段场地布置

3）基于 BIM 的空间管理

本项目的暖通系统主要为工艺性系统，由于不同类型实验室的标准规范对通风和环境的要求各不相同，需设立各自独立的暖通系统。这些工艺系统与建筑、水暖电系统纵横交错叠加在一起，各系统管道综合排布难度很高，对有限的空间管理难度很大。利用 BIM 技术，对 8 套空调系统、4 套工艺系统、22 套电气系统、13 套给排水系统进行科学的分类和管线综合优化（图 6-1-9），保证各功能用房的美观和实用性，实现最优的平面空间、立体空间管理的目的，满足相关规范及现场施工要求。

图 6-1-9　管线综合深化及优化

（4）运维阶段 BIM 应用

本项目利用竣工阶段积累的数字化资产，通过平台的轻量化处理，形成可用于运维阶段的 BIM 轻量化模型。项目建成后将采用基于 BIM 的可视化集成管理平台，充分运用 BIM 技术信息集成的功能，结合智能化集成系统、实验室可视化集成系统、动物房可视化集成系统以及 BIM 可视化集成系统间的互联互通和数据共享，形成基于 BIM 的运维管理系统。

3. BIM 技术应用特色及创新

（1）基于 BIM 的色彩系统比选

本项目功能空间繁杂，普通实验室、洁净实验室、大动物用房、小动物用房以及各类公共区均有不同的色彩要求，房间种类多，色彩搭配多样。因施工场地狭小，现场没有条件做大量的实物样板作为材质选型依据。

由使用单位主导，建设单位组织，各参建单位共同通过 BIM 技术开展数十次的色彩系统模拟。根据使用单位确认的色彩系统方案，对各类实验室、动物用房和公共区等区域的墙地面、顶棚、门窗、实验设备、灯具等材质进行实时渲染，为材质选型提供全方位可视化的依据。利用 BIM + VR 技术，加快了选材决策工作，减少后期因材质搭配问题而引起的变更和拆改，有效保证了项目工作的顺利开展。基于 BIM 的色彩系统比选见图 6-1-10。

图 6-1-10　基于 BIM 的色彩系统比选

（2）探索实验室 BIM 数据资产建设

BIM 团队在对实验工艺深入理解的基础上，借助 BIM 技术对实验室各类台柜、设备、终端等七百余类型的工艺设备进行建模，形成实验设备族库数字资产和实验室数字模型，形成了一整套实验室数据资产，为后期搭建实验室设施环境智能管理平台提供了数据支持。通过将族库布置在 BIM 模型中，能展现二维图纸无法达到的视觉效果和认知角度，使参建各方的沟通更加顺畅，并能全面掌握使用单位的使用习惯和功能需求，促使设计更加完善。此外，基于可复用参数化设备族的积累，可以形成实验室宝贵的数字资产，为同类型项目提供参考借鉴。实验室可视化管理平台见图 6-1-11。

图 6-1-11　实验室可视化管理平台

（3）"扫码看模"辅助验收

利用 BIM 咨询单位提供的 BIMRUN 协同管理平台"二维码"功能，分别将各楼层的建筑、结构、机电的指定视图生成二维码，经过排版、印刷后，贴在项目各楼层主要出入口处。一方面，有利于项目技术人员能快速在移动端查看模型；另一方面，方便项目管理人员对比现场机电安装情况与 BIM 模型，为现场施工质量管控提供重要依据。

4. BIM 技术应用成果及效益

（1）经济效益分析

BIM 技术应用为本项目营造了良好的经济效益，对经济成本和时间成本的节约，主要体现在碰撞检测、管线优化、预留点位、孔洞复核、方案论证、精细化管理等方面。根据项目部技术部门测算的可量化数据，本项目的经济效益分析如表 6-1-1 所示。

经济效益分析

表 6-1-1

序号	应用点	现阶段效益体现	节约工日	节约成本
01	结构预留洞优化	经 BIM 论证后，取消穿梁孔洞约 2500 个，避免后期修复返工，保障整体建筑结构安全	30 天	250 万元
02	塔式起重机安装 BIM 论证	优化塔式起重机安装方案，提高吊装效率，保障施工安全	3 天	10 万元
03	内支撑拆除 BIM 论证	合理安排工作面及工序穿插，并优化清运路线	10 天	15 万元
04	外脚手架 BIM 论证	合理安排材料进场，减少内部转运，降低损耗率	/	4.5 万元
05	砌体留洞	每层须留置 140～160 个洞口，避免了砌体后期开凿、修补及清运的人工及材料的浪费，在降低成本、节约工期的同时提高砌体施工质量	60 天	48.2 万元
06	机电管线深化	基于 BIM 技术对机电管线进行碰撞漫游，对管线进行综合排布、优化，减少二次拆改，提高效率	30 天	456 万元
合计			133 天	783.7 万元

本项目 BIM 投入专项费用 216.17 万元，获得经济效益总额 783.7 万元。随着 BIM 技术在本项目上的持续深度应用，还将呈现出更多、更大的价值。

（2）社会效益分析

本项目利用 BIM 技术进行精细化管理，提高了项目管理效率和品质，为项目带来良好口碑的同时，也创造了显著的经济效益和社会效益，且提高了各界对 BIM 技术的认识，深化了 BIM 技术在行业中的应用。

截至目前，本项目在数千个参赛项目中脱颖而出，先后荣获勘察设计、创新杯、物联杯等奖项的一、二等奖，并辅助项目取得了省市两级双优工地和优质结构奖等荣誉，项目工程品质受到业界广泛认可。

同时，通过认证中心对项目 30GB 容量的 BIM 文件从 4 个方面、5 大类、33 个子项进行的认证审核，获得了工程项目信息模型（BIM）认证"荣誉白金级"示范工程项目。

5. BIM 技术应用推广与思考

深圳市医疗器械检测和生物医药安全评价中心项目以深圳市建筑工务署各项指引、规范文件为基础，结合项目目标，合理构建了 BIM 管理组织架构，建立了基于 BIM 的管理体系，明确了项目 BIM 实施各方的职责，规范了 BIM 实施流程，解决了传统工作模式中不可避免的问题，将工程价值前置，提高了实施阶段的效率。利用 BIM 技术，为项目高质量发展提供有力保障，实现了 BIM 技术在工程全生命期中的集成综合应用。

6.1.2 中信大厦建设全生命期 BIM 应用

1. 项目概况

中信大厦位于北京商务中心区核心区 Z15 地块，东至金和东路，南邻规划中的绿地，西至金和路，北至光华路，是北京市最高的地标建筑（图 6-1-12）。

图 6-1-12　中信大厦

该项目用地面积 11478m²，总建筑面积 43.7 万 m²，其中地上 35 万 m²，地下 8.7 万 m²，建筑总高 528m，建筑层数地上 108 层、地下 7 层（不含夹层），可容纳 1.2 万人办公，为中信集团总部大楼，中信大厦由中信和业有限公司投资建设。

中信大厦还是世界上第一个在抗震设防烈度 8 度区建造的 500m 以上超高层大楼，使用的电梯是世界首创的、服务高度超过 500m 的跃层电梯。中信大厦于 2012 年 9 月开始打入地下桩，2013 年 7 月 29 日正式开工建设，2014 年 6 月 8 日，"中国当代十大建筑"评选结果揭晓，中信大厦荣获"中国当代十大建筑"。中信大厦集甲级写字楼、会议、商业等多种配套服务功能于一体，项目建成后会吸引国际金融机构、国际 500 强企业进驻。

2. 采用 IPD 模型进行 BIM 应用

该项目是国内首个业主主导下的基于 BIM 的 EPC 工程，是以大厦最终的业主应用和运维需求为目标的全过程 BIM 应用。中信大厦在建设全生命期内应用 BIM 技术，在与项目所有参与方签约的合同中均提出相应 BIM 应用要求，BIM 采用 IPD 模式，由中信和业投资有限公司业主单位牵头进行，对项目进行整体控制实现 BIM 这一复杂技术在设计、施工阶段实现贯通。从项目设计开始之初，业主就聘请了 BIM 咨询公司和专家，进行了BIM 从设计、总包到运维的策划，制定了 BIM 实施标准，明确了参与各方的 BIM 交付方式和交付成果，最终到业主的运维管理。2019 年 1 月，随着大厦的正式启用，目前已经到运维阶段的 BIM 应用。中信大厦的运维系统有几十个子系统，对设备、能耗、消防等进行运维管理，智慧消防子系统也即将投入使用。运维管理系统要实现与大厦的各智能化系统对接，实现业务系统的集成应用和智慧管理。

在设计阶段，要求设计单位统筹管理设计方及专业设计顾问，会同专业顾问，应用 BIM 技术完成设计和顾问工作，从设计阶段到施工阶段需进行模型的移交。

在施工阶段，要求总承包单位、机电总承包单位、专业分包单位、设备 / 材料供应商及监理单位应用 BIM 技术提高施工深化设计质量和效率，使得深化设计量大大减少，将整个设计工作的生产全面前移，辅助施工管理目标的达成。

各参与方的 BIM 工作为运维阶段的信息化、数字化管理建立了良好的技术基础。

特别是大型的项目，往往设计移交就阻挡了 BIM 的应用。中信大厦项目提前在设计阶段完成对设计模型的可施工性分析，并让有施工总包经验的专家提前参与，比如在机电总包进场之前，就已经完成了机电的可施工性分析，这就较好地解决了整体移交的难题。BIM 工作总流程见图 6-1-13。

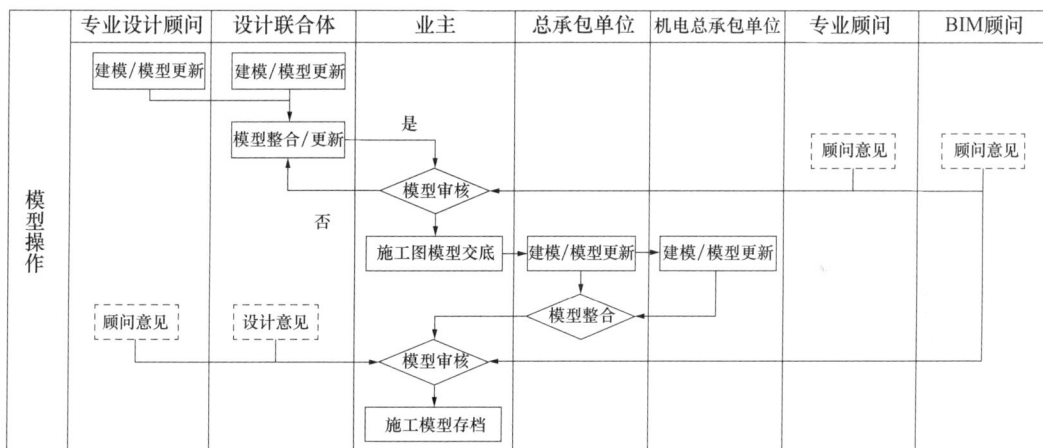

图 6-1-13 BIM 工作总流程

（1）设计阶段 BIM 管理流程

中信大厦项目在设计阶段的 BIM 应用，其主要目的是借助 BIM 技术进行三维可视化设计和解决二维条件下难以发现的设计问题，提高设计质量，并通过 BIM 手段协调设计阶段各参与方的工作。设计阶段各参与方，按照合同范围和导则的要求交付 BIM 成果。设计阶段各专业顾问方，按照合同范围和导则要求，在设计顾问过程中使用 BIM 进行专业顾问服务，交付相应成果。同时，在与其他顾问方配合时，应利用 BIM 进行协同工作。

传统建筑设计二维图纸最困难的地方就在于图纸审核。设计阶段管理流程的重点，围绕提升设计质量而展开。通过 BIM 模型检查标高、轴网、构件、缺失、重叠、构件碰撞、连接构件断开等问题，检查设备、构件、材料的命名与图纸一致性的问题，以及设备、构件、材料的专业信息完整性。以达到模型与图纸完全一致，模型与完工现场完全一致。设计阶段 BIM 管理流程见图 6-1-14。

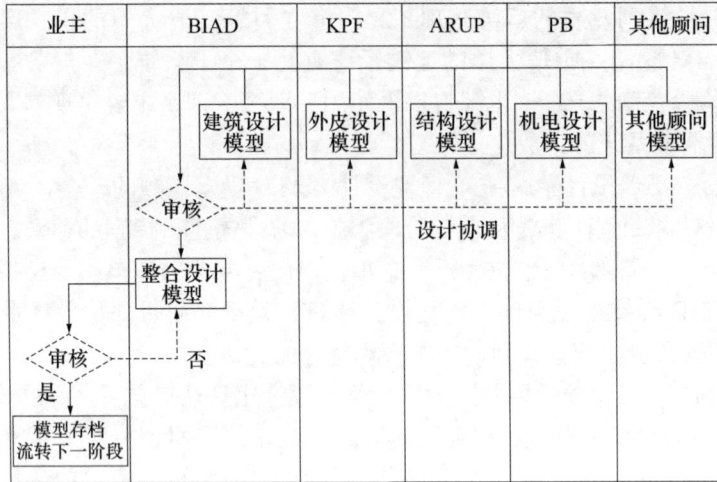

图 6-1-14 设计阶段 BIM 管理流程

设计阶段关注点：

1）由设计师建模，BIM 工程师辅助，协作完成图纸与模型；

2）图纸与模型互校，三维与二维交替工作，并保证模型与图纸基本同时提交；

3）模型与图纸一一对应。

中信和业 BIM 管理体系见图 6-1-15。

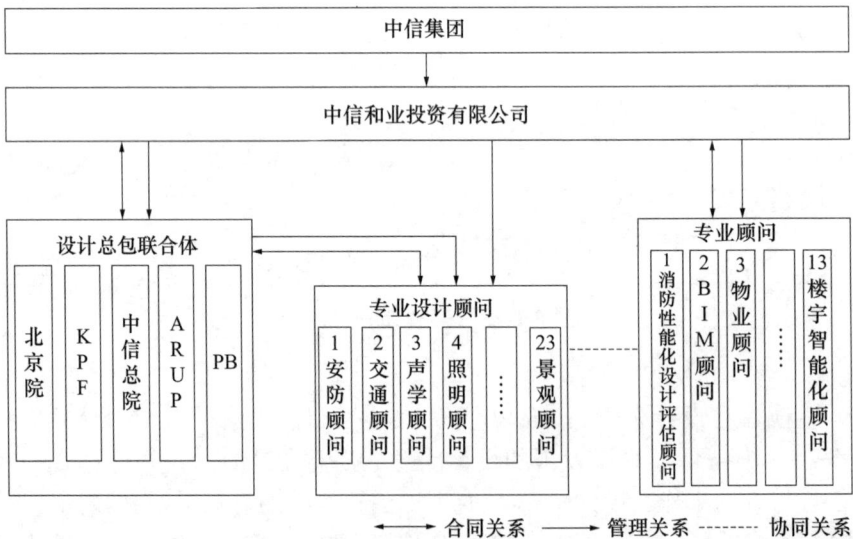

图 6-1-15 中信和业 BIM 管理体系

提升设计阶段模型质量的方法就是加强审核，一是设计方的自我检查，纠错纠偏（图 6-1-16）；二是 BIM 顾问、施工方介入设计审核（图 6-1-17），提出明确的改进意见与具体方案；三是业主组织评审会进行会审，决定设计模式是否具备整体移交施工的条件。

BIM 审核，顾问方着重于模型健康度、图模一致性、专业间碰撞检查与审核，施工方着重于可施工性检查。模型健康度审核是对模型的整体检查，在 BIM 平台复验虚拟建造的

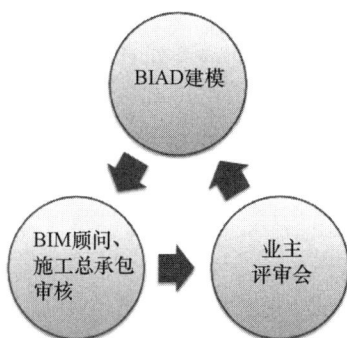

图 6-1-16 设计方的自我检查　　图 6-1-17 施工方的设计审核

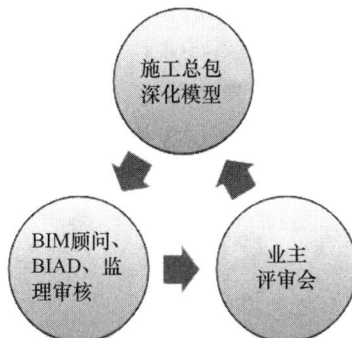

全过程，并评估模型内在的逻辑关系与数据理关系量否成立；图模一致性审核主要依据二维图纸进行校验，这是繁重与精细的技术工作；专业间碰撞检查是用以发现项目中图纸之间的冲突，通常有试错检查、步骤检查、替代性检查等方法，通过 BIM 平台自动演算结果来判定专业之间是否存在冲突和缺漏现象；可施工性检查（图 6-1-18）主要是检查容易导致设计方案难以施工或者不能施工，以及一些有价值的施工方法由于得不到设计方的配合而无法在实践中应用的状况。

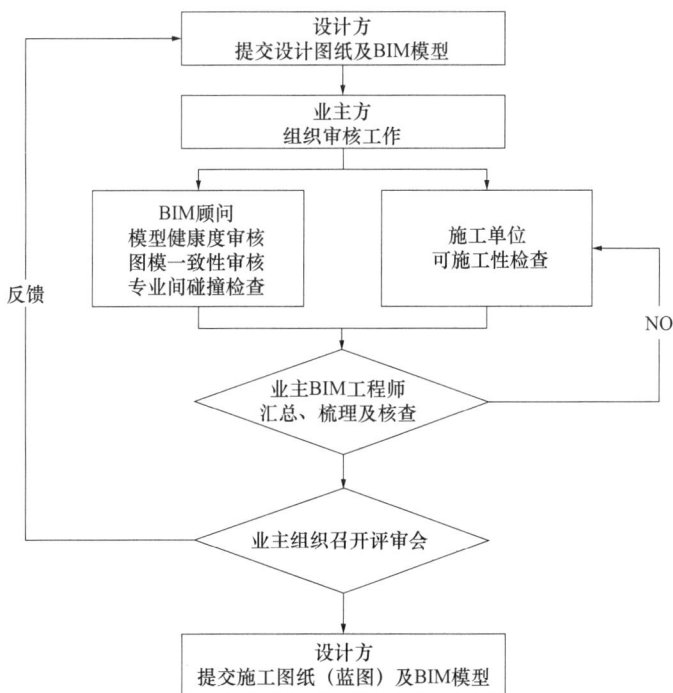

图 6-1-18 可施工性检查

（2）施工阶段 BIM 管理流程

中信大厦项目在施工阶段的 BIM 应用，其主要目的是借助 BIM 技术将复杂工程可视化，利用虚拟三维模型模拟施工，使各专业协同工作，及时发现问题并调整设计，避免施工浪费，以降低风险；通过 BIM 得到最准确的工程基础数据，将工程基础数据分解

105

到构件级、材料级，有效控制施工成本，实现全过程的造价管理；通过项目数据管理平台实现施工阶段各参与方 BIM 数据共享，使沟通更为便捷、协作更为紧密、管理更为有效。

总承包单位进场后将接收与施工图对应的施工图设计 BIM 模型，该模型的内容在导则约定的范围内与施工图一致。在此基础上，负责施工阶段模型的深化及应用。

施工阶段各参与方，应按照合同范围和导则的要求交付 BIM 成果。在项目结束时，总承包单位负责汇总、整理最终的 BIM 竣工模型，向业主提交真实、准确的竣工 BIM 模型、BIM 应用资料和设备信息等，确保业主和物业运营管理单位在运营阶段具备充足的信息。

施工阶段关注点：

（1）施工模型深化及可施工性问题的解决；

（2）施工措施模型搭建，模型信息录入；

（3）分包模型的整合；

（4）模型与实体工程的一致性。

这一阶段，BIM 顾问、BIAD、监理审核，主要是为了提升 BIM 模型的应用性，防止施工方对模型产生理解偏差，并且审核也具有对施工方的应用指导性质。业主通过专家评审会进一步进行模型综合评议，是守住 BIM 应用成果的最后一道重要防线，以全面提升建筑品质与质量，加强生产安全，以及确保工期和成本可控为出发点。

3. BIM 技术应用效益

中信大厦项目的 BIM 应用在设计协调中的作用非常明显。在设计阶段，中信大厦项目全专业合模次数约为普通建筑的 6～7 倍；在施工阶段，截止至地下结构工程，土建设计变更数量约为同类项目变更数的 1/17。

BIM 技术在中信大厦项目设计阶段也同样发现了大量的错、漏、碰、缺问题，共完成施工图的 BIM 复核 33 批次，解决了各种设计问题 5557 项。仅仅针对地下部分的机电预留预埋、管线排布，通过 BIM 技术就协调解决问题 519 项。

在施工阶段，施工总包构建的深化设计模型，又要交由专业分包分拆模型再重新组合，并且一般要反复多次，总包方必须有较强的技术实力进行自查。但相对于设计阶段，施工阶段的深化设计模型主要是在对设计模型的承继、补充、微调等方面，原则上已不存在重大错、漏、碰、缺问题，而是将工作重点放在了模型的精细化管理方面。

4. 国内 BIM 技术发展趋势的心得与建议

我国 BIM 技术仅由政府推动和业主方有一定的主观应用愿望仍然不够，因为在实际推广应用中，有一些瓶颈需要克服。

（1）BIM 技术需要专业能力和合理的费用投入

BIM 技术是利用高性能的计算机处理能力通过计算创建或设计复杂的建筑模型，需要使用专用的软件结合建筑专业知识和项目特点进行专业设计。超高层建筑物需要综合各分部一系列复杂的三维模型，以及复杂的数据系统，整套 BIM 技术价格昂贵。

（2）从全生命期管理角度认识 BIM 技术

BIM 技术要解决短期利益和长远利益的认识问题，从建筑物的全生命期管理重新定位投入产出战略选择。建筑生产从传统粗放型向精品转型，以及超高层建筑品质、质量、形象的高要求，都需要更重视长期利益，更重视建筑物的全生命期，从而对 BIM 技术坚定信心。

（3）BIM 技术要求革新传统管理模式

BIM 应用不仅要由业主方积极推动，而且要在管理体系、制度体系、执行体系按照 BIM 的基本要求进行调整，要求所有技术资料能够通过规范的数据图表体系集成到一个统一的系统中，对设计、总包、分包、材料、设备、顾问、监理等合作各方提出统一编码、统一文件格式、统一数据格式和数据完整、真正可靠的高标准与高要求，同时也要求各方拥有足够的技术资质和能力参与 BIM 应用。

（4）BIM 技术应用须从设计开始

中信大厦项目采取设计联合体的创新模式，确定由施工图设计的主体方北京市建筑设计院作为联合体牵头方，从而赋予设计院有权力和资格在概念设计过程中，将 BIM 建模起点延伸到最前端，最大限度地发挥 BIM 的价值。最大难点在机电方面：设备选型没选好，图纸永远没办法完善，建模也完成不了。在实施过程中，建筑、结构定型较早，但机电部分随着功能、开发过程、物资设备采购、施工误差等因素的不断出现会一直变化，这个变化过程也是难度不断提升的过程。BIM 模型连续传递，有效整合见图 6-1-19。

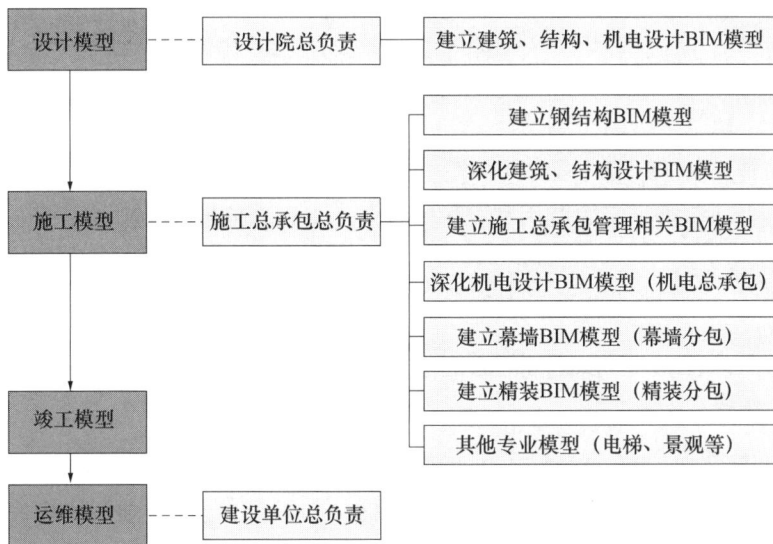

图 6-1-19　BIM 模型连续传递，有效整合

（5）BIM 技术应该贯穿工程全过程

BIM 技术应该贯穿工程全过程，不可以单独割裂分开。这需要具有全局能力的机构承担整个 BIM 体系以及重要规则的起草工作。有了初步草案，要经专家评审、优化后方可实施。BIM 技术既要考虑到前期的需求策划，也要考虑到工程设计本身的工作，同时也应考虑安装、施工以及运营的需求，项目上参建各方的分工合作，就要变成相互融合性的合作分工模式。在某种意义上来说，各方的独立性减少了，全局意识、协调意识、配合意识需要大大增强。

（6）不完整的 BIM 难以用于指导施工

BIM 应有的显著特点是要求从设计到施工终端形成完整的体系，最终能在施工终端呈现工序、工艺、材料、设备、工具、平面、时间控制等全部可具体操作的立体化指导图示、操作示例与技术要求。这对规范施工和精细化施工，有着明显的指导意义。

（7）BIM 的应用重心是深化设计

真正把模型变成可实施模型，工作重点就在深化设计。深化设计完成之日，即施工启动之时。作为施工方，在施工阶段首先从业主手中接收设计模型。其后的重要职责就是去维护施工阶段 BIM 模型。具体的维护包含多种内容，比如把各专业拆分出来、在深化设计过程中再整合。随着工程的进展，不断发生变更、现场条件发生变化，拆分和整合的过程都要多次进行。施工阶段要时刻保持模型的完整性和更新的及时性。最后，施工方向业主提交竣工模型，竣工模型一定要与现场实体一一对应，竣工模型也为业主在运维阶段的使用奠定基础。

5. BIM 应用总结

对业主方而言，基本实现了缩短工期、减少拆改、降低成本和提高品质，为大楼运维提供数据基础的既定目标。中信大厦 BIM 技术的成功应用，除了建设期间取得的实际效益之外，更主要是拓展了中信大厦的特殊附加值。一是为提升大厦经营能力和降低运维费用打下了坚实的基础；二是 BIM 提升了大厦的品牌价值；三是业主方通过 BIM 竣工模型衍生出来的运维模型，掌握了提升未来物业管理经营水平的核心技术，使得 BIM 成为一个连续的效益增值主体，在中信大厦全生命期管理中尽显其价值优势；四是为推进中国超高层建设 BIM 应用树立了历史标杆；五是为中国超高层建设全生命期管理和 BIM 技术行业标准的制定，提供了应用实例。

中信大厦项目表明，BIM 应用重在以需求为导向，结合中国的国情，BIM 应用由业主方为主导并主动承担一定的费用和资源的投入，又以合同明晰权、责、利，以管理制度为 BIM 应用保驾护航，创造管理共享、技术共享、成果共享、利益共享的多赢平台，进而形成高层管理协同的商业模式和利益共同体。

6.1.3 北京大兴国际机场木棉花酒店项目全过程 BIM 应用

1. 项目概况

北京木棉花酒店项目位于北京大兴国际机场航站楼北侧的旅客综合服务楼，与航站楼主体结构整体衔接。综合服务楼设计总建筑面积 131675m²，包含北段木棉花酒店和南段商办综合楼。木棉花酒店项目地上 6 层，地下 1 层，建筑面积 62912m²。Ray Chen 担任酒店室内设计师。

木棉花酒店作为机场航站楼附属的唯一的一家酒店，是华润置地乃至全国的质量标杆。酒店工期仅 9 个月，工期紧，任务重，不能存在工期延误的风险。此外，木棉花酒店项目建筑外立面为曲线造型，内部双曲造型空间多，酒店室内金属造型多且复杂，施工难度大。

2. BIM 技术应用概况

（1）BIM 全生命期应用目标及应用点

本项目围绕"降本增效，落地为先，紧抓数据，云端协同"的总体目标开展 BIM 技术应用。设计阶段进行方案比选、碰撞检测、设计协同、客房户型优化、室内精装成本优化等方面的应用，旨在提升设计质量，降低协调沟通成本，为 BIM 落地应用提供保障；

招采阶段通过相关软件及自主研发的平台出具招标图纸、出具放样文件、出具 BIM 模型工程量清单、出具 BIM 模型成本、进行施工单位投标报价分析，旨在促进招采透明化，提高招采效率；施工阶段进行可视化交底、施工现场 BIM 放线、面层材料排版下单、施工过程进度管控、施工过程质量安全管控，确保 BIM 技术落地应用带来切实的降本提速；运维阶段使用数据驱动，进行能效能耗管控、EHS 管控，深挖 BIM 价值。

（2）BIM 应用体系

华润置地以国家和行业级 BIM 标准为准则，制定了企业级 BIM 设计、实施、验收、管理等一系列制度规范，用以指导项目 BIM 技术的管理和应用，详见表 6-1-2。

华润置地 BIM 应用标准体系   表 6-1-2

标准级别	标准名称
国家级	《建筑信息模型应用统一标准》GB/T 51212—2016，2017 年 7 月 1 日实施
	《建筑信息模型分类和编码标准》GB/T 51269—2017，2018 年 5 月 1 日实施
	《建筑信息模型施工应用标准》GB/T 51235—2017，2018 年 8 月 1 日实施
	《建筑信息模型设计制图标准》JGJ/T 448—2018，2019 年 6 月 1 日实施
行业级	《建筑装饰装修工程 BIM 实施标准》T/CBDA 3—2016，2016 年 12 月 1 日实施
	《建筑工程设计信息模型制图标准》JGJ/T 448—2018，2019 年 6 月 1 日实施
企业级	《华润置地酒店项目精装 BIM 运用流程标准》
	《华润置地酒店项目精装 BIM 建模标准》
	《华润置地酒店项目精装 BIM 模型评分标准》
	《华润置地酒店项目精装 BIM 模型审核标准》
	《华润置地酒店项目精装 BIM 模型信息分类和编码标准》
	《华润置地酒店项目 BIM 智慧放线工作标准》
	《华润置地酒店项目 BIM 三维点云扫描工作标准》

（3）软硬件配置

华润置地酒店项目 BIM 建模工作以市场现有 BIM 软件及 BIM 软件二次开发为主，BIM 项目管理工作使用自主开发的三大 BIM 应用平台，木棉花酒店项目软硬件配置详见表 6-1-3。

BIM 应用软硬件配置   表 6-1-3

市场现有软件		自主研发插件及软件		硬件
BIM 建模软件	数据处理软件	自主研发插件	自主研发软件	
SketchUp	undet Point Cloud Software	SU 插件 - 室内信息编码	设计协同平台	15 台台式工作站
AUTODESK REVIT	Trimble RealWorks	SU 插件 - 模型出图	华润置地 酒店物业项目管理平台	6 台移动工作站

续表

市场现有软件		自主研发插件及软件		硬件
BIM 建模软件	数据处理软件	自主研发插件	自主研发软件	
❖ TEKLA	◆ Trimble Field Points for SketchUp	▦ SU 插件 - 饰面材料下单	⛰ 华润置地 润智库	天宝三维激光扫描仪 TX8
	◆ ENSCAPE		⛰ 酒店物业运维管理平台	天宝放线机器人 RTS771

3. BIM 技术应用特色及创新

BIM 数据全过程流转，实现设计、施工及未来运维数据全过程流转及运用，打破传统建造模式沟通及数据流转壁垒。

基于公司全业务场景的 BIM 落地应用，结合公司业务流程及应用场景，构建 BIM 应用体系，实现企业级 BIM 落地应用。自主开发并建立基于企业 BIM 应用的各项标准及标准库、底层数据库、项目管理及运维平台。

自主研发"华润置地润智库"。该平台是酒店项目 BIM 应用的可视化数据库，实现了 BIM 模型的轻量化及数据的结构化。资源库内置华润置地 BIM 编码标准，通过数据结构化，采用分专业加载及分空间加载。项目管理平台的 4 个功能模块可随时调用润智库的数据，随时查看酒店项目的工艺做法及材料等，为后续酒店建设及运营提供数据库。

自主研发"华润置地酒店物业 BIM 项目管理平台"。该平台具备计划管理、设计管理、设计样板间、工程算量、现场管理、材料管理 6 个功能模块，将传统项目管理线上化，并能与 BIM 技术深度融合，开拓酒店项目管理新模式。

自主研发"华润置地设计协同平台"。这是基于 C/S 架构云视频、云远程控制的会议系统，设计协同会议平台的用户端是基于 Windows 的软件，可通过项目管理平台进行调用，实现基于 BIM 模型的设计协同在线会议。

4. BIM 技术应用成果及效益

（1）BIM 建模应用

精装设计阶段各专业依据标准开展 BIM 建模工作。主体结构竣工后，通过点云扫描获取真实建筑主体尺寸，调整主体 BIM 模型（图 6-1-20），调整后的模型作为各专业碰撞检测及酒店客房尺寸优化的基础，并通过设计协同平台开展基于 BIM 模型的解决方案探讨。施工阶段各施工单位在项目管理平台完善材料运维信息。

木棉花酒店项目三维点云扫描工作共发现模型与现场碰撞 1500 余处，提前协调各方处理相关问题，节省 300 万元。利用 BIM 模型完成现场主体结构、精装及二次机电各专业间的碰撞检测，发现并解决 32 处较大变更碰撞，节省费用 460 万元。利用 BIM 模型将施工现场由于施工误差导致的 471 个房型优化为 41 个，节省工期 50 天。

（2）招标采购阶段 BIM 应用

招标采购阶段基于 BIM 深化设计模型，通过一系列软件及插件辅助招标文件编制及开展评标工作。运用 BIM 项目管理平台一键出具模型工程量（图 6-1-21）及目标成本清单，运用 SketchUp 模型出图插件一键出具精装招标图纸，同时运用 Trimble 系列插件出具精装放样文件。对于投标单位商务标，运用项目管理平台对投标报价数据进行分析。

木棉花酒店项目运用 BIM 技术缩短招标文件编制时间 7 天，缩短评标工作时间 3 天。

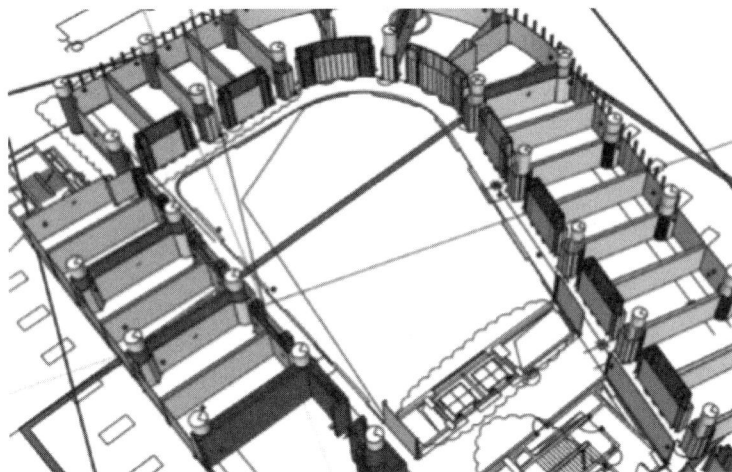

图 6-1-20　点云扫描寻找模型与现场碰撞

图 6-1-21　项目管理平台内工程量清单

（3）施工阶段 BIM 应用

施工阶段基于施工单位深化的 BIM 模型开展 BIM 放线及材料排版下单工作，通过 BIM 项目管理平台开展基于 BIM 模型的进度管控以及质量及 EHS 管控。

利用 BIM 模型开展现场精装基层及完成面放线及校验工作，70m 内精度误差仅为 9mm。利用 BIM 模型出具饰面材料排版图及加工清单，节省材料加工生产周期约 30 天。

5. BIM 技术应用推广与思考

BIM 模型是 BIM 应用的核心，不同专业以及同一专业不同 BIM 应用阶段间模型数据的打通是 BIM 应用的关键，以现行《建筑信息模型分类和编码标准》GB/T 51269—2017 为蓝本，进一步统一行业模型分类及编码方式，形成行业内统一的范式，推动 BIM 应用。

复杂精装修项目 BIM 应用的重点是精装设计效果的现场呈现，而精装效果受精装自身及机电施工误差的影响大，BIM 模型与施工现场实际尺寸一致以及使用 BIM 模型指导各专业现场精准施工，是 BIM 在该类项目落地应用的保障。根据酒店项目经验总结，二次机电施工灵活，施工偏差大，未来将进一步探索机电 BIM 模型指导机电施工建造的落地方法及标准。

6.1.4 基于 BIM 的中惠铂尔曼酒店智慧运维

1. 工程概况

中惠铂尔曼酒店位于苏州市相城区，毗邻苏州高铁新城，拥有 413 间设备豪华客房，配备高端会议设施；约 1200m² 无柱式大宴会厅。酒店总建筑面积 186655.25m²，建筑高度 99.84m，共 25 层，其中，地下三层，地下总建筑面积 63728.44m²。项目从 2016 年 6 月开工建设，于 2019 年 7 月投入运营，项目整个建设和运维阶段，利用 BIM 技术打造全寿命周期数字化建造、数字化运维标杆，诠释精品工程的每一个细节。该项目由中亿丰建设集团股份有限公司承建，已获得 2018～2019 年度中国建设工程鲁班奖（国家优质工程）。项目整体效果图见图 6-1-22。

图 6-1-22 项目整体效果图

2. 中惠铂尔曼 IoT ＋ BIM 智慧运维系统

（1）楼宇设施设备管理行业现状分析

当前，我国的楼宇设施管理过程中普遍存在如下两个问题：

1）无系统、无管理：对于一些信息化程度比较低的旧楼，人们对管理的理解往往停留在保洁、保安与物业维修的层面，楼宇本身运营状况、安全状况、能耗状况均无数据采集及响应的通道，维保方式往往是应急响应式。

2）有系统、无管理：对于一些信息化程度较高的新的楼宇，往往会上各种新的 BA 系统、监控系统、安防系统、能耗系统。这些系统往往来自不同的体系、各自孤立，需要不同的团队单独维护，无法起到联动响应的效果，行业内 70% 的楼宇信息化设施基本上没有达到管理的预期，运维的业务场景还是靠人和传统经验来维持，处于有系统无管理的状态。

综上所述，在常规建筑项目运维管理过程中，存在三大方面的痛点与需求（图 6-1-23）：

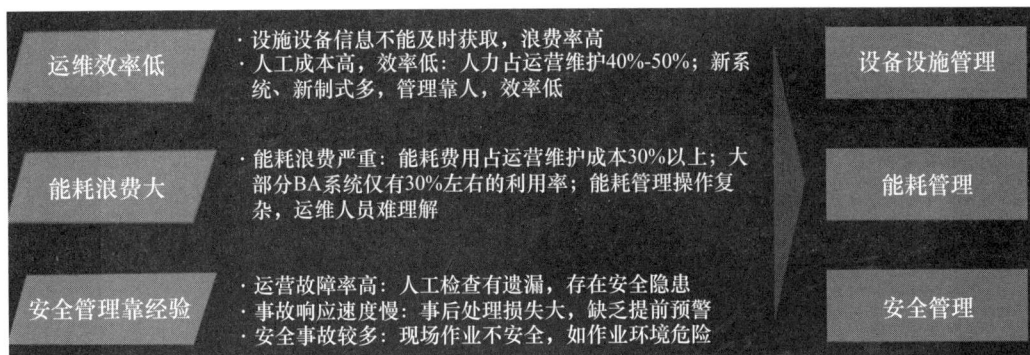

运维效率低	·设施设备信息不能及时获取，浪费率高 ·人工成本高，效率低：人力占运营维护40%-50%；新系统、新制式多，管理靠人，效率低	设备设施管理
能耗浪费大	·能耗浪费严重：能耗费用占运营维护成本30%以上；大部分BA系统仅有30%左右的利用率；能耗管理操作复杂，运维人员难理解	能耗管理
安全管理靠经验	·运营故障率高：人工检查有遗漏，存在安全隐患 ·事故响应速度慢：事后处理损失大，缺乏提前预警 ·安全事故较多：现场作业不安全，如作业环境危险	安全管理

图 6-1-23　楼宇运维行业典型痛点与需求

基于此，行业需要建立简单、联动、制度化的维保管理体系。

（2）技术路线

目前，建筑物的可视化运维一般是指通过 BIM 技术，采用物联网整体架构，利用云端服务作为集中管控中心，将建筑运维过程中的各个系统（如安防、消防、物业、自控、能耗、空间等）以 BIM 模型为载体统一整合，实现人、设备与建筑之间的互联互通；同时，结合数据分析、性能分析与模型分析，为建筑的运维提供一个综合性的平台。这种 BIM 叠加物联网的应用，更好地发挥了建筑的功能与作用。

BIM ＋ IoT 的数字化技术进展使开发可视化集成互联的楼宇数字化维保平台成为可能，平台的技术路线如图 6-1-24 所示，物联网架构示意图见图 6-1-25。

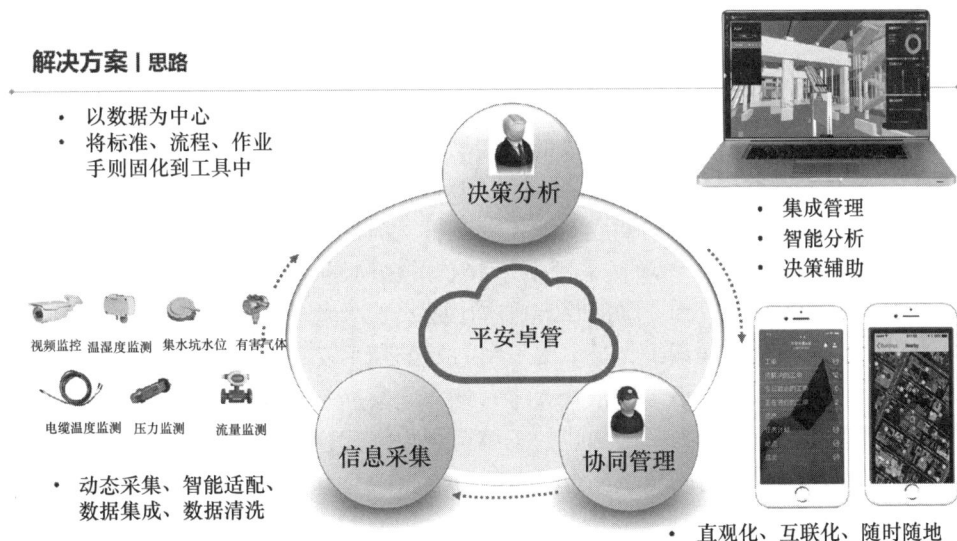

图 6-1-24　BIM ＋ IoT 数字化楼宇运维管理技术路线

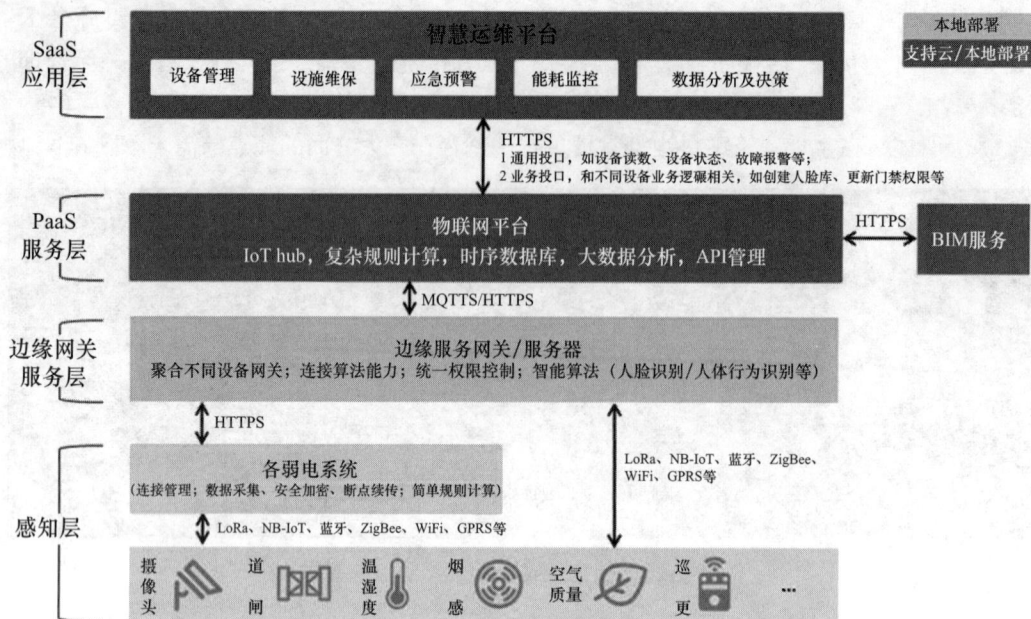

图 6-1-25 物联网架构示意图

本系统以平安卓管的 PaaS 底层为基础，聚合了 BIM 模型与数据，接入物联网感知数据或直接从现有楼控系统中查询相应的设备运行数据。在此基础上开发运维场景，搭建网页端及移动端工作界面，建立设施设备的数字化互联管理系统。

1）通过将复杂的管理制度、流程及参数规定固化到管理工具中，降低对人员的依赖；

2）通过将不同的数据来源聚合，实现以业务场景为导向的联动响应，提升管理效率；

3）通过管理的大数据分析，对物料、人力的投放、场所进行优化和预测，降低人员、备品备件及能耗的浪费，从而实现集约化管理、降本增效的目标。

（3）项目实施

中惠铂尔曼酒店作为一家超五星级的高端酒店，降本增效、控制风险和节省人力是其运维管理的三大重点目标。为此，项目通过 BIM 深度应用，使工程从设计阶段即开始考虑到施工过程中的问题，进行初期成本把控并在施工前进行虚拟建造，有效减少了返工造成的材料浪费。在运维阶段，项目采用基于 IoT＋BIM 的智慧运维系统，使酒店管理及服务更智能化，提高管理效率，降低管理成本（图 6-1-26）。

该酒店使用的智慧运维系统，是平安城科打造的"平安卓管"运维管理平台。平台以 BIM 模型为载体，集成 IoT 设备，依托人工智能、大数据等科技能力，构建了以设施设备管理、能耗管理和安全管理为基础功能的三维可视化的智慧运维管理能力，可帮助企业运维项目实现降本增效、控制风险、节省人力的目标。

针对中惠铂尔曼酒店的项目运维需求，"平安卓管"建立了建筑设施设备数据库，制定维护计划，跟踪维保工单，并记录维修情况。其中，将对应设施设备中的 IoT 传感器与 BIM 模型进行一一对应，从而实现了酒店整体设施设备的高效数字化管理。

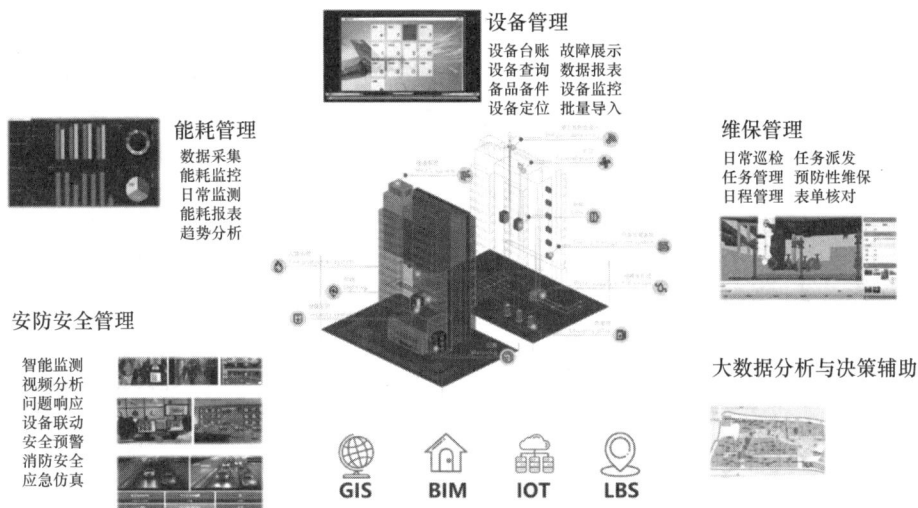

图 6-1-26 项目运维实施内容

1）"平安卓管"智慧运维平台对酒店主体设施设备内置 IoT 传感器数据进行实时或定时采集，分析相应设备运行状态，并将其与 BIM 可视化模型构件一一关联，通过系统和 IoT 实时管理和处理设备运行中的问题。

2）在运行维护过程中，通过运行在平安云上的平安卓管 Web ＋ App 平台，为项目提供数据支持和事件记录，对监控、消防、能耗等设备制定维护计划，关键设备系统自动生成、跟踪维保工单，并及时指定工人执行，记录相关维修情况。

（4）"平安卓管"建筑运维管理平台应用

"平安卓管"建筑运维管理模块面向业主、运营公司，提供设备设施维保、安全管理、能耗管理等功能。可打破信息孤岛，实现项目运维过程中各类传感器、设备、弱电子系统的统一连接和管理。包含 App 手机端和 Web 网页端应用。

Web 端主要模块包括上述 App 手机端包括的功能、监控设备管理（图 6-1-27）、消防和环境设备管理（图 6-1-28）、能耗管理、核对表单管理等模块。

图 6-1-27 监控设备管理

图 6-1-28 消防和环境设备管理

3. 应用效果

本项目将 BIM 数据作为基础数据库，在此基础上尝试建立了以数据为核心的维保管理平台，通过业务场景的实际需要，聚合组织了模型数据、IoT 数据及任务数据，最终通过 SaaS 任务场景的界面的输入、输出与运维作业人员实时交互。建立了以数据为中心，以任务场景为导向，以价值落地为目标的实施系统。

该项目通过一段时间的使用，在响应效率、预防式安全管理与人工组织等方面有明显的效果：能够明显地降低人工的投入，实现问题的发起与响应无缝连接；通过数据库的分析与管理，能够大幅降低备品与备件浪费率；通过工单、任务及移动端的响应，实现了制度化的巡检、安全自动报警及实时建筑安全状态评估的目标。未来亦在探索通过数据的积累或楼宇的增加，实现维保资源共享、备品备件共享、维保服务社会化、产品化、证券化的目标。

6.1.5 WBIM 在上海市浦江镇万达广场项目中的应用

1. 项目概况

本项目位于上海市闵行区，南至鲁南路，北至鲁康路，东至永跃路，西至永寨路（图 6-1-29）。总建筑面积 159937m²，地上四层局部有五层，地下二层，根据上海市相关政策要求，部分楼板、梁、柱、楼梯等采用预制装配构件。

2. BIM 技术应用概况

WBIM 是万达开发的万达筑云 BIM 软件，包含：万达的管理流程和标准、BIM 应用软件、BIM 模型、管理平台四大核心内容（图 6-1-30）。

（1）应用阶段

本项目 BIM 技术主要应用阶段为设计阶段、施工阶段。

（2）BIM 技术实现目标

图 6-1-29 上海浦江万达广场项目鸟瞰图

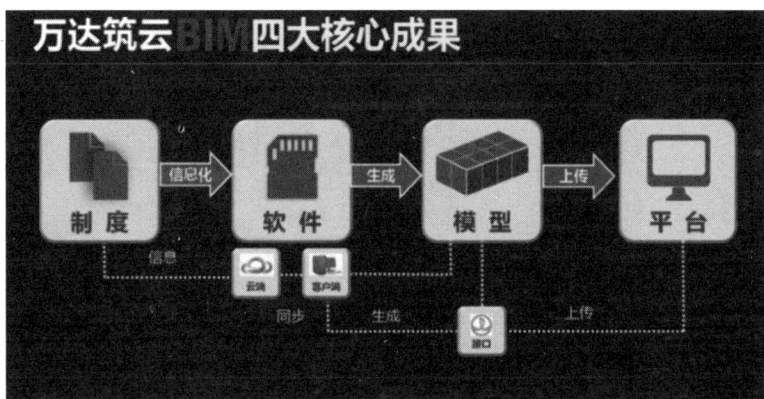

图 6-1-30 WBIM 的核心内容

1）本项目主要的 BIM 应用点包括：项目模型搭建、设计校核优化、设计模型成本算量、质监业务应用、大型商业 BIM 应用 PC 设计、项目 BIM 模型计划应用、BIM 设计模型指导现场施工等。

2）本项目的协同工作模式包括：项目图纸协同管理，通过联创内部设计管理协同平台实现。模型协同管理通过 WBIM 万达筑云平台实现，各个专业的设计人员、项目公司、工程总包和监理单位通过统一的平台实现信息数据互通。

3）本项目的交付成果以及相关要求：根据国家相关标准以及万达相关标准，本项目交付的成果具体包括模型、相关报告、DB 数据接口文件等。

（3）组织结构

团队架构以项目团队为基准，实施管控双轨制，即项目经理和 BIM 经理双轨制。团队除具备 BIM 技术保障、研发、培训、咨询、开发等职责外，拥有包含各专业的专家顾问库为项目做有力支持后盾。

（4）团队配置

本项目根据万达相关管理要求和实际生产需求，设置 BIM 总负责人、BIM 设计经理、BIM 专业负责人、BIM 设计人员、信息挂接负责人、图模一致负责人。整个团队里面各司其职，分工协作，保证项目的高效生产。

117

（5）软硬件配置

采用的软件平台包括：Revit、navisworks、万达 WBIM 软件、橄榄山插件等，硬件采用戴尔塔式工作站，运用其强大的图形运算能力进行建模及渲染工作。

3. BIM 技术应用成果与特色

（1）多阶段应用

在设计阶段，利用 3D 可视化的优势进行多专业的碰撞检查、机电管综，解决图纸错漏碰缺的问题，在施工阶段施工总包对构件外形与数据进行深化设计和补充，实现施工的进度管理、成本管控等应用。

（2）集成化应用

本项目的 BIM 从五大专业扩展为 12 专业的应用，除了传统 5 专业外，还包含智能化、内装、景观、幕墙、采光顶、夜景照明、导向标识（图 6-1-31），BIM 已可以对建筑工程中各个专业、各个领域进行全面的应用，这也符合了 BIM 概念的特性。

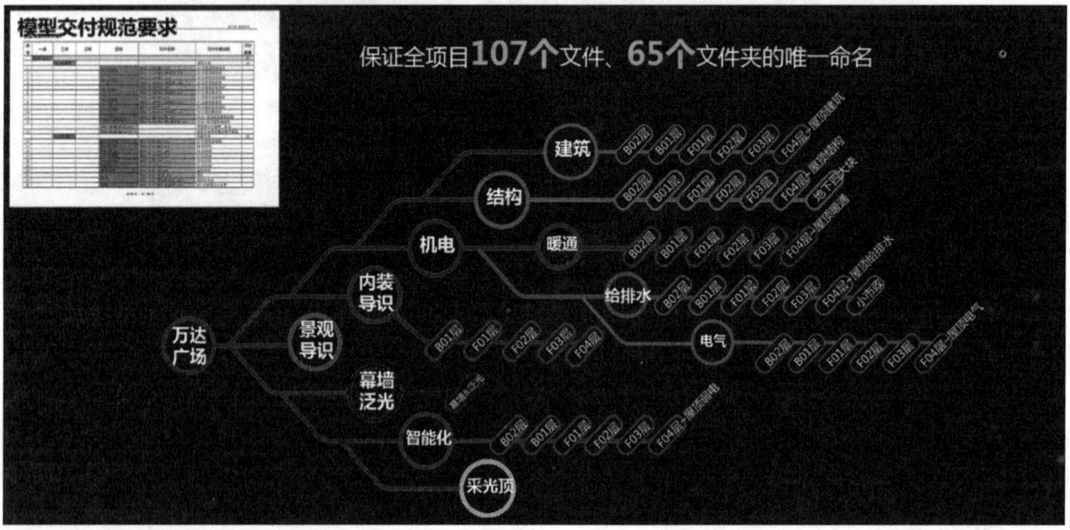

图 6-1-31　上海浦江万达项目文件架构

（3）多角度应用

万达将 BIM 从单一技术发展逐渐演变为"技术＋管理"的系统架构应用，深度符合万达企业内部各个业务对于项目管理要求。通过建立基于 BIM 的平台，让项目参与各方在统一的平台参照 BIM 模型，确保数据能够在参建各方之间得到共享和协同应用。

（4）协同化应用

协同化应用指建立基于 BIM 的协同管理平台（图 6-1-32），把各专业、各领域的信息纳入平台之中，让项目参与各方共享之外，还可以将信息技术与 BIM 相结合，提高项目管理及后期运维管理的效率。

4. BIM 技术应用效益及测算方法

在设计阶段，通过设计方案优化、错漏碰缺检查、工程量复核等多项应用的开展，提高设计质量，有效控制成本；在施工阶段，通过施工方案优化、进度控制，减少施工浪费，缩减工期，在建设期产生巨大的经济效益。

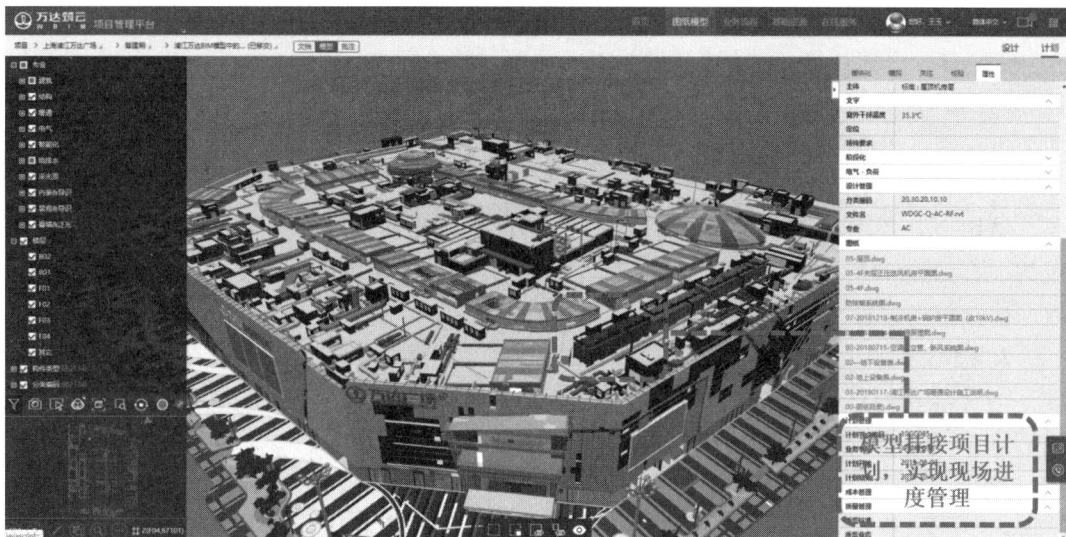

图 6-1-32 WBIM 协同管理平台

5. BIM 技术应用推广与思考

建立 12 个专业的 BIM 模型，将传统设计不能解决的问题集中处理，尤其是针对效果类专业、PC 等专项 BIM 优化设计，大大提高了原有图纸的设计质量，减少了项目返工。依据万达建筑信息模型设计应用标准和交付标准完成模型设计，达到万达成本算量的要求，通过导出项目工程量清单指导签订项目总包合同，使 BIM 技术成功应用于成本管控。将集成万达计划、质监业务数据的模型上传到万达筑云平台，让项目公司、设计总包、工程总包、监理在同一平台协同工作，大大提高了工作效率，提升了工程质量。

6.1.6 国家会展中心（天津）一期展馆区项目 BIM 应用

1. 项目概况

国家会展中心（天津）（图 6-1-33）项目由国家商务部对外贸易公司与天津市城投集团联合组成的国家会展中心（天津）有限责任公司投资建设，用以满足环渤海湾经济圈强劲的经济发展需求。

图 6-1-33 国家会展中心（天津）鸟瞰图

119

项目地处天津市津南区咸水沽镇，建设用地 132 万 m^2，建成后总建筑面积将达到 148.6 万 m^2。会展一期总建筑面积约 77.3 万 m^2，其中展馆区约 44.34 万 m^2，综合配套区约 33 万 m^2。

本项目的 BIM 实施方案选择由业主作为主导，实施范围同时又涉及业主、方案设计单位、施工图设计单位、监理单位、BIM 咨询服务单位等多个参与方，应用专业覆盖建筑、结构、机电、钢结构、幕墙、内装等全部专业。由于本项目定位是以重型工业展为特色的大型国际一流会展综合体，项目工期紧张、体量大、管理环节多，在保证各参与方有效地协作与沟通等方面面临着全新的机遇和挑战。

2. BIM 实施策划

本项目 BIM 实施内容涉及设计阶段及施工阶段，同时又为构件的运维信息参数提供了辅助参考。项目的 BIM 应用整体目标为：（1）建立从建筑设计到施工建造的一体化 BIM 模型，完成项目的 BIM 相关标准和专业应用，最大限度地提高设计质量，降低施工风险，减少工程变更，为工程的顺利实施提供有力的技术保障，并为后期 BIM 运维奠定基础；（2）以多方 BIM 模型数据的协同管理为核心，实现 BIM 数据的规范、有序管理，利用 BIM 进行科学决策，实现我国展馆建设 BIM 项目管理模式以及管理理念的创新。

本项目 BIM 实施组织架构由项目指导委员会、项目领导组及 BIM 咨询组成。其中，项目指导委员会负责制定方针策略、审定项目目标、范围及评价考核标准。项目领导组作为 BIM 实施的执行管理者，负责项目 BIM 工作的整体规划、实施监督、重要事项协调。BIM 咨询组负责搭建各专业 BIM 模型、完成设计阶段、施工阶段的相关应用，按照项目领导组的要求，组织 BIM 关键业务讨论协调会议，项目结束后，负责所有 BIM 交付工作。

3. BIM 技术应用特色及创新

从 2019 年 3 月 29 日至今，本项目在 3 天完成 40 万 m^2 的场地平整及苫盖，45 天完成 28976 根桩基施工，120 天后实现屋面桁架首次吊装施工，一系列的数据真实展现了会展项目建设高"速度"。本项目除了 BIM 基本应用（如碰撞检查、管线综合优化、4D 施工模拟等）外，还在 BIM ＋新科技、BIM 创新管理平台、运维管理阶段的介入分别进行了应用。

（1）BIM 与新科技的结合应用：

1）BIM 机器人放线：本项目使用莱卡 iCON Robot60 智能建筑型全站仪（图 6-1-34），将 BIM 模型导入 iCON CC66 移动端后、可自由旋转、平移，多视角查看模型。通过移动端选取 BIM 模型中所需放样点，指挥机器人发射红外激光自动照准现实点位，实现"所见点即所得"，从而将 BIM 模型精确地反应到施工现场以此来辅助施工满足精装吊顶要求。

2）BIM ＋三维激光扫描：三维激光扫描技术又被称为"实景复制技术"，实现了直接从实体进行快速逆向获取三维点云数据及模型的重新构建。本项目通过将 BIM 结构模型和所对应的三维扫描模型进行模型的对比、转化和协调，自动形成误差分析报告。通过报告分析偏差、发现质量控制薄弱点并及时进行现场整改。

3）预制化拼装施工：机电管道根据现场运输情况、管道单位重量、管道连接复杂程度等条件进行了综合考虑，对管道进行合理分段并绘制分解图，将分节信息传递至施工层级。

4）人脸识别＋人员管理：本项目在每个工点根据实际需求部署了双向人脸识别闸机，

由智慧工地 BIM 管理系统对进出人员进行实时监控，同时检查人员的违章行为。此外，对于施工安全事故风险较高的设备使用同样的人脸识别管理系统（图 6-1-35）。例如施工电梯升降机，通过电梯控制员进行人脸识别进行开启/断开电梯操作，确保专人专机作业。

图 6-1-34　全站仪现场点位放样

图 6-1-35　人脸识别管理系统

5）BIM 结合无人机航拍：在工程施工进度追踪方面，利用无人机＋BIM 技术实景建模，使工程整体形象进度可视化，使各参建方管理人员更易了解工程进度和部署，为工程下一步进度管控提供依据；同时，对画面进行数字化处理，利用虚拟图像补充还未完成的部分，构建出项目竣工后的整体面貌。

6）BIM＋3D 打印：利用 3D 打印技术，将构件 BIM 模型进行 3D 打印，用等比例缩小的实物展现构件的设计细节，提前发现设计中的"错漏碰缺"等问题。

7）多平台可视化效果展示：本项目在可视化展示方面，分别应用了高质量动画展示、VR 端虚拟样板间展示及 720°全景展示（图 6-1-36）。本项目对用于公司汇报和对外宣传的动画展示实施了严格的画面质量和模型深度要求。项目同样根据样板施工技术方案、施工工艺分别搭建虚拟样板，并可结合 VR 进行技术交底。对于项目中的园林景观、精装等内容，可通过二维码扫码、720°全景视图技术将完整的内容进行展示。

图 6-1-36　720°全景展示

（2）BIM 创新管理平台应用

本项目通过使用智慧工地管理平台，将项目信息、智能硬件采集信息、分包信息统一集成于平台中，通过云平台＋PC＋手机移动端来实现智慧化管理及项目信息的互联互通。智慧工地系统主要由环境监测系统、门禁监控系统、影像监控系统、智能烟感系统、智能水、电表、智能塔式起重机运行监控系统组成。系统内可导出标准化整改单，同时可及时查看月安全检查汇总分析和月质量检查汇总分析。智慧大屏汇总分析界面见图 6-1-37。

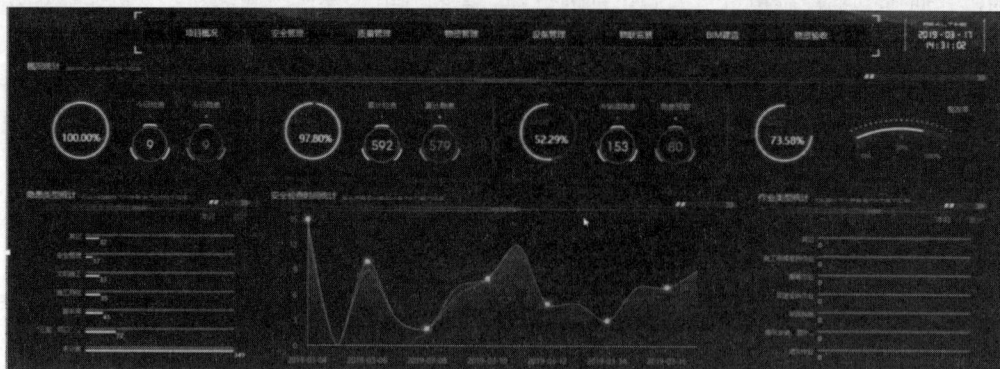

图 6-1-37　智慧大屏汇总分析界面

（3）运维管理阶段的介入

本项目通过添加构件的运维信息参数，使施工模型在运维阶段继续深化，通过上游海量设施信息的清洗和复用，力求保证全过程信息传递。构件运维信息以玻璃幕墙为例，参数有：编号、名称、型号、安装单位、联系电话、安装位置、安装时间、保修起止日期、运维要求、运维责任部门、运维责任人、联系电话、运维计划、检测记录、维修记录、备注。

4. BIM 应用成果及效益

本项目通过 BIM 应用，在促进项目多参与方协同、准确及时提供建筑全生命期各个阶段的信息、建立工程数据可视化模型、构筑实时管控模型等方面均创造了巨大价值，BIM 在各阶段应用点所带来的价值如下：

在设计阶段，通过设计建模，施工模型复核，本项目共发现碰撞问题 1000 余个；通过 BIM 平台辅助图纸管理，提高了图纸传输效率和管理效率，减少了图纸传递过程中的错误及偏差；在深化设计阶段，发现各类问题超过 1000 余处，优化了现场施工深化效率和质量，减少了现场返工可统计时间超过 50 余天并将经济成本并入碰撞分析中；在精装方案模拟及大场景漫游方面，BIM 精装模拟有效确定了业主方对精装方案的要求及效果，并通过全景展示及漫游展示进行了分析验证；此外，项目共完成三维交底 23 次，对于现场施工质量管理和安全管理有较好的促进作用。

在施工阶段，利用 BIM4D 模拟及管理，为项目顺利施工提供了保证；利用 BIM 工程算量统计技术，减少了商务算量人员，降低了项目材料损耗；在 BIM 问题追踪方面，通过移动端问题追踪，项目问题可控，改变了传统的现场管理模式，集成了工程管理数据，提高了管理效率；通过 BIM 预制化安装，提高材料管控效率，减少了现场管理安装施工时间，加快了施工进度；通过智能测量机器人的使用，提升了测量效率和精度，克服了有些复杂曲面难以测量等问题，节省了测量人工成本 30%。

从经济效益上分析，本项目采用 BIM 技术后，建安工程节约投资大约 2000 余万，其中消除预算外变更费用约 500 万元，节约的这部分费用可以转化为：优化建筑品质、提升管理水平、员工培训等提升项目和企业的核心价值等方面。BIM 技术为项目带来的可测算的时间效益为 80 余天。

从社会效益分析，本项目建筑体量大，是新形势下优化我国会展业发展战略布局、打造全球会展业新高地的重要平台，也是实现国务院对天津城市定位，加快建设国际港口城市、北方经济中心和生态城市的重要举措。BIM 在此类项目的推广应用，对于推动 BIM 在我国的发展能起到非常好的示范作用。这些对于项目的推介、企业品牌的提升、企业管理水平的提升等多方面都有非常重要的意义。

5. BIM 应用思考

本项目在三维图纸审核、基于 BIM 的统计分析、竣工模型深化、其他运维接口对接等方面还有待后续使用或完善，通过对本项目 BIM 应用总结与思考，可总结出以下几点：

（1）BIM 软件繁多，特色各异，各软件数据兼容性较差，导致 BIM 数据不能在 BIM 参与各方之间有效传递，影响 BIM 的应用效率。同时 BIM 模型文件大、模型信息多、模型协同性强的特点也给 BIM 模型的管理提出了新的挑战。

（2）目前，还没有针对性的、适合项目特点的管理模式规范和标准，本项目借鉴了国外相关标准，根据国展项目特点完善形成国展 BIM 标准，指导 BIM 参与方的协作，为今后的企业级 BIM 实施积累了数据。

（3）由于当前 BIM 的应用仍处于工程管理的辅助地位，虽然合同中已经有比较常用的数字化提交成果的相关标准，但仍然不够精细明确，需要进一步完善，使其能够按照甲方意图实施 BIM 工作仍然是需要探讨的问题。

（4）运维相关行业的软硬件没有基于 BIM 的规范，还没有成熟的基于 BIM 的运维管理模式。目前可以通过 BIM 应用平台积累项目数据，后期能够进行网上展馆展示，保证运维所使用的机电构件不缺失，暂留技术接口为运维管理提供数据储备，以展开更深入的 BIM 运维应用。

6.1.7　昆明滇池国际会展中心项目前期建设管理过程中的 BIM 应用

1. 项目概况

昆明滇池国际会展中心（图 6-1-38），总投资约 370 亿元，总建筑面积约 500 万 m²，占地总面积约 2169 亩，规划业态涵盖会展中心等，其中展馆工程建筑面积约 117 万 m²，是最先开工的部分。由于土地整体移交滞后，为了有效突破制约项目的不利条件，在项目管理过程中引入 BIM 技术支持进行多方案的比选决策，最终使项目建设取得实质性的进展。

图 6-1-38　昆明滇池国际会展中心

2. BIM 技术应用特色

首先，利用 BIM 技术创建项目场地的信息模型，对总体平衡分区施工方案和传统的整体施工方案进行模拟分析，验证施工方案的可行性、合理性、经济性。传统的整体施工方案为：待土地全部移交后，整体大开挖，土方先外运，待基础完工后再整体大回填。总体平衡分区施工方案为：按土地移交的实际情况先分区启动场地平整工作，土方不外运，挖出土方在场地内倒运，经过场地内的土方平衡后，再考虑运入土方回填场地。

（1）创建场地建筑信息模型

根据原始地形标高、设计地形标高和相关的地形边界等数据内容，组织进行了北区地块整体和分区场地模型的创建。总体平衡分区施工方案模拟流程见图 6-1-39。

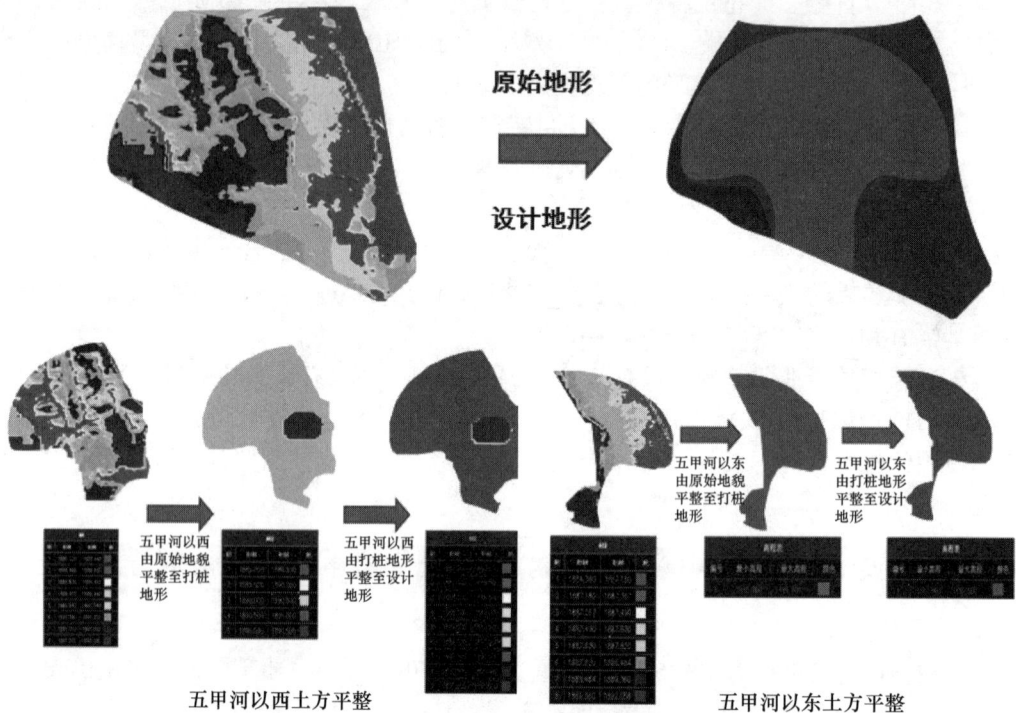

图 6-1-39 总体平衡分区施工方案模拟流程

1）根据北区地块的场地模型，整个北区地块到达设计标高（1887.2m）后，场地平整土方工程总量为 2350884.1m³，其中：填方为 1492814m³、挖方为 858070.1m³，挖填方量不平衡，尚须从外部运 634743.9m³ 土方进行回填（表 6-1-4）。

场地平整土方工程总量（m³） 表 6-1-4

序号	工作内容名称	工作范围	挖方	挖方小计	填方	填方小计	总计
1	1区（预留用地）	原地形～1891（用地红线内数据）	557.9	557.9	341111.3	341111.3	341669.2
2	2区（展馆、平台、CBD用地）	原地形～展馆1887.2；展馆圆心为1891.5；CBD为1891.5；平台为1887.2（用地红线内数据）	857512.2	857512.2	1151702.7	1151702.7	2009214.9
3			858070.1	858070.1	1492814	1492814	2350884.1

2）根据北区地块桩基施工场地模型，桩基施工场地平整土方工程总量为 501798.37 m³，其中：挖方 177111.77m³、填方 324686.6m³（见表 6-1-5）。

模型土方工程总量（m³） 表 6-1-5

序号	工作内容名称	工作范围	挖方		挖方小计	填方		填方小计	量差	总计
			五甲河东侧	五甲河西侧		五甲河东侧	五甲河西侧			
1	场地平整	原地形~1888.5	27307.97		27307.97	155946.3		155946.3	−128638.33	183254.27
1.1	平台		3583.2			13219.03				
1.2	展馆		23724.77			142727.27				
2	场地平整	原地形~1890		149803.8	149803.8		168740.3	168740.3	−18936.5	318544.1
2.1	平台			62937.8			28276.6			
2.2	展馆			86866			140463.7			
3	合计				177111.77			324686.6	−147574.83	501798.37

3）根据北区地块桩基施工完成后的场地模型，场地平整土方工程总量为 975820.737m³，其中：五甲河以西挖方 745288.17m³，五甲河以东挖方 230532.567m³（见表 6-1-6）。

模型土方工程总量（m³） 表 6-1-6

序号	工作内容名称	工作范围	挖方		1888.5（1890）~原地形挖方小计	原地形~1887.2挖方小计	挖方总计	填方	
			五甲河东侧	五甲河西侧				五甲河东侧	五甲河西侧
1	桩顶浮土挖出	1888.5~1887.2	230532.56				230532.56		
1.1		1888.5~原地形	155946.3		155946.3				
1.1.1	平台		13219.03		13219.03				
1.1.2	展馆		142727.27		142727.27				
1.2		原地形~1887.2	74586.26			74586.26			
1.2.1	平台		32072.09			32072.09			
1.2.2	展馆		42514.17			42514.17			
2	桩顶浮土挖出	1890~1887.2		745288.17			745288.17		
2.1		1890~原地形		168740.5	168740.5				
2.1.1	平台			28276.6	28276.6				
2.1.2	展馆			140463.9	140463.9				

续表

序号	工作内容名称	工作范围	挖方		1888.5（1890）~原地形挖方小计	原地形~1887.2挖方小计	挖方总计	填方	
			五甲河东侧	五甲河西侧				五甲河东侧	五甲河西侧
2.2		原地形~1887.2	576547.67			576547.67			
2.2.1	平台		149902.39			149902.39			
2.2.2	展馆		426645.28			426645.28			
3	合计		745288.17	324686.8		651133.93	975820.73		

4）场地平整土方工程量验证。天际模型与高标的场地平整土方工程量相比，超出172506.65m³，其中：填方 109363.8m³，挖方超出 63142.85m³（见表 6-1-7）。

模型与高标方格网场地平整土方工程量对比（m³） 表 6-1-7

序号	工作内容名称	工作范围	挖方			填方			量差小计
			天际	高标 12.25	量差	天际	高标 12.25	量差	
1	1区（预留用地）	原地形~1891（用地红线内数据）	557.9	788.75	-230.85	341111.3	369200.05	-28088.75	-28319.6
2	2区（展馆、平台、CBD用地）	原地形~展馆为1887.2；展馆圆心为1891.5；CBD为1891.5；平台为1887.2）（用地红线内数据）	857512.2	794138.5	63373.7	1151702.7	1014250.15	137452.55	200826.25
3			858070.1	794927.25	63142.85	1492814	1383450.2	109363.8	172506.65

（2）施工方案对比分析

若采用传统的整体施工方案，有 51.69 万 m³ 土方必须先运至场外，待基础工程完成后再运回场内回填，加剧了土方的挖填不平衡，增加了土方重复挖运的成本。但采用总体平衡分区施工的方案综合平衡后，不仅比采用传统的整体施工方案节约 2700 万元，而且使项目在土地整体移交滞后的制约条件下取得实质性进展，争取了约 1 个月的建设工期。

总体平衡分区施工的方案不仅节约投资，而且技术上也可行、合理。

3. BIM 技术应用成果及效益

（1）按照总体建设目标的要求，制定 BIM 技术的应用目标和应用路径，融入企业管理和项目建设管理过程中，产生了较好的应用效果和应用价值。

（2）应用 BIM 技术对项目建设管理方案进行超前、可视、模拟、验证的多方案比选，突破了传统管理技术和管理方法的局限，产生了较好的管理效果。

（3）应用 BIM 技术比选最佳施工方案，使项目在土地整体移交滞后的制约条件下取得实质性进展，争取了约 1 个月的建设工期，降低建设成本约 2700 万元。

（4）不需要向场外倒运约 65 万 m³ 土方，避免了运土对城市交通和城市环境造成的负面影响。

4. BIM 技术应用推广与思考

新技术的发展应用，为工程建设管理提供了更有效的技术手段，以技术创新推动管理创新，让新技术与工程建设管理融合发展，可让新技术产生更大的价值，发挥更大的作用。

6.2　勘察设计项目应用案例

6.2.1　白沙长江大桥 BIM 设计应用

1. 项目概况

（1）项目简介

白沙长江大桥位于重庆市江津区白沙古镇东北，是连通津北和津西片区的重要过江通道。项目全长 3160m，功能定位为城市主干路。本桥设计时速 60km/h，标准路幅宽度 36m，双向 6 车道布置，横断面采用机动车道、人行道分离式布置。全线含跨长江特大桥 1 座，桥梁全长 1300m，主桥 770m，西引桥长 120m，东引桥长 400m。大桥采用双主缆地锚式悬索桥，桥跨布置为 590m＋180m，主缆矢跨比为 1/9。本桥总体透视效果见图 6-2-1。

图 6-2-1　总体透视效果

（2）项目特点

跨江主桥采用主跨 590m、边跨 180m 的两跨悬吊半漂浮钢箱梁悬索桥，与周边的地理环境契合较好。主梁采用流线型扁平钢箱梁，缆索系统采用双主缆竖直吊索布置。东岸采用重力式锚碇；为减少开挖，西岸采用隧道式锚碇，桥塔采用门型框架式结构。结合地域文化，桥塔与锚碇外立面均采用新中式风格，该桥各重要组成结构的设计特点详见表 6-2-1。

白沙长江大桥涉及专业较广，涵盖道路、桥梁、结构、排水、交通、景观、电照等专业，并具有结构构造复杂、施工工序繁多的特点，设计过程中的协调和相互配合任务量大，需要借助 BIM 协同设计手段以确保设计产品质量。因此，项目从方案设计初期开始使用 BIM 技术进行三维协同设计，并积极引入虚拟现实技术、3D 打印技术、虚拟建造及移动交互体验等新技术，以直观高效地表达设计意图，实现对 BIM 模型的赋能增值。

白沙长江大桥设计特点 表 6-2-1

主要构件	特点	图示
桥塔	桥塔由塔柱、下横梁、上横梁、鞍室组成的门式框架结构。塔柱在横梁处设置人孔及检修爬梯，以利于检修人员由主梁位置通过塔柱顺利进入至塔顶上横梁及鞍室范围。同时，结合地域文化，桥塔外立面采用新中式风格	
主梁	钢箱梁沿桥纵向分成 56 个节段，主梁采用全焊正交异性板流线型扁平钢箱梁，主梁中心位置处高 3.5m；设双向 1.5% 横坡。主梁全宽为 34.8m（含风嘴），斜底板宽为 5.5m，水平底板宽 25m	
缆索系统	本桥采用双主缆竖直吊索布置，主缆跨度为 590m，矢跨比为 1/9；每根主缆中含 61 股平行钢丝索股，每股含 127 丝直径为 5.35mm 的锌铝合金镀层高强度钢丝	
锚碇	东锚为重力式锚碇，上部结构采用框架式结构，下部结构采用扩大基础。西岸采用隧道式锚碇，分为锚塞体、后锚室、前锚室、鞍座基础及明洞，主缆通过锚固系统将拉力传递给锚塞体	

2. BIM 技术应用概况

（1）BIM 应用目标

在总结合川渠江景观大桥 BIM 技术应用的基础上，本项目进一步细化了 BIM 技术应用点，确定了 BIM 应用总体目标通过采用 BIM 技术实现项目设计全阶段的正向设计——直接在三维软件环境中设计，以三维模型为出发点和数据源，完成从方案设计到施工图设计的全过程任务，利用三维模型及其参数信息，自动生成所需要的图纸及文档，完成各专业的协同设计。

为进一步拓展设计服务的产业链，引入云计算、沉浸式全景漫游、施工仿真技术及移动端交互式体验等技术，以提升设计质量，保障设计进度，发挥 BIM 模型的附加值。

（2）R ＋ GH ＋ ARQ 协同平台

为顺利地完成项目的应用目标，在进行协同平台选择时，需综合考虑轻量化、易开发、协同能力强、几何控制精确等要求。同时，协同设计软件间应具备优势互补、数据共享、高效协同，从而便于打造智慧设计、实现精细化设计。为避免 BIM 模型在不同软件交互过程中信息传递过程中的丢失，本项目首次基于同一协同软件平台"R ＋ GH ＋ ARQ"进行全阶段的 BIM 协同设计。该平台集成了具有强大建模功能的三维造型软件 Rhinoceros（以下简称 Rhino）、参数化设计创新领域的设计插件 Grasshopper（以下简称 GH）、族库存储及信息化集成插件 VisualARQ（以下简称 ARQ）的综合优势。该协同平台充分发挥了 Rhino 的造型优势，并在此基础上借助 GH 插件进行可视化编程，打通了传统软件间数据难以互通的技术壁垒；同时可高效地进行定制化二次开发，确保数据信息的高效流通；最后，借助 ARQ 参数化族库存储编辑功能及信息化集成能力，以 IFC 格式进行 BIM 数据交付。故该平台具有造型能力强、易于定制化二次开发、参数化程度高、模型轻量化且协作效率高等综合性优势。R ＋ GH ＋ ARQ 协同平台见图 6-2-2。

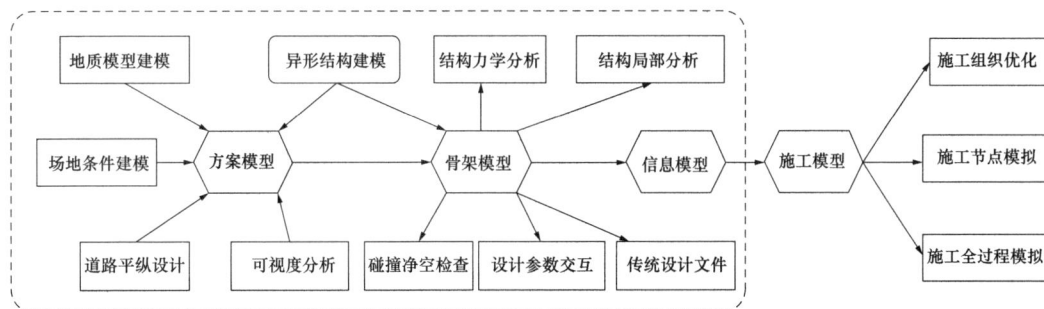

图 6-2-2 "R ＋ GH ＋ ARQ"协同平台

（3）硬件环境

在软件供应商、企业 IT 部门及平台管理技术人员等多方支持下，配备公用服务器、云计算平台、高配台式机、3D 打印机、VR 设备等搭建硬件环境。本项目中的硬件环境如表 6-2-2 所示。

硬件环境
表 6-2-2

序号	硬件名称	硬件配置关键参数	应用环境
1	企业服务器	DELL 高性能 8 路金牌服务器	项目存储，用于多专业协同数据的存储于分享
2	云计算平台	炫云	云计算与云渲染
3	高配置台式机	英特尔 I7 7700K、金士顿骇客 16G 单条 ×2、华硕 GTX 1080 8G	各专业模型创建及整合，720 全景制作，效果图及动画渲染
4	移动终端设备	ISO/Android	BIM 技术的培训与推广，辅助项目技术沟通
5	3D 打印机	Allcct 印客	桥梁构件（塔型、复杂空间等）的推敲及优化
6	虚拟现实	HTC Vive Pre	项目虚拟环境的沉浸式体验分
7	高清投影仪	坚果（JmGO）L6_H（1080P 全高清 3500 流明）	三维协同设计、高效沟通交流

3. BIM 技术应用特色及创新

（1）BIM 设计流程

为便于各专业间的高效协同，本项目设计初期制定了 BIM 设计流程，以规范各专业 BIM 设计行为，保证 BIM 模型的信息实时交互与共享。此外，将色彩、图层、命名、编码、材质、交互等制模标准嵌入至各专业各设计阶段制定的三维正向设计模板中，并进行统一的构件族库及构件信息管理。另外，将 BIM 设计模板文件加入到 BIM 设计流程管理中，有效地保证了专业间的设计高效协同。本项目的 BIM 设计流程如图 6-2-3 所示。

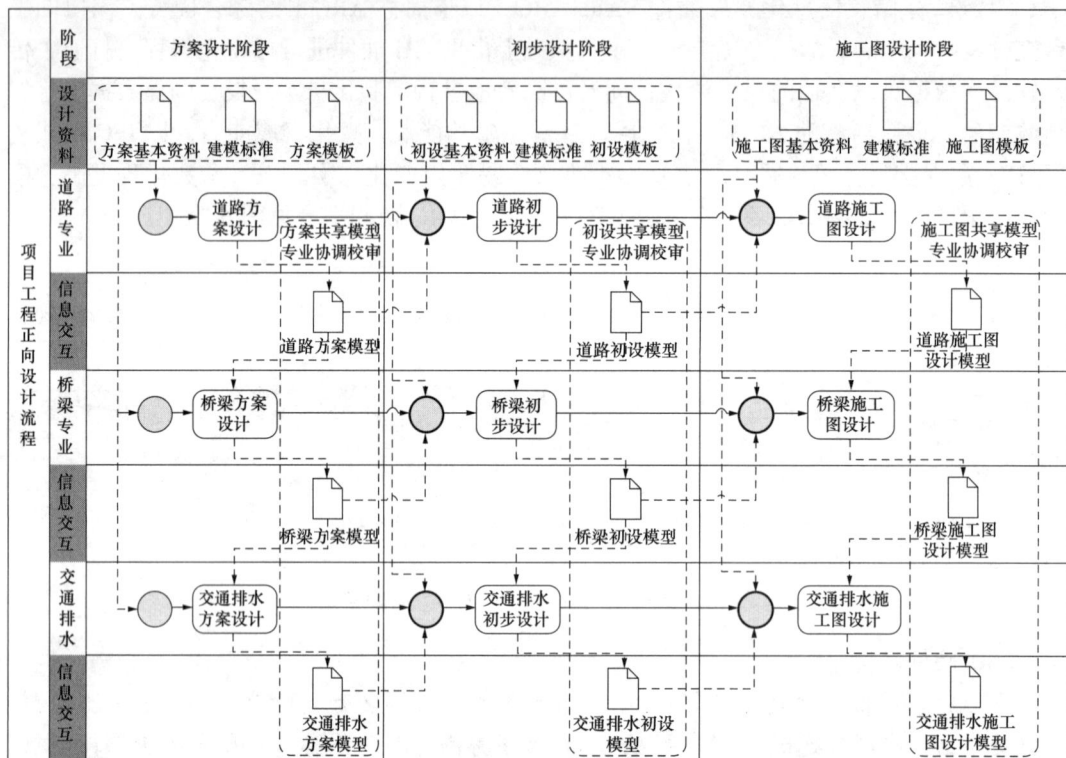

图 6-2-3 BIM 设计流程

（2）BIM 模型构建

在设计初期，结合《重庆市市政工程信息模型设计标准》，对 BIM 模型按照"项目系统、专业系统、单系统、构件、零件"层级进行拆分，如图 6-2-4 所示。通过设定项目的建模原则、构件编码体系及文件命名规则，应用专门制定的三维正向设计模板进行各设计阶段的 BIM 设计，规范各专业的协同设计机制。

BIM 设计具体操作流程如下：

1）基于参数化设计理念，针对不同设计阶段，逐步深化骨架模型，并借助定制化的二次开发批量驱动族构件，实现快速定位。

2）借助自主研发的三维地形地质模型生成模块，基于地质钻孔数据，快速生成场地范围内的地形地质模型。

3）对于常规族构件，建立丰富可调的常规构件族库。本项目新增入库零件 1686 个，其中参数化族库新增 186 个。

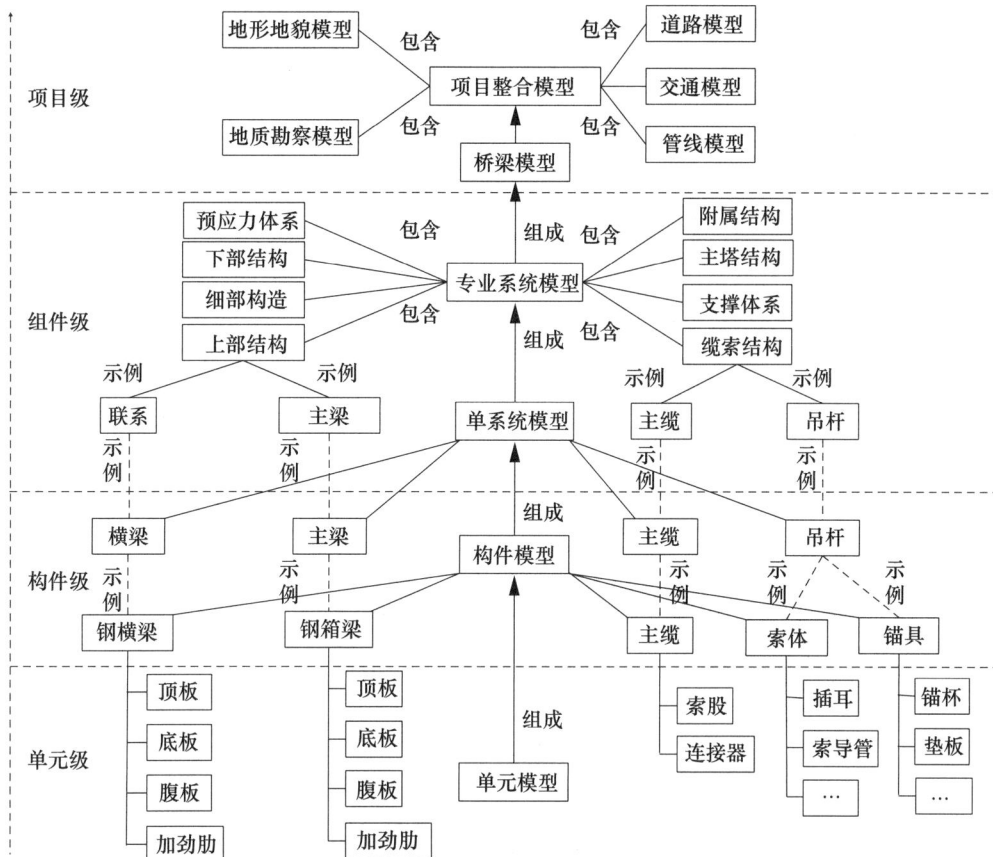

图 6-2-4　结构拆分原则

4）对于复杂构件，借助企业日益完善的参数化构件族库及参数化设计手段，高效、精准地完成复杂构件的三维正向设计。

5）利用骨架模型获取构件及组件系统的定位信息，按照下部、上部、附属的顺序进行构件及组件系统的组拼。

6）在 IFC 标准的基础上拓展构件属性，信息深度达到施工图设计要求。拓展的几何信息可通过 IFC 格式进行全生命期各阶段的传递与共享。

7）将各专业模型链接至中心地质地形模型文件，实现模型信息的分类权限管理和实时共享，以满足 BIM 正向设计协同要求。

（3）BIM 设计应用

在方案设计阶段，可快速地进行方案优化迭代与结构力学性能比选。在详细设计阶段，可快速地交互有限元分析软件，借助云计算快速完成精细化设计。最后，借助定制化二次开发，高效地完成设计信息的交互，大幅提升了设计的效率。设计过程中实时地进行构件的碰撞检查及三维可视化剖切分析，避免了传统二维设计过程中的错、漏、碰、缺，保证了设计质量。

在结构设计方面，设计师可实时进行特殊功能空间及复杂节点的可视化分析，保障设计成果与信息传递的一致性。通过应用参数化设计手段，利用参数调整快速地完成悬索桥锚碇锚跨索股空间及其预应力锚固系统等同类型构件的设计工作。在结构计算方面，借助参数化设计辅助有限元模拟。通过开发与有限元分析软件的无缝接口，可快速地进行杆系结构受力体系分析和多方案的结构力学性能比选，实现结构优化。针对结构受力复杂和薄弱的部位，可快速地将 BIM 三维模型交互至三维有限元实体分析软件，进行实体力学仿真模拟，有效地降低了计算时间成本，保障了结构的精细化设计。

在设计出图方面，由于二维图纸目前仍是行业强制规定的设计交付物，故需将三维模型转化为二维图纸。借助参数化设计手段，可批量将三维正向设计模型转化为二维图纸，深度满足施工图设计要求。由三维模型交互出的二维图纸，一方面可以确保图模一致性，另一方面可以实现便捷的联动批量修改，形成自动化的智能交互过程。本项目正向设计模型的直接出图率达 60%。同时，利用"三维＋二维"的出图方式，将三维模型渲染图和二维投影图有机结合，设计意图的更加清晰直观。

在设计评审阶段，借助轻型 VR 技术进行项目沉浸式漫游、三维动态浏览和互动性展示，增强了评审专家对项目直观的感受，使评审项目能够达到全视角、高清晰、真实景的效果。另外，三维可视化的在线展示避免了传统沟通方式中信息不对称的情况，保证信息传递的一致性，有效地节省了设计沟通时间，使评审沟通方式更加灵活高效。

通过 BIM 技术的引入，本项目在工作效率、设计质量、技术沉淀、沟通和表现方面均取得了良好的应用效果。基于三维的 BIM 正向设计，有效地提升设计沟通效率，并提升了设计品质，具体应用效果详见表 6-2-3。

BIM 应用效果 表 6-2-3

序号	特点	项目应用效果
1	提升工作效率	以参数化技术为核心，有效串联三维几何模型、计算交互、工程量统计、设计交互等设计工作，信息数据有序传递，节省设计周期约 1 个月
2	提高设计质量	基于市政工程三维正向设计标准，并实时进行 4D 施工模拟、专业间碰撞检查，发现软硬空间碰撞约 60 次，有效减少了"错、漏、碰、缺"等缺陷
3	增强产品体验	通过引入云计算、实时渲染、虚拟现实、3D 打印、轻便移动端展示等高效可视化技术，大大提升设计产品体验
4	BIM 技术沉淀	基于本项目，新增零件级构件族库 1686 个，新增参数化构件 186 个。通过本项目试点，助力"林同棪市政工程 BIM 正向设计标准"的完善，规范企业 BIM 技术发展
5	实现高效沟通	借助在线平台进行专业协同正向设计，便于设计团队对结构构造及方案的探讨，有效提升沟通效率，减少沟通障碍

4. BIM 拓展应用成果及效益

（1）定制化二次开发

以设计中的实际需求为导向进行定制化二次开发，逐步积累和深化参数化设计族库，将正向设计标准植入正向设计模板文件中，提升了团队整体设计效率和质量。为便于地形地质模型的高效处理，自主研发了三维地质模型生成模块，可快速地完成桥位范围内的地质模型，并快速实现剖切成图，如图 6-2-5 所示。

在结构性能化分析方面，通过开发与杆系有限元分析软件 Midas 和三维实体有限元分析软件 ABAQUS 的无缝接口，快速地进行多方案的结构力学性能分析，以及对关键受力部位及复杂受力节点展开局部有限元分析。

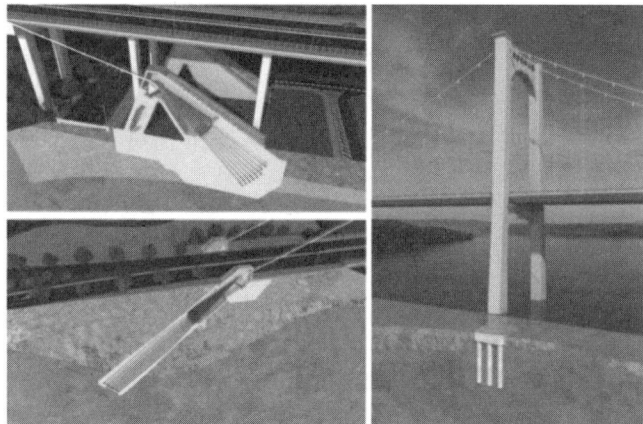

图 6-2-5　地质剖切成图

（2）云计算技术

由于悬索桥结构复杂、构件种类繁多，计算及三维表现工作量大，借助云计算和云渲染技术，革新传统设计流程，节省了计算和渲染时间 70% 以上。复杂多样的密集型数据处理亟需云计算技术，其计算容量大、支持种类多且更新迭代速度快，一方面可以大大提升日常工作效率；另一方面，也可为未来的大数据信息处理提供一个安全性高、容量大的数据处理平台。

（3）移动端应用

本项目在设计过程中整合了多种轻型移动端展示技术，借助 720 云平台进行全视角、真实景、高清晰的全景漫游。通过将项目 BIM 模型的关键视点渲染成 360° 全景，再将各个视点的全景图进行串连，最后构建出一个虚拟的全景空间。用户在浏览漫游场景时，可借助鼠标或移动端远近距离左右操作。基于全景漫游技术将项目进行 360° 全景展示，项目各参建方能够更为直观地了解项目设计情况。同时，借助移动端进行互动性展示，通过方便快捷的"交互式体验"实时进行结构参数化优化和迭代，增强客户对项目的优化过程更为直观地体会，以辅助进行更为高效的决策。本项目的全景效果图及参数化迭代平台详见图 6-2-6。

图 6-2-6　移动端应用

5. BIM 应用总结

本文介绍了白沙长江大桥的 BIM 设计方法及应用实践，该项目首次采用基于同一软件平台 "R + GH + ARQ"，实现了多专业协同 BIM 设计，开创了一种新的数智化设计模式。在 BIM 设计过程中严格执行企业 BIM 设计标准和 BIM 设计流程，通过分层级、轻量化的处理技术，解决了大跨度悬索桥 BIM 建模、结构分析、设计出图等问题。通过引入云计算技术，低成本、高效率地实现了六维沉浸式漫游及用户交互式体验，为 BIM 模型赋能增值。针对悬索桥锚锭锚跨索股空间定位、前期地形地质处理、参数化出图等进行了定制化二次开发，为复杂的大型桥梁工程全阶段正向设计提供一个轻量化的解决方案。

6.2.2 成都融创乐园项目全阶段 BIM 应用

1. 工程概况

（1）项目简介

成都融创乐园项目位于都江堰市玉堂镇外江大桥与玉府路交汇处。由世界知名公司设计，融入四川本土文化，包含天府耍都、蜀汉风云、飞天传奇、藏羌秘境、田园牧场及奇幻森林六大主题功能区。

该项目建设单位为成都融创文旅城投资有限公司，土建设计单位是北京市建筑设计研究院有限公司，BIM 全过程咨询单位是北京互联立方技术服务有限公司。

（2）BIM 应用重点

成都融创乐园项目占地面积大、建筑功能多、专业涉及广、界面交叉多、协调难度大。BIM 作为管控手段，协助建设方协调各参与方工作，BIM 技术覆盖全园全专业，综合市政、景观、包装、水景、游乐设备、室内外包装、演艺制作、夜景照明等多个专业，从方案阶段开始至项目竣工，进行方案推敲、复杂单体的辅助设计、施工协调，提高项目设计质量与工程进度，见图 6-2-7。

（a）项目效果图　　　　　　　　　　　　　（b）BIM 全园模型

图 6-2-7　成都融创乐园全园分区

2. 全阶段 BIM 应用

（1）融入项目各阶段的 BIM 动态管理

基于融创文旅院的项目管控体系，将主题乐园的 BIM 应用流程化，渗透到整个项目管理过程中，并根据项目的特点，开展有针对性的专项应用。

BIM 的落地首先需要政策的导向和建设单位的支持，其次 BIM 顾问作为 BIM 开展的有利抓手，充当着技术辅助、项目整合及补充管理的作用。针对施工阶段的重难点，采用三维模拟进行验证方案可行性研究，施工前模拟先行，每个阶段根据项目情况将 BIM 技术有机地插入到管理流程中来，确保项目有序、保质、保量、按计划完成。

项目中运用 BIM 技术的重点在于：1）全员参与，全专业 BIM，全阶段实施；2）设计阶段重点在于问题追踪落实；3）施工阶段重点在于难点预判提前分析；4）BIM 技术穿插项目流程，不浪费项目周期。

（2）大型游艺设计施工一体化应用

双弹射过山车位于蜀汉风云区，过山车具备双弹射段，游乐设备支撑立柱超过 200 个，密集分布于位于上客区的弹射段、设备间、商店、山内观景台、攀爬段等穿插其中，占地面积紧凑，工期紧，包含多个专业，详见图 6-2-8，是影响乐园品质和工期的关键单体，具有以下重难点：

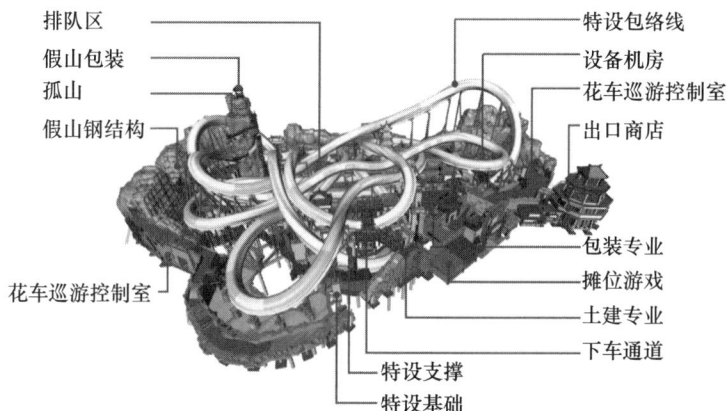

图 6-2-8　双弹射过山车各专业示意

定位高：吸引客流的主要游乐项目，乐园一号单体。

设计难：不规则三维形状，二维无法表达，专业设计软件不同，无法实现设计协调。

专业多：游乐设备、包装、土建、景观、瀑布、栈道多元素来回穿插，设计界面复杂。

工序多：游乐设备吊装、土建施工、包装抢工。

工期紧：总工期 20 个月，是影响乐园正常开园的关键工序。

针对以上难点，制定 BIM 应用技术路线，见图 6-2-9，三维协同设计环境下解决设计施工问题。

从设计到施工的 BIM 解决方案如下：

1）假山包装效果控制

采用手塑泥模进行包装方案推敲，方案确定后，运用手持 3D 扫描技术获取包装方案模型，整合双弹射过山车设计模型，开展三维机械设计，设计完成后，利用 3D 打印技术，用于设计效果封样、施工现场交底。通过以上系统的技术使假山包装造型得到有效控制。

2）配套专业 BIM 设计

假山方案模型确定后，在此基础上进行假山初步模型的优化，围绕游乐设备模型，进行假山结构支撑和单体的三维设计，综合考虑各专业间的协调问题，保证游客的游玩安全和游览过程的美观，导出三维结构单线模型，进入结构计算软件进行结构运算，同时开展多轮 BIM 协调会，共同在三维环境中讨论设计方案，最终形成施工依据。

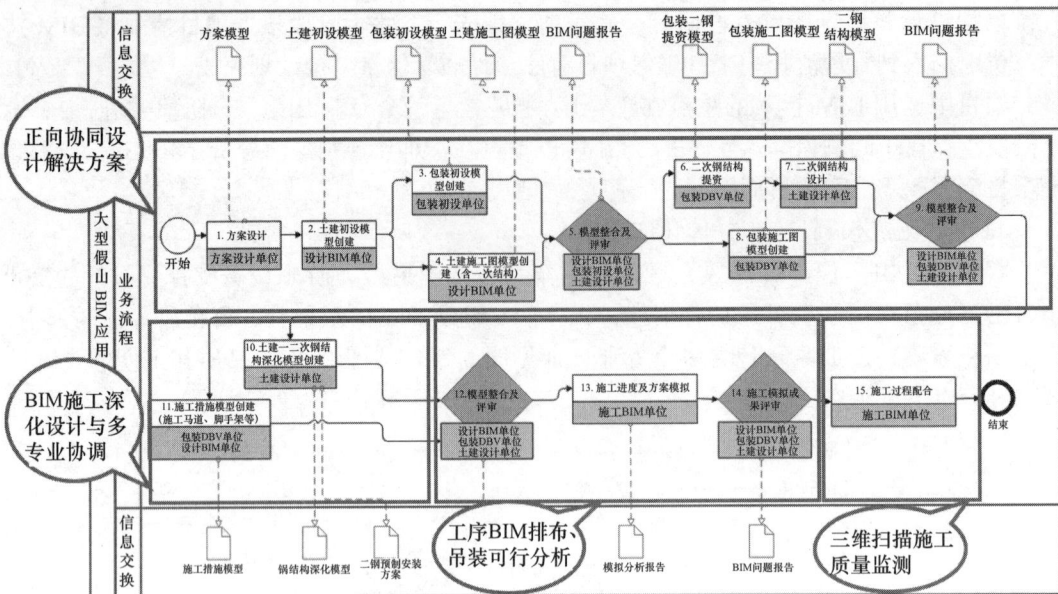

图 6-2-9　大型游乐单体 BIM 应用技术路线

3）施工条件前置考虑

设计阶段综合考虑施工措施的便捷性，结合假山表皮和二次钢结构，如图 6-2-10 所示为预留钢结构杆件，同时对预留钢构进行受力分析，施工时敷设模板作为马道使用，包装施工完后切割多余钢结构即可。节省脚手架措施费、节省脚手架搭建和拆除时间。

对山体表面积进行精确控制控制，在 Rhino 软件中进行表面积计算，综合考虑山体美观和设备预留空间进行山体优化，控制面积。

图 6-2-10　施工马道设计模型及现场对比

4）梳理施工界面条件

在进行施工前，对施工面临的前提条件进行梳理，分析出关键工序及路径。最受限制的为游乐设备安装，其为外方供货，施工条件和施工时间不可变，且安装过程需要清场；排队区等混凝土结构在游乐设备吊装前必须施工完毕；包装、游乐设备、土建结构均需要材料堆放场地；包装施工与游乐设备安装穿插进行；周边施工环境复杂，硬化不理想；施工场地条件狭长，小型履带吊及塔式起重机均无法覆盖整个吊装区域。

5）施工工序协调模拟

经 BIM 协调分析，安装最受限制的游乐设备根据厂家意见划分为 5 个流水段，施工周期最长的包装施工根据设备安装分段划分为 5 个流水段，游乐设备安装工序分为基础安装 - 立柱吊装 - 特设吊装。

6）吊装方案对比验证

基于周边单体现有施工情况及施工场地硬化条件，吊装点位仅限于假山外围的道路，现有的两台塔式起重机可以覆盖施工范围，但不满足吊装重量的需求，综合考虑吊装范围、吊装重量及成本，最终选择 200 吨的履带吊；通过模拟验证吊车站位、起吊角度、最远吊点、吊臂与假山钢结构的关系，最终确定吊车占位。如图 6-2-11 所示在进行第二阶段设备吊装方案对比时，原计划将吊车吊点定在假山外侧的道路上，但由于道路硬化宽度不够，故调整吊车占位至湖底硬化区域。

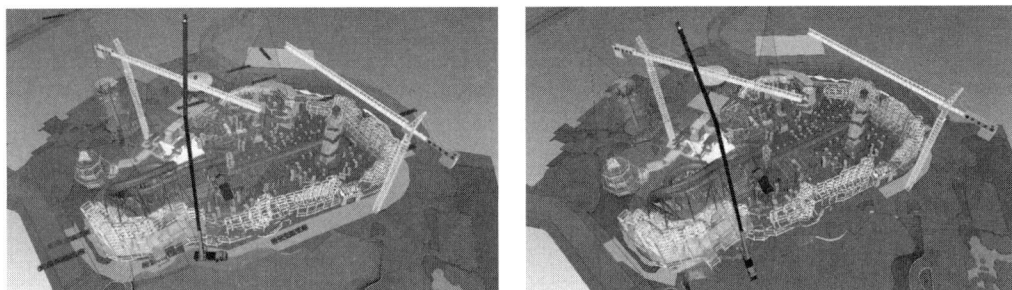

（*a*）吊装点位方案一　　　　　　　　　　（*b*）吊装点位方案二

图 6-2-11　吊装方案对比分析

（3）游客视角的综合沉浸体验分析

乐园作为游客休闲体验短暂停留的文娱类建筑，是要给游客一种放松、欢乐、梦幻、刺激的感受，因此除了常规的错漏碰撞 BIM 应用外，需要以游客视角进行综合的沉浸式体验分析，避免游览过程中的视觉穿帮，破坏游园的整体效果。

1）园区景观遮挡 BIM 分析：室外乐园具备多个片区，每个片区根据设计理念设置不同的元素，景观相关的铺装、绿化、水景、座椅、垃圾箱、路灯、导向标识都会有所区别，因此需要对园区所有的单体模型、景观模型进行整合，查看导向标识是否指示清楚、景观是否会遮挡观景视线、小品设置是否安全、各片区连接是否有较大落差。

2）天路历险体验 BIM 分析：天路历险单体模拟了川藏线 318 国道最精彩的风景，过程中会有电闪雷鸣、刮风下雨的 5D 体验，此时游客完全沉浸在故事氛围中，因此需避免设备的穿帮，对其进行隐藏，同时对投影仪投影路径及游客视线进行综合分析，避免光路的遮挡。

3）游乐设备空间分析

家庭娱乐中心专为低龄儿童设计，游乐设备多，考虑其好动多跑的特点，利用空间句法理论，分析运动特点，合理布置游乐设备，使其符合人因工学以及满足空间流线的需要。

4）三国剧场视线分析

三国剧场为以蜀汉背景为依托，骑马表演为主角的表演类剧场单体，为了减少周边建筑、游乐设备对观众视线的影响，在设计阶段，对视线进行 11 版次的重点分析，杜绝周边建筑、其他单体游乐设备对观众的视线影响，减少道具的穿帮等。

（4）有侧重点的施工综合协调

现场施工根据施工计划具备一些无法改变的硬性前提施工条件，根据现场情况，具体分析具体解决，对整个工期、质量、成本影响较大的项目及工序，进行有侧重点的施工综合协调，确保项目顺利竣工。

1）小市政现场综合分析

基于无锡乐园的基础，在对市政一二级管网、小市政管线、土球、地方标准人井进行创建后，对市政及建筑单体进行综合分析，发现的冲突包括井盖与路缘石、管井之间、管井与土球、电力排管与地下机房、小市政与一二级管网、单体管线出户对接等问题，在设计阶段进行专业协调解决；现场施工时，由于项目的特殊性，局部单体的方案调整造成整体总图市政的变化，而现场工期紧，部分单体同步进行设计，因此需要 BIM 项目经理和业主单位一起组织现场协调会，通过模型快速协调多专业，寻找最优解决方案，修正施工模型，请设计院出修改联系单，最终在现场施工前解决问题。

2）复杂管线综合深化设计

针对较大单体，机电管线相对密集，施工无法控制净高，因此需要对管线进行施工前综合深化设计；深化设计和商业不同，屋顶空间多为不规则形状，机电管线在充分考虑施工规范、施工工艺、材料成本及检修条件的基础上，可根据空间进行插缝设置，合理利用空间特点完成管线排布。管线综合深化设计完成后，直接在 Revit 中进行出图，图纸以能为施工提供明确依据为条件，出图包含管线综合图、单专业管线图、机房大样图、预留洞图、吊顶机电末端综合图，并将模型和图纸作为依据给施工单位进行交底，保证施工顺利进行。

3）包装造型效果重点把控

包装是乐园体验的灵魂，除了前期设计阶段对包装方案进行 BIM 辅助手段控制外，在施工阶段需要对包装完成情况进行重点控制，包装的工序为主体钢构施工 -TCP 造型结构施工 - 面层填充施工 - 泥模焊接安装 - 表面油漆喷涂，在砂浆填充后，需要对完成情况进行三维扫描，扫描后现场模型与设计模型进行对比，修复调整较大偏差，实现造型效果的控制，见图 6-2-12。

（a）包装设计模型　　　　　　　　　　　　（b）现场包装实拍

图 6-2-12　耍都区包装造型设计与施工对比

除了以上 BIM 在全阶段的应用外，还包含一些针对单体特殊性的解决方式，包含室外剧场的阴影分析、热力分析、多专业协调设计分析，运用无人机倾斜摄影技术对现场形象进度进行掌控，运用自主研发项目管理平台对全阶段数据文档、施工阶段质量、安全、进度进行管理。

3. 结论与展望

BIM 技术在乐园类建筑中的应用，以精确的 BIM 模型为依托，以综合分析为技术手段、以多专业协调为过程管理、以效果控制为落地应用、以确保正常开园为首要目标。

环顾整个项目周期，借助 BIM 手段打通了设计和施工的数据，确保了设计质量、项目成本、工程进度、完成效果、游客安全、游玩感受得到落实。分析制约开园的关键因素，着重用 BIM 手段前置施工，同时保证设计效果全专业呈现，分析沉浸式体验，确保实现设计效果，注重运用平台提升管理手段，进行数据过程留痕及交付。BIM 可落地的因素可归纳为 10% 的技术 + 30% 的专业分析 + 60% 的政策导向和业主支持。

6.2.3 浙江空港培训基地 BIM 应用

1. 项目概况

本项目为浙江空港培训服务咨询有限公司航空产学研基地，是浙江机场集团为满足航空培训产业高质量发展的需要，全新打造的"工学结合、校企融合"的航空培训基地。基地位于寿昌镇门户位置，南临寿昌大道，北临杭新景高速公路，交通便利，场地周边自然生态环境条件优越。项目总建筑面积 36124.23m²，其中地上 32798.83m²，地下 3325.40m²，建筑占地面积 11932.71m²，主要功能包括综合教学楼、后勤服务楼、运动场所及地下室四个部分。项目建成后将成为建德航空小镇发展的重要一环（图 6-2-13）。

图 6-2-13 项目概貌

2. 项目难点分析

项目为山地建筑，场地呈西低东高趋势，高差约有 10m 左右，为实现园区与自然景观有机融合，设计上采用融山引水的策略，设计标高关系复杂。项目功能丰富，包含教学、办公、展示、酒店、食堂等，底层存在大范围连通架空层，吊顶空间小，管线排布复杂。建筑形体多变且不规则，屋面形式为双坡屋面，标高跨度大，构件空间交接关系复杂，定位困难。休息连廊为曲面，设计完成度要求高，施工困难。同时本项目为公司首个 EPC 项目，设计周期短，设计成果与造价息息相关，且项目参与分包多，对项目管理提出不小挑战。

3. BIM 实施的组织

（1）统一技术标准

为保证项目设计质量和进度，本项目根据项目特点制定了详细的 BIM 实施导则，在项目过程中，设置阶段性节点检查执行情况，确保模型数据的有效性；同时明确了项目过程中的责任人，确保项目过程中的问题都能及时闭环。

（2）团队架构

项目设计团队人员分别为：建筑 4 人、结构 4 人、暖通 3 人、给排水 3 人和电气 3 人，其中 BIM 协调 2 人。

（3）协同平台及软件体系

项目设计以安全高效的协同平台为基础，各专业可实现高效协同，确保设计过程中提取数据的一致性。同时，现场团队可通过此平台实时浏览模型，提高沟通效率。

项目以 Revit 为主要设计平台结合多种软件的组合应用策略，使得项目数据信息在设计阶段内多专业间快速准确无误地传递，从而保证项目质量。

4. BIM 应用内容

（1）参数化方案设计

在方案阶段，利用 Revit 体量功能推敲体块关系，在体量关系确定后可快速生成楼层平面，自动统计出各类型功能面积指标以及总面积指标，方便了概念方案模型与二维图纸的衔接，加快了方案设计优化迭代的过程。

在方案深化阶段，利用参数化族，可快速完成方案调整并且可以直观地对比效果。

（2）三维协同设计

通过多个 BIM 正向设计项目实践摸索，本项目施工图阶段土建和机电分别采用一体化模型，相互之间采用实时链接的方式，通过合理的工作集划分，达到提高协同工作效率，改善设计质量的目的。并且三维可视化及参数化有助于解决项目中空间节点复杂、标高多变、管线空间排布紧张等问题。BIM 整体模型见图 6-2-14。

后勤楼　　　餐厅与厨房

综合楼A楼　　　综合楼B楼

图 6-2-14　BIM 整体模型

（3）管线综合及净高分析

管线综合优化遵循合理的排布和避让原则，综合协调管线与建筑结构的空间关系，在设计过程中前置地解决各构件的碰撞且最大程度地优化空间。在项目过程中，借助 BIM 模型，采用多种表达方式传达设计意图，包括管线平面图、管线轴侧图和管线剖面视图，有效地将模型中的几何信息和非几何信息传递给项目各参与方，实现设计数据高效同步。最终，本项目借助 BIM 管线综合分析（图 6-2-15），各功能分区净高成功控制在目标范围以内。

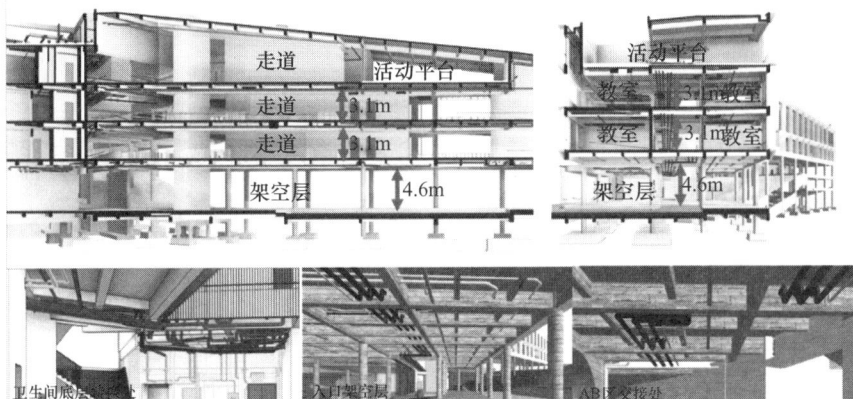

图 6-2-15　BIM 管线综合分析

（4）合规性检查

通过对明细表的详细设置，可以快速准确获取本项目的疏散距离、防火面积，不仅避免了设计修改过程中重复劳动，而且也方便于与国家规范相比较，提升了设计效率。

（5）施工图辅助出图

综合楼建筑全套施工图设计皆在 Revit 中完成，其他专业借助 Revit 输出部分图纸，包括屋面斜梁定位图、管线综合平面图及相关剖（透）视图和轴侧图等。图纸深度由传统深度向施工图 2.0 过渡。

（6）不规则形体施工中模板预制加工

本项目中的休息连廊施工是项目的重点与难度。异形曲面休息连廊采用清水混凝土材质，施工定位困难且完成度要求高（图 6-2-16 和图 6-2-17）。借由 Revit 模型以 500mm 间距划分形成 80 个剖面，并在三维上对模板进行划分并编号，提供给模板厂家进行模板批量生产。

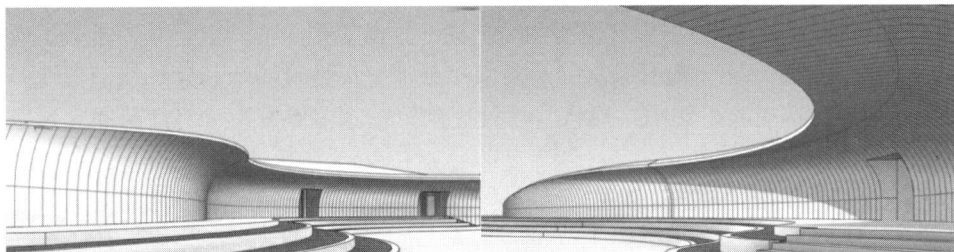

图 6-2-16　异形曲面休息连廊

图 6-2-17　异形曲面模型与实际对比

（7）无人机现场监测

本项目中安排由专人定期进行无人机现场拍摄，并上传至平台，方便设计人员掌握现场情况，见图 6-2-18。

图 6-2-18　无人机监测

5. BIM 技术应用思考

通过本项目 BIM 正向设计的经验积累，沉淀出一套行之有效的 BIM 设计方法。通过参数化的设计手段，有效地解决了复杂形体的设计与施工的问题。可视化的信息沟通环境，有助于提高各专业、各阶段之间的协同合作。利用 BIM 模型的预制加工，有效地控制了成本以及降低了施工难度。同时，借助 BIM 技术的信息流管控有助于实现工程项目向精细化管理的现代产业模式过渡，为以设计为主导的项目总承包模式保驾护航，帮助实现设计品质与成本控制之间的平衡。

6.2.4　深圳市五指耙水厂改扩建工程全过程 BIM 应用

1. 项目概况

五指耙水厂位于深圳市区，现状设计规模 16 万 m^3/ 天，占地 4.96 公顷，本次扩建后供水总规模增加至 30 万 m^3/ 天，增加设计规模 30 万 m^3/ 天的深度处理及排泥水处理系统，工程总占地增加至 9.85 公顷。工艺流程为"格栅→预臭氧接触池→混合井→折板反应斜板沉淀池→气水反冲洗滤池→提升泵房→后臭氧接触池→活性炭滤池→紫外线消毒池→清水池→送水泵房"。本次改扩建中，现状常规处理构筑物基本保留，仅对加药间、泵房和回收水池进行工艺改造。

改扩建项目建设难度较高，涉及现状单体与新建单体的衔接工程多，需重点协调厂区现状建（构）筑物与新建单体的空间布局关系。模型与实景拼装展示厂区建成效果见图 6-2-19。

图 6-2-19　模型与实景拼装展示厂区建成效果

2. BIM 技术应用情况

本项目将 BIM 技术应用于项目的勘察、设计、施工及后期运维全过程，结合信息化平台，实现设计、施工阶段的智慧化应用及管理，为后期智慧化运维提供数据和信息基础。

（1）模型成果展示及优化设计

1）现状实景模型提供三维数字底图

项目前期阶段，通过无人机倾斜摄影技术采集现状厂区道路、综合楼、加药间、泵房以及常规处理工艺构筑物的原始外表面照片，使用专业软件创建整体实景模型（图 6-2-20）。实景数据可作为改扩建厂区整体布局分析和工艺流程展示的三维底图，用于展示厂区新旧融合及建成效果，辅助设计方案的展示、分析和比选。

图 6-2-20　厂区现状实景模型

2）新建单体模型展现工艺设计细节

由于扩建区域用地较为紧张，项目中部分新建单体采用了叠合（组合）结构形式，如反冲洗泵房及风机房、臭氧发生间、提升泵房及后臭氧接触池（图 6-2-21）进行了横向叠合，导致池墙共壁较多、楼板标高关系和预留预埋较为复杂，全专业 BIM 模型有利于实现多专业设计图纸的协同校核，通过三维剖切也可分层或分功能区域展示工艺流程和设计细节。

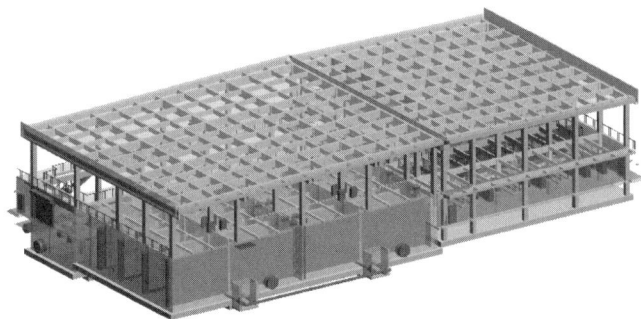

图 6-2-21　反冲洗泵房及风机房、臭氧发生间、提升泵房及后臭氧接触池

3）改建单体模型展示改造过程及前后对比

由于需要校核现状泵房和加药间的现有空间是否满足改造后的设备安装和检修空间要求，创建了改造前、后的全专业 BIM 模型，并通过模型对比分析改造过程及室内空间布局。送水泵房管道及设备改造过程模型展示见图 6-2-22。

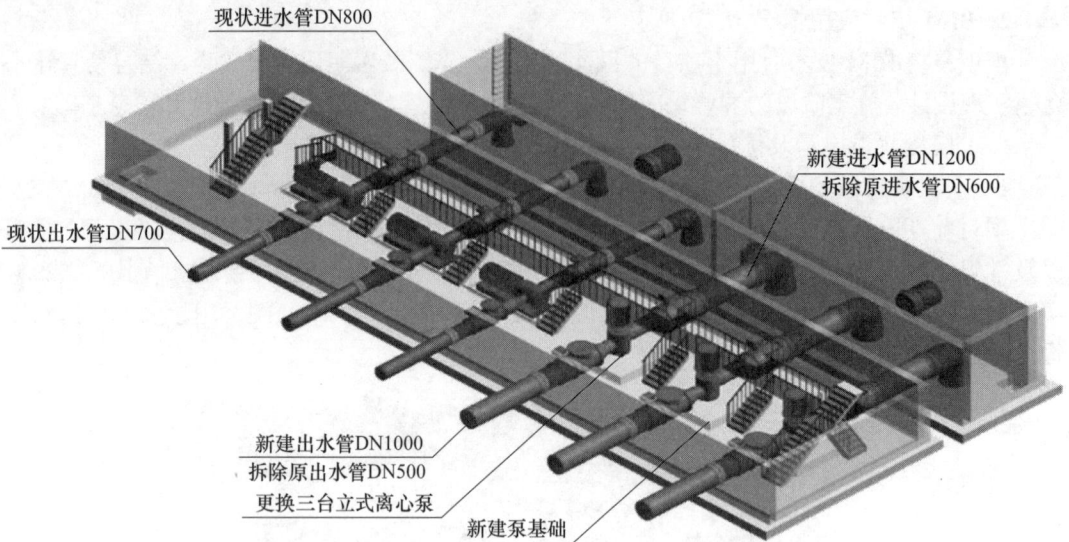

图 6-2-22　送水泵房管道及设备改造过程模型展示

4）地质及基坑支护模型校验实施方案

为准确校核基坑设计和实施方案，应用二次开发编程技术根据钻孔数据高效创建地质模型，准确描述厂区开挖土层分布情况。通过创建支护结构模型并与地质模型进行整合，确保支护设计形式同时满足基坑开挖高度及阻止地下水进入基坑的要求。

5）总图模型创建和拼装展示工艺流程及整体布局

创建包含厂区现有管线和新建管线的总图 BIM 模型，按照厂区管道配色方案反映现状与新建管道连接关键节点，如现状原水管道与新建管道连接点、新建预处理出水与现状进水管道连接点、现状常规处理出水与新建深度处理连接点、新建清水池与现状清水池出水管道连接点等，基于三维场景准确表达管井、阀门、流量计空间定位，直观展示总图管线布置。

（2）模型应用助力设计及施工管理

1）碰撞检查及校核提前发现空间冲突

利用 BIM 多专业协同最大程度发现图纸的"错、漏、碰、缺"问题。如通过使用 Navisworks 软件设置需要校核的构件类别和规则，自动检查结构框架与电缆桥架间、不同系统生产管线间是否存在几何形体上的空间冲突等，继而进行单体和总图管线综合碰撞分析，形成书面分析报告和图纸问题台账。图纸问题反馈与优化见图 6-2-23。

2）精准化预留预埋定位减少后期返工

在污泥池顶部等预留预埋较复杂的区域，基于全专业 BIM 模型布置防水套管、管道支架埋铁，预留穿墙洞口、盖板洞口及电缆通道，并出具相关部位三维剖切图纸和预埋件工程量，有效提高预留预埋的准确程度，并在建造阶段对现场作业进行指导，减少后开凿及其他返工问题。预留洞口及预埋件设计见图 6-2-24。

3）工程量与模型联动增强项目成本管控

基于标准化、精细化的 BIM 模型，通过明细表功能准确快速进行工艺设备和管线的工程量统计，当模型发生修改时工程量可实现关联更新。土建及安装工程也可分别对接专业 BIM 造价软件，通过模型映射、套用做法，最终导出符合国家计价规范格式的工程量清单。

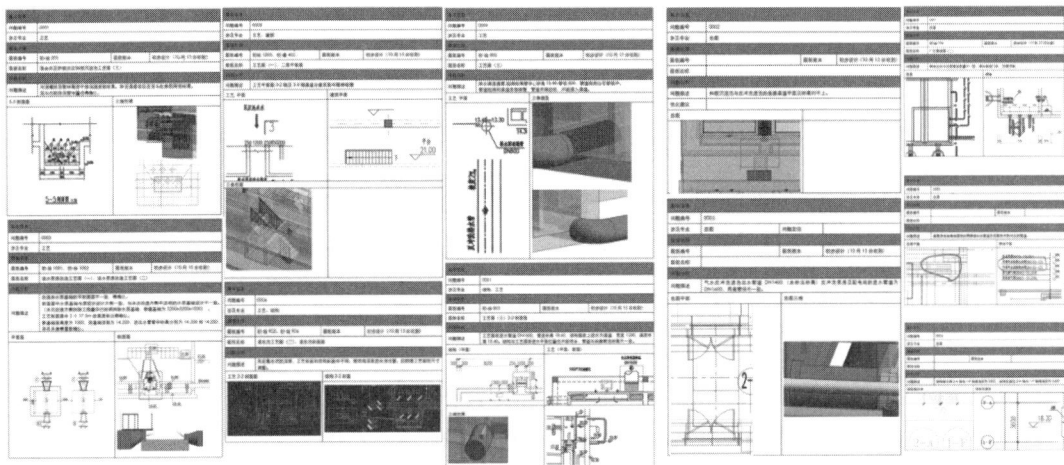

图 6-2-23 图纸问题反馈与优化

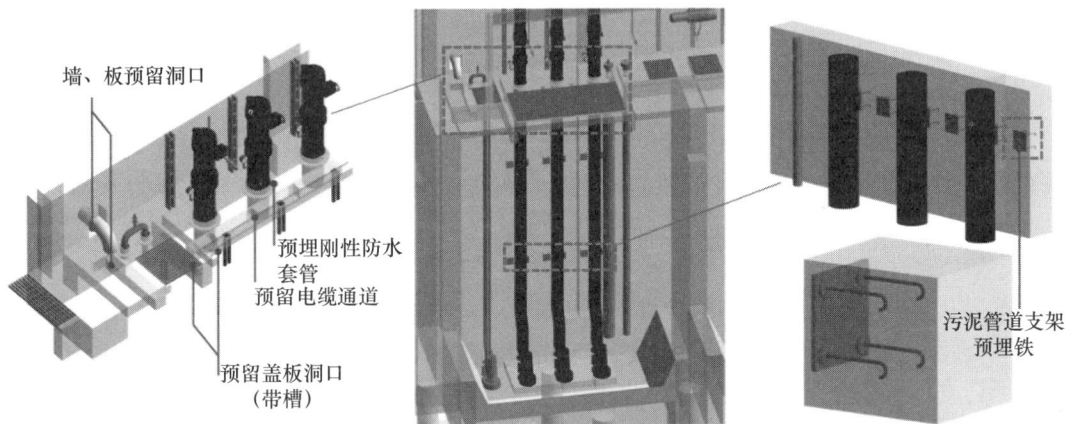

图 6-2-24 预留洞口及预埋件设计

4）沉浸式漫游辅助多专业设计方案协同审查

应用轻量化软件将反应沉淀池、活性炭滤池等复杂单体 BIM 模型进行转换，可方便项目各参建方以第一人称视角进行构筑物内部漫游，审核关键位置设计细节及构件参数，复核构筑物及设备管线标高、安装净空关系。依靠 BIM 技术可视化、虚拟化的特点，业主能够更准确地理解设计意图，提高审查和决策效率。

（3）信息化平台助力智慧化管理

1）三维数字沙盘实现虚实融合与分析

基于 GIS 图形引擎融合改扩建 BIM 模型与现状周边实景模型，打造全厂三维数字沙盘（图 6-2-25），直观展示未来建成后的整体效果。

2）图模中心实现数字化设计成果管理

信息管理平台的图模中心功能，让项目各方在网页端和移动端在线分阶段、分专业浏

图 6-2-25　BIM 与 GIS 融合打造三维数字沙盘

览图纸和模型，进行尺寸测量、截面剖切、旋转缩放、三维漫游等多种操作，并可查看构件挂接的属性信息。平台将图纸与模型关联后可实现二、三维成果同屏查看和协同审阅，支持将模型、图纸的审查记录一键生成汇总表单并提交处理。

3）精细化 BIM 模型助力于工程量管理

经造价软件计算后，BIM 模型构件与其工程量具有相同 ID 编号，可在平台中实现关联查看。如配水井在平台中可单独提取楼板构件的工程量，也可将整个单体的 BIM 工程量与造价咨询的工程量清单对比分析。基于平台的精细化 BIM 模型，业主能够自定义统计特定阶段产生的工程净量，作为审核施工单位工程量申报的参考依据，辅助费控部门快速决策。

4）模型构件与进度计划关联实现智能化进度监控

平台支持上传进度计划文件和查看横道图，将计划进度中的分部分项工程分别与模型构件关联，进行整个工程的施工进度模拟演示。在水厂建造过程中，现场施工人员将实际进度填报至平台后，模型构件中的实际进度与计划进度对比，以不同颜色显示其所处进度状态，最终确定延期部位，辅助业主进度监控。

5）工作流引擎实现项目质量及安全线上管理

水厂施工过程中，现场巡检人员发现问题时可按照规定流程使用手机 APP 拍照上传，发起整改任务并发送给相关责任人，监理方对整改结果在线验收，业主可随时监督、检查整改过程及结果。管理平台便于业主、施工、监理、咨询各方线上协同作业，确保质量和安全问题处理及时、过程资料保存完整。

3. BIM 技术应用特色及创新

（1）针对水厂改扩建项目特点进行模型创建

水厂类项目 BIM 技术应用重视厂区的整体布局和工艺流程分析，关注建（构）筑物单体的功能和工艺参数，对后期的运维管理有较高的信息要求。针对以上特征，项目创建包含全专业设计信息的精细化 BIM 模型，主要包括厂区现状实景、建（构）筑物单体（含现状及新建单体）、厂区地质及基坑支护、总图管线模型等，并将以上模型进行局部或整体拼装。

（2）结合水厂项目建设需求开展模型应用

完成 BIM 模型创建形成智能化设计产品的基础上，通过 BIM 应用进一步深挖价值。开展图纸校核和预留预埋定位工作，提前发现设计问题，减少后期设计变更；基于 BIM 模型结合造价软件进行工程量统计，加强业主对工程量的把控；应用轻量化模型进行沉浸式漫游查看，实现对设计成果的三维审查。

（3）信息化管理平台辅助智慧化建设

为增强业主对项目的统筹把控、提高各方协作效率，施工阶段以智能化的 BIM 模型设计成果为基础，结合移动互联及 GIS 技术，定制和搭建 BIM 信息化管理平台。通过设置各参建方工作权限及工作流程，为业主、施工、监理、BIM 咨询等参建单位提供共享、协同作业平台。

4. BIM 技术应用成果及效益

本项目在工程建设全过程中应用 BIM 技术，有效解决水厂改扩建类项目技术复杂、设计专业多、建设各阶段衔接不畅、协调管理困难等问题。智能化设计产品优化了设计成果实现减少现场签证和变更，信息化管理平台在施工阶段提升了工程参建各方的沟通效率和协作水平。全过程 BIM 应用成果及效益如下：

（1）水厂类项目设计需考虑周边用地性质、交通、地形、周边景观设计等因素，采用 BIM 技术可在项目建设之初三维展示建成效果，直观表达设计意图。施工阶段导出轻量化模型以进行施工现场指导，更为直观地辅助施工人员快速理解设计意图。

（2）水厂类项目包含原水、生产、自来水（清水）、污泥、污水、雨水、压缩空气、反冲洗（气、水）、消防、回用、中水、多种加药管道、电力、弱电等 20 余种管线，通过 BIM 模型可以直观地查看各类管线的空间定位、不同管线之间以及管线与土建主体之间的相互关系。

（3）在项目中参照真实样本资料选择合适的管道、阀门及工艺设备族，加入设备的水厂 BIM 模型使设计内容更加完整，信息更为丰富。

（4）水厂项目中管件和设备繁多，BIM 模型作为参数化模型，在建模的同时，设备和材料均已附加相关属性，可通过 BIM 算量软件导出工程量清单，并可以根据模型信息同步修改。

5. BIM 技术应用推广与思考

智慧水厂改扩建项目设计、施工协调管理难度大，对于工程数字化、信息化程度要求高。将 BIM 技术和信息化管理平台应用于项目建设全过程，在设计阶段以 BIM 模型作为智能化设计产品并开展数据应用，优化设计方案；施工阶段基于智能化设计成果，结合信息化管理平台实现智慧建造和管理。设计、施工阶段所有的数据、信息均高度标准化和集成化，为后期的智能化运行、智慧化管理打下了坚实基础。

6.2.5 宁德厦钨新能源材料有限公司生产厂房项目 BIM 应用

1. 工程概况

（1）项目概况

宁德厦钨新能源材料有限公司生产厂房项目位于宁德市东侨集中区，工业路西侧，河埭路北侧，荔香路东侧，奉御塘路南侧。

项目征地面积 159488.92m²，用地面积为 135796.06m²。总建筑面积 199246.38m²，项目以锂离子正极材料生产为主，设计 4 栋高层厂房、氧气站、变电站、污水处理，维修车间、质检站、综合楼（含地下室）以及 4 栋多层倒班宿舍。项目全景图见图 6-2-26。

图 6-2-26　项目全景图

（2）项目重难点分析

本项目为 EPC 项目，BIM 咨询服务范围为贯穿施工图设计以及施工安装阶段的 BIM 协同应用。因此需衔接设计各阶段、设计阶段与施工阶段的上下游协同工作。通过 BIM 的分阶段运用，达到后续施工图设计优化、现场指导施工、辅助项目管理、降低成本、缩短工期的功效。

本项目主体为新建冶金工业厂房，项目主要存在以下重难点：

1）高大生产车间、大体量工艺设备平台、各类维修车间库房、供应用房和设备机房密集；需考虑生产空间的人工操作使用净高、设备输送路径和吊装净空，各专项设备的工艺管路接口配对；协同建模并精确预留预判、合理规划布局。

2）项目工程量大，且工期进度紧，各专业专项厂家及生产工艺设计均在后期陆续介入，如何与原设备专业管线布局的协同、与原土建预留洞口的对接、对设备生产、安装工序的协调把控。

3）业主对施工方案进度模拟及生产线关键工艺流程模拟的还原度要求高，所涉及的专业专项种类多，工艺规范标准较复杂，模型呈现须保证内部主要功能空间的 VR 演示效果。

（3）团队介绍

该项目由宁德厦钨新能源材料有限公司投资建设，福建建工集团有限责任公司实行 EPC 总承包，福建省建筑设计研究院有限公司负责设计。BIM 团队框架见表 6-2-4。

BIM 团队框架 表 6-2-4

专业 \ 职务	人数	工 作 职 能
BIM 管理协调组长	1	协调业主、设计、监理、总包和上级关系，全面负责本工程 BIM 系统的建立、运用、管理，与业主 BIM 团队对接沟通，全面管理 BIM 系统运用情况
土建 BIM 小组	4	负责本工程建筑专业 BIM 建模、模型应用，深化设计等工作，主要为提供完整的梁、柱、板等结构、建筑信息 Revit 模型，以及主要的平面、立面、剖面视图和门窗明细表，以及面视图三道尺寸标注，方便施工沟通
机电 BIM 小组	8	对本工程给排水、消防专业建立并运用 BIM 模型，管线综合深化设计、水泵等设备、管路的设计复核等工作，主要包括提供完整的给排水管道、阀门及管道附件的 Revit 管网模型，以及主要的平面、立面、剖面视图和管道及配件明细表，以及平面视图主要尺寸标注
		对本工程暖通专业建立并运用 BIM 模型，管线综合深化设计、空调设备、管路的设计复核等工作，主要包括提供完整的暖通管道、系统机柜等的 Revit 暖通管网模型，以及主要的平面、立面、剖面视图和管道及设备明细表，以及平面视图主要尺寸标注
		对本工程机电专业建立并运用 BIM 模型，管线综合深化设计、电气设备、线路的设计复核等工作，提供完整的电缆布线、线板、电气室设备、照明设备、桥架等的 Revit 电气信息模型，以及主要的平面、立面、剖面视图和设备明细表，以及平面视图主要尺寸标注
现场管理 BIM 工程师	2	配合总包 BIM 管理部进行模型的建立与信息的完善，为项目实施 BIM 应用提供支持，并定期参与 BIM 会议，听从总包管理部安排

2. BIM 技术应用概况

重难点的 BIM 应用介绍

1）针对项目体量大、功能复杂，工期要求紧的问题，执行 BIM 团队管理框架，实行专业内自查自审、模型图纸对应性校核，分区域、分专业统筹、协调。在满足工程进度的前提下，确保模型准确性。

2）针对机电各专业与专项管线的对接、预埋、协同，提前优化排布的问题，对管线相对复杂及安装难度大的区域，利用模型出具三维轴测及平立剖面详图。结合定期项目例会，统筹协调复杂区域及把控施工重难点。

3）重点针对生产专项设备、管线管路输送接口、工艺平台完成精细建模，实际还原厂家级专项设计深度。工艺专项 BIM 模型提前介入并严格审核，确保后期安装维护的可操作性。积极与土建专业设计人员配合，落实预留预埋管位，保证模型精度与施工质量。

4）生产线关键工艺的仿真模拟和还原度演示。采用实体模型仿真工艺，对生产线上设备平台、机械占位模拟还原；结合 3D 扫描、VR 技术，以施工人员、维修人员、管理人员等多视角，加深对细部构造节点的把控实施，实现 BIM 机电预安装、材料加工模拟、模型实景校对校核。

5）项目安全文明标准化施工场地布置。创建场布模型，提供施工区域各阶段平面布置可视化分析，对施工各阶段的场地地形、既有设施、周边环境、施工区域、临时道路及设施、加工区域、材料堆场、临水临电、施工机械等进行规划布置，结合工地安全文明策划的落地实施。

6）施工组织及进度模拟管理，对设备、材料、人工等成本信息的有效控制。结合重点区域施工工序、工艺等要求，通过模拟动画、三维图纸输出等形式完成施工过程流程化模拟，并对工序步骤进行直观分析优化，实现施工方案的可视化交底和可行性评估。以计划进度模型和实际进度模型的动态链接，实现造价差异分析，对项目经济成本进行控制与优化。

3. BIM 技术应用特色及创新

（1）地形地貌勘察阶段 BIM 应用

本项目地质勘探表明该用地为吹沙填海形成，地质情况较复杂，依据地质勘查报告与三维地勘模型直观分析建筑基础分布与受力，选择合理的桩基持力层。

（2）一体化设计协同管理平台的应用

本项目在与北京鸿业同行科技有限公司共同研发的"基于 BIM 的一体化设计协同管理系统软件"平台上进行，确保上下游数据的无缝衔接，防止信息流失。借助一体化平台，在施工图设计和深化设计方面，实现模型优化、快速成图。

（3）对接专项厂家完善设备外观尺寸信息模型，基于平台建立族库，整合至厂房内部综合布置；基于 BIM 实现工艺级的管线设备预安装，促进项目各方协同交流和信息传递。

（4）钢构设备平台精细化建模，预留设备所需净高及校核管线接口（图 6-2-27），避免因专项设备后期介入而造成机械运输通道、土建预埋、安装操作净高受限而引起冲突或返工。

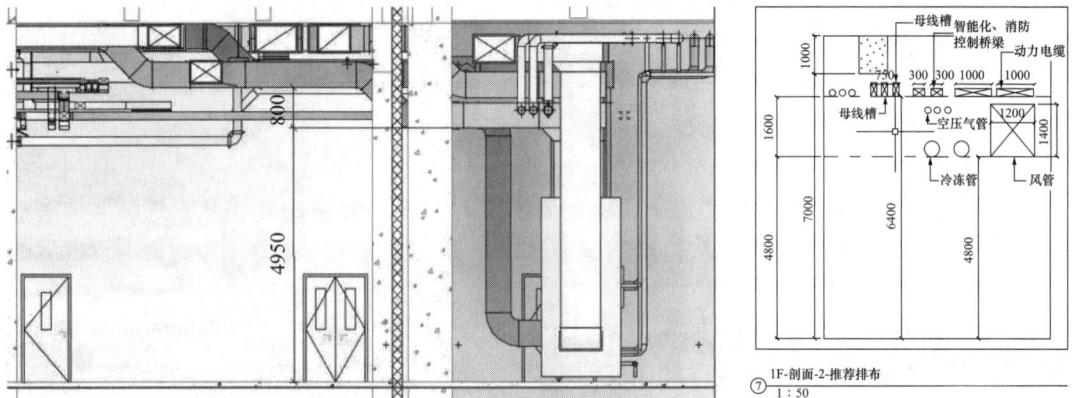

图 6-2-27 设备平台净高校核接口

（5）冷冻机房、水泵房等设备机房模型深化及优化，机房内设备排布和管线接口在满足规范间距要求的前提下，实现机房布局经济合理性。并通过二维码技术，将机电安装工程中物与物的信息进行链接，基于平台完成信息读取和数据调用，实现机电设计安装工业化。设备机房模型深化及现场安装动态追踪见图 6-2-28。

（6）装配式建筑节点实施方案和算量分析

结合 VR 技术、3D 打印技术与工业化设计相结合，实现复杂节点的施工模拟、施工现场组织及工序模拟、装配式建筑预制构件模型拆解、材料优化及用量分析、辅助项目成本控制和进度管控（图 6-2-29 和图 6-2-30）。

通过深化 PC 构件预制详图，模型综合支撑体系预埋件及楼梯、梁柱搭接节点浇筑方案和吊装点详图绘制，结合 RFID 芯片及二维码运维系统开展 PC 构件设计阶段至预制生产及施工的一体化 BIM 应用。

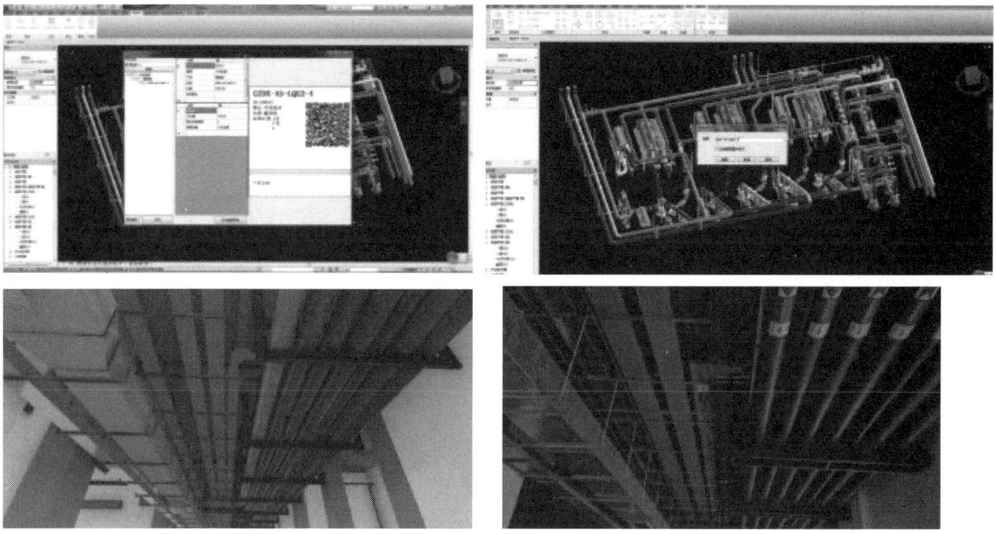

图 6-2-28 设备机房模型深化及现场安装动态追踪

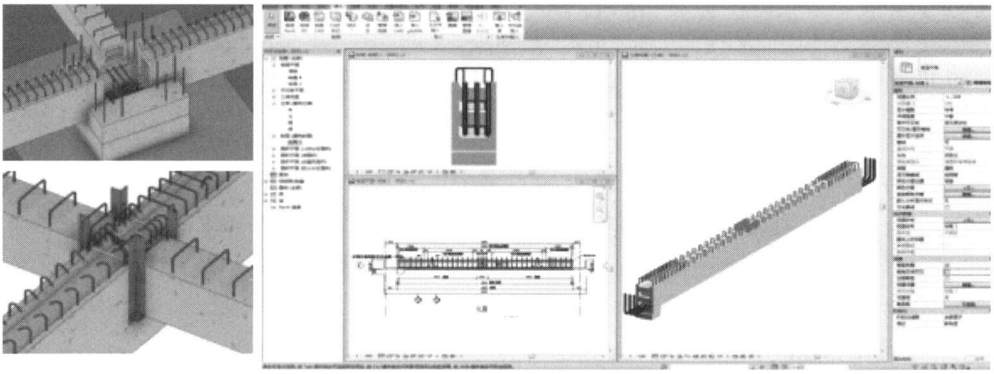

图 6-2-29 预制构件拆解及算量

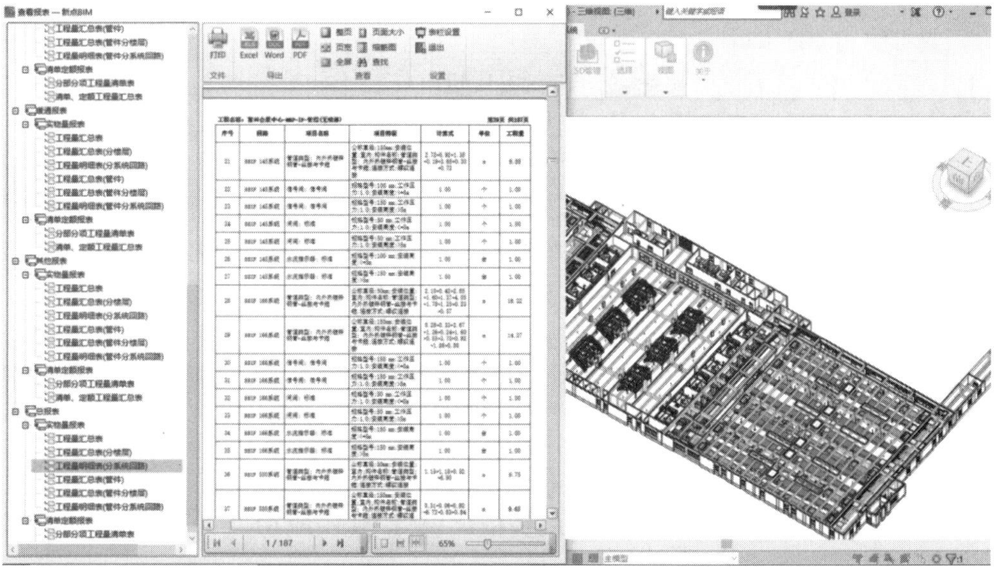

图 6-2-30 基于 BIM 的成本管理—构件工程量分析

4. BIM 技术应用成果和效益分析

（1）经济效益

1）设计、施工成本节约

项目在设计、施工全过程采用 BIM 技术，利用三维模型对重点区域进行碰撞优化、空间布置可行性论证，明确各类大型设备以及综合管线的空间排布，减少各类返工造成的成本损失，通过模型结合现场材料、设备管理，合理安排设备进场，减少材料损耗，共计节约各类投资约 326 万元。

2）工期缩短

利用 BIM 模型模拟项目施工进度，与实际进度进行比较，找出差异并分析原因，合理安排各专业班组及设备进场顺序，优化各个节点施工的开始和结束时间，分配人、材、机资源，共计缩短工期 100 余天。

（2）社会效益

本项目在由中国安装协会颁发的 2018 年"安装行业 BIM 技术应用成果评价"中达到"国内领先（Ⅰ类）"水平；2018 年度获评成为 2018 年福建省第二批 BIM 技术应用试点示范项目，并获得首届福建省建筑信息模型（BIM）应用大赛设计组一等奖。同时，获得2018 年第七届"龙图杯"全国 BIM 大赛优秀奖、第四届"科创杯"全国 BIM 大赛三等奖，以及第四届"国际 BIM 大奖赛"等多个奖项。

2018 年 4 月 24 日，项目团队作为建设行业代表之一，携数字化建造（BIM）软件体系研发及应用的相关成果受邀参展"首届数字中国建设峰会"，本案例作为重要参展工程项目之一，覆盖工程建设全生命期多个关键环节的 BIM 技术和数字化建造软件研发成果，其中包括规划、勘察、设计、施工、运维等 7 项软件和 2 项数据库。

5. BIM 技术应用推广与思考

（1）创新的 BIM 应用实施架构。本项目采用流动站＋固定站的模式，流动站为项目驻场 BIM 技术人员，主要负责项目现场 BIM 方案的实施、把控，与其他主要专业技术人员的协调、配合，组织 BIM 培训和技术指导。固定站主要负责项目 BIM 应用策划，基于BIM 的统筹协调和技术后援。

（2）基于 BIM 的工程扁平化管理。本项目机电安装工程量大且复杂，结合 BIM 平台对设计及施工信息数据进行实时分析、调用，解决现场组织管理、专业间碰撞协同、生产功能空间净高，保证项目进度、质量、安全。

（3）设计前置，实现 BIM 机电预安装。在项目前期图审阶段，结合模型完成深化设计。利用 BIM 技术进行专项设备排布，提前预留管路接口，尽量避免后期工艺专项介入带来的布局影响。同时，针对重难点区域完成三维技术交底，协助现场安装技术落地。

（4）项目前线的 BIM 技术支持和协同。设计方、施工方均派遣各专业 BIM 技术人员定期驻点项目现场，协调业主、生产厂商、现场人员与设计人员，并提出问题节点和协同建议，解决项目重难点，提供 BIM 应用和设备支持，确保 BIM 检测与优化成果得以按阶段准确实施。

6.2.6　内蒙古全民健身中心项目屋顶参数化设计 BIM 应用

在全民健身中心项目这个综合性体育馆工程设计中，参数化主要应用于建筑屋顶的设计进程中，在屋顶曲面形态、屋顶构造层次、屋面嵌板划分及规格优化，最终到嵌板出图等各方面利用参数化手段对设计进行优化。利用 grasshopper，在合理选择可变参数的基础上实现设计的快速调整，使之满足建筑空间、防排雨、工厂加工、美观等要求，同时，将参数化与 BIM 相结合，以 Revit 为公共平台，整合建筑结构机电多专业，适时更新协同，三维把控施工图设计，及时发现问题解决问题，提高设计精准度。

1. 项目概况

全民健身中心项目位于内蒙古自治区呼和浩特市赛罕区，是响应国家全民健身计划项目的重要组成部分。规划可用地面积 91437m²，地上总建筑面积 33000m²。建筑分为两大功能区：

A 区为 5000 座的多功能体育馆，在休闲健身的基础上需满足赛事要求；B 区为包含游泳馆、篮球、网球、羽毛球、乒乓球馆等功能的全民健身中心，并设置 300 座的剧场及配套排练厅供公益演出使用，建筑功能多样，空间多变，将成为市民生活的展示和互动舞台，成为城市的活力点。建筑主体是混凝土框架结构，屋顶采用钢桁架结构，见图 6-2-31。

图 6-2-31　全民健身中心概貌

项目的难点是对曲面屋顶的优化控制：如何能对屋面的曲线形态进行参数化有理控制，使之可以更好满足空间需求；如何划分屋面嵌板，使之尺度适宜又经济合理；如何更好地整合全专业，使设计品质得到整体提升；如何将嵌板的模型信息更好传递给生产厂家和施工团队，保证设计的落实等，这些都是我们在工程进行中不断思考与尝试解决的。

2. BIM 技术应用概况

项目的参数化 BIM 应用主要是在施工图设计及深化阶段，应用目标是利用参数化手段进行非线性形体设计及优化，实现复杂建筑形体的三维设计、全专业协同设计、重要节点构造的精细化设计，努力打造符合体育建筑个性的高品质地标建筑。

BIM 设计应用点包括：对非线性建筑形体进行参数化设计；对屋顶嵌板划分进行参数化控制与优化；对屋顶钢结构进行参数化找形；全专业协同设计。应用的软件主要包括 Revit、Rhino、Grasshopper、CFD、盈建科等。

3. BIM 技术应用特色及创新

BIM 在整个项目中的创新应用点主要是将参数化与 BIM 三维平台设计相对接，更准确地进行三维设计，并以更深入的程度对接后续生产与加工制造，可从以下几个阶段进行

153

详细介绍：

（1）屋顶曲面的参数化控制

在方案最初意向形成后，为了更好地满足建筑空间的需要、设计方案的快速调整要求以及为后期嵌板优化奠定良好的基础，实现对屋面合理化控制。利用 Grasshopper 建立屋顶造型逻辑（图 6-2-32），控制形体生成。生成逻辑与可变参数的设定都与建筑功能、空间需求、形体意向紧密结合。

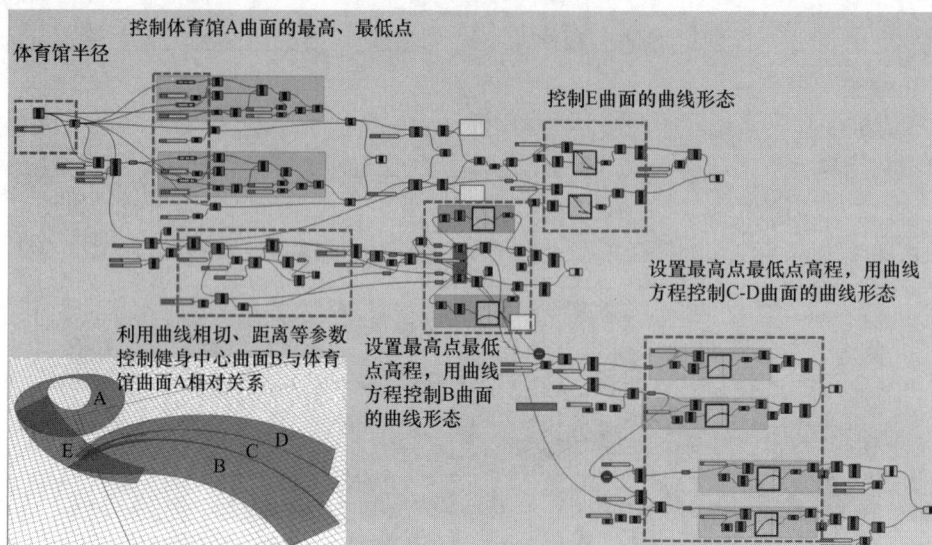

图 6-2-32　利用 Grasshopper 建立屋顶造型逻辑

在整个 Grasshopper 的逻辑建立过程中，选用到的主要参数契合建筑功能与形式需求（图 6-2-33），建筑形态可以依据变化的设计需求快速变化，也可以进行不同参数状态的多方案比较，和甲方进行更好地沟通。另外，这种有理原生曲面的曲面质量比较高，曲面结构和曲面形态一致，是后续嵌板划分的必备基础。

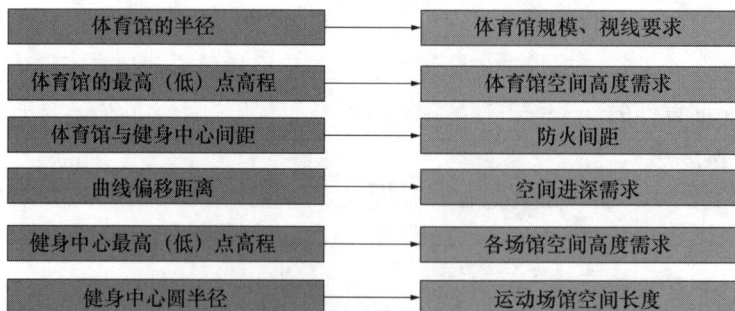

图 6-2-33　主要参数契合建筑功能与形式需求

（2）屋面构造的完善及对接与 Revit

本项目创新性地解决了 Rhino 与 Revit 之间的数据对接问题，使曲面设计不仅仅停留在面的物理层次，也转化为建筑构件，以模拟建造的方式配合其他专业设计。概念体量族是 Revit 体系中对 Rhino 曲面接纳性最大的一个工具，其可以接纳较为复杂的原生曲面，所以我们以概念体量族为媒介，将 Rhino 模型导出为 Sat 格式，再导入 Revit 概念体量族，最后放置到 Revit 项目文件中，拾取成屋面等建筑构件，参与到全专业的设计中。

项目扩初阶段，为了更好地进行空间设计，按照上述方法将 Rhino 模型导入 Revit，进行建筑、结构、设备多专业的协同设计。屋面完成面形态确定后，屋面采用直立锁边铝镁锰防水屋面上覆蜂窝铝板装饰面层的构造形式，在 Rhino 前一步模型的基础上，按照屋面排水坡度要求，排水沟设计要求建立铝镁锰排水面及其直立锁边、屋面排水沟、嵌板主龙骨，来进行屋面构造的详细研究与设计。在确定屋面排水方向的时候，利用参数化手段首先对屋面进行坡度分析，在分析的基础上，结合结构缝，划分排水屋面，适当修改曲面，实现排水坡度均大于 3% 的要求，并确定了铝镁锰屋面的排水方向，由于排水方向与其直立锁边方向一致，所以确定排水方向就基本确定了铝镁锰板的排布方式，在此基础上，设计檐沟位置。

（3）屋面钢结构设计

建筑屋面 Rhino 完成面确定后，为了更好地指导钢桁架的设计，根据屋面构造厚度和结构构件需求，对完成面向下偏移 800mm 距离，得到结构控制面板，将控制面通过概念体量族导入 Revit，在 Revit 中利用参数化软件 Dynamo，依据建筑柱网和桁架设计要求，进行结构设计。

结合建筑完成面，根据屋面构造生成结构控制面，利用 Dynamo 拾取须生成结构桁架的平面轴线，投影至空间控制面，得到主桁架上弦杆三维定位线，通过 DWG 格式导入至结构计算软件进行桁架设计工作。拾取空间定位线布置结构桁架、系杆、支撑等结构构件，初步完成钢屋架结构杆件布置，定义地震参数信息、添加荷载并进行结构内力计算，依据计算结果结合杆件内力以及各工况下地震信息修改并优化杆件截面，最终得到合理钢屋架，通过 IFC 文件导回 Revit 中，杆件信息被完整传递，完成钢屋架结构模型，利于后续工作开展（图 6-2-34）。

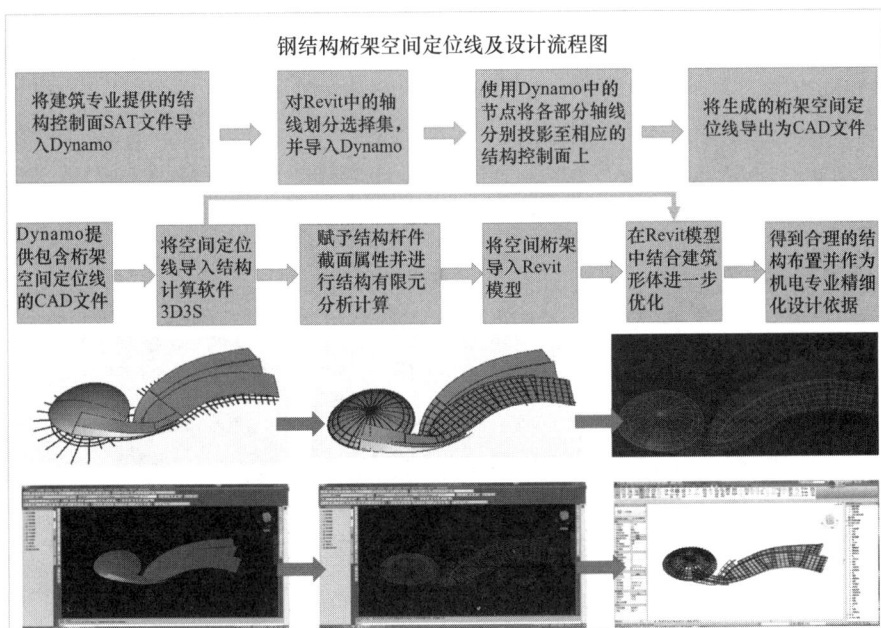

图 6-2-34　IFC 文件导 Revit 完成钢屋架结构模型

（4）屋面嵌板的划分与规格优化

在嵌板划分阶段，利用参数化手段进行表皮优化，使嵌板平板化且规格统一，节约成本，方便施工。整个优化过程分为三个步骤：首先对曲面的质量和性质进行把控与判断，如果有需要会对曲面进行重建与优化，在此之后，对曲面的划分形式进行比选，确定参数，进行划分，最后利用遗传算法对曲面规格进行统一和平板化。屋面嵌板的详细划分过程可以总结为表 6-2-5 所示内容。

屋面嵌板的详细划分过程 表 6-2-5

嵌板划分	曲面的研究	（1）表皮光滑性判断
		（2）曲面性质判断
	嵌板的划分	（3）嵌板划分方式比选
		（4）嵌板设计参数的选定
		（5）嵌板块数渐变
	嵌板规格统一	（6）嵌板边长、角度的分析统计
		（7）规格减少——遗传算法
		（8）嵌板出图

本项目采用了宽缝和密缝相结合的方式，参照工厂生产板材的尺寸划分小板，小板成组，呈现大板效果的划分，这样保证建筑嵌板划分的尺度比较舒适。按照这个思路，在参数化设计中，我们选取相应参数进行 UV 分格。将各个曲面根据尺度需求进行 UV 分格确定大板划分，在此基础上划分小板，小板的宽度需小于 1.5m、长度小于 6m。参数包括：嵌板长边长度范围，嵌板短边长度范围，宽缝缝宽，密缝缝宽。

因大板宽度方向尺寸变化较大，通过提取大板宽度尺寸除以 1.5m，向上取整作为小板宽度方向块数，使小板宽度控制在合理范围内。这样在宽度方向，小板在每个相邻大板的个数就会发生渐变，但是保证了小板尺寸的经济合理（图 6-2-35）。

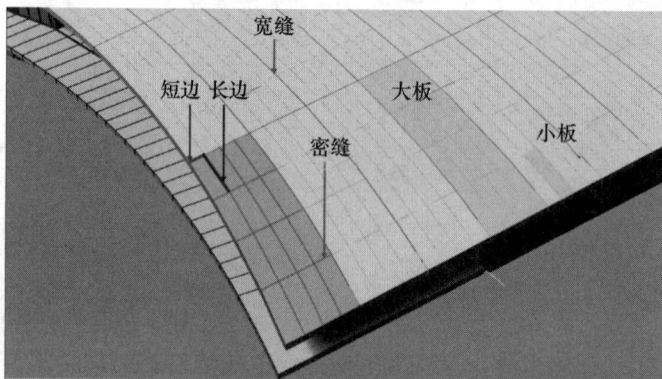

图 6-2-35 小板成组呈现大板效果的划分

项目最后利用遗传算法，计算出替换前后角点偏移最小情况下的嵌板规格，以此减少规格种类，因规格控制合理，嵌板均优化为平板。通过遗传算法，嵌板规格总数大约缩减到原来的 1/16，因为每个大板里有 16 块小板，而通过遗传算法，每块大板内的小板规格基本统一，把误差消化在了小板的缝隙之间。最终将嵌板导入到 Revit 中，完善 BIM 模型。

（5）嵌板出图

在嵌板划分完成后，为了将嵌板信息传递到施工阶段，继续借助参数化帮助构件信息表达，便捷对接数字加工及现场装配。将所有嵌板进行分区编号，按照施工图的坐标系给出嵌板四角点的空间坐标值，根据板编号，将数值输出 Excel 表格，最终完成嵌板图纸出图（图 6-2-36），包含板位置及编号和角点空间坐标值列表。

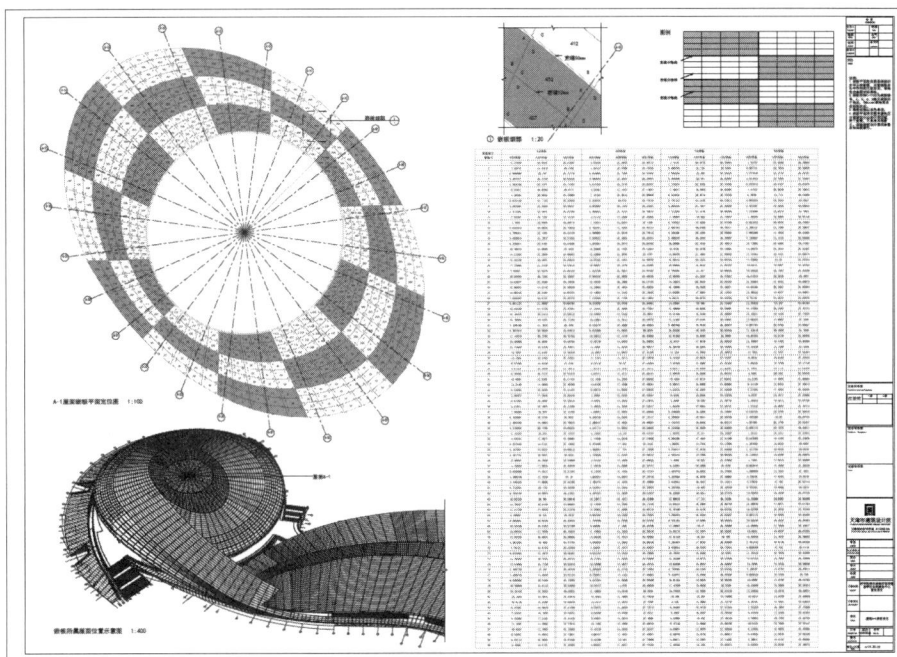

图 6-2-36　嵌板图纸出图

4. BIM 技术应用成果及效益

总结整个项目的参数化应用，参数化的应用包含几个模块：大板划分模块、小板划分模块、边长角度分析模块、遗传算法模块和出图模块，模块的应用可以帮助设计人简化参数化应用。

本项目利用参数化的优势对设计进行了具有工程意义的完善与改进，并与 Revit 相结合，利用 BIM 技术参与到全专业的协同工作中，共同实现复杂建筑空间设计，体现了参数化与 BIM 相结合的三维设计优势与价值。

5. BIM 技术应用推广与思考

这类项目的形体具有非线性设计的共通性，针对不太复杂的非线性设计可以参考采用这种将多个三维设计手段相结合的思路，更好地继承并深化建筑设计，并推进复杂形体的 BIM 设计，以 BIM 为平台，整合多个专业，多种阶段，最终以更高的标准向施工企业进行交付。

6.3 施工项目应用案例

6.3.1 汕头大学东校区暨亚青会场馆项目（一期）施工 BIM 应用

1. 项目概况

（1）项目简介

汕头大学东校区暨亚青会场馆项目（一期）位于汕头华侨试验区东海岸新城塔岗围片区东北角（翠峰路东侧），由中国建筑第八工程局承建，项目建设完成后将是一个结合现代功能、具有独特标志性、传统文化地域特色的中国一流水平的体育场馆，作为 2021 年举办的亚洲青年运动会主场馆，同时以亚青会为契机也将成为展示汕头形象和实力的场所。项目批复概算总投资约 17.46 亿元，于 2019 年 7 月 31 日开工，计划 2021 年 5 月 31 日前全部竣工。项目概况图见图 6-3-1。

图 6-3-1 项目概况图

（2）项目建设规模

本项目总用地面积约为 158133m²（237.2 亩），总建筑面积约 14.63 万 m²，工程建设内容主要包括"一场两馆、一中心"和一训练场，即体育场、体育馆（含训练馆）、会议中心和训练场共 4 栋建筑单体，其中体育场主体结构 4 层，建筑面积 4.6 万 m²，可容纳 2.2 万座观众席位；体育馆主体结构 4 层，建筑面积 3.7 万 m²，容纳 8000 座观众席位；会议中心 2 层，建筑面积 1.9 万 m²，首层含一个 1000 座的大会议室和一个 250 座的阶梯会议室，二层含一个海景餐厅和 3 个 300 座的会议室；训练场（含地下停车场和配套的设备机房、卫生间）1 层，建筑面积约 1.7 万 m²。此外，项目建设内容还包括室外平台、连接校区天桥、道路、广场、绿化、停车场等室外附属配套工程。

（3）项目重点难点

1）地质条件恶劣：项目场地原属吹沙填海而成，场区内存在较厚的流塑状吹填淤泥，淤泥含水量高，施工机械无法直接行走，直接影响管桩施工和基础土方开挖施工，需经地基处理后方可继续施工，工期影响大。

2）钢结构施工复杂：本工程钢结构造型多变，结构复杂，大部分钢构件为弯扭构件，此类异形构件加工精度要求高，直接影响现场安装定位精度，而且体育场桁架大部分为悬挑结构，最大悬挑跨度达到 39.1m，施工难度大。

3）双曲面异形金属屋面：本工程体育场和体育馆金属屋面为双曲异形建筑造型，会议中心屋面呈阶梯状建筑造型，金属屋面造型复杂多样化。且项目临近海边是台风频发区，风力强，对屋面防风性能要求非常高。

4）体育场混凝土 Y 形柱：本工程体育场东、西两侧斜看台下方共有 34 根 Y 形柱。Y形柱外观变化复杂多样，节点分叉位置钢筋布置复杂，控制点标高也不同，且 Y 形柱外观控制要求同清水混凝土效果，Y 形柱安装精度高，钢筋绑扎复杂、量大，且截面尺寸较大，模板搭设及加固难度大，又属于大体积混凝土施工，混凝土浇筑过程控制难度大，因此如何保证 Y 形柱施工是本工程的重点。

2. BIM 技术应用概况

（1）BIM 应用阶段及目标

作为施工企业，可以通过 BIM 技术建立用于进行虚拟施工和施工过程控制、成本控制的模型，以实现对施工全过程进行有效的可视化管理，从而达到优化成本、缩短工期的目的。

（2）软硬件配置

1）BIM 软件：项目采用 Revit、Tekla、Navisworks、广联达算量软件（GCL、GGJ）、fuzor、lumion、3ds Max、Rhion、Ps、Pr 等软件。

2）硬件设备：台式工作站、移动工作站、无人机、VR 虚拟安全体验馆等。

（3）BIM 应用

1）三维场地布置：在项目开始之初利用 BIM 进行场地规划布置，从三维的角度对场地地形、既有建筑设施、周边环境、施工区域、临时道路、临时设施、加工区域、材料堆场、临水临电、施工机械、安全文明施工设施等进行规划布置和分析优化，以实现场地布置科学合理，提高场地布置的实用性。见图 6-3-2。

图 6-3-2 三维场地布置

2）现场行车路线分析优化：基于 BIM 插件，设置现场材料机械设备进出场运输车辆同等尺寸，针对施工现场行车路线进行运输模拟，对阻碍转弯的施工道路进行优化，以确保现场运输顺畅。

3）图纸校核：由 BIM 人员根据图纸建立起全专业 BIM 三维模型，对图纸进行校核，发现问题及时反馈给设计，让设计做出合理修改，避免影响施工。

4）BIM 模型

① 模型搭建：对土建、机电、钢结构、幕墙等各系统模型进行搭建。

② 碰撞检查：本项目涉及专业种类较多，且建设安装要求较高，利用建立的初步模型进行碰撞检查，提前发现问题、解决问题，避免因碰撞问题进行二次返工影响工期。见图 6-3-3。

图 6-3-3　碰撞检查

5）机电管线综合优化：通过对原有 CAD 图纸的建模，并根据建筑模型，调整管线综合布置，设置综合支架，实现模型零碰撞，并出具碰撞检测报告、空间优化报告、净高分析报告，最后通过调整后的二维图纸和局部三维模型指导施工。

6）无人机应用：

① 时光机：每周对项目现场进行航拍，记录现场变化及施工进度。

② 全景球：定期制作全景球，作为项目周例会上会用来查看项目进度情况的辅助工具，比起照片它的优势在于可以 360° 旋转查看各个施工区域，对指定部位能进行放大查看，而且还可添加文字信息，效果图片等。见图 6-3-4。

③ 正摄影像：利用无人机搭载的 GPS 功能对现场进行高精度正射影像并将其转化为矢量图的形式反馈现场的实际情况。并可用于与施工图纸、三维模型进行对比，减少施工误差。见图 6-3-5。

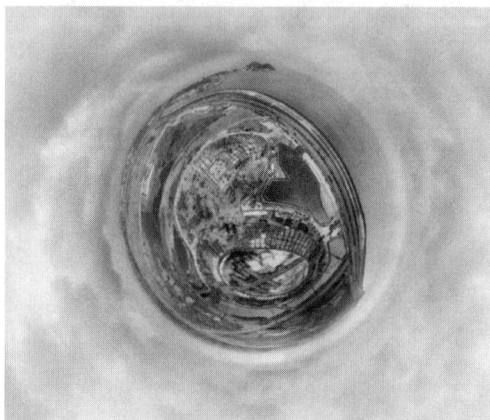

图 6-3-4　全景球

图 6-3-5　正摄影像

④ 实景建模：通过无人机进行倾斜摄影得到三维实景数据生成三维实景模型，将其模型与设计坐标系统进行统一，有利于空间量体、面积、长度等一些算量工作的开展。

7）钢结构吊装方案模拟：本工程钢桁架施工主要采用工厂预制，现场地面拼装，整体提升的方法，会议中心钢梁、钢柱等采取工厂预制成品，现场吊装就位的方法，对钢结构拼装、吊装施工方案进行模拟分析，并从施工工序、方法和工期计划等多角度形成模拟报告，优化钢结构安装方案。同时，也可通过 BIM 技术实现三维可视化施工交底，提高交底效率。见图 6-3-6。

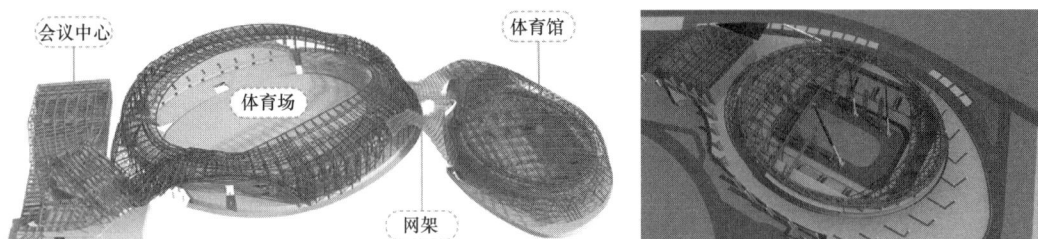

图 6-3-6　钢结构吊装方案模拟

8）金属屋面应用：体育场、体育馆、会议中心的金属屋面为双曲异形屋面，造型复杂且质量要求高，通过基于建立金属屋面 BIM 模型的基础上，对屋面施工分区、金属施工平面布置进行优化设置，同时应用 BIM 技术对金属屋面施工方案进行模拟，使工人和管理人员能够有针对性地熟悉施工过程，对重难点进行把控。见图 6-3-7。

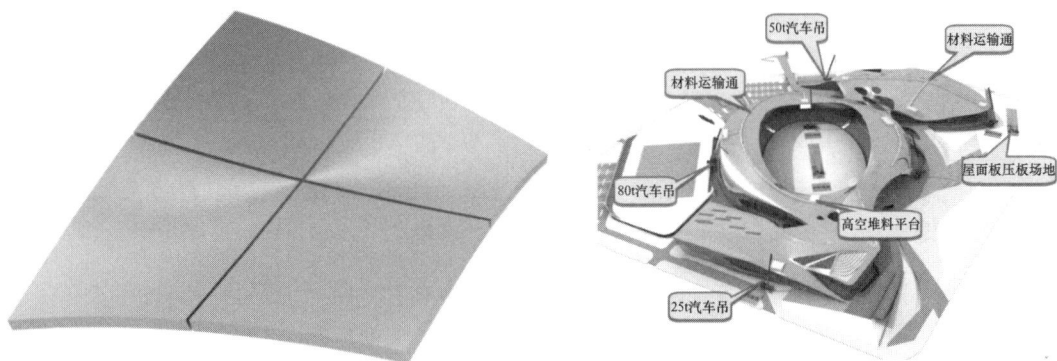

图 6-3-7　金属屋面应用

9）幕墙深化应用：本工程幕墙多为异形构件，在满足设计要求的前提下，通过软件可针对幕墙单元进行构件预拼装、二次优化设计，直接输出构件加工图提供给生产厂家，以满足现场施工要求及避免材料浪费。

10）混凝土 Y 形柱应用：本工程 Y 形柱外观变化复杂多样，节点分叉位置钢筋布置复杂，控制点标高也不同，安装精度高，钢筋绑扎复杂、工程量大，且截面尺寸较大，模板搭设及加固难度大。基于混凝土 Y 形柱 BIM 模型，对高大模板技术方案进行可行性分析，在三维环境下对模板搭设及加固预埋件进行多方案模拟论证，确保方案质量的有效实施。见图 6-3-8。

11）砌体排砖应用：利用 BIM 技术于施工前对砌体进行最优排布，将所有砌块、圈梁、构造柱、导墙、顶砖、门窗洞口及过梁的空间位置预先做好定位及统计，出具施工图纸指导现场施工，以达到节约施工材料耗损率、降低施工成本等目的。见图 6-3-9。

161

图 6-3-8　混凝土 Y 形柱应用　　　　　图 6-3-9　砌体排砖应用

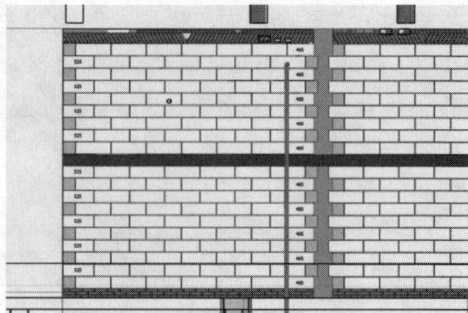

12）安全危险源辨识：通过软件自动识别多种坠落风险，按规范在 BIM 模型中建立坠落防护栏杆及洞口盖板，指导现场安全施工，提前防范事故发生。见图 6-3-10。

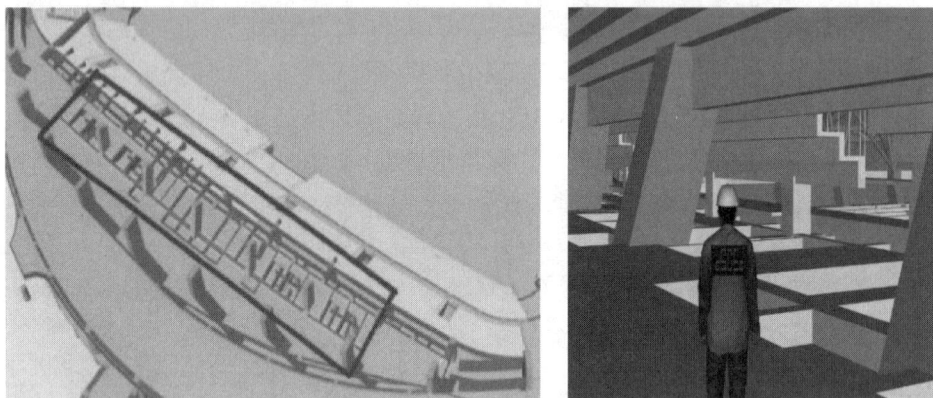

图 6-3-10　安全危险源辨识

13）火灾疏散模拟：秋冬气候干燥，且项目靠近海边，风力较强，一旦发生火灾不采取合理的应对方案，会造成严重后果，因此提前利用火灾模拟疏散软件对工人们高峰期火灾疏散路线及疏散时间进行模拟，并对工人进行交底，提高其安全意识。

14）智慧工地 App 应用：

① BIM 安全、质量检查：利用智慧工地 App 对施工现场进行安全检查、质量检查等，发现问题及时通过 App 拍照上传，实行过程管理智能化。

② 质量管理：使用 BIM5D 平台将构件信息录入二维码，并打印出来粘贴到相应构件，可用手机扫描二维码，查看构件相关信息，现场管理人员实测实量，对施工质量进行核查。

3. BIM 管理平台创新

（1）中建八局 BIM 协同管理平台

项目通过八局 BIM 协同管理平台上传本项目展示效果图、模型、视频、360° 全景展示以及项目的组织架构图，平台会对其上传的模型进行轻量化处理转换，支持移动端查看，可按需求分楼层、分专业进行模型显示 / 隐藏，随时获取构件属性信息。同时管理人员通过 BIM 协同管理平台也可以看到公司各项目在全国的分布情况以及项目统计信息，含项目数量、类型统计和模型统计。

（2）智慧工地平台

通过智慧工地总控制平台，也就是智慧工地大数据中心，使用这个的目的是为了实现"一个平台、统一管理"，这个平台是我们对 BIM、物联网、云计算、人工智能技术的综合运用。将人员、机械、物料、质量、安全等施工全过程的数据进行自动采集、智能分析及智能预警，以实现对施工现场的管理智慧化、生产智慧化、监控智慧化和服务智慧化。见图 6-3-11。

图 6-3-11　智慧工地平台

4. 思考与总结

目前 BIM 在施工阶段的作用主要体现在以下六个方面：三维模型，直观易懂；碰撞检查，减少返工；模拟施工，有效协同；三维渲染，宣传展示；动态管理，进度把控；积累经验，保存信息。

在客观事实条件下，部分的应用成果还不能落地实施，所以项目应根据自身特点调整BIM 管理机制，制定合适的 BIM 方案开展有针对性的 BIM 计划，重视 BIM 应用成果总结和归纳，不断积累丰富的项目经验。

6.3.2　陕九建西安浐灞自贸国际项目（一期）酒店工程 BIM 应用

1. 工程概况

（1）项目简介

西安浐灞自贸国际一期（酒店）工程是陕九建"高、大、精、尖"项目之一，该项目位于西安市浐灞生态区，世博大道以北，锦堤三路以西。该工程建设内容为洲际品牌的星级酒店，高级精装修，客房总数为 505 间，是一座集客房、会议、餐饮、休闲、商业为一体的，设计先进、功能完善的酒店综合体建筑。一期浐灞酒店总建筑面积为 69621m²，其中地上总建筑面积 49220m²，地下总建筑面积为 20401m²，地上 24 层，地下 2 层。浐灞自贸国际项目酒店工程项目效果图见图 6-3-12。

（2）项目重点和难点等

1）质量目标定位高：定位鲁班奖，质量、安全、环境保护要求高。

图 6-3-12　浐灞自贸国际项目酒店工程项目效果图

2）地下室功能用房多，施工难度大：地下室功能区域多，包括游泳池、健身房、厨房、设备用房等，结构降板较复杂。

3）管线综合排布：地下车库对净高要求严格，管线类型复杂。

4）工期紧：工期紧且治污减霾停工影响严重。

5）管理人员少且更换频繁：项目开工初期项目经理前后更换了 3 任，地下项目关键岗位人员累计更换 13 人，而且项目采用劳务班组模式，劳务人员短缺，无劳务管理者。

2. BIM 应用目标

（1）BIM 应用目标

1）临建规划

使用 BIM 技术对临时道路、设施设备、材料堆放等进行仿真模拟布置，实现人、材、机统一分配，场地动态管理，办公区、生活区合理布置，保证一次规划、施工全过程使用。

2）生产管理

现场生产任务有效下发、有效跟踪，实时采集施工现场人、机、料、法、环等生产要素数据，利用 BIM 技术实现数据随时随地共享，逐步打破项目各部门信息沟通壁垒，降低沟通成本，优化生产管理流程，提升管理效率和决策水平。

3）质量管理

规范质量问题、隐蔽问题的管理标准，实现无纸化办公，简化流程，聚焦质量管理目的，提升效率。同时，做到信息留存，通过数据汇总分析辅助决策。

4）安全管理

规范安全管理业务流程，责任到人，隐患排查在线记录、规避风险，简化传统整改流程，提高问题处理效率，数据汇总清晰准确，安全例会决策有据，实现项目零安全事故。

5）技术管理

提前进行图纸校核、模型优化，减少过程变更；提前进行施工模拟、工序穿插校核，合理编制进度计划，预留进度风险时间；提前安排配套任务计划，保证现场无窝工、无材料短缺、无机械滞留等情况，节约成本。

6）创优目标

项目施工过程中全面推进信息化技术运用，保证运用的完整性、系统性及创新性，组织 3 次及以上省级项目观摩，确保省级示范工地，争获国家级文明示范工地，争创"鲁班奖"，打造企业品牌形象。

7）人才培养目标

通过引入数字化、信息化管理手段在岗位以及项目级的落地应用，促进项目全体人员对于新技术的了解及认识，积累项目管理经验，探索基于数字化模式下的项目管理思路，后续可根据个人发展情况更多的拓展 BIM 技术应用，提升个人综合能力。

（2）组织架构

见图 6-3-13。

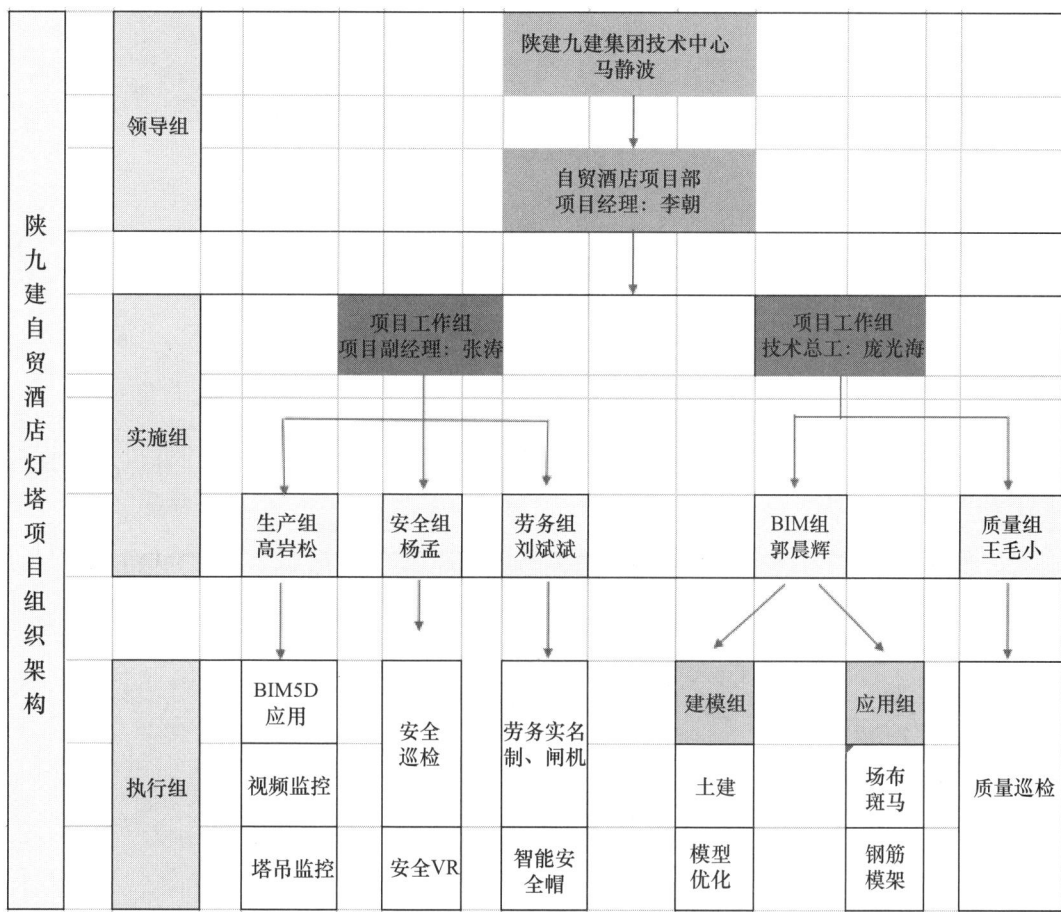

图 6-3-13　项目组织机构图

3. BIM 技术应用概况

（1）建立和优化各专业模型、场布方案

通过提前建模进行问题汇总，共计结构 68 个，并在图纸会审上进行展示汇报，图纸问题发送设计院，得到回复变更，避免了后期施工中出现问题。场地布置建模及应用见图 6-3-14。

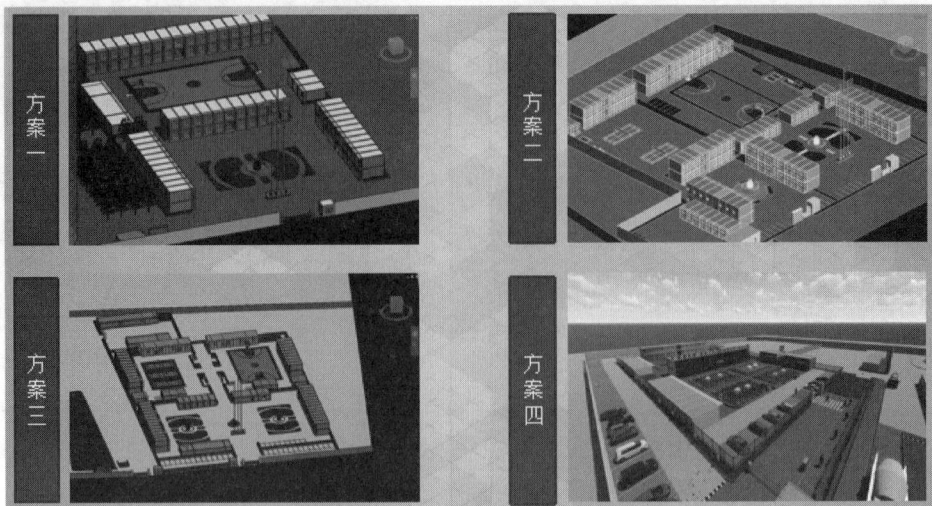

图 6-3-14 场地布置建模及应用

（2）可视化技术交底

主楼电梯坑基底在开挖时发现含水层，确认为地层中的滞留水，项目部编制出滞留水处理方案，采用 BIM 技术进行工艺模拟，最终经过专家论证，确认了方案的可行性，在施工时实施该方案。采用可视化交底方式，将交底文件和视频上传至云端，生成二维码，手持终端扫描二维码可随时下载阅览，使用方便快捷。

4. BIM 技术创新应用

本项目使用广联达数字项目管理平台（BIM5D＋智慧工地）进行综合信息化管理（图 6-3-15）。

图 6-3-15 BIM5D＋智慧工地首页

本项目建立了严格的管理制度及执行标准，通过"信息技术提高效率，智慧建造成就未来"的决心，用科技手段提升项目建设管理。基于项目重难点，建立了 BIM＋智慧工地管理平台，主要有劳务实名制、智能安全帽、质量巡检、安全巡检系统、BIM5D 生产进度管理系统、视频监控、环境监测，核心解决现场人员管理、质量、安全、进度、环保等问题。

（1）进度管理

项目运用 BIM5D 平台，集成项目各专业模型、并以模型为载体集成项目进度、质量、安全、技术、图纸等信息，在平台中实时管理（图 6-3-16）。在施工前期，将模型与计划关联，形成总、月、周三级计划体系联动监控体系，生产经理将周计划通过网页云端派分到生产部门人员移动端，任务责任到人，工长利用移动端现场实时反馈现场各区域施工进度，实现三级实际进度数据逐级反馈，并进行多次施工模拟和计划优化，从而保证能顺利有效地开展施工作业，减少现场返工，节约工期成本。

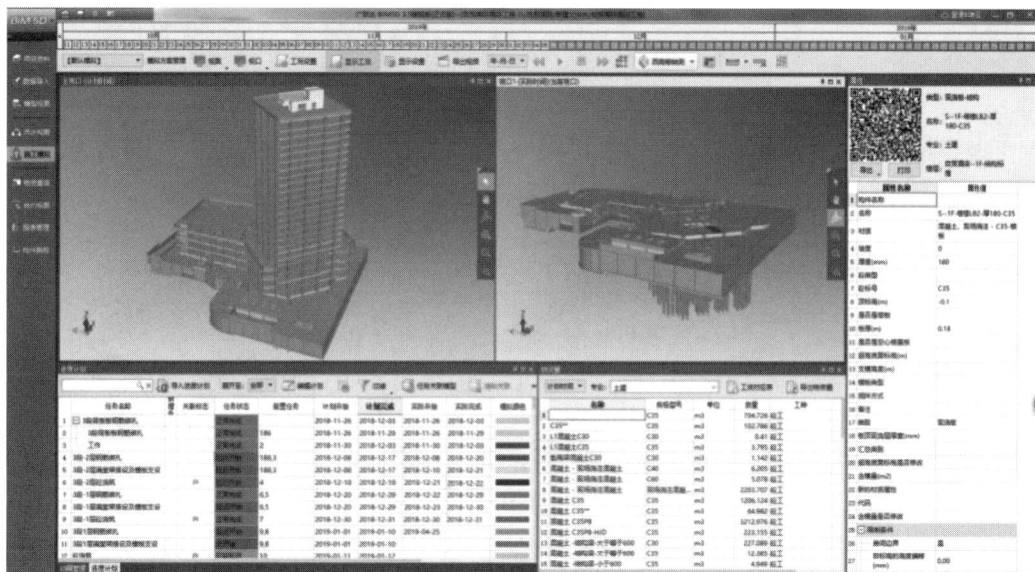

图 6-3-16　BIM5D 进度管理

（2）劳务管理

现场实行全封闭式管理，采用智能安全帽和闸机相结合的方式，建立劳务实名制（图 6-3-17）管理，新工人进场做好安全教育，在办公室办理实名制登记，领取安全帽。各分包工人均佩戴智能安全帽进入施工现场，临时人员采用身份证的方式进入施工现场，有效落实实名制管理。

从源头防范用工风险：人员入场登记环节，系统内置黑名单库并可从年龄、地域、民族、身份证真伪、是否过期等方面设置管控规则，把不合规人员禁止在入场初期。累计拦截 7 名不合规人员进入施工现场。

（3）材料管理

通过 BIM 应用，规范材料标准化管理，提高材料员业务水平及项目台账管理水平，规避了现场管理人员频繁更换，台账不全、资料丢失的风险。钢结构从进场验收、吊装、构件实际定位、实测实量、资料归档全过程管理，把控每个质量控制点，做到精准安装。材料管理见图 6-3-18。

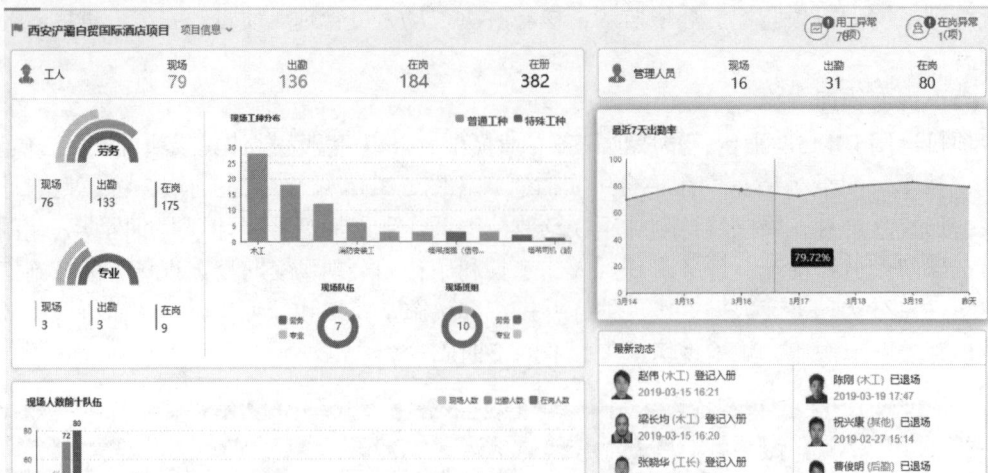

图 6-3-17　劳务实名制管理

图 6-3-18　材料管理

（4）质安管理

本项目质量安全巡检中做到每天至少巡查两次，上下午各一次，管理人员用手机 App 将现场存在的隐患拍照或者拍视频上传到平台，简化了工作流程。同时智慧工地让项目上更多人变为了质量和安全人员，所有 App 使用者将看到的质量安全问题提交到平台，管理人员根据现场人员提供的照片或者视频，配合着责任区域直接确定问题并将解决方案上传到平台，现场管理人员将其解决，相关责任人员直接查看问题解决进度。

（5）周报及周会管理

自动生成 PPT 和数字周报，PPT 内容全面（进度、质量、安全、人材机、下周进度计划）、图表分析明确，数据真实，可提高内业工作效率，增强现场有效管理。项目周例会由各部门利用平台直接汇报，提升周例会会议效率和质量，直观呈现项目进度、质量、安全等关键指标。周报及周会管理见图 6-3-19。

图 6-3-19　周报及周会管理

（6）延期分析

延期原因专项分析，专题会议研讨，提质增效；资源高效调配、风险准确识别，任务有序高效展开。

（7）施工相册管理

施工相册的应用使项目实现影像资料在线化（图 6-3-20），优化了现场影像资料存储方式，照片分类存储、网页端和 App 协同应用，提高获取效率、有效归档、存储有效，避免多人手机相册存储、难查询、难收集、易丢失等情况。

图 6-3-20　施工相册管理

5. BIM 应用总结

项目从初期不适应、部分人不愿意应用，到最后成为标杆，取决于三个重要因素：领导重视、制度完善、项目执行力强。

项目围绕两条生命线：质量安全以防风险、除隐患、遏事故为目标；进度以抓工期、找原因、提效率、控成本为目标，认真落实，积极推进，取得了集团的认可，项目人员也收获了很多。

2019 年 5 月 10 日成功举办了陕建协数字大会"BIM＋智慧工地"观摩会，吸引多家单位前来参观交流学习，提升了公司品牌效益，输出了 3 名优秀的企业讲师。

在加强科技质量工作方面，为企业高质量发展提供不竭的创新动力；创新驱动方面，为企业高质量发展提供强有力人才支撑；推进信息化工作方面，为企业高质量发展增添新动能。从而，提高了人材机精细化管理水平，达到了创新管理要求，达到了降本增效目的。

自贸酒店项目的成功试点，为陕九建集团输出了一定的项目管理价值，陕九建集团已经在整个集团公司推广"BIM＋智慧工地"建设，目前已有 16 个"BIM＋智慧工地"项目，且大部分已获得全国优秀标杆。陕九建集团希望利用科技创新手段，提升集团标准化管理水平，创新驱动，弥补企业发展快、人员短缺的问题，从而创造企业和业主的双赢。

6.3.3 景德镇御窑博物馆项目

1. 项目概况

景德镇御窑博物馆项目位于江西省景德镇市珠山区胜利路御窑厂遗址周边，与始建于唐朝的龙珠阁隔街相望，如图 6-3-21 所示。

图 6-3-21 景德镇御窑博物馆项目效果图

项目位于历史悠久的中国传统陶瓷工艺中心"景德镇御窑厂"遗址周边，建设内容包括：新建御窑厂遗址博物馆、遗址展示房屋设施、游客服务接待中心、新建停车场、历史建筑修缮、古排水渠修缮、围墙修缮及市政道路改造等，因此本工程有以下与众不同的工程特点：

（1）异型结构

本项目博物馆主体设计理念采用了窑洞的元素，均为不规则拱形结构，一共 8 个拱形展馆互相交叠、围合，内外全面满挂窑砖幕墙，这对模板技术、钢筋工程技术和混凝土工程、幕墙工程技术及窑砖砌筑工艺带来了挑战，如图 6-3-22 和图 6-3-23 所示。

图 6-3-22　博物馆完成效果图

图 6-3-23　实际完成效果

（2）古建保护修缮

本项目位于景德镇御窑遗址上，一方面施工过程中要对遗址进行保护，另一方面工程内容也包括部分历史街区建筑修缮、景德镇古街改造、古排水渠修缮及围墙修缮等。

2. 异形模型建模技术

在建模技术方面，单一的 Revit 模型已经无法满足一个异形建筑项目 BIM 技术的需求，因此，项目部针对不同技术难点采用了不同的软件配置。比如结构专业，主要利用设计方提供的 Rhino 模型，通过 3dmax 和 Sketchup 软件的互导，得到 dwg 格式文件，再导入 Revit 中建立双曲面拱体模型，结合机电模型，在 Revit 中进行碰撞综合，修改得到了结构深化模型，如图 6-3-24 所示。

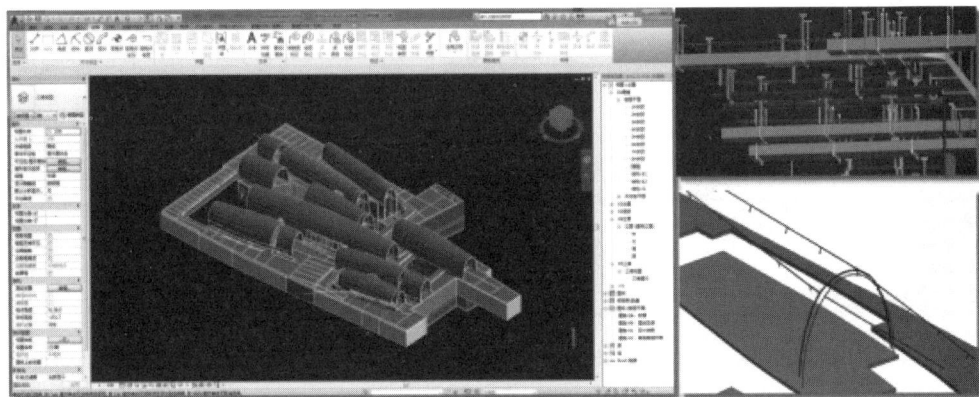

图 6-3-24　结构、支吊架深化模型及双曲弧形喷淋管模型

项目部采用了多种模型软件，从特殊幕墙节点构造、异形模架体系，到对现场临建规划，施工展示样板区均进行了可视化的模拟和交底。当模型完成之后，将模型导出了 dwg、skp、ifc 等多种格式后，导入不同设备和软件中进行其他应用，保证了本项目技术应用模型的统一和可传递性，避免多次建模产生的误差和人工劳动。

本工程包含全球首创的干挂窑砖幕墙体系，其依附于结构的多曲率龙骨和干挂工艺均难以用二维设计进行深化工作，项目部技术员采用 Rhino 和 Revit 进行了三维节点深化工作，指导窑砖和幕墙的生产及安装，如图 6-3-25 所示。

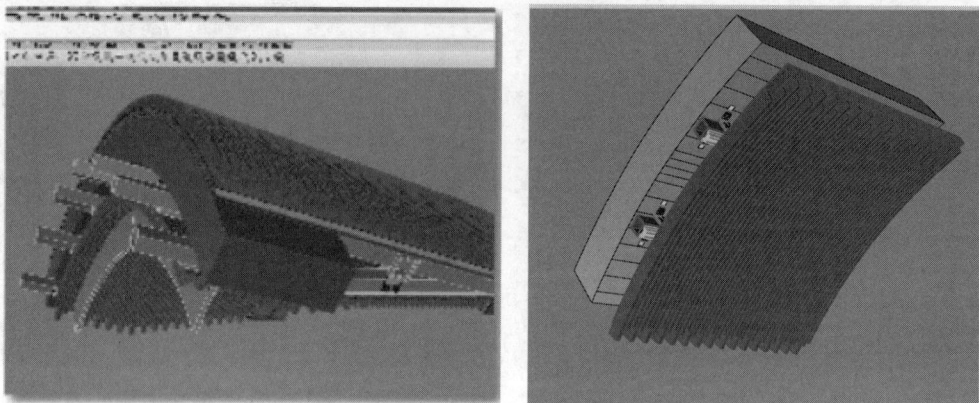

图 6-3-25　窑砖幕墙节点模型

项目团队的专利技术"滑轨式可调模架体系"是一种现浇多向曲率拱体结构的模架体系，在研发过程中均在 Revit 中进行了节点可视化模拟和优化，如图 6-3-26 所示。

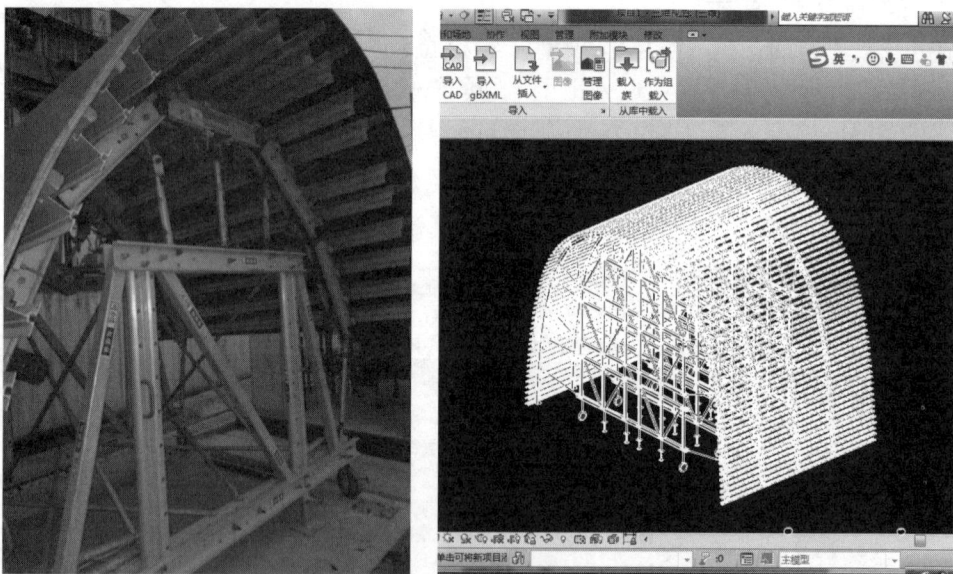

图 6-3-26　滑轨可调模架单元

在窑体设计模型从 Rhino 导出的过程中，由于设计模型构件数过多，以至于无法完全绑定至 Revit 中，造成无规则的构件缺失和破面，如图 6-3-27 所示。

基于不同的软件分析生成模型的质量，最终确定以 CAD 的 dwg 的导入格式，其几何与非几何信息保存最为完善，如图 6-3-28 所示。

（1）深化设计模型采用 Revit 体量功能沿拱体各项弧形中线生成拱体曲面，能够形成平滑的拱体模型，但缺点是无法完全准确复刻设计模型，在端头和 −1 层会有轻微内扣，能够作为机电、幕墙专业的深化设计依据，但无法作为商务算量依据；

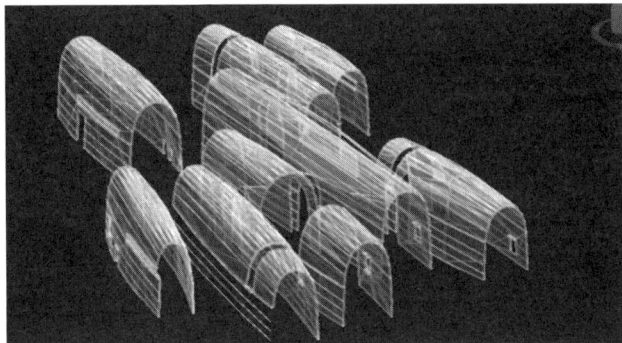

图 6-3-27 直接导入 Revit 信息丢失严重

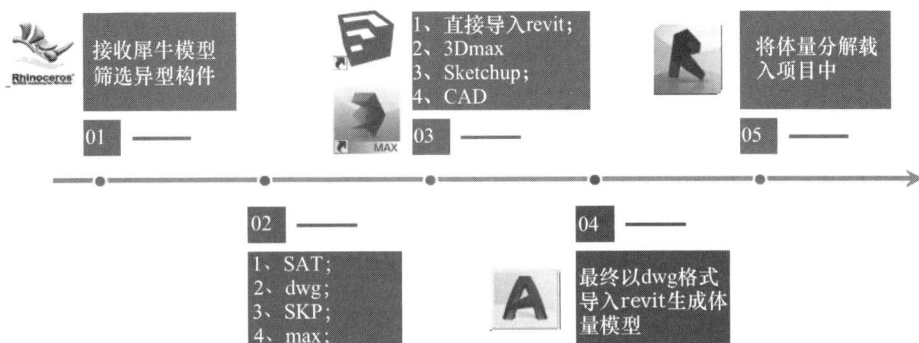

图 6-3-28 异形模型导入过程

（2）商务数据直接从 Rhino 模型自带的几何参数中进行提取，混凝土量参考几何体积，模板量参考几何表面积，经商务工程师处理后作为成本内控数据。

3. 放样机器人应用

项目基于 Trimble Realworks 插件，在深化调整后的 BIM 模型上，通过抓取控制点生成控制点清单，同模型一并导入手簿中，即可遥控操作机器人进行放线测量工作，如图 6-3-29 所示。上述工作只需要一个测量工程师，就可以对建筑的任何部位进行抓点、放样及完成面校核工作。

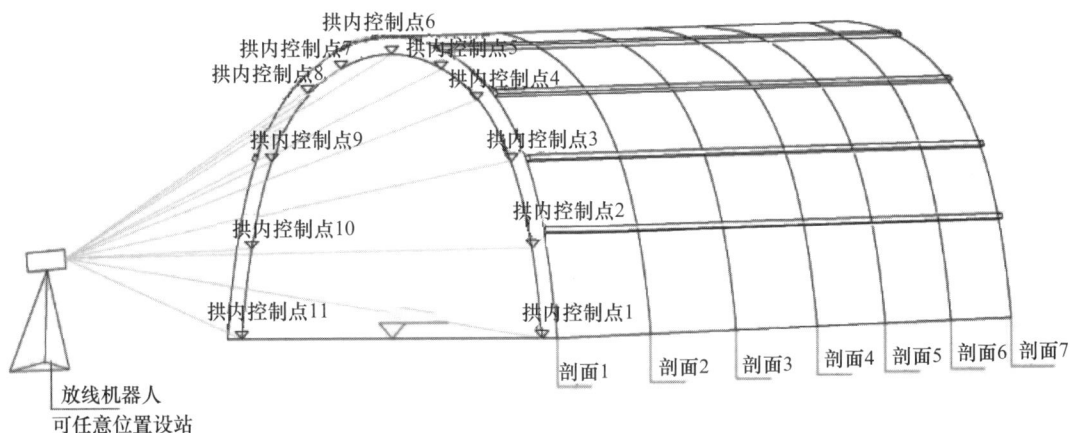

图 6-3-29 放线机器人测量示意图

由于曲面造型放样控制点密集，首先需要编制项目级的放样基点编号列表并确定命名规则。将双曲面拱体 BIM 模型在天宝 T.O.P 插件处理完成之后，将模型导入放样机器人的手簿中，手簿自动读取三维模型和抓取的放样控制点列表。

在施工现场，测量工程师使用 BIM 放样机器人捕捉场地控制点，便于放样机器人自动建立现场坐标系，如图 6-3-30 所示。然后，通过手簿选取 BIM 模型中所需放样点，机器人即发射可见激光射向模型中的指定点位，激光射程在 100m 以内均能满足精度要求，因此对于单个拱体的任何部位，尤其是拱顶，悬空侧窗等人力无法达到或危险系数较高的地方，都可以进行激光放线和测量工作，解决了在二维模式下难以完成的双曲面拱体结构放线难题。

图 6-3-30　拱体模板验收检查

在已通过审批的深化 BIM 模型中，用 CAD 中插件处理完成之后，仅保留控制点，将模型导入放样机器人的手簿中，手簿自动读取模型及抓取的放样控制点列表。进入现场，使用 BIM 放样机器人对现场放样控制点进行数据采集，即刻定位放样机器人的现场坐标。通过手簿选取 BIM 模型中所需放样点，指挥机器人发射红外激光自动照准现实点位，实现"所见点即所得"，从而将 BIM 模型精确的反映到施工现场，如图 6-3-31 和图 6-3-32 所示。

图 6-3-31　拱体模板放线

图 6-3-32　拱体结构校核

项目部使用过程中还在不断总结放样机器人在这样的异形结构中的应用情况。总体来说，对比传统放线方式，基于 BIM 的智能型放样机器人的方式，有着直接读取多曲面拱体三维模型信息、自动存储放样及校核报告、自动化程度高等优势，这个设备在项目的结构施工阶段起到了非常重要的作用。

由于项目多曲率的特点，需要对 400 多个剖面，14000 多个控制点进行放样，在开始的时候就因为点数众多，电脑卡顿严重，造成实验拱体放线抓点错乱，而且在手簿中对这么多点进行修改是非常麻烦的工作，因此就需要工程师经常来回现场和办公室反复修正，浪费了很多时间。

项目采取的解决方法是编制一个放样点命名规则表（图 6-3-33），按照设计给定控制剖面编号，按照顺时针放线依次给所有的控制点命名，这样在模型抓点时就对每个控制点进行编号，以免放线时混乱，在现场放样时也可以一目了然。

放样机器人能够导入三维模型，对异形构造、复杂机电管线定位十分有价值。相对于普通全站仪在放线工作中的人为操作环节减少了，提高了工作效率，一般一天能测 130 个点，相对于普通全站仪，平均每天节省 2 个人工。

4. 三维激光扫描辅助施工与古建测绘

本工程范围除了异型博物馆之外，还涵盖数百栋古建筑民居及历史文物建筑，南方古建筑民居采用穿斗式梁架结构，其体量小，构件尺寸无规律。建筑物年久失修且梁架构件尺寸小，属于危型建筑物。从人身安全及文物保护的角度出发若选用传统人工测量则会加重建筑物的破坏，考虑对文物的保护故此采用三维激光扫描仪对其进行测量，如图 6-3-34 所示。

对于双曲面拱形结构的实测实量技术，目前在行业内尚无可寻的参考方法与规范，而三维扫描进行实测实量是一个能全面体现拱体施工质量精度的方法，如图 6-3-35 所示。

（1）控制点布设

以 1 号拱为例。在扫描工作开始之前，项目部成员先对扫描拱体周围环境进行了勘察，确定了拱体周围的遮挡物及内部空间情况，在拱体东西两头、内部及地下部分一共设立 7 站。然后在拱体内部标高、平面不同的 4 处张贴了标靶纸，并利用放样机器人测出每个标靶纸的三维坐标，作为后期点云与 BIM 模型拟合的结合点，如图 6-3-36 和图 6-3-37 所示。

景德镇御窑博物馆项目 BIM 放样机器人模型导入及放样校核点命名规则表

序号	类型	项目	单体	专业	编号	模型抓点命名	现场取点
1	导入模型	博物馆	G1	STR	201×-××-××	剖面编号＋顺时针位数 Pxx-00x	剖面编号＋顺时针位数＋ RPxx-00xR
2				MEP			
3				CW			
4			G2	STR	201×-××-××		
5				MEP			
6				CW			
7			G3	STR	201×-××-××		
8				MEP			
9				CW			
10			G4	STR	201×-××-××		
11				MEP			
12				CW			
13			G5	STR	201×-××-××		
14				MEP			
15				CW			
16			G6	STR	201×-××-××		
17				MEP			
18				CW			
19			G7	STR	201×-××-××		
20				MEP			
21				CW			
22			G8	STR	201×-××-××		
23				MEP			
24				CW			

例：博物馆 2 号拱结构 2017 年 5 月 26 日导入模型 BWG-G2-STR-2017.05.26

模型剖面 2 顺时针第 5 点：P2-015

现场实体取点剖面 3 顺时针第 6 点：P3-016R

放线报告：模型名称＋ Report

校验报告：模型名称＋ check

图 6-3-33 放样校核点命名规则

图 6-3-34 御窑厂周边市级文物保护单位——方文峰故居三维点云测量模型

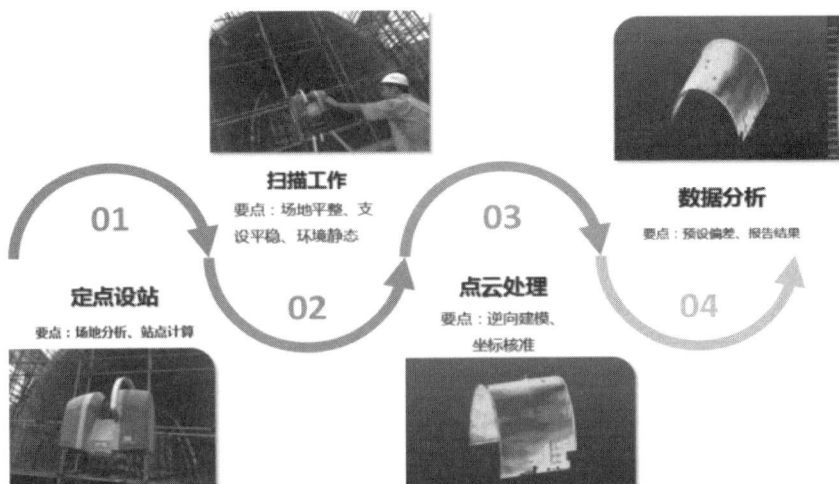

图 6-3-35 三维扫描对拱体实测实量流程

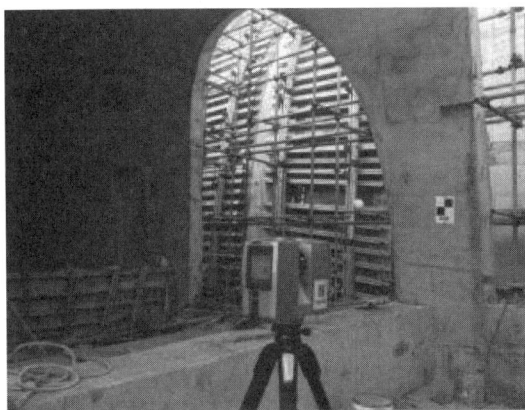

图 6-3-36 三维扫描仪定位 图 6-3-37 标靶纸设置

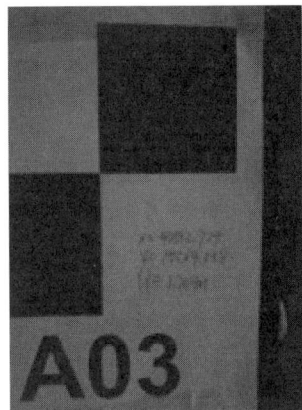

（2）现场扫描

首先架设好每站扫描所需的架设站点，确保最大范围扫描到目标，避免死角，如图 6-3-38 和图 6-3-39 所示。架设好之后需对仪器进行调平，保证后期点云模型的水平对正，由于 1 号拱为较小拱体，因此扫描模式设置为室内 10m。

图 6-3-38　三维扫描仪设置

图 6-3-39　三维扫描仪自动扫描

（3）数据处理

用扫描仪对已完成的双曲面结构进行三维扫描之后，在 TrimbleRealworks 中自动将多站点云模型进行拼接调整，然后将得到的完整拱体点云模型与 BIM 模型叠合，生成了实测矢量色块偏差图等，如图 6-3-40～图 6-3-42 所示。

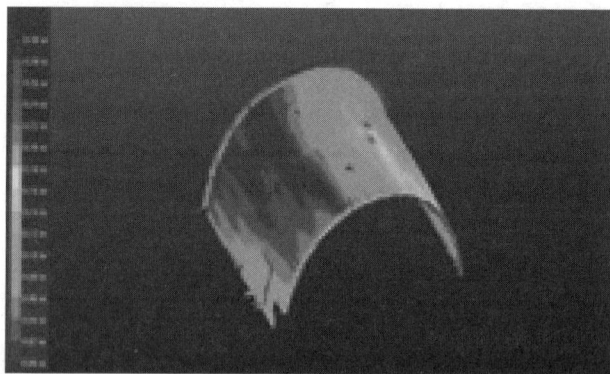

图 6-3-40　色差偏差图

图 6-3-41　在点云中对屋面挠度进行检测

图 6-3-42　在点云中对墙体歪闪程度进行检查

本项目在结构施工过程中，共使用过三个型号的扫描仪：TX5、TX6、TX8，型号越高，点云密度越大，精度也就越大，但同时数据量也更大，项目应根据自身情况选择，对于本项目结构难度虽大，但形体简约不复杂，TX5 级别的扫描仪即可满足要求。

目前点云拼接和对比均可用 Realworks 插件自动完成，能够节省大量人工，但是对对比结果的分析专业度较高，仍需要由专门的测量人员和质量人员主导完成。

5. BIM 应用总结

经过项目实践，总结出如下经验：

（1）一模多用

随着各类建模插件和族库的丰富完善，对于大部分项目来说，建模已经不再是最困难的工作环节，而且随着"BIM＋"技术的发展，BIM 延伸的其他技术可以直接利用这个模型进行更进一步的施工指导，因此，在前期就要对模型的利用进行合理的规划，尽量一模多用，避免多次重复建模，并且还可以保证多个应用之间的一致性和连贯性。

（2）逐步引入智慧建造设备和技术

本项目利用各种智能设备的智慧建造技术，在基于 BIM 技术的基础上，利用了 BIM 中的模型几何信息和模型中包含的非几何且结构化的储存在各个构件里的数据，再根据不同需求利用不同软硬件实现相应的技术和管理的提升。

同时随着各种可以直接利用模型进行现场作业的智能化设备，极大的提高了施工精度及效率，在计算机技术的辅助下，并不需要经验十分丰富的工程师和大量的劳动力，也可以快速的完成施工任务，同时 BIM 中不断增加的结构化数据，以及云协同的工作方式，对于改变传统建筑业凭借经验、技巧和密集劳动进行生产的老旧模式，智慧建造为其提供了更高效的施工解决方法。

6.3.4 雄安市民服务中心全生命期 BIM 应用

1. 工程概况

（1）项目基本情况

雄安市民服务中心项目是雄安新区成立后建设的第一个房屋建筑工程，位于雄安新区容城县小白塔村东部，南临荣乌高速。项目总占地面积约 24 万 m^2，总建筑面积约 10 万 m^2，主要包括 8 个单体建筑。项目承担着雄安新区政务服务、规划展示、会议举办、企业办公等多项功能，是雄安新区面向全国乃至世界的窗口，也是新区功能定位与发展理念的率先呈现。雄安市民服务中心园区效果图见图 6-3-43。

图 6-3-43 雄安市民服务中心园区效果图

（2）项目特点与难点

1）业态多、功能丰富

本项目工程总承包范围包括：土方工程、支护工程、地下及地上结构、建筑及普装、室外园林、机电、幕墙工程、电梯工程及弱电等承包工程。此外，还包括综合管廊、海绵城市、园区市政道路等工程。

2）智能化水平高

项目信息化要求高，要求响应雄安建设"数字孪生城市"的目标，实现运维管理。项目有 2 万多个物联网传感器，联网现场采集的数据信息上传至服务器，随时调用物联网数据应用于园区管理，在数据层面和应用服务层面将 BIM 和物联网进行技术融合。

3）装配率高

项目 8 个单体中有 7 个采用钢框架结构，另一个采用模块化集成房屋。机电、装饰、幕墙等专业也大量使用装配式构件、部品，总体装配率较高。

项目 2017 年 12 月 7 日开工，2018 年 3 月 28 日竣工，工期仅 112 天，工期紧且经历冬季施工。项目全生命期运用 BIM 技术，实现 BIM 模型"设计 - 施工 - 运维"的传递，在施工中运用 BIM 技术进综合协调、施工模拟、数字化加工，引入智慧建造系统，提高了项目的施工效率和信息化管理水平，为项目的按期交付打下了基础。

2. BIM 组织与应用环境

（1）BIM 组织架构

项目建立了由项目公司主导，全员应用的 BIM 组织机构，其中设计阶段由中国建筑设计研究院有限公司负责设计阶段 BIM 模型的创建及整合，施工阶段由中建三局集团有限公司负责 BIM 实施，运维阶段由河北雄安市民服务中心有限公司进行智慧运维。

施工总承包团队组建以项目技术总监为首的 BIM 管理团队，对接各设计单位汇总整理设计 BIM 模型，制定 BIM 实施方案，明确 BIM 工作目标，完成项目 BIM 工作的整体协调管理工作，并将竣工模型与现场施工质量数字化记录成果提交运维管理团队。

项目在开工前期已经制定《统一 BIM 技术措施》、《管线综合规则》、《轻量化模型导出及设置指南》、《BIM 交付深度要求》等 BIM 实施方案，保证各方模型的命名、颜色、材质、拆分等统一。

（2）BIM 软硬件环境

1）硬件环境：BIM 应用采用高端台式机与移动工作站，其具体配置如表 6-3-1 所示：

硬件配置		表 6-3-1
硬件配置	台式机	笔记本
CPU	Intel i7 7700K	Intel i7-7700HQ
内存	16 ～ 32 GB DDR4 2400	8×2GB DDR4 2400
显卡	GTX1060，6G	Quadro K2100M 2G
硬盘	SSD 256GB HDD 2TB 7200 转	SSD 120GB HDD 1TB 7200 转
显示器	24 英寸三星	15.6 英寸 1920×1080
操作系统	Windows 10，64 位	Windows 10，64 位

2）软件环境：BIM 应用主要软件名称、版本及用途如表 6-3-2 所示：

软件配备及用途　　　　　　　　　　　　　　　　　　表 6-3-2

软件名称及版本	用　　途
Revit2016	主要进行本工程建模、复杂节点深化
Navisworks Manage2016	主要进行碰撞检查、施工模拟、进度模拟、模型整合、漫游动画等
Tekla Structure19.0	主要进行钢结构建模、深化设计
3dMax2015	主要进行动画制作
智慧建造系统	辅助项目进行进度、质量、安全、物料、环境、劳务等全过程管理
Infraworks 2018	主要对项目进行地理信息 GIS 的导入与场景的模拟

3. BIM 技术应用概况

（1）设计阶段 BIM 应用

本项目设计单位通过 CBIM 协同设计平台，实现短期内项目各单体建筑的高效建模。

设计单位利用 BIM 进行自然采光模拟、室外风环境模拟辅助方案设计。通过模拟，调整建筑布局、饰面材料、围护结构的可见光透射比等，改善室内自然采光效果；调整通风口位置、尺寸、建筑布局等改善室内流场分布情况，并引导室内气流组织有效地通风换气，改善室内舒适情况。见图 6-3-44 和图 6-3-45。

图 6-3-44　CBIM 协同设计平台建模　　　　图 6-3-45　建筑风环境模拟

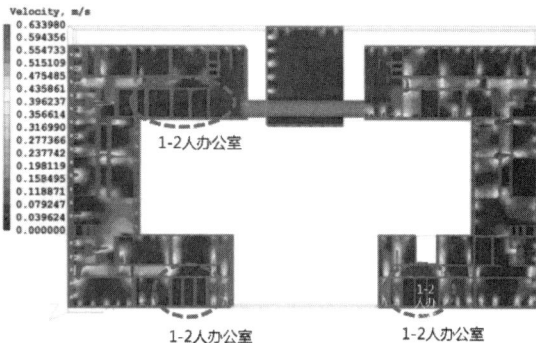

（2）施工阶段 BIM 应用

1）BIM 深化设计与综合协调

在深化设计过程中，各分包团队创建了包括建筑、结构、机电水暖和市政设施等 LOD400 级别的模型，以模型辅助图纸的绘制，缩短了项目深化设计的周期。为了减少各专业设计成果之间的冲突，进一步提升图纸质量，总包设计协调部将各分包商的 BIM 成果进行综合，利用 Navisworks 开展碰撞检查，对碰撞过程中发现的问题进行记录，再通过专题例会的形式将修改任务进行分配。

在 40 天的深化设计校核周期内，通过综合协调解决图纸问题共 534 项。消除了大量分包商之间的矛盾，使得深化图纸具备良好的可建造性，避免了现场拆改的返工与材料的浪费。

2）基于 BIM 的移动数字化加工

工程钢结构用量 1.1 万吨，全部使用 BIM 完成深化设计，并在工厂进行加工制作。所有的钢构件通过频射技术和信息化平台对构件的下料、运输、安装进行追踪管理，见图 6-3-46。整个项目相比钢筋混凝土的结构形式，总体工期节约达 40%，建筑垃圾减少 90%。

为解决项目运输道路拥堵的难题，总包团队在现场建立了机电数字化加工基地，占地面积 3500m²，见图 6-3-47。借助高精度的机电 BIM 模型，运用自动化切割、焊接设备。完成风管，支架的预制，提高工效 45%，节约材料 10%。

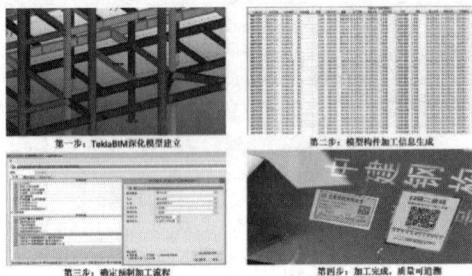

图 6-3-46　基于 BIM 的钢结构预制加工流程

图 6-3-47　机电数字化预制加工基地

本项目企业临时办公区面积建筑面积 3.3 万 m²，全部采用钢结构模块化集成房屋。在工厂里建立建筑、结构、水、暖、电、精装各个专业的 BIM 模型（图 6-3-48），实现构件标准化、节点设计标准化、户型标准化，所有构件均在工厂生产、质检、组装。

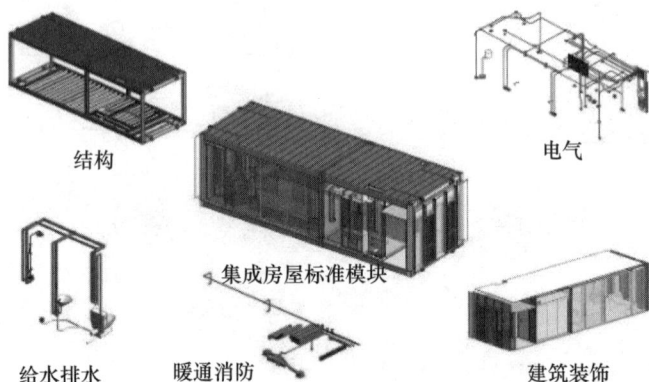

结构

电气

集成房屋标准模块

给水排水　　暖通消防　　　　建筑装饰

图 6-3-48　钢结构模块化集成房屋全专业 BIM 模型

4. BIM 技术创新应用

（1）基于 BIM 的智慧建造系统创新应用

采用中建自主研发的 BIM 智慧建造系统（图 6-3-49），该系统融合了 BIM、物联网、移动通信等技术，可以辅助总承包管理团队对监控、进度、质量、安全、劳务、工程等进行管理。

该系统把智慧工地、BIM、施工信息化管理融合到了一起。该系统作为数据集成枢纽，将虚拟的 BIM 模型、无人机航拍图像、监控影像、施工管理的记录、大量环境监测水电能耗监测等物联网设备的数据全部囊括，实现建筑施工全过程的数据自动采集、分析并预警。该系统分为 8 个功能模块，分别是全景监控模块、进度管理模块、质量管理模块、安全管理模块、物料管理模块、劳务管理模块、绿色施工模块、工程资料模块。

图 6-3-49　BIM 智慧建造系统

（2）运维阶段 BIM 应用

在运维阶段，雄安市民服务中心项目通过 SOP-BIM 运维管理平台（图 6-3-50），配合智能传感设备，对园区的人车流量、温湿度、设备运行及保养维修情况、房屋空置率、物业工单、水电能耗、停车场使用情况等实现智慧运营管理。

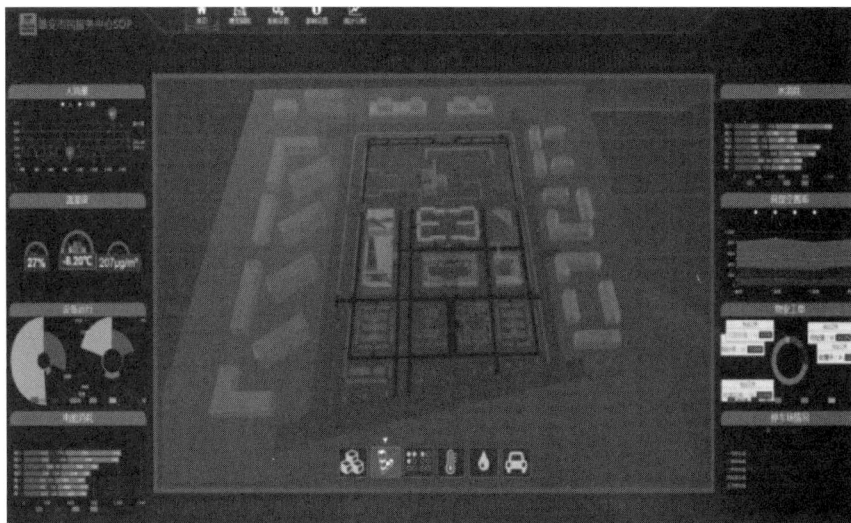

图 6-3-50　雄安市民服务中心 SOP-BIM 运维管理平台

5. 总结与展望

（1）BIM 模型是 BIM 应用的基础，模型细度及创建质量直接影响着 BIM 的应用深度及其应用价值。但精细的 BIM 模型会花费大量的精力，因此工程前期需充分理解设计意图，掌握工程重难点，明确各专业 BIM 应用需求。针对不同应用需求制定 BIM 建模标准及实施规程，确保各专业模型应用价值的最大化。

（2）BIM 全生命期应用需要做到全阶段、全部门、全专业参与，以合理的组织为基础，提高项目人员的参与度，才能发挥其真正价值。

（3）目前运维期 BIM 相关的数据和技术标准均不完善，还需要继续研究数据存储标准，提高数据的利用效率。此外，如何有效的将施工阶段冗余的数据进行分离，精准提取运维所关注的内容，仍需大量的实践和探索。

（4）智慧建造系统实质上是将多种信息技术进行融合，把传统工地管理中离散的、难以管控的信息和数据进行采集与综合利用，显著提高项目管理人员的工作效率，可以预测随着 5G、物联网等技术的高速发展，建筑业精细化管理的内在需求，其应用会越来越广泛。

6.3.5 国家速滑馆项目施工 BIM 技术综合应用

1. 项目概况

国家速滑馆工程北临国家网球中心，西临林萃路，是 2022 冬奥会重要比赛场馆。建筑面积约 9.7 万 m^2，主场馆外廓线投影呈椭圆形，南北长约 240m、东西宽约 178m，地下二层，地上三层，檐口高度 15.8～33.8m。本工程结构复杂，屋盖结构为大跨度马鞍形环桁架＋单层双向正交索网结构体系，外围护幕墙为波浪形曲面玻璃幕墙。幕墙外立面环绕22 根曲线环形玻璃，形成美轮美奂的"冰丝带"，营造出冰与速度的完美结合。项目效果图见图 6-3-51。

图 6-3-51 国家速滑馆项目效果图

国家速滑馆建成后将与"鸟巢"、"水立方"组成"冰"、"火"、"水"三种中国元素的奥运片区建筑群。冬奥会以后将进行二次开发利用，成为集"体育赛事、群众健身、文化休闲、展览展示、社会公益"五位于一体的综合性体育场馆。

2. BIM 应用目标

本项目的 BIM 应用目标可归纳为：

（1）本工程造型复杂、难度大、工期紧，通过在深化设计、加工、施工阶段应用 BIM 技术，实现工程精准、高效建造。

（2）项目参与方众多，通过总承包BIM管理，实现对项目进度、技术、质量、安全等方面智慧、协同管理。

（3）工程受到全世界瞩目，利用以BIM为核心的信息化技术助力智慧建造并为未来智慧场馆运营奠定基础（智慧工地→智慧建造→智慧场馆）。

为实现上述目标，组建了以项目经理牵头的BIM团队，并选用合适的软硬件设备和协同平台。制定了针对全生命期的《国家速滑馆项目BIM实施导则》。

3. BIM技术应用特点

（1）基于仿真分析的BIM深化设计

承接设计全专业BIM模型，在设计模型的基础上进行分专业BIM深化设计，实现BIM模型从设计阶段向施工阶段传递。针对屋面变形及马道机电适应变形施工，进行承重索、稳定索荷载各工况下的变形分析，计算屋面吊挂荷载相对变形，保障了单元式屋面以及吊挂机电设计、施工的可行性。

（2）BIM算量辅助人机料准备

由于土建结构十分复杂，尤其是不同标高筏板之间的高低跨连接及多处嵌套坑之间的连接处构造极其复杂，传统的手工算量困难且繁琐。将结构施工模型依据流水段划分，得出每一段流水段的理论净混凝土方量。

（3）三维可视化交底

针对多标高多规格复杂群嵌套基槽，通过建立开槽BIM模型，优化开槽图的设计。对工人进行三维可视化交底，并导出复杂区域坐标利用全站仪复核，保障开槽精度。

4. BIM技术创新应用

（1）全国首例弧形清水预制看台板

国家速滑馆观众座位共约12000座，其中约8000个为永久座席，下部看台板为预制清水混凝土看台板，共有1911块（约1500m³）。看台板制作使用了再生骨料混凝土，超越国家体育场"鸟巢"首次实现了平面弯弧和立面圆弧。

项目团队在深化设计时统筹协调机电、转播机位的预留预埋，基于BIM技术对看台板截面和构造进行标准化定型设计，特制钢模板进行构件加工，保证浇筑构件的尺寸精度和成型质量。

（2）大跨空间环桁架高低空二次滑移技术

钢环桁架平面投影外形尺寸为226m×153m，节点采用管与管相贯焊接的形式连接，包括328根主弦杆和2220根腹杆，总重约8500吨。截面为组合式桁架，包括7根主弦杆和12根腹杆。杆件截面规格多样，弦杆截面尺寸大，最大口径钢管为D1600×60。

经过施工模拟，将环桁架施工分4个分区，南北区采用原位吊装，东西区采用滑移技术，西侧滑移距离87m（58m＋29m）、东侧滑移距离47m（18m＋29m）。两侧滑移段长181.9m、宽40.5m、重量约2750吨，利用滑移机器人以"场外高空拼装＋高低二次滑移就位"方式进行安装。铺设8条滑移轨道及4组滑移支撑架，全程使用计算机控制液压同步智能滑移。钢结构高低空二次滑移缩短了工期（图6-3-52），同时也节省了支撑材料的用量，实现了平行施工。

（3）双向正交马鞍形索网施工技术

国内最大跨度的单层双向正交马鞍形屋面索网，南北向最大跨度198m，东西向最大

图 6-3-52 环桁架高低空二次滑移

跨度 124m。索径 64mm、74mm，用钢量仅约为传统钢屋面的 1/4。首次实现建筑用高钒封闭索国产化，打破了国际市场的垄断。共使用高钒封闭索 968 吨，总长度 20410m，共 498 根。索体最具特色的 Z 形钢丝采用整体模拉法，拉丝模的设计采用三维软件模拟圆形钢丝拉拔到 Z 形钢丝。

为验证结构建造过程的可行性和安全性，采用"地面组装索网、整体提升张拉"的总体施工方案。地面索网铺装，根据索在地面投影点坐标进行精准放样。索夹螺栓在地面全部拧紧后整体提升，提升过程中对称分级缓慢进行，所有提升机器人由计算机控制。稳定索同步张拉最大距离为 370mm，张拉分 8 步，设有 60 个张拉点同步进行张拉。填补了国内首个大吨位、大面积的超大跨度单层正交索网同步张拉技术空白。索网施工见图 6-3-53。

图 6-3-53 索网施工完成

（4）天坛形曲面玻璃幕墙施工技术

外立面二层以上为天坛形曲面幕墙系统，由 3360 块单曲面玻璃和平板玻璃拟合而成，单曲面玻璃块数为 1440 块，面积约 8800m²，平板玻璃为 1920 块，面积为 5900m²。围护结构外由 22 根"冰丝带"环绕,平均每条丝带长约 622m。幕墙玻璃单元块无一相同,大量曲面玻璃加工困难。

通过 BIM 模型首先将 S 形钢结构由双弯构件优化成易于加工的单弯构件,根据 S 形钢结构的优化结果对建筑外表皮进行重新分割。深化后的幕墙龙骨、玻璃及相关配件均由 BIM 模型提取并对接到加工中心进行加工制作。在 BIM 模型中,利用 GH 插件快速导出现场安装需要的 S 形龙骨定位坐标,施工现场利用全站仪,将所需要的定位点在现场实现精确放样,保障 S 形龙骨安装精度,最终以保障玻璃安装精度。

(5)适应索网变形的柔性单元式屋面

屋面单元块投影尺寸约为 4m×4m,固定于索网支座上,形成柔性单元式屋面。1080 块屋面单元块各不相同且造型复杂,并集成了天窗、天沟、防坠系统。

扫描确定索网支座位置和形态,通过测得的支座生成屋面板块模型,使板块能够适应现场实际结构。参数化生成单元板块龙骨及面板的 BIM 模型,板块龙骨及面材加工数据均由 BIM 模型提取,实现从设计到加工的数据传递和统一,保障了单元式屋面板块的加工精度。原材龙骨为标准尺寸 6m,由于单元块组成的每一根龙骨尺寸都不相同,存在大量的斜角,且精度要求非常高,须逐根定尺,并进行数控切割、打孔。单元块成品运至现场后分别从场内和场外吊装,与索网支座栓接。国家速滑馆外部形象见图 6-3-54。

图 6-3-54 国家速滑馆外部形象

(6)智慧工地施工管理

基于物联网、云计算、人脸识别和大数据等技术,通过布设 4 套人脸识别闸机、43 个高清摄像头、1 套智能电箱、1 套环境监测设备和传感器等,实现对人、机、料、资源、能源的智慧化管理,实现了无卡化劳务管理和统计、智能识别人员劳务信息和安全违规行为、监控现场噪音和扬尘、生活区安全用电监管等,保证了项目施工安全。

(7)基于 BIM 和大数据的全生命期管控平台

联合清华大学研发全生命期管控平台,项目数据采用私有云布设方案,业主、监理、总包在平台下协同工作。质量管理实现了问题记录和整改通知的流转,检查问题直接定位于模型;安全管理通过网页端填报数据,数据同步到电脑端联动管控;进度管理通过施工进度计划和施工方案与模型进行关联,通过移动端进行现场采集进度信息,实现多视角管理;档案管理通过把纸质文档变为有效信息,点击模型可查看与之相对应的文档。

5. BIM 应用总结及展望

国家速滑馆项目在施工阶段通过承接设计方 BIM 模型，进行了全过程的高精度仿真，实现了基于深化模型数据流转的构件加工和安装，持续完成实时高精度测控、健康监测，最终保障了工程精准、高效建造。

未来，我们将打造 2022 年智慧冬奥场馆。通过为观众、运动员、冬奥组委、新闻媒体、场馆运维人员等提供多种赛时服务，为世界奉献一场精彩、非凡、卓越的冬奥盛会。

6.4　基础设施项目应用案例

6.4.1　基于 IPD 模式的西安幸福林带项目 BIM 应用及管理

1. 项目概况

幸福林带初始规划始于 1953 年，是西安市第一轮总体规划中由中苏专家共同规划设计。目前设计方案全长 6km、宽 140m，总建筑面积约 80 万 m²，总投资约 200 亿元。项目包含绿化景观、地铁配套、综合管廊、地下商业空间、亮化工程、市政道路六大业态，是中华人民共和国成立以来西安最大的市政、绿化和生态工程，也是全球最大的地下空间综合体，全国最大的城市林带建设项目。项目效果图见图 6-4-1。

图 6-4-1　项目效果图

幸福林带项目已列为住房和城乡建设部全过程咨询试点项目，中国建筑西北设计研究院被选为试点企业，通过设计理念创新、管理模式创新，辅以全生命期 BIM 应用一体化，在项目实施阶段全面开展全过程咨询试点工作。

幸福林带项目体量大，接口多且复杂，其难点主要有：

（1）幸福林带开挖土方量为 1400 万 m³，规模庞大，相当于把整个西湖填满，土方精细化管控难度大。

（2）混凝土双曲种植屋面施工条件极为复杂，标高变化多，场馆屋面层高最低点 10.65m，最高点 20.55m，最大坡度 1.2，对屋面曲面找形、结构定位、模架立杆等工序要求高。

（3）项目林带项目共 2 个消防水泵房，9 个制冷换热及冷冻机房。机房作为机电安装最为集中的区域，在施工过程中往往受到施工场地狭小、施工环境差、受土建结构施工进度制约等问题，施工复杂且难度大。为此本项目机房将全面采用模块化装配机房技术，提升机房施工质量和运维品质。

（4）项目全段共设开闭所（含变电所）4 处，末端变电所 11 处，用电负荷大，业态种类多，区域分布狭长，环网均为双重供电，环网高压电缆布设数量较大。电缆造价高，施工难度大，工程量统计困难。

2. BIM 应用策划

2017 年 1 月 16 日，中国建筑西北设计研究院有限公司成功中标西安市幸福林带建设工程 PPP 项目，并采用 EPC 建设模式，包含 7 个设计单位、7 个工程局、3 个运营单位。基于此，幸福林带 BIM 应用从全生命期角度出发，结合"时效性"与"专人专事"要求，建立"PPP ＋ EPC"模式下 BIM 全生命期应用的树状架构体系，各子项各阶段各部门人员以不同的 BIM 深度在同一个 BIM 体系中分阶段分步骤实施，模型信息逐步向后传递。

（1）BIM 实施方案

BIM 应用定位企业管理、项目管理以及技术应用管理多个层面，组建幸福林带 BIM 团队，制定总体应用流程，模型将由设计、施工、运维各参与方共同完成，提升设计质量，促进设计施工一体化，为运维提供基础数据。BIM 组织架构如图 6-4-2 所示，BIM 应用总体流程见图 6-4-3。

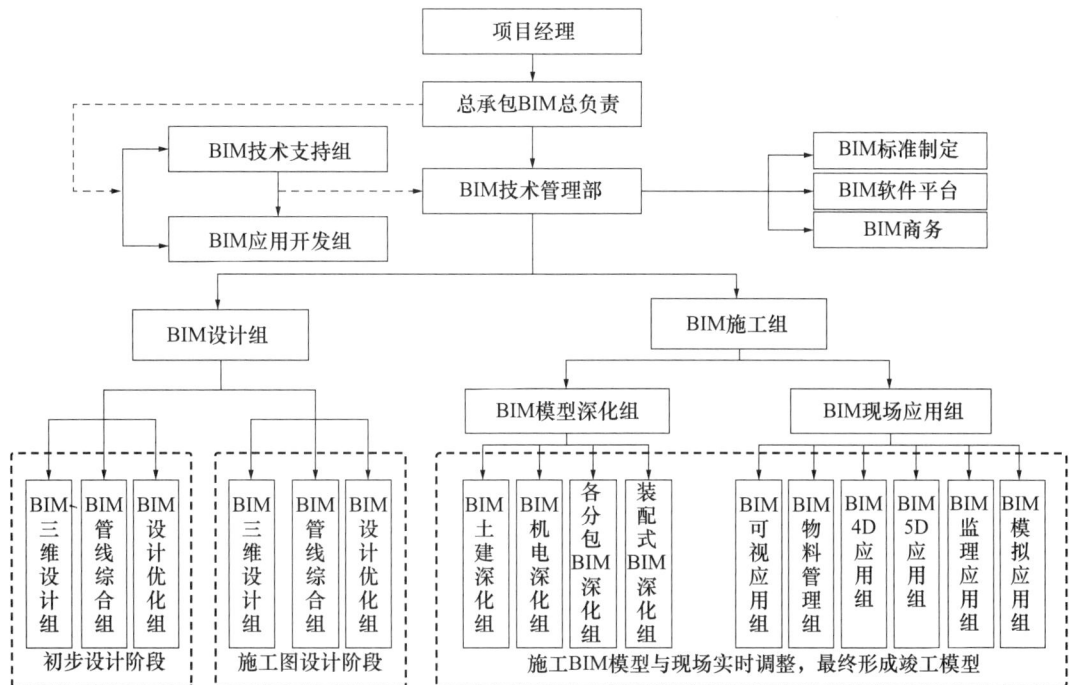

图 6-4-2 幸福林带 BIM 组织架构

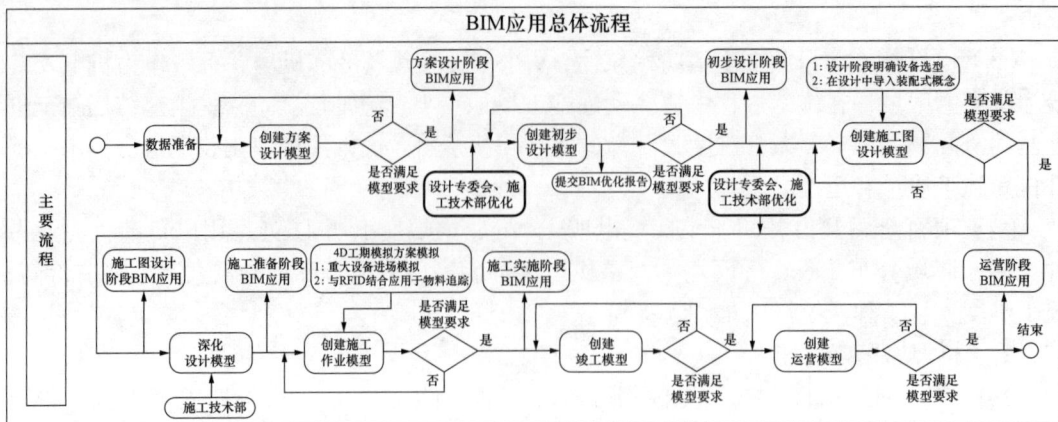

图 6-4-3　BIM 应用总体流程

（2）BIM 实施导则

1）应用原则

辅助原则：目前建设行业，BIM 难以占据主导地位，结合实际情况精准定义 BIM 辅助地位，确保本项目 BIM 技术的实施与落地。

职责一致性原则：按项目管理需求，明确各阶段各参建方职责，加强模型质量管理，为 BIM 应用打好基础。

实施过程同步原则：模型随项目同步更新，满足现场设计与施工进度需求。

第三方审核原则：对各阶段各方模型及应用进行第三方审核，客观评价 BIM 成果，实现定量化考核管理。

拓展性原则：Information—数据的读取与拓展，各阶段在完善项目 BIM 数据时，确保满足下阶段拓展需求。

2）模型细度拆分

根据幸福林带建设项目的整体进度安排，对整个林带模型进行必要的阶段拆分，以各阶段基本需求为原则，制定各阶段模型细度，并保持模型的一致性与唯一性。将整个模型主体分为设计模型、施工模型及运维模型，后续模型在前序模型基础上进行深化，最终得到完整的 BIM 模型。另外，在设计及施工 BIM 阶段，根据需求创建造价 BIM 模型，对模型进行局部深化以提取相关工程量

设计 BIM 与施工 BIM 模型细度拆分见图 6-4-4。

（3）技术标准

制定了整个项目的 BIM 实施方案，以及各阶段的 BIM 实施导则后，开始建立 BIM 模型技术标准，除了常规的统一命名等要求外，主要定位到具体模型的细度划分。

设计和施工 BIM 团队提前对 BIM 模型细度划分进行充分的商讨，从项目的"时效性"和"专人专事"角度出发，由各阶段需求确定模型细度，具体定义每个构件几何及非几何信息细度，合理划分模型细度，极大程度上避免了过度建模，减轻了大量的重复建模工作。同时，由造价部门针对计价要求，对 BIM 模型几何及非几何信息提出相应要求，以满足造价 BIM 需求。

（4）BIM 全生命期体系校验

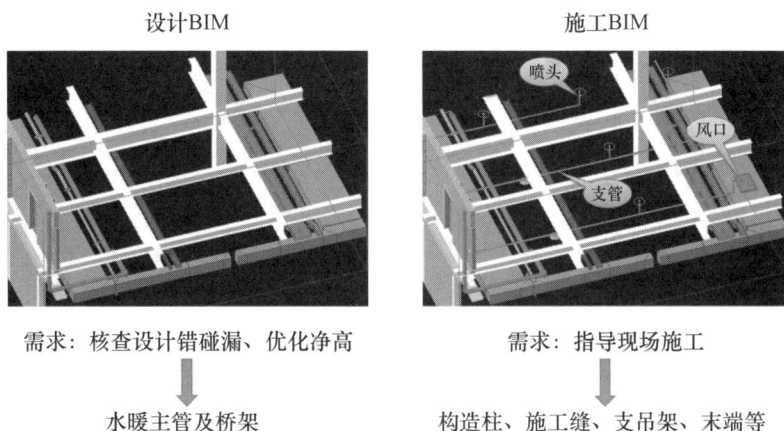

设计BIM　　　　　　　　　　　　施工BIM

需求：核查设计错碰漏、优化净高　　　需求：指导现场施工

水暖主管及桥架　　　　构造柱、施工缝、支吊架、末端等

图 6-4-4　设计 BIM 与施工 BIM 模型细度拆分

在幸福林带建设项目中挑选了一段进行"全生命期 BIM 应用"模拟，提前检验 BIM 应用流程中存在问题，并做好相应的应对措施，为将来全段 BIM 应用做好准备工作。

试验段从三大方面来进行检验：BIM 模型、BIM 应用及组织流程。

1）BIM 模型，检验各阶段 BIM 模型完成的进度以及质量，确定是否能符合施工的进度以及细度需求，以评估技术标准模型细度的合理性。同时，重点查看设计与施工衔接处，识别是否存在空白区域，避免出现"三不管"区域。

2）BIM 应用，按照既定 BIM 应用路线，对各阶段开展的 BIM 应用情况进行检验，考察 BIM 应用的效果，反向追查模型细度是否满足应用要求。同时，还对各参建方 BIM 应用能力及支持力度进行摸底，以便在后期开展差异化管理。

3）组织流程，通过对建模、应用过程的模拟，检验各参建方的沟通协调流程是否合理、高效，人员分工是否明晰。

根据检验反馈总结，对模型的细度、BIM 应用、组织流程及相关作业文件进行了及时的调整，以期更好地满足接下来工作的开展，为幸福林带全生命期 BIM 应用开展打下坚实的基础。

3. BIM 私有云信息化管理平台搭建

选用 EBIM 平台作为 BIM 私有云管理平台，建立一个工程项目内部及外部协同工作环境。EBIM 云平台采用云＋端的模式，所有数据（BIM 模型、现场采集的数据、协同的数据等）均存储于云平台，各应用端调用数据。将 EBIM 应用流程和项目 BIM 的工作流程相结合，将工程模型、各类资料、流程步骤信息等集成到 EBIM 平台上。业主、设计方、施工方等项目各参与方能够根据自身权限随时对协同管理平台中的信息进行提取、编辑和储存。

（1）建立多层级资料管理模块并设置（图 6-4-5）对应的权限以此解决资料传递和保存的问题。自主研发多层级资料管理模块，项目各类工程资料（图纸、文档、表单、图片、视频等）上传同步于云平台，集中存储，统一管理。存储于项目 BIM 平台服务器中，供项目部成员分权限进行共享应用。

（2）以 BIM 模型为沟通载体，基于 EBIM 平台提出了改进的流程："土建一次设计→配合土建一次设计建立相关土建模型→土建二次设计→配合土建一次设计建立相关土建模

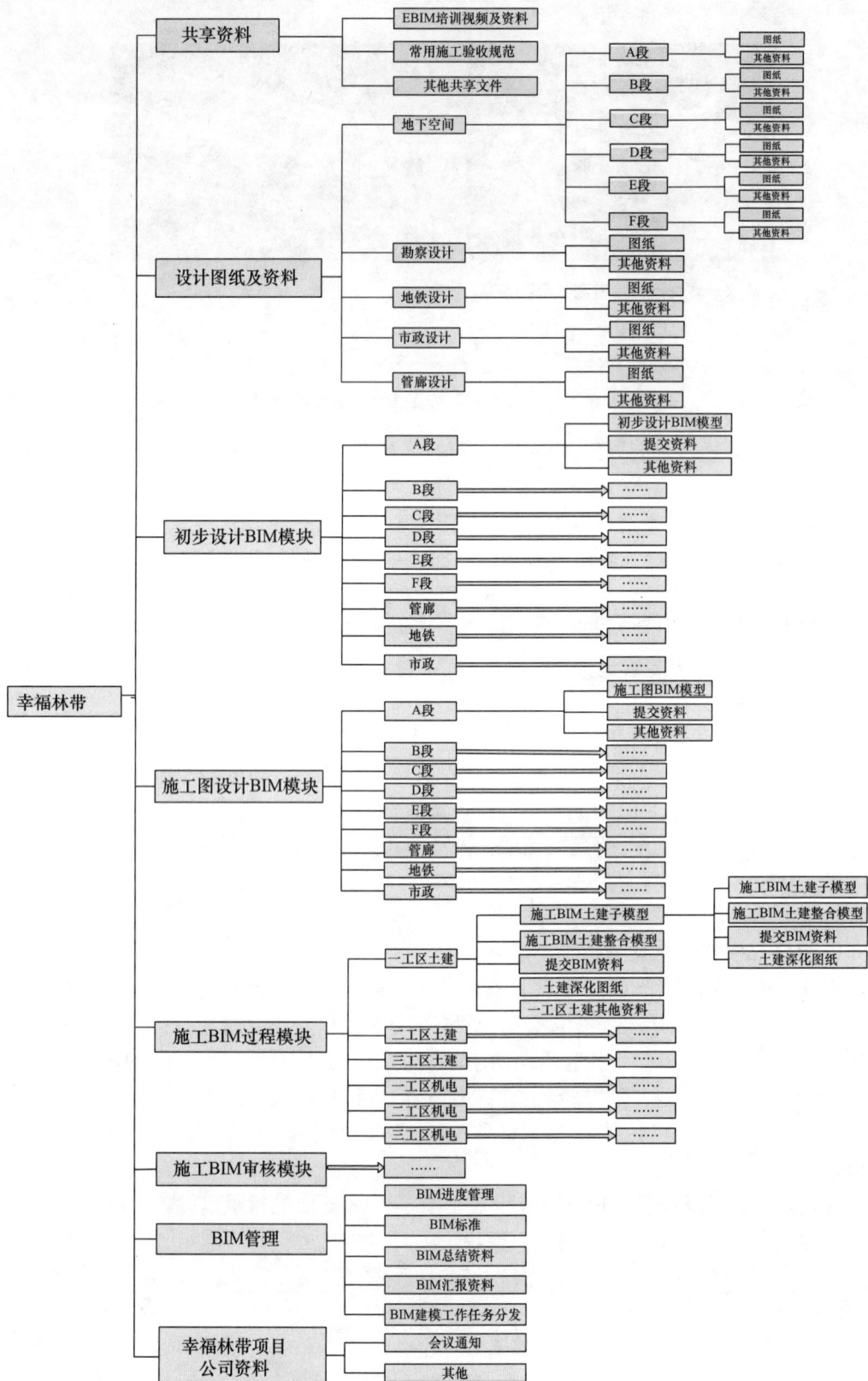

图 6-4-5 多层级资料管理模块设置

型→提前根据幕墙二次深化设计图纸建立相关模型→发现幕墙二次深化图纸与土建二次深化图纸相冲突的问题→通过 EBIM 平台'协同'模块上传问题并 @ 相关人进行及时解决"。设计人员只要上线便能看到和自己有关的问题，例如，我们在施工现场发现的"消防立管与石材外包冲突"的问题，随即就将现场照片及相关问题的详细描述利用语音消息的方式通过 EBIM 发送至对应的负责人进行及时解决。

（3）辅助项目建设方解决施工进度管控的问题。根据甲方的需求，首先分析工程进度计划。将工程进度分解，按月在 BIM 模型上进行标记。设置材料跟踪模板，并将 BIM 模型和实际进度相关联。跟踪平台有坐标点定位的功能及工程量统计功能，可方便建设方随时进行工程监督，了解问题出现的具体位置、完成的工程量、计划完成工程量等，对工程动态实时把控。跟踪设备的 ID、设备名称、跟踪时间以及跟踪人均有事实记录切不能更改，便于责权的划分及管理。

4. BIM 技术可视化应用

（1）设计方案比选

幸福林带由南到北 6km，中间存在诸多迁改管线、东西管廊和幸福林带雨污水管线，由此对整个幸福林带各段产生大幅度降板影响（表 6-4-1）。其中，在某处存在电力管道、雨水管道、东西向管廊，因雨水管道埋深较大，地下一层商业动线完全打断，以上三类管线集中设置，减少对商业动线的影响。由于影响较大，由 BIM 可视化模拟实际降板区域场景，辅助设计对建设方进行汇报。

幸福林带商业降板情况简表

表 6-4-1

项目	数 据					
降板深度（m）	1.5	2.2	2.4	2.5.	3.0	5.1
降板数量（处）	4	1	1	2	1	1
降板总量（处）	10					

（2）地下商业空间标高优化

幸福林带南北高差 29.4m，全段分为 A、B、C、D、E、F 段，初步设计阶段，建立全段地下商业空间及市政道路模型，通过 BIM 模型的可视化分析发现，地下商业存在局部覆土过厚、与市政道路高差过大等衔接不顺等问题。因此，特组织市政道路及地下商业空间设计团队共同优化各段标高，最终将 A 段整体抬高 0.8m，B 段整体抬高 1.2m，仅土方节约 50 万 m³，极大地节约了土方造价，并直接节约了项目工期。

（3）助力项目决策

BIM 应用组利用已有的全段 BIM 模型，结合现有地图辅助建设方进行可视化拆迁方案模拟，更加直观地向政府部门对拆迁区域进行展示，助力幸福林带商业出入口部拆迁工作的顺利审批。

5. BIM 在双曲屋面施工应用

针对空间异型结构 - 双曲混凝土种植屋面，平面为不规则双向曲面，且坡度随高度不断变化。在混凝土双曲屋面模架搭设过程中，采用 BIM 技术辅助设计和施工，进行结构曲面找型、三维模型结构定位、划分分隔网、优化设计方案，并且精确每根支撑杆件定位和高程。

（1）方案初步设计阶段

方案初步设计阶段，通过模型的综合应用，完成双曲屋面的曲面找形、结构定位、净高分析，形成文件后提设计专业进行有限元分析，同时提施工单位进行施工优化。双曲屋面初步设计见图6-4-6。

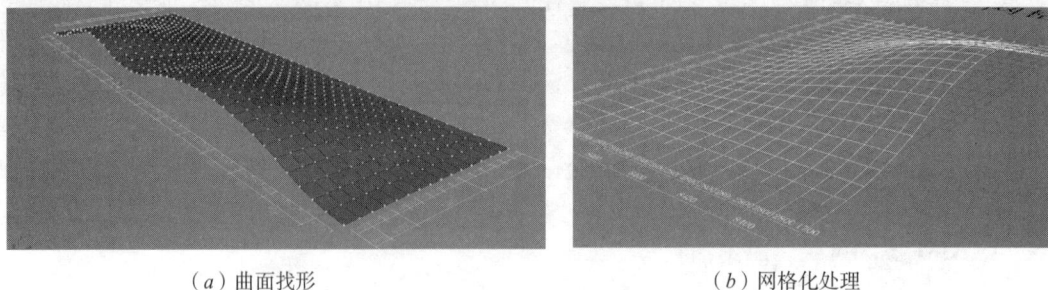

（a）曲面找形   （b）网格化处理

图 6-4-6　双曲屋面初步设计

（2）施工优化阶段

根据方案设计师的思想，双曲屋面为平滑线条的弧形梁板，造型优美，但在施工过程中，混凝土的平滑的弧线需要在模板支设过程中，将模板分为 0.7m×0.6m、0.6m×0.6m 的散块模板，切割与拼装工程量巨大。因此，我方与设计共同协调，将整体的弧线梁根据井字梁的交点改为"逢梁必折"的折线梁，直接将梁模板的长度从原有的 0.6m 提升至 1.8m，减少模板切割时间与组装拼接时间，减少模板损耗率，加快施工进度，缩短施工周期。

根据设计计算结果调整及施工优化结果重构屋面模型，验证屋面是否满足原方案效果，见图 6-4-7。

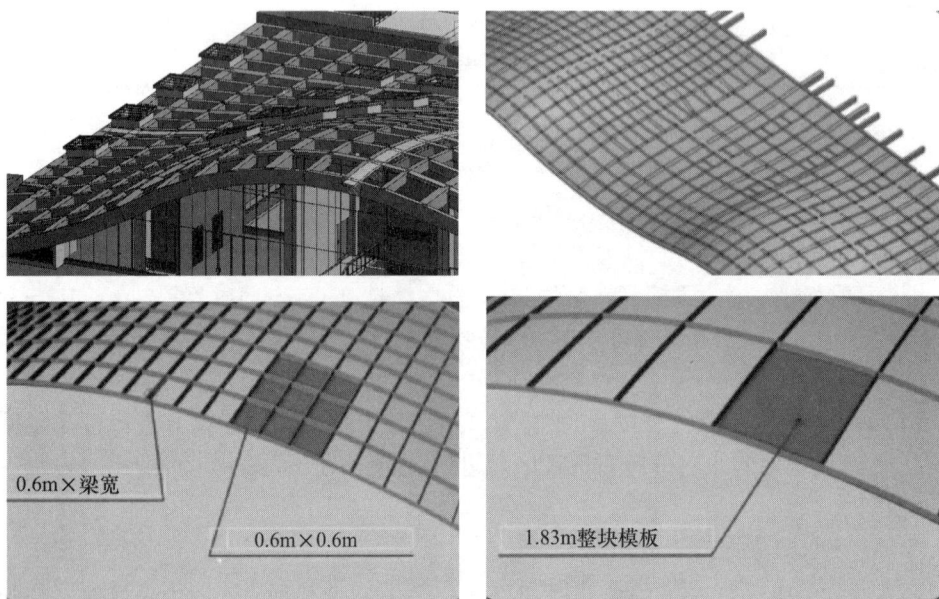

0.6m×梁宽

0.6m×0.6m

1.83m整块模板

图 6-4-7　根据设计优化结果重构屋面模型

（3）现场施工阶段过程纠偏

通过模架安全专项计算，立杆的横纵向间距均不大于 900mm，步距不得大于 1500mm，顶部自由端长度不大于 650mm，部分大体积梁底须回顶 1～2 根立杆。根据验算结果，进行模架排布。排布完毕后，将模架排布图导入 Revit，利用 Revit 中的地形功能，建立双曲屋面地形拟合模型。拾取各个立杆位置相对应的板顶标高后，下翻出立杆标高，形成《模架立杆标高详图》，下发工程部辅助施工管理。

（4）施工准备阶段

根据《模架排布图》与《模架立杆标高详图》的尺寸定位，对现场进行精细化放线，劳务工人严格按照放线进行立杆位置确认。但在施工过程中，因盘扣架插口位置的误差累积，整体模架在单向搭设 32m 时已累积多出原定立杆放线位置 30cm。工程部及时反映现场实际情况，技术部与 BIM 小组对模架进行极坐标踩点，与原图纸模型位置核对后，按照踩点数据复原现场实际模架排布，计算误差，并重新以约 908mm、605mm 的立杆间距进行模架排布，重新按照新版《模架排布图》提取高程，指导现场施工。

6. BIM 土方精细化管控

幸福林带项目南北高差 29m，土方开挖量为 1068.6 万 m^3，覆土回填量为 226.2 万 m^3，土方开挖量及外运量巨大。基于本项目的特点及需求，BIM 团队致力于利用 BIM 技术在设计施工一体化过程中解决项目存在的重难点，土方精细化管控具体应用如图 6-4-8 所示。

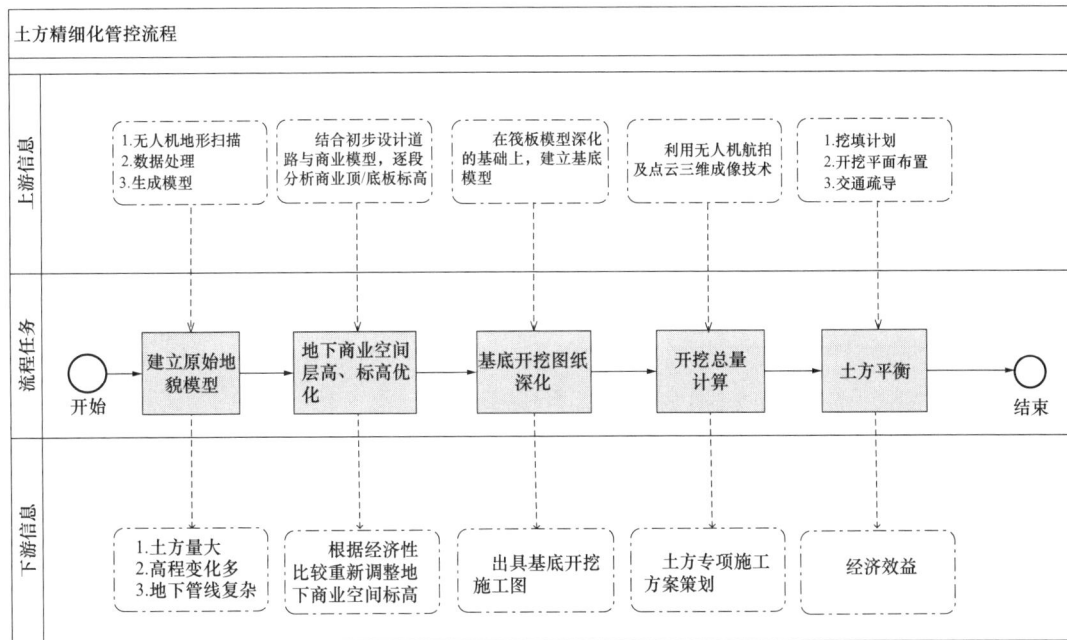

图 6-4-8 土方精细化管控流程

（1）建立原始地貌模型

1）利用 BIM ＋无人机＋三维激光扫描仪获得地表原始数据；

2）将影像资料通过 ContextCapture Center 软件处理达到模型原材料数据；

3）生成原始地貌模型，见图 6-4-9。

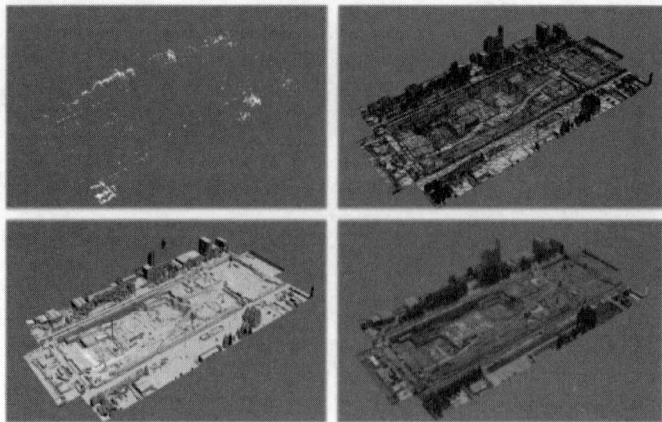

图 6-4-9 建立原始地貌模型

（2）地下商业空间层高、标高优化

通过对模型分析，设计师对市政道路与地下商业空间的层高、标高进行优化分析，节约土方开挖工程量。

（3）基底开挖图纸深化

对设计基底形状及连接部位深化后得到基底模型，出具基底开挖施工图（图 6-4-10），大大加快开挖进度。

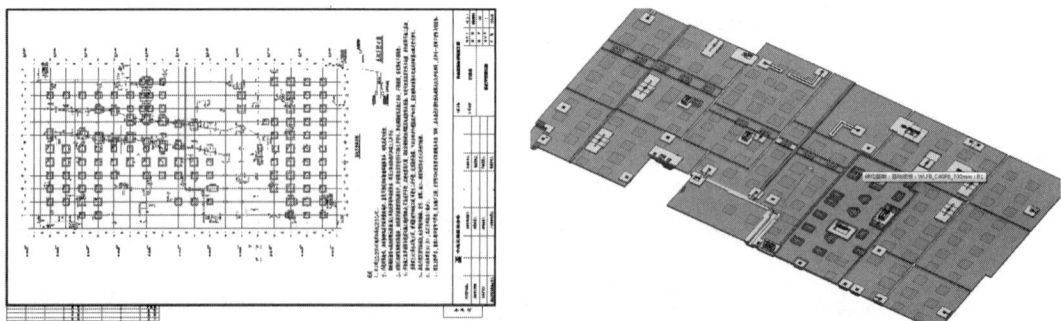

图 6-4-10 出具基底开挖施工图

（4）开挖总量计算

设计标高和基底模型确定后，选取土方量计算区域，输入基底开挖标高参数，即可得到土方工程量。幸福林带项目土方开挖量为 1068.6 万 m^3，覆土回填量为 226.2 万 m^3。

（5）土方平衡

根据计算出的土方开挖与回填量，做好现场土方施工阶段平面布置，通过挖填计划、土方开挖施工部署和出土交通疏导规划确定土方平衡方案。

7. 开发 BIM 电缆提量工具

（1）电缆综合排布及电缆量提取

项目通过在 BIM 电缆综合应用探索的基础上，二次开发 BIM 电缆建模及算量工具，利用该插件在 BIM 机电综合模型上完成电缆模型的建立，同时根据规范及具体施工要求进行电缆模型的综合优化，利用 Navisworks 进行电缆敷设工序的模拟，进一步验证电缆综合排布的合理性，最后绘制电缆施工图，并利用 BIM 电缆建模及算量工具一键导出电缆工程量用于电缆采购。

（2）BIM 设计复核计算

在管线综合的排布过程中由于碰撞打架、净空要求等因素，对管线路由进行了一定的调整。因此需要及时快速地对机电专业进行设计复核，才能保证建筑使用要求。

针对此问题，我们通过 BIM 精细化设计计算工具的开发并结合 AirPak 气流组织模拟软件，完成空调系统计算机三维仿真模拟，从而确保建筑内速度场、温度场符合实际使用要求。具体实施步骤：

1）空调系统气流组织模拟

根据精装修点位完成机电模型的调整，将建筑、风口、灯具等模型导入 AirPak 气流组织模拟软件中，在 AirPak 软件中进行模型的设置、修改及添加，例如风口的定义及风口风速的设置，环境及计算的相关设置，最后生成网格并完成迭代计算。

2）基于 Revit 二次开发的 BIM 精细化设计计算

经过 AirPak 气流组织模拟，不断迭代，最终确定合适的风口风速及风口尺寸，并修改 BIM 机电模型，在模型中添加风口流量、局部阻力损失等参数。利用自主开发的 BIM 精细化设计计算工具，快速提取 BIM 模型计算参数，自动迭代计算风管管件局部阻力系数，最终生成相应系统设计计算书。

本项目地下一层为商业，吊顶空间较高，给机电管线预留空间较小，风管翻弯量较大，通过气流组织模拟，确认机电管线深化对建筑内速度场、温度场的影响，及时调整方案，避免后期调试出现返工现象。

8. IPD 和 BIM 应用总结

通过幸福林带项目 BIM 技术的实际应用证明，BIM 技术的全生命期应用和全过程项目管理服务确保了设计理念的超前性和合理性，建设模式的高效性，技术手段的先进性，并创造了极大的经济效益和社会效益。

幸福林带建设项目是中建全程主导，中建投资、中建设计、中建施工、中建运营，是中建第一个 IPD 设计模式落地项目。IPD 模式改变了传统 DBB 模式原有的技术水平和运营模式，获得了陕西省政府高度好评，树立了行业供给侧改革创新发展模式的典范，有效探索了 BIM 技术装配式施工的高效实现路径。

6.4.2　沪通长江大桥工程建设 BIM 技术应用

1. 项目概况

沪通长江大桥是一座公铁两用桥（图 6-4-11），总投资 150 亿元。大桥全长约 11 km，由正桥和南北引桥组成，钢结构用量 25 万 t，混凝土用量 230 万 m³。其中正桥长约 6 km，含一座主跨 1092m 钢桁梁斜拉桥，一座主跨 336m 钢桁拱桥，和 26 孔跨度 112m 钢桁梁桥。钢桁梁桁宽 35m，桁高 16m，双层桥面系。斜拉桥主塔基础为矩形沉井，高 115m；索塔为钻石形，高 330m。大桥还使用了 Q500qE 级结构钢，2000MPa 斜拉索，箱桁组合结构，巨型沉井整体制造、浮运、定位工艺，钢桁梁两节间全焊接、桥位整体吊装工艺等新技术，整体技术水平世界领先，是桥梁发展史上的又一座里程碑。

沪通长江大桥于 2007 年开始规划设计，2014 年开工建设，计划于 2020 年建成。

图 6-4-11 沪通长江大桥示意图

2. BIM 技术应用概况

沪通长江大桥 BIM 技术应用工作于 2015 年启动，先后进行了全桥 BIM 建模和管理平台研发，BIM 管理平台于 2015 年 7 月上线运行，包括基础信息、可视化交底、进度管理、安全质量、系统集成等 5 大基础模块，持续为制造施工和工程建设管理服务。随后，BIM 管理平台又陆续上线了钢桁梁制造、施工监控等专业模块，于 2017 年完成升级改造。目前，正在进行工程建设阶段 BIM 管理数据向运营维护阶段转换的研究，以及 BIM 管理平台的健康监测模块的研发。沪通长江大桥 BIM 技术应用正朝着全生命期管理的目标迈进。

3. BIM 技术应用成果及特色

沪通长江大桥 BIM 技术应用的基本理念是注重全局性和全面性，总体规划、标准先行。充分对接并适应国铁集团 BIM 技术整体规划，采用全桥建模、全员参与，各类模块分批分步推进，突出重点，全功能试行。建立了运行、反馈、完善和优化的管理体系，BIM 管理平台同步修正。研究完善的项目级 BIM 标准，利用标准统一和规范 BIM 技术应用的各个阶段、各个环节。

沪通长江大桥 BIM 技术应用的总体架构及思路是业主主导、设计施工同一模型、构建同一协作平台。由业主方牵头协调各参建单位综合推动 BIM 综合应用，施工单位在建模阶段即提前参与，一套模型贯穿始终，有效减少重复建模。以极简化、轻量化为构建理念，采用"三端一云"、APP 模块化接入、分级授权、多方协同、信息实时共享的应用模式，形成搭载基础和专业模块的管理平台。

沪通长江大桥 BIM 技术可归纳为基于模型、基于平台两种应用类型，其中基于模型的应用主要服务于设计及施工方案编制阶段，实现技术规划和验证；基于平台的应用主要服务于建设管理阶段，并向运营阶段过渡延伸，通过打通信息孤岛、完善管理信息集成及交互，实现管理流程的再造。应用方式划分见图 6-4-12。

采用 Hoops Visualize 开发了三维图形引擎，将 BIM 模型文件转换为 Hoops 专用轻量化文件格式 HSF，解决了 BIM 模型文件格式不统一的问题，实现模型文件 100% 无损输出。通过逐层压缩简化、遮挡剔除、透明度质量控制、抗锯齿级别控制、曲线精细度调整、背面剔除控制等手段和模型处理算法，使大体量模型的显示延时平均缩短 98.5%，实现 BIM 管理平台三维模型轻量化展示。

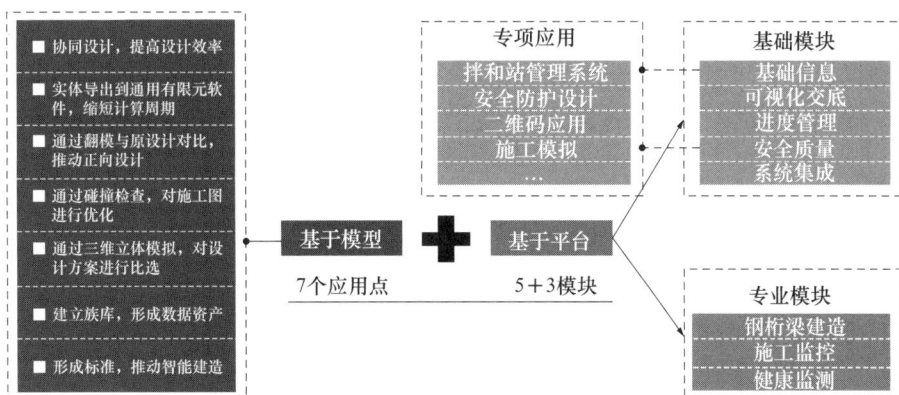

图 6-4-12　应用方式划分

（1）基于模型的应用

利用 Tekla 等 BIM 软件，通过参数化和二次开发等方法，依据设计图纸，创建 11km 桥梁模型。模型通过导入有限元分析软件、碰撞检查、方案比选，缩短计算周期、优化修正原设计，同时利用正确模型直接出图，为正向设计积累了经验。通过 BIM 模型材料清单与设计图纸材料表互相校核，确保模型和图纸的正确性（图 6-4-13）。通过套料软件与 Tekla 三维模型的无缝对接，实现钢桁梁制造过程中自动套料、数控切割等设计、制造一体化。

引桥局部　　　　　　　　斜拉桥局部　　　　　　　　钢梁节点细节

钢梁桥面细节　　　　　　　　　　　混凝土桥面板钢筋

图 6-4-13　沪通长江大桥 BIM 建模

（2）基于平台的应用

采用 Hoops Visualize 开发了三维图形引擎，将 BIM 模型文件转换为 Hoops 专用轻量化文件格式 HSF，解决了 BIM 模型文件格式不统一的问题，实现模型文件 100% 无损输出。通过逐层压缩简化、遮挡剔除、透明度质量控制、抗锯齿级别控制、曲线精细度调整、背面剔除控制等手段和模型处理算法，使大体量模型的显示延时平均缩短 98.5%，实现 BIM 管理平台三维模型轻量化展示。

在充分研究并突破轻量化展示难题后，研发推出了基于云技术、包含五大通用模块（基础信息、可视化交底、进度管理、安全质量、系统集成）和三大专业模块（钢桁梁建

199

造、施工监控、健康监测）的沪通长江大桥 BIM 管理平台。

通用模块中，可视化交底具备方案、动画等文件集成管理，二维图纸与三维模型视图互相切换，以及对复杂工序施工过程和工艺进行模拟的功能，方案、图纸、模型等资料互相映射，便于作业人员学习和理解，提高沟通效率；进度管理模块，可将施工进度及计划节点与模型进行关联，现场人员通过扫描二维码或手工录入人、机、料等动态信息和影像，实现直观、全面的施组管理。

专业模块中，通过焊缝管理功能，可将钢结构焊接过程中焊机的电流、电压等数据导入平台并分析，实现了异地信息的无缝对接和焊接过程质量控制中的源头追溯能力；虚拟拼装功能可通过采集测量数据参数化分析，预先对后续钢梁整节段实体匹配质量进行验证，并探索误差形成规律，进而修正工艺工法。

沪通长江大桥主梁制造在多地进行，依托沪通桥 BIM 平台，具备访问权限的相关单位管理者可随时掌握各地的钢梁制造信息。钢梁施工过程中，通过扫描二维码，全过程追踪杆件制造、运输、施工状态，掌握进度，合理组织现场施工。一线上传数据实现了统计工作的下沉，数据自动分析则直观地优化了现场管控效率，实现了扁平化模式下异地制造的物联协同管理。将钢桁梁应力、拱肋竖转三维实时动态、斜拉索力等监控数据，和混凝土拌合站、桥面架桥吊机、数字化焊机、数控切割机等大型机械设备的控制信息与 BIM 管理平台对接，实施信息化施工和监控。

4. BIM 技术应用效益

（1）管理成果：BIM 技术的核心价值在于为工程全生命期的参与各方提供可决策数据，而建设单位从工程项目的规划、设计、施工及运维等阶段都扮演举足轻重的作用。特有的架构模式促进了各单位之间的有效协同，实现了基于 BIM 的管理流程再造，打通信息孤岛，提升效率，使管理向着标准化、信息化、智能化方向纵深推进。

（2）技术成果：一是编制形成了完善的项目级桥梁 BIM 标准；二是基于"三端一云"应用模式，突破模型轻量化问题，搭建具有可推广价值的 BIM 管理平台；三是实践探索了 BIM 技术在钢桁梁制造方面的应用，实现了信息化与工业化深度融合，将进一步推动钢梁加工制造的智能化和产业规模化。

（3）人才培养：项目在应用过程中培养了擅长搭建 BIM 模型，掌握平台应用的基层人才 50 人；规划 BIM 解决方案，负责平台维护的中端人才 25 人；培养了有项目工作经验的工程类专业，并且具有 BIM 技术能力的高端人才 7 人。

（4）行业认可：自 2014 年启动 BIM 技术应用研究以来，成果显著，获得国内多项应用奖项。获得"龙图杯"全国 BIM 大赛综合组一等奖、中国建设工程 BIM 大赛卓越工程项目一等奖、"创新杯"建筑信息模型（BIM）应用大赛优秀大型桥梁与隧道 BIM 应用奖以及中国安装协会安装之星全国 BIM 应用大赛一等奖；于 2018 年获工业和信息化部首届"优路杯"全国 BIM 技术大赛银奖。

5. BIM 技术应用推广与思考

流程、技术、行为这三个因素决定应用 BIM 技术项目的成败，BIM 的价值体现 10% 是技术，90% 是行为及管理。BIM 应用核心价值是行为及管理再造。沪通长江大桥在 BIM 应用过程中总结出可为后续项目（单点、集群）应用及公司集成应用提供借鉴意义的管理思路：

（1）组建数据中心，形成有效分类存储的数据资产，逐步挖掘利用价值；公司集成应用要挖掘全公司海量的项目数据价值，提升数据二次处理能力，依托云计算和大数据，开发新业务，实现新价值。实现数据重复应用，形成企业数据资产，享受数据红利。

（2）组建 BIM 应用中心，纳入管理流程的核心节点，形成围绕 BIM 中心的信息传递机制，再造管理流程。基于项目及企业实际需求，建立符合大数据时代特点的管理体系，合理设置业务部门，完善 BIM 人才培养机制。

（3）进行平台统型。基于"极简化平台＋基础模块＋专业应用 APP"模式，以提供交流协作环境为目标，推行平台接口兼容性标准、统一数据格式，并实现轻量化展示。

6.4.3 北京新机场高速公路（南五环—北京新机场）工程施工第 3 标段 BIM 应用

1. 项目概况

由北京市政路桥股份有限公司承建的北京新机场高速公路（南五环 - 北京新机场）工程施工第 3 标段，设计起点为 K17 ＋ 091.291，位于通黄路北侧，设计终点为 K19 ＋ 375.808，位于邢各庄南路南侧，全长 2.284km。主线全部为高架桥段，上跨新凤河、黄马路、六环主路及两侧地方路。包含主线桥一座，匝道桥 8 座，路基工程 7 段。桥梁工程上部结构形式主要包括预制小箱梁、钢箱梁、现浇箱梁；下部结构形式主要包括桩基、承台、墩柱、桥台、盖梁。

工程俯视图见图 6-4-14。

图 6-4-14 工程俯视图

工程重难点：

（1）工期紧，进度管理难度大；

（2）现场管理协调难度大；

（3）跨越南六环交通导行压力大；

（4）狭小空间跨越障碍物钢箱梁吊装难度大；

（5）新机场高速工程与配套综合管廊工程交叉作业面多；

（6）设计图纸版本、变更多。

2. BIM 技术应用概况

BIM 技术应用在施工阶段，计划利用 BIM 技术的可视化、模拟性、优化性、协同性、可出图性等优势，解决工程项目中存的重难点问题，促进项目精细化管理，探索出一套适用于公路基础设施领域的 BIM 解决方案。应用点可概述如表 6-4-2 所示。

BIM 应用点

表 6-4-2

序号	BIM 应用点
1	驻地标准化建设
2	跨南六环交通导行
3	钢结构深化设计
4	复杂曲面地形开挖土方工程量
5	可视化交底
6	3D 打印复杂构造解析
7	VR 虚拟现实空间体验
8	项目预览查询平台开发
9	AR 增强现实应用探索
10	衍生式承台模板设计
11	复杂互通立交快速、参数化、精细化建模与组装技术
12	动态碰撞模拟与工序优化
13	交叉工程施工工序优化
14	箱梁钢筋与波纹管的碰撞问题
15	精细化进度管理
16	项目质量安全协同管理
17	施工资料文档管理
18	智慧人机料管理平台
19	远程视频监控

硬件配置包括：台式工作站、移动式工作站、3D 打印机、二维码打印机等。软件配置包括：Autodesk 系列软件、广联达 BIM5D、斑马网络计划、Adobe 系列软件、Lumion 等。

3. BIM 技术应用特色及创新

（1）VR 与 AR 体验

BIM 与 VR ＋ AR 组合技术，对复杂构造和施工工艺进行剖析，以沉浸式体验的方式，便于项目管理人员和作业一线人员准确把控施工难点，如图 6-4-15 所示。

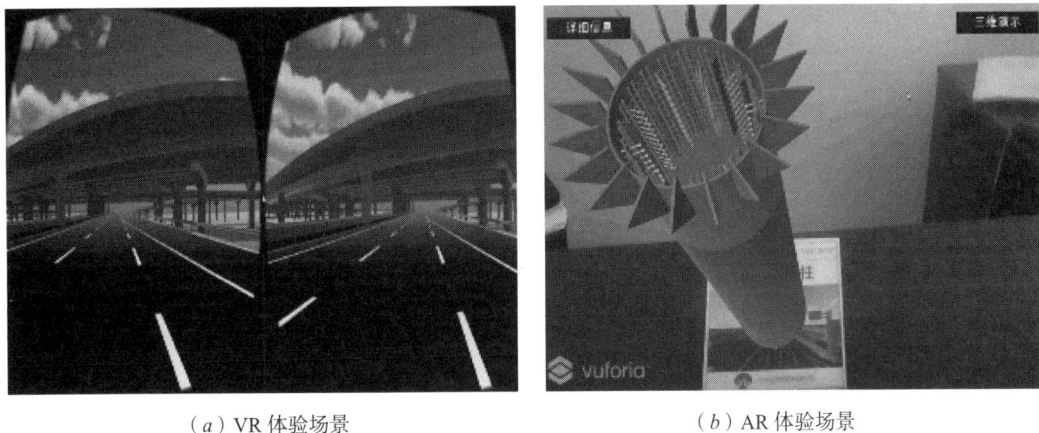

（a）VR 体验场景　　　　　　　　　（b）AR 体验场景

图 6-4-15　VR 与 AR 体验

（2）衍生式承台模板设计

构建参数化 BIM 模型，设定上下边界条件、计算步距，运用云计算直接生成数以千计、万计的设计方案，从而可以探索更多设计方案的可能性，通过比选方案的应力、应变和工程量参数，得到最优设计方案，如图 6-4-16 所示。

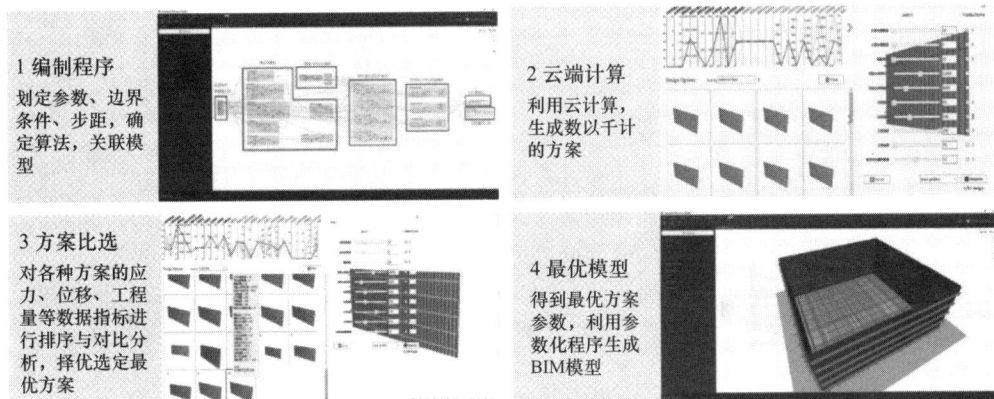

图 6-4-16　衍生式承台模板设计

（3）项目预览查询平台开发

自主开发的项目预览查询平台，软件安装方便，操作简单。可在平台中进行模型预览、快速查阅工程信息，使用前后左右及旋转几个鼠标键进行漫游预览。方便参建各方进行施工方案、技术措施、质量和安全问题的讨论与制定，提高 BIM 模型的利用效果，如图 6-4-17 所示。

4. BIM 技术应用成果及效益

（1）互通立交 BIM 模型建立

互通立交线性复杂，存在着平曲线、纵曲线和超高等情况，桥梁上部结构均为复杂异形构件，附属工程、交通工程构件数量庞大，模型建立和项目组装难度大。团队采用 Revit 软件为基础平台，利用"中心文件"实现团队之间的协同工作，采用多款软件协同设计，并采用参数化的方法实现高效建模，具体如下：

图 6-4-17　项目预览查询平台界面

1）场地与道路工程在 Civil 3D 中建立，包含既有六环主路和七条匝道的路基。基于地形数据建立场地模型，依据设计图纸进行路线、纵断面、装配的建立与编辑，得到道路模型，提取道路实体。

2）桥梁下部结构在 Revit 中建立，对几何构造进行参数化，上部异形结构则利用 Dynamo 参数化编程方法建立。

3）项目组装时，先设置好基点坐标数据，将场地与道路模型导入 Revit 中，利用 Dynamo 参数化程序调用族文件，通过读取 Excel 中几何与坐标参数，对族参数进行修改，实现一键式精准布置，整体效果如图 6-4-18 所示。

图 6-4-18　整体效果图

（2）交通导行模拟

北京六环主路交通流量大，本项目有六条匝道需要与六环路主路拼接相连，主线及四条匝道上跨六环主路，需要多阶段、长期占用部分六环路行车道。

为减少施工对既有交通的影响，在分析六环主路交通流量的基础上，利用 BIM 技术，结合施工方案、施工进度计划安排，优化了交通导行方案。第一导行阶段将六条匝道路基与六环路拼接安排在同一周期内施工；第二导行阶段为六环路中央隔离带处桩基、承台、墩柱和盖梁施工；第三阶段导行为主线和匝道桥上部钢结构箱梁吊装。针对优化后的三阶段导行，对导行措施包含的隔离围挡、锥桶、标识、安全提示和夜间灯光等进行可视化设计，模拟了交通导行效果，如图 6-4-19～图 6-4-21 所示。

| 图 6-4-19　第一阶段交通导行 | 图 6-4-20　第二阶段交通导行 | 图 6-4-21　第三阶段交通导行 |

（3）钢箱梁吊装方案优化

本项目主线桥和 EN 匝道在起点附近往南，连续跨越污水处理厂沉淀池、新凤河、黄马路，桥梁上部采用钢箱梁结构。钢箱梁吊装为本工程主要控制节点，制约后续进度安排，影响整体目标工期，钢箱梁吊装难度极大，吊装方案需重点考虑以下影响因素：① 新凤河旱季水少，可借助河道回填形成吊装场地，待吊装完成后挖除疏通，回填量较大；② 钢箱梁共计 5000 多吨，110 片，吊装任务重，工期临近雨季，2018 年 6 月 20 日具备现场吊装条件，7 月 10 日前水务部门要求疏通河道，吊装工期仅为 20 天；③ 跨沉淀池位置处为 42m 大跨径钢箱梁，受运输限制，需要在现场焊接拼装，且吊装风险大。

综合考虑上述问题，利用 BIM 技术对吊装场地、吊车站位、吊装工序、吊装方法等方面进行了模拟与优化，具体如下：

1）场地优化与吊车站位检测：为确保 20 天内顺利完成吊装任务，借助 BIM 技术对吊装作业场地进行分析，优化减少了河道内作业场地的回填土方量；通过对吊车站位进行分析，发现如图 6-4-22 所示，吊车与临时支墩存在碰撞。

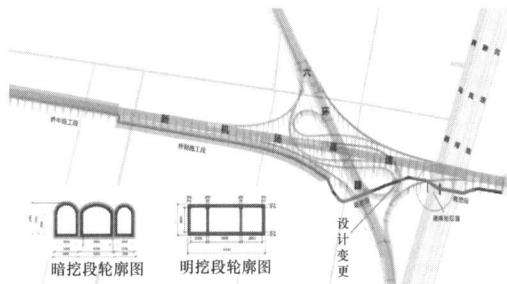

2）吊装模拟与工序优化：通过对吊装工序进行模拟，直观展示吊装过程，精确每片钢箱梁的吊装时间、吊装站位、吊装顺序。针对如图 6-4-23 所示中存在碰撞的问题，通过利用工序的时间差，先将未碰撞的临时支墩和存在碰撞的临时支墩基础与地面以下部分安装完成，待原碰撞工序完成后，将临时支墩上部结构通过预留法兰盘实现快速接长，再进行下一步工序，有效避免了返工。

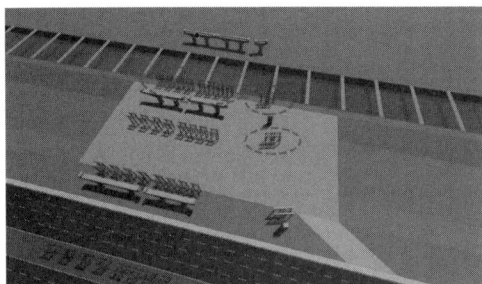

| 图 6-4-22　吊车与临时支墩碰撞结果 | 图 6-4-23　管廊与高速工程集成模型 |

3）空中接力吊装可行性模拟：新凤河河道场地狭小，通过对场地进行分析发现无法满足 42m 钢箱梁现场焊接的要求，同时利用 BIM 技术进行了吊装模拟，发现在河道内起吊时吊距不足。优化改为由北侧起吊，借助盖梁进行空中接力，南北两侧吊车协同吊装，

模拟验证了该方案的可行性，顺利完成钢箱梁吊装。

（4）交叉工程空间位置检测与施工优化

新机场高速配套管廊工程2标与本项目同期施工，两个项目路线走向一致，管廊在下穿沉淀池、新凤河、黄马路和六环主路时采用暗挖施工，其余部分采用明挖施工，集成两项目工程模型见图6-4-23所示。

为了避免管廊施工时对高速桥梁下部结构造成影响，利用集成模型对两项目结构之间的净距进行测量分析，发现SW匝道13号桥台与暗挖段管廊净距仅有1.5m，无法满足管廊施工和桥台保护的最小净距，提出设计变更，避免了设计失误。

分析了不同工况下管廊与高速桩基之间的净距，如图6-4-24所示，得到高速下部结构与管廊净距。

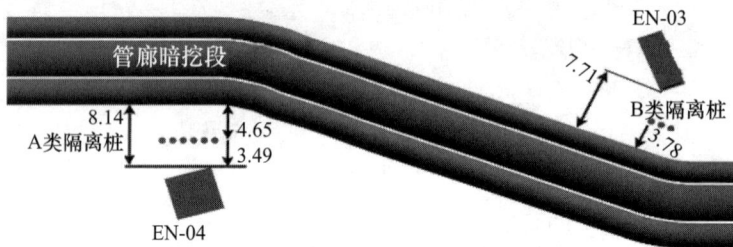

图 6-4-24　高速与管廊净距分析

根据净距分析结果，提出了暗挖隔离桩保护措施和两种深孔注浆加固措施，针对不同下穿方式和开挖方法，采取针对性的保护和加固措施，确保高速桥梁下部结构安全的同时降低了成本。

（5）精细化协同管理

1）进度管理

本项目工作面大，工作节点起点多，各工作节点逻辑联系不强，且受拆迁和设计变更的影响，需要经常重新编制施工方案和进度计划，施工进度难以控制。为了更好地把控项目的整体施工进度，制定出完整的进度协同作业流程，梳理各层级各部门的职责，联动协同各层级各部门，制定了进度协同管理流程，如图6-4-25所示。

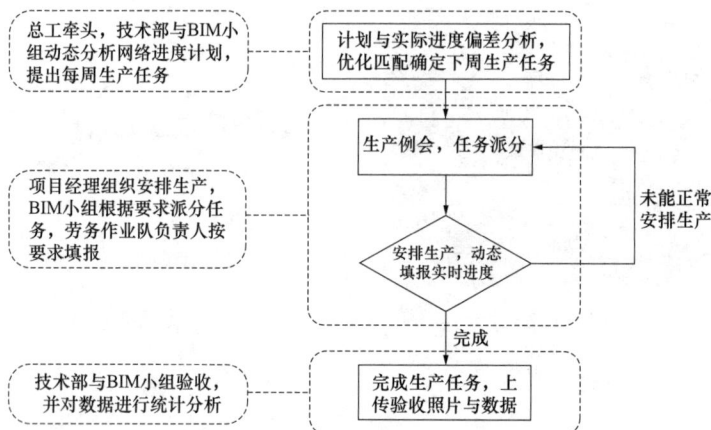

图 6-4-25　进度协同管理流程

2）质量安全管理

与进度管理一样，根据各层级各部门的职责，制定了质量安全协同管理流程，如图6-4-26所示。

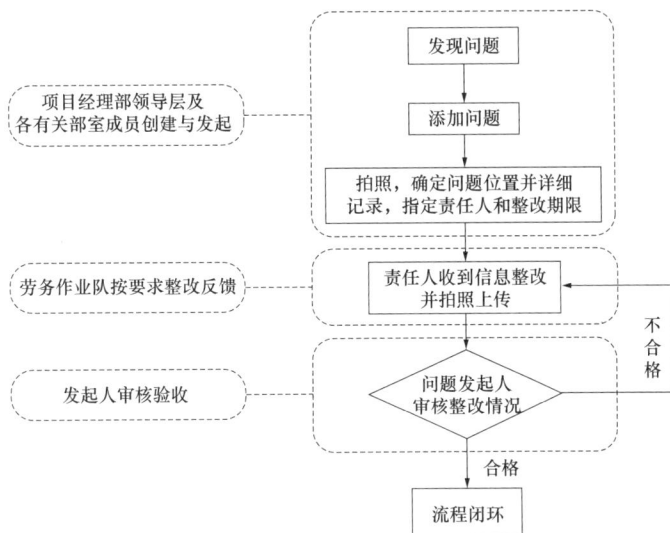

图 6-4-26　质量安全协同管理流程

在施工现场发现的质量安全隐患时，可通过手机端上传问题详情，包括发现问题的时间和地点、问题详细描述及照片、指定责任人和整改期限、问题处理状态，劳务作业队按要求整改之后拍照反馈，问题发起人再审核验收，流程闭环。

（6）可视化交底

针对本项目复杂施工工艺，为使参建各方更为直观地把握项目建设全过程，借助BIM技术进行三维可视化施工技术交底，相对于传统的二维交底，更有利于准确把握项目的关键施工工序。结合二维码技术，方便在工地一线随时获取交底动画。

BIM应用成果及效益：在技术方面，利用BIM技术优化了重难点施工工艺及技术，施工整体部署；在管理方面，实现参建各方数字化输入，定制化输出，在同一平台上的协同共享，提升管理效率，更好地把控现场进度、质量和安全；在社会影响方面，利用BIM技术降低施工对社会造成的不良影响，实现"四节一环保"，减少交通负荷，降低能源消耗；在企业发展方面，进一步健全企业BIM体系，提升了项目管理水平。

5. BIM技术应用推广与思考

BIM技术在公路工程中的应用尚处于起步阶段，主流的BIM软件，如Revit、Civil 3D等功能不能较好地满足应用的要求，需要借助Dynamo参数化程序或二次开发等手段来实现精准快速建模和应用。通过在本项目的研究与应用，拓宽了公路工程BIM价值，形成了如下创新点和应用经验：

（1）针对桥梁工程，利用Dynamo参数化编程能够精准建立桥梁上部复杂结构，调用并修改构件族的几何与坐标参数，可实现一键式快速组装。

（2）BIM技术特别适用于狭小或有限空间施工作业分析。根据施工方法、施工工序的安排进行动态碰撞分析和模拟，能更好验证工艺的合理性，为方案优化提供依据。

（3）公路工程由于自身结构和路线特点，以及受外部环境影响极大的原因，粗放式的传统管理模式很难实现对项目的整体把控。基于 BIM 的协同进度、质量和安全管理能够为项目决策部署和优化提供动态科学依据。

6.4.4 郑州新郑国际机场 T2 航站楼工程机电一体化施工 BIM 应用

1. 工程简介

（1）项目概况

郑州新郑国际机场二期扩建工程 T2 航站楼工程是由中国建筑第八工程局有限公司承建的大型交通枢纽工程。T2 航站楼平面呈"X"布置，分别由航站楼主楼、东南、东北、西南、西北四个指廊以及内、外连廊几部分组成，如图 6-4-27 所示。本项目标段总建筑面积 141374.23m²，建筑高度 39.530m。建筑结构形式为框架支撑钢屋盖结构，主体局部地下二层，地上四层，局部设餐饮夹层，指廊部位两层。

图 6-4-27　郑州新郑国际机场 T2 航站楼效果图

（2）项目重难点

本工程具有结构设计复杂、涉及专业及系统较多、专业分包单位较多等特点，特别是机电施工动态管理难度大，管线排布复杂，预留洞定位不准、二维图纸审图难度大、装饰空间难以保证、三维空间定位难度大、关键工序技术难度高。

2. BIM 技术应用概况

以往机电设备机房的施工主要以现场加工、现场安装为主，安全隐患较大、声光污染严重、材料浪费较多。针对这些问题，项目以三大创新为切入点，围绕五方面的应用理念，以七化为研究重点，全面研发应用集 BIM 化深化设计、工业化生产、定位配送、装配式施工为一体的"BIDA 一体化"施工体系，如图 6-4-28 所示。

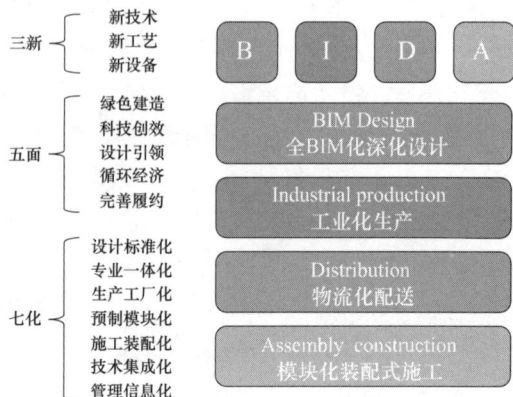

图 6-4-28　BIDA 一体化

项目利用 BIM 模型，根据样本构建精细化族库，搭建 BIM 模型进行深化设计、预制加工分段分组、绘制加工详图、工厂预制加工、现场组装、调试验收。全过程采用 BIM 技术指导应用，如图 6-4-29 所示。

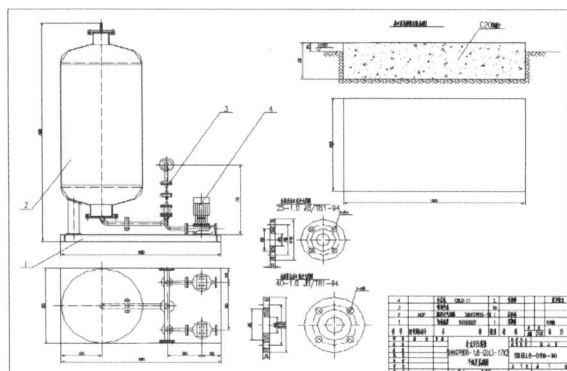
（a）收集资料

（b）MM 级精细化建族

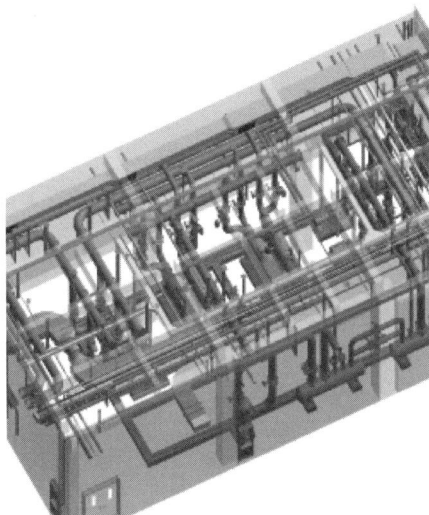
（c）全 BIM 化深化设计

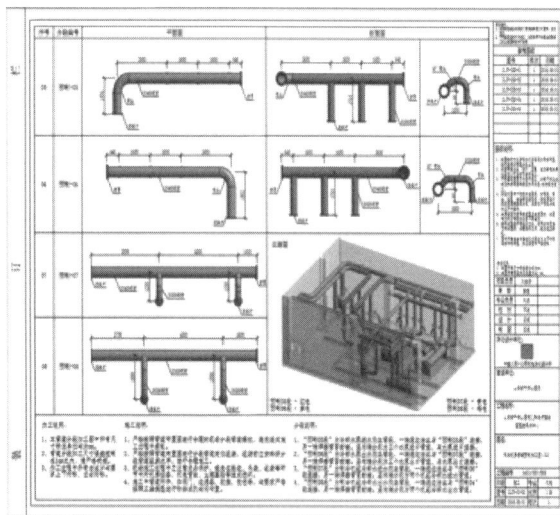
（d）零件加工图

（e）工业化预制加工

（f）物流化定位配送

图 6-4-29 BIDA 一体化施工流程（一）

（g）族群模块化装配　　　　　　　　　　（h）调试验收

图 6-4-29　BIDA 一体化施工流程（二）

前期收集机房内设备样本资料，根据厂家提供的产品样本对机房内的机械设备、阀部件等进行 1∶1 毫米级真实产品族群的建立，并不断积累扩充形成企业级装配式机房的标准族库，如图 6-4-30 所示。

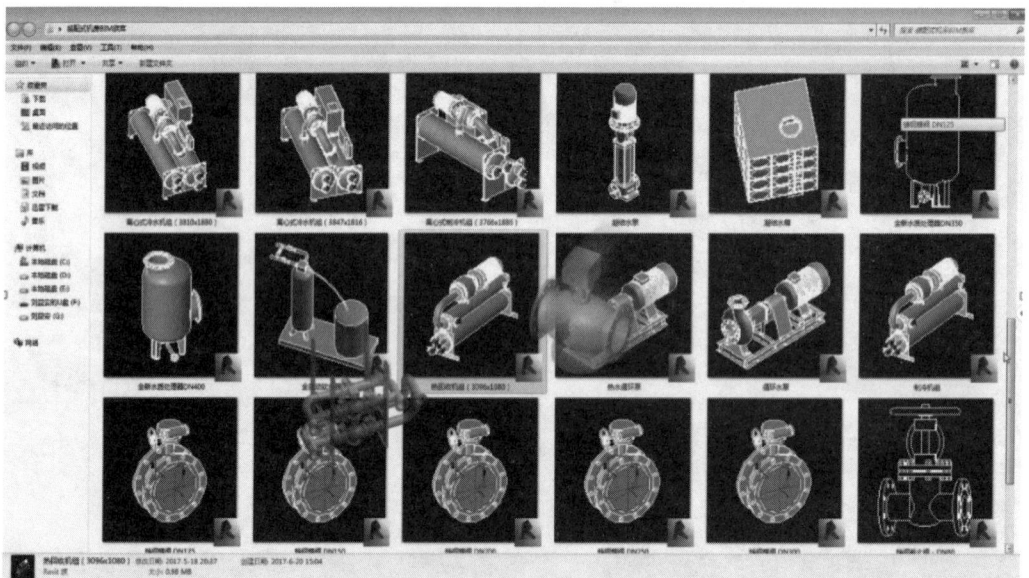

图 6-4-30　标准化族库

根据设计院提供图纸、业主及设计院确认后的优化建议、设备选型样本、现场实际情况、施工验收规范等，进行 BIM 深化设计及管线优化布置。在机房 BIM 模型深化设计的过程中，综合考虑机房检修空间、常规操作空间、管线综合布置、支吊架综合布置、机房设备布置、基础布置、排水沟布置、机房整体观感等，如图 6-4-31 和图 6-4-32 所示。

根据机房内的管道综合布置情况，主要考虑预制加工成品管组运输、就位、安装等条件限制，结合管道材质、连接方式等，对优化后的机房综合管线进行合理的分段及预制模块的分组，如图 6-4-33 和图 6-4-34 所示。

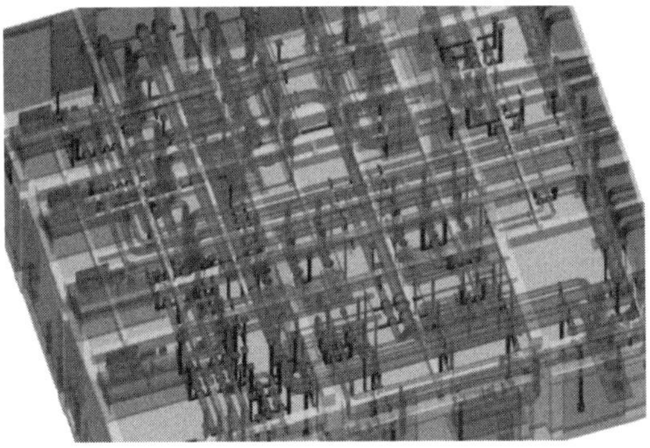

图 6-4-31 支吊架综合布置

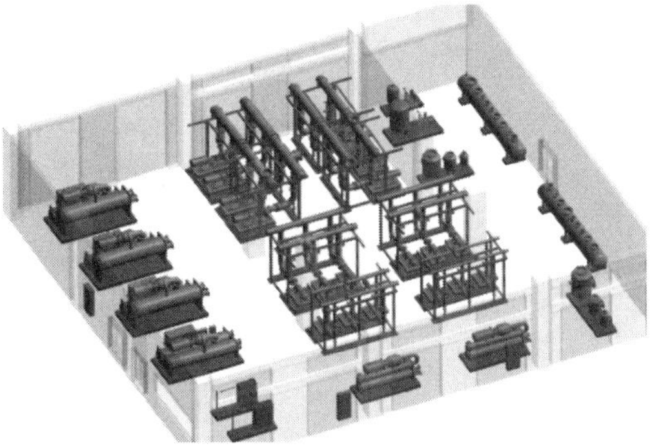

图 6-4-32 设备基础综合布置

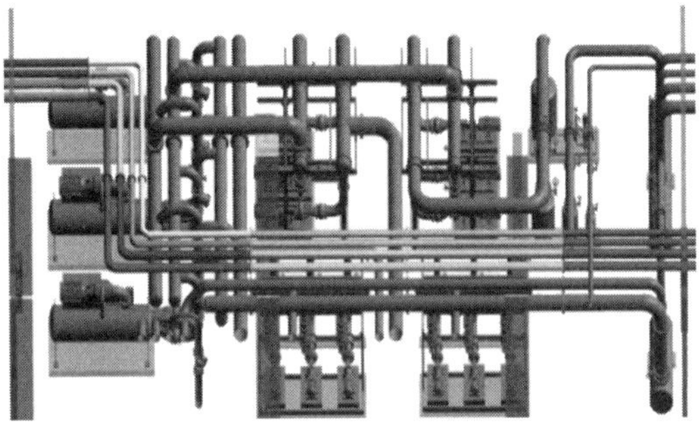

图 6-4-33 预制管组分段

图 6-4-34 预制模块分组

在管道分段方案确定后，根据每段管道的实际尺寸、安装位置、支吊架设置情况，直接利用 BIM 模型进行施工综合布置图、分段预制管组、预制模块及预制支吊架的加工详图的绘制导出，如图 6-4-35 和图 6-4-36 所示。

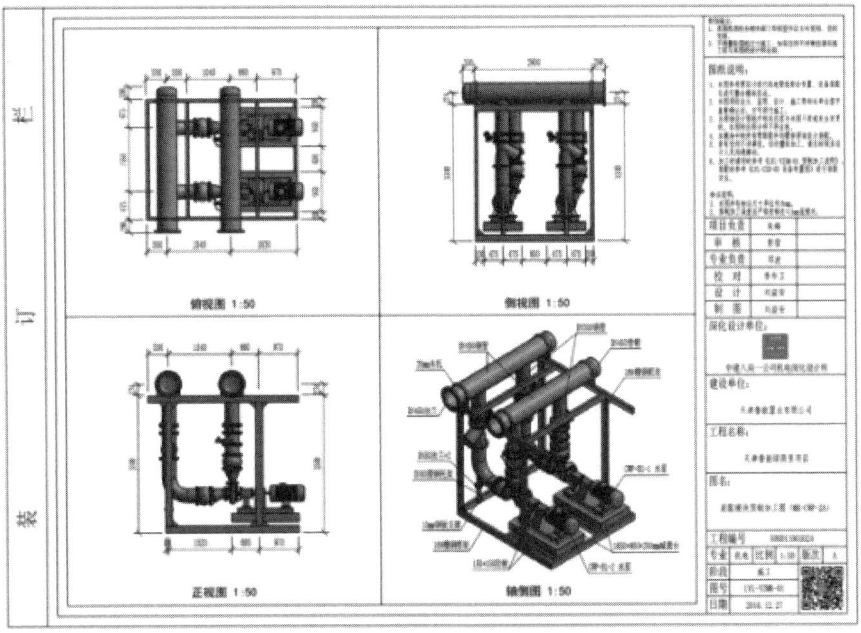

图 6-4-35 预制模块加工图

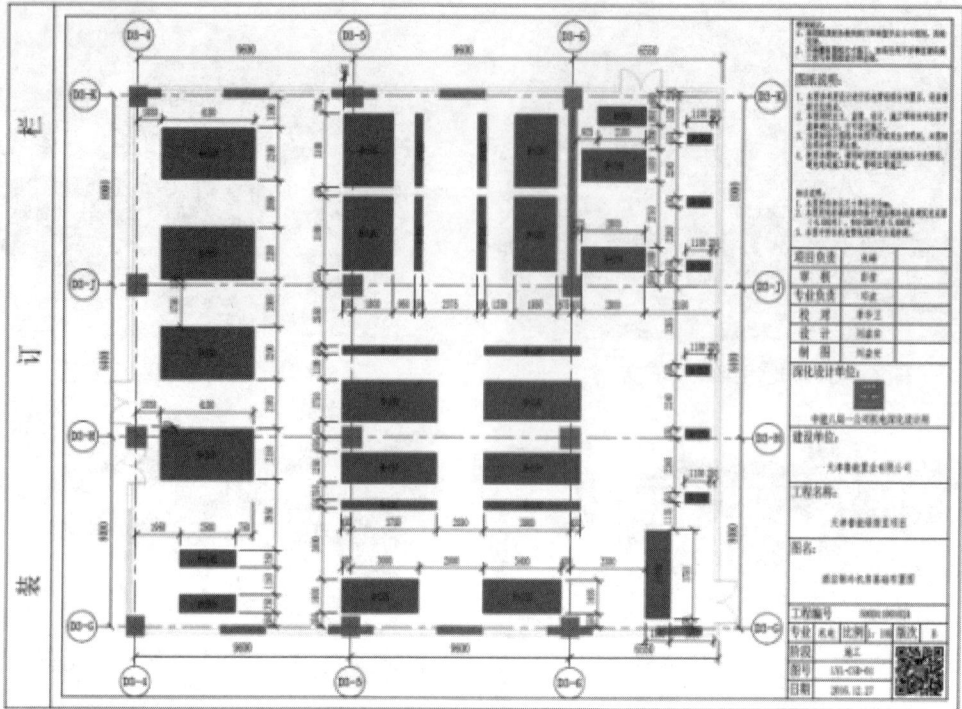

图 6-4-36 设备基础布置图

根据高精度的 BIM 模型导出的分段预制加工图，在预制工厂进行流水化数控加工。同时项目对管段预制厂家技术负责人及现场预制工人进行预制交底，确保管段预制尺寸准确度。利用 BIM 技术，进行预制构件的装车运输模拟分析，充分利用运输车的空间，最大限度提升运输效率。运输至施工现场后，提前根据各预制管段的装配顺序进行合理的预制构件堆放平面规划，确保施工环节"随装随取"，实现物料的高效转运。

现场装配阶段，利用 BIM 技术进行模拟分析，合理确定预制管段的装配顺序，并编制《BIM＋模块化装配式机电安装施工专项方案》，对现场操作工人进行三维技术交底。

3. BIM 技术应用成果及效益

新郑机场 T2 航站楼项目 BIM 技术的应用，有效提升了总承包管理能力及管理水平，同时优化了管理效率和管理流程，节省了工期，降低了施工成本。通过施工进度模拟，提前发现施工中可能出现的平面布置、施工组织、安全文明等易错点，进而优化场平方案；利用三维模型和视频进行技术交底，更为直观、易懂；施工管理内部协同载体，促进部门间协作；可实现施工管理经验的可视化传承；节约工期和成本，辅助商务算量，指导物资进场计划。

BIM 技术在机场航站楼施工中的成功应用，不仅取得良好的经济效益（累计经济效益达到 1400 万元），同时很好地为机场二期工程建设缩短了工期，节约了成本，受到郑州机场二期建设指挥部及设计、监理单位一致好评，大大提升了公司在行业内的口碑及影响力。

6.5 装配式建筑项目应用案例

6.5.1 山东省禹城市站南片区棚户区改造建设项目 BIM 应用

1. 项目概况

（1）项目信息

禹城市站南片区棚户区改造建设项目为位于山东省德州市禹城市火车站西北方向，铁路线以西，解放路以东。2 号住宅楼建筑面积 4973.86m²，其中：地上建筑面积 4232.54m²，地下建筑面积 741.32m²。地上 11 层，地下 2 层，结构高度为 33.2m。项目鸟瞰图见图 6-5-1。

图 6-5-1 项目鸟瞰图

（2）项目装配方案

本项目采用装配整体式钢筋焊接网叠合混凝土结构技术（简称：SPCS，见图 6-5-2），建筑地上部分竖向构件与水平构件全部采用工厂预制，构件类型包括：墙、梁、板、柱、楼梯、阳台板。

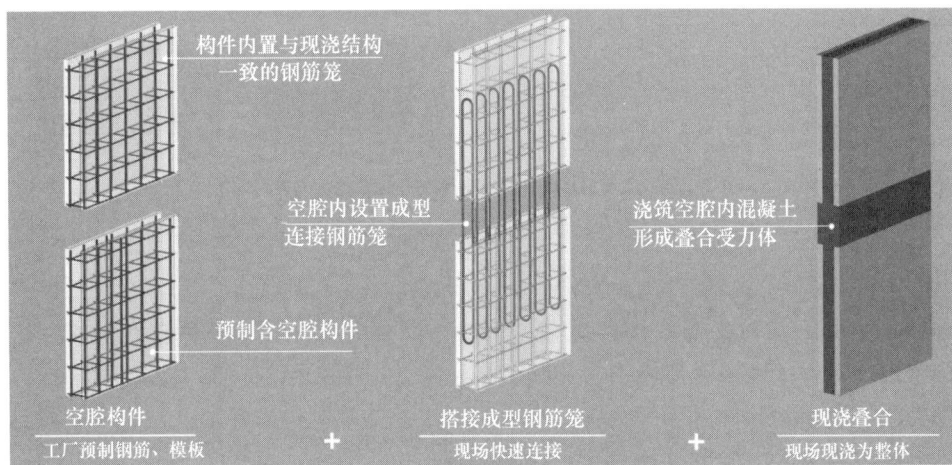

图 6-5-2 SPCS 结构技术示意图

SPCS 技术特点如下：

1）采用焊接整体成型钢筋笼，通过智能装备整体自动加工；

2）空腔构件不出筋，利于智能装备流水线自动化生产；

3）钢筋连接采用间接搭接，便于操作，易于检测，安全可靠；

4）空腔构件自重轻，现场施工容错能力强，符合中国现阶段国情；

5）预制＋现浇＝叠合状态，结构安全性好、防水性能好。

2. BIM 技术应用特色及创新

以 BIM 模型为载体，通过协同管理平台和计划管理系统，打通装配式建筑深化设计、加工生产、构件运输等阶段数据流，实现 BIM 数据驱动装备自动化生产。真正发挥 BIM 技术的数据价值，推动建筑工业化的发展。具体应用主要包括以下几个方面：

（1）智能化深化设计软件 SPCS＋PKPM 应用，根据 SPCS 结构体系特点，结合现阶段预制构件深化设计流程，打造一款智能化的快速深化设计软件，不仅满足预制构件设计全部需求，还可导出满足构件生产的加工数据；

（2）通过协同平台将 BIM 数据导入工厂生产管理系统，数据解析后传入生产装备，完成构件自动化生产；

（3）智能化、自动化的钢筋加工装备及 PC 生产线的应用，大大提高构件生产效率和构件质量；

（4）协同管理平台作为 BIM 数据的管理中心，将装配式建筑设计、生产、运输、施工全过程数据进行管理云端化，实现全角色、全要素、全周期在线管理。

BIM 技术全流程应用示意图见图 6-5-3。

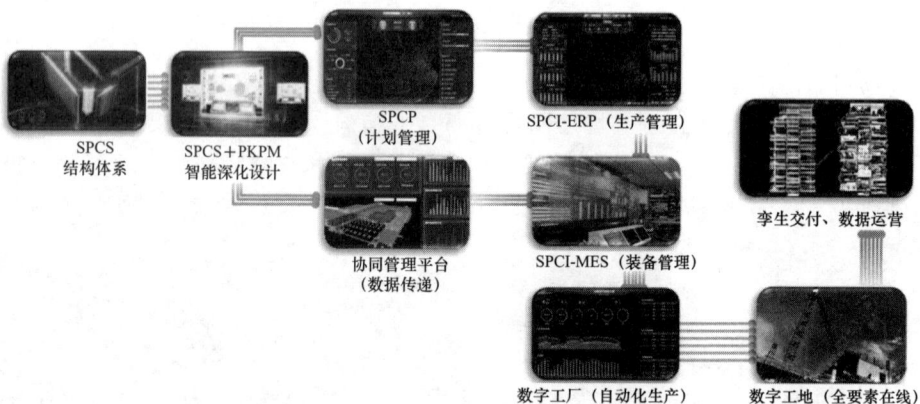

图 6-5-3 BIM 技术全流程应用示意图

3. BIM 技术应用成果

（1）智能化深化设计软件

本软件主要功能包括预制构件模型的创建、拆分方案设计、整体计算分析、构件配筋、预留预埋布置、钢筋碰撞检查、装配式指标统计、图纸绘制，加工数据导出等。

模型创建阶段，软件可导入结构计算模型，以此为基础进行装配式建筑深化设计，省去重复翻模过程，大大缩短设计周期。

方案设计阶段，软件内置 SPCS 结构技术设计规则，快速制定拆分方案，自动完成构件拆分，通过内置的 SATWE 计算模块，验证拆分方案的合规性。

深化设计阶段，可快速根据计算结果完成预制构件配筋，并可进行短暂工况验算、构件编号、深化调整、预留预埋交互布置、钢筋碰撞检查等操作。

成果输出阶段，软件可导出预制构件详图、BOM 清单，加工数据 U 文件和 JSON 数据，为构件加工生产提供数据。

智能化深化设计软件见图 6-5-4。

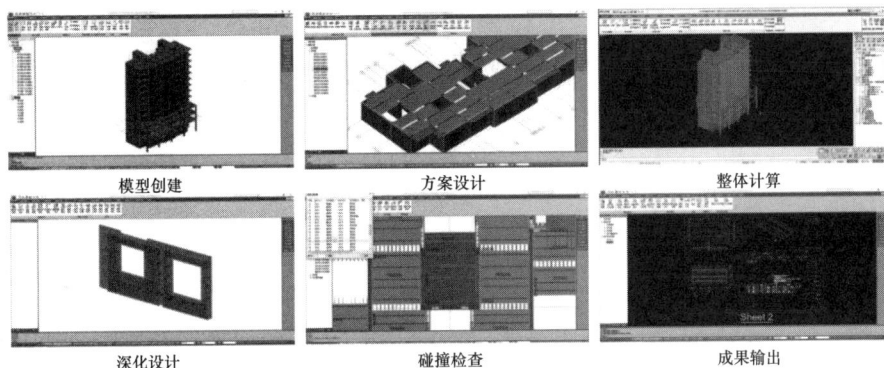

模型创建　　　　　　　　方案设计　　　　　　　　整体计算

深化设计　　　　　　　　碰撞检查　　　　　　　　成果输出

图 6-5-4　智能化深化设计软件

（2）专业化生产管理系统

本项目采用 SPCI 成套工业管理系统（图 6-5-5），包括 SPCS-ERP（生产管理系统）/ SPCS-MES（装备管理系统）。SPCS-ERP 围绕工厂"五"大员，厂长、技术经理、线长、质量主管、计划和物料管理主管的业务，从人、机、料、法、环、测进行运营管理和分析。SPCS-MES 对装配实现智能化管理，确保构件高效、高质量生产。

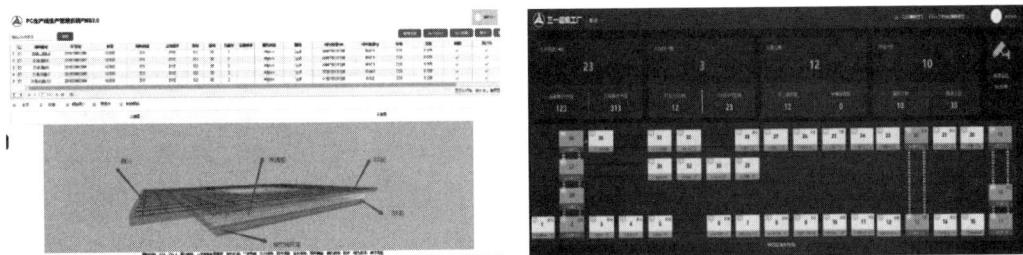

图 6-5-5　SPCI 系统界面图

SPCI 是制造智能的大脑，将 SPCS ＋ PKPM 软件导出的设计数据进一步解析为机器数据，由在线施工进度计划拉动，按一件一码排程到 SPCF 数字工厂，直接驱动 SPCE 智能装备少人化、自动化生产，最后通过在线运输实现 JIT（Just In Time）交付。

（3）智能生产加工装备

智能化装备作为 BIM 技术应用的最终执行者，让建筑业摆脱千百年手工建设的方法，用智能制造为建筑生态赋能。本项目采用国产智能化、自动化加工生产装备，包括：装配式建筑构件生产智能化综合管理系统、机械手自动布模装备、自动化钢筋加工 / 输送 / 投放装备、PC 专用混凝搅拌站 / 混凝土传输装备、预留预埋激光定位装备、自动流转模台、脱模翻转机、构件恒温养护窑、专业高效运输车等，见图 6-5-6。

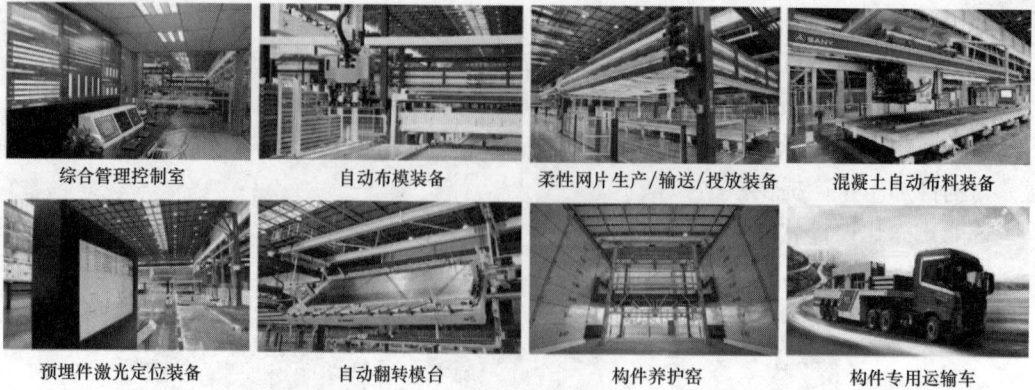

| 综合管理控制室 | 自动布模装备 | 柔性网片生产/输送/投放装备 | 混凝土自动布料装备 |
| 预埋件激光定位装备 | 自动翻转模台 | 构件养护窑 | 构件专用运输车 |

图 6-5-6　装配式建筑全套智能化生产装备

（4）在线协同管理平台

本项目采用自主研发的装配式建筑 BIM 在线协同管理平台（图 6-5-7），实现人、机、物、法、环、测数字化信息全程在线，平台的可视化管理功能，进一步强化各专业间协同，减少因"错、漏、碰、确"导致的设计变更，达到设计效率和设计质量的提升，降低成本；通过多方在线协同、智能化设计、项目在线管理、数字工厂在线管理、数字工地在线管理工的云端应用，为装配式建筑设计开启了新的协同模式，基于云平台的数字化技术应用将成为装配式建筑的未来。

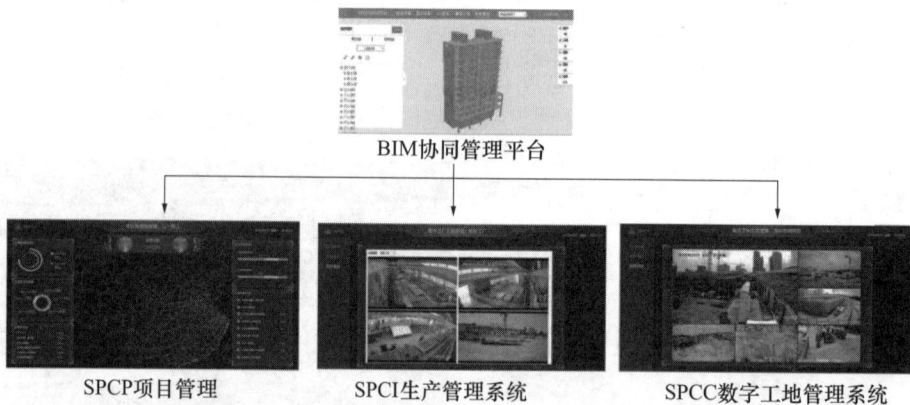

BIM协同管理平台

SPCP项目管理　　SPCI生产管理系统　　SPCC数字工地管理系统

图 6-5-7　协同管理平台界面

4. BIM 应用总结

建筑工业化不仅仅是装配式建筑预制构件的工业化生产，更应该是运用智能制造的思维和技术对整个产业进行全面的转型升级。从技术出发，研发工业化的装配式结构体系、智能化的 BIM 设计工具，高效的生产管理系统和自动化的生产线，多种途径推动建筑工业化发展。设计数据驱动自动化生产，全角色全要素云端化协同，以及人工智能和物联网等技术的全面应用，将成为未来发展的趋势。相信在不久的将来，随着 BIM 技术的日渐成熟，跨专业跨领域的技术融合，建筑工业化必将迎来新的发展。

6.5.2 江苏淮海科技城创智科技园 A 区 BIM 技术应用

1. 工程概况

江苏淮海科技城创智科技园 A 区一期总建筑面积 56438.31m²，其中地上 48302.7m²，地下 8135.61m²。创智办公楼 A 栋为二类高层建筑，地上 9 层，地上建筑面积 22879.62m²，建筑高度 37.95m，首层层高为 4.8m，其他层层高为 3.9m，室内外高差 0.15m。6 号创智办公楼 B 栋为二类高层建筑，地上 12 层，地上建筑面积 25423.08m²，建筑高度 49.65m，首层层高为 4.8m，其他层层高为 3.9m，室内外高差 0.15m。地下室建筑面积为 8135.61m²，层高为 5.35m，埋深小于 10m。该项目 5 号、6 号办公楼采用预制装配整体式框架现浇剪力墙结构，预制部位包括预制柱、叠合梁、叠合楼板（含屋面板）、预制楼梯等；5 号、6 号办公楼按二星绿建设计，符合《绿色建筑评价标准》GB/T 50378—2014 的要求。本项目执行江苏省住房和城乡建设厅文件《江苏省装配式建筑预制装配率计算细则（试行）》（苏建科【2017】39 号）。该项目建筑产业现代化实施遵循"三个一体化"原则：建筑、结构、机电、装修一体化，是系统性装配的要求，设计、加工、装配一体化是工业化生产的要求，技术、管理、市场一体化，是产业化发展的要求。

2. BIM 在装配式建筑全过程应用

本项目的 BIM 应用将贯穿于装配式建筑的全过程，具体包括以下应用点：

设计团队构建了全员、全专业、全过程的"三全"BIM 协同工作平台（图 6-5-8）。BIM 设计使设计师在建筑设计的同时得到 BIM 模型，可由模型直接生成符合国标的建筑平、立、剖施工图，并可制作详图及大样等图纸。设计师可直接在设计中直接发现设计问题进行修改，省去了传统 BIM 流程中设计与建模人员沟通的步骤，可有效提升设计效率及设计准确度。

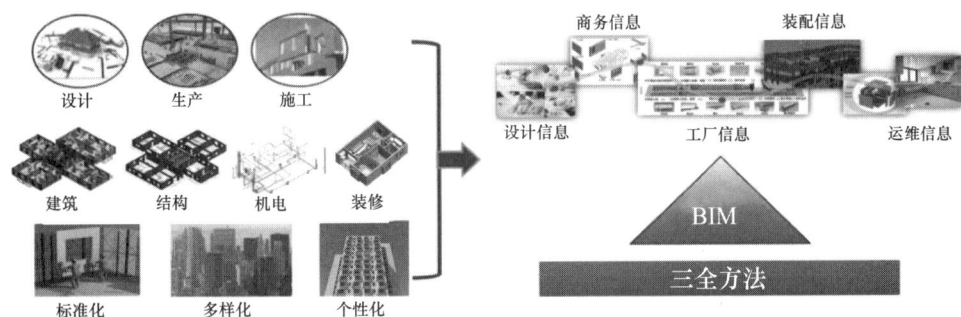

图 6-5-8 "三全"BIM 协同工作平台

设计阶段的 BIM 应用包括：BIM 模型可导入结构计算分析软件中，根据建筑所处地质条件及梁、板、柱尺寸对结构进行抗震分析计算，指导结构设计、配筋等工作（图 6-5-9）。

根据项目的形体、方位及所用建筑材料，使用 BIM 工具对模型进行节能及绿建计算模拟（图 6-5-10），高效地利用能量，减少能源消耗及对环境的影响。

传统设计过程无法满足随时向概预算专业提资的要求，计算为估算误差较大。通过 BIM 技术的应用，可在项目全生命期中随时获得当前最准确的工程量数据（图 6-5-11），支持项目的可研及概算分析，使项目可以以最快的速度推进，使成本做到真正可控。

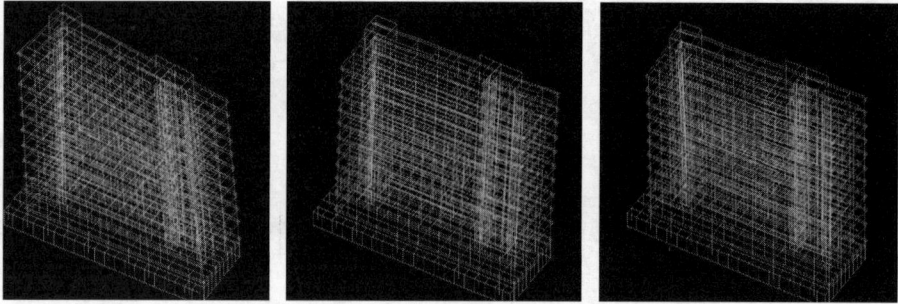

图 6-5-9 对结构进行抗震分析计算

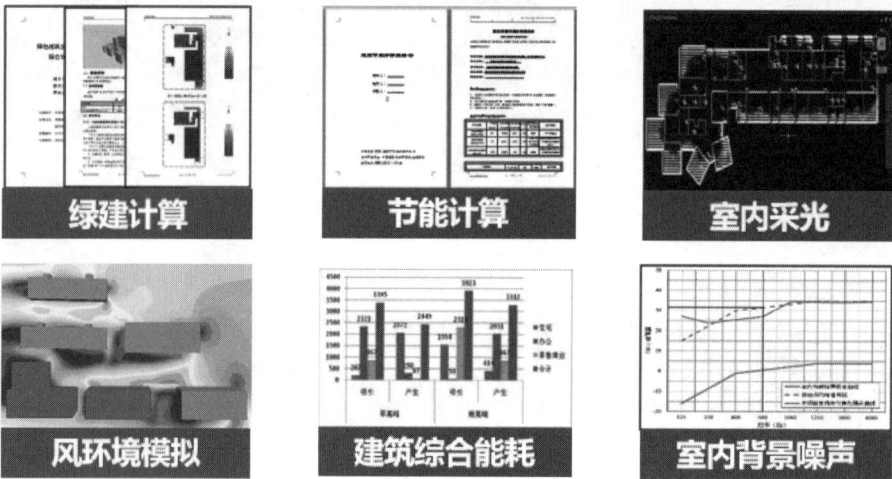

绿建计算　节能计算　室内采光

风环境模拟　建筑综合能耗　室内背景噪声

图 6-5-10 进行节能及绿建计算模拟

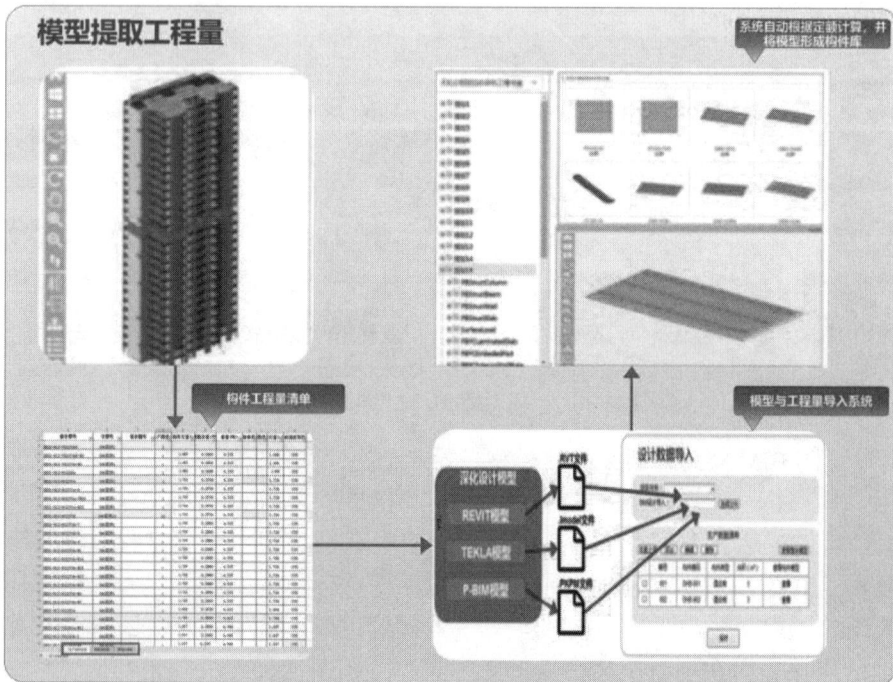

图 6-5-11 从模型提取工程量

结合 BIM 软件的数据整合功能，可根据建筑模数记忆预制构件的几何拆分信息，由此可对预制构件的类型数量进行优化，减少预制构件的类型和数量，从而提高构件预制的效率，减少构件安装的工作量，降低成本。

生产阶段的 BIM 应用包括：

装配式项目对生产精度要求较高，预留预埋条件较多，构件详图工作量繁重、二维绘图准确度难以保证。使用 BIM 技术进行构件深化二维交付，由构件模型直接生成深化图纸，使图纸与设计模型保持高度一致，最大程度避免信息丢失，提高生产精度及生产效率。

在生产线能够接受的情况下，利用 BIM 模型数据，以"生产线的语言"直接接力工厂加工生产信息化系统，预制构件模型信息直接接力数控加工设备（图 6-5-12），自动化进行钢筋分类、钢筋机械加工、构件边摸自动摆放，达到了无纸化施工，避免人工二次录入可能带来的错误，大大提高了工厂生产效率。

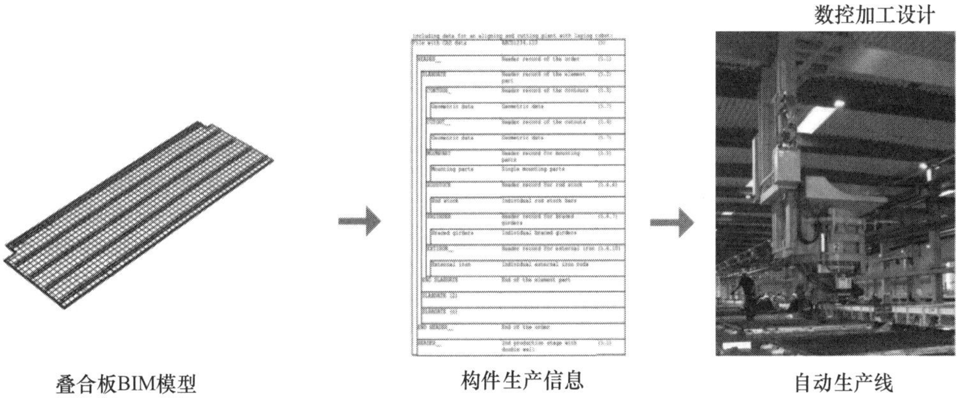

图 6-5-12　预制构件模型信息直接接力数控加工设备

装配阶段的 BIM 应用包括：

装配现场施工前期，根据项目实际情况利用 BIM 系统对现场平面、临设建筑、施工机具等进行建模，并模拟主体结构在建设过程不同工况下现场平面的变化情况，通过 BIM 系统对不同工况下平面布置的三维模拟，可最大程度地优化平面道路、原材料及构件堆场，同时，通过 BIM 三维模拟综合考虑各个工况下塔式起重机、施工电梯等垂直运输位置最优。

中国建筑的每一个项目都具有标志性特色，称之为 CI 形象，为配合 CI 形象的展示，BIM 中心建立了一系列 CI 形象标准模块（图 6-5-13），按照现场实际 1:1 比例构筑模型，替换了没有尺寸规格的现场照片，对中国建筑标准化统一管理起到了指导性作用。

对机电设备中的重大设备进行安装模拟，制定最优安装方案，提前制订入场计划，避免因空间问题无法对大型设备进行安装等情况；对机电管线密集的地方进行安装模拟，制定最优施工方案，提前制定各专业安装计划，避免出现因安装顺序、安装空间不够等问题造成的返工；根据 BIM 模型对支吊架进行深化，尽可能采用统一类别的综合支吊架，以提高工厂预制支吊架的效率，同时便于现场实施。对重大设备进行安装模拟见图 6-5-14。

图 6-5-13　CI 形象展示

机电模型深化　　　　　机电吊杆配合　　　　　末端对位

图 6-5-14　对重大设备进行安装模拟

基于综合优化后的 BIM 模型，对工程施工重点部位进行施工工序、工艺模拟及优化，包括建筑施工中的土方工程，大型设备及预制构件安装（吊装、滑移、提升等），垂直运输，脚手架工程，模板工程等。通过施工模拟可简化施工工艺及施工技术，优化各专业穿插施工工序，确保现场统一作业面各专业施工不出现交叉作业现象。

装配现场施工前期，根据项目实际情况将项目的进度计划信息与相应的 BIM 深化设计模型关联集成，展现建设项目的实现过程。通过可视化 4D 虚拟模型来检验进度计划的合理性，并以此来优化施工进度计划，提高施工效率、节省工期。

预制构件装配施工时，为了使预制构件安装能够按计划有序进行，BIM 系统中的信息模型与构件运输、安装等进度计划相关联，随时间的推移，BIM 计划可提醒现场管理人员预制构件运输、安装是否滞后，同时，BIM 计划与现场施工日报相关联，通过日报信息可快速查询现场工期滞后原因，根据滞后原因修改相应的施工部署，并编制相应的赶工进度计划。

3. BIM 应用总结

在传统建设模式下，设计院、施工单位、供应商是由不同法人的企业进行协作，管理模式基本上属于点对点，设计院应用 BIM 的最主要目的是解决错漏碰缺的图纸问题，通过管线综合解决净高问题，通过可视化解决设计交底和交流的问题，可以片面的定义为传统模式下设计院一般用 BIM 解决出图准确性的问题。施工单位采用 BIM 目的是为了将静态的施工进度计划变为动态的形象进度，能够基于模型进行施工成本核算，通过现场的问题与模型点位进行比对实现质量管理等。在这种模式下，设计院一般会采用后 BIM，即先有图纸后有模型，主要原因是前期工作 BIM 所占的时间周期较大，导致设计阶段出的模型施工阶段用不了，主要是因为没有考虑施工的规范要求。综上所述，这一模式是流水线的工作模式，每一个环节只能由上一阶段的成果作为依据进行下一环节的工作，BIM 只是解决每一个环节的工作精度问题，没有从本质上改变协同问题本身。

在 EPC 模式下的 BIM 设计应用，EPC 单位作为工程项目的实施主体，从投资报建、设计、生产、施工到运维，实现了全产业链的综合管理。相对于传统的设计 BIM 应用模式，EPC 模式对 BIM 应用提出了新的要求：EPC 模式下的建筑设计不单单是设计阶段的设计，而是一项系统集成的设计。设计、生产、施工各个阶段的模型需要基于同一 BIM 模型，统一标准来传递信息。设计阶段可以通过 BIM 进行设计和仿真模拟分析，将生产、施工和运维阶段的信息提前考虑，通过将后阶段的信息前置以实现综合的设计协调，提升设计质量。生产和施工阶段，在设计阶段的工作基础上进行本环节各要素信息的丰富和完善，通过 BIM 平台实现项目过程中的综合管控。通过 BIM 打造建筑业一体化信息平台，建设单位、设计单位、施工单位、运维单位、供应厂商等在同一平台上协同作业，实现资源优化配置，各个环节基于平台充分协作，打破企业边界和地域边界的限制，实现有效链接和信息共享，最终形成建筑产业现代化新的生态圈。

6.5.3 上海市青浦区青浦新城 63A-03A 地块装配式设计 BIM 应用

1. 工程概况

上海市青浦区青浦新城 63A-03A 地块爱多邦项目，是全国装配式建筑科技示范项目、全国建筑业绿色施工示范项目、上海市装配式建筑示范工程以及上海市工业化科研的示范工程。项目位于上海市青浦新城东部，总建筑面积 83218.35m²，其中地上建筑面积 56917.49m²，包括 8 栋装配式住宅和 1 栋商业楼，100% 采用装配式结构，项目单体混凝土预制率≥45%。

在此着重介绍此项目 8 号楼的装配式结构设计，采用全预制套筒剪力墙结构体系，地上 17 层，地下 1 层，房屋高度 51.6m，地上建筑面积 10980.21m²，地下建筑面积 1125.60m²。抗震设防烈度 7 度（0.1g），设计地震分组为第一组，抗震设防类别为丙类，剪力墙抗震等级三级。根据《装配式混凝土结构技术规程》JGJ 1—2014 相关规定，剪力墙结构底部加强区剪力墙宜现浇，因此 8 号底部两层为现浇混凝土结构，三层以上为装配式结构，装配式结构部件为全预制剪力墙、叠合楼板、叠合梁、预制楼梯、叠合阳台板、预制空调板，8 号楼单体预制率达 55%。

2. 基于 BIM 技术装配式设计

装配式结构设计主要指的是预制构件的拆分以及之间的连接设计，需要对装配式建筑生产、运输、吊装施工全流程的考量。因此，基于 BIM 技术，结合建筑全流程工艺工法，是装配式设计的必要手段。本章节将主要针对剪力墙节点连接、叠合楼板连接以及预制楼梯间的装配式设计进行阐述。

（1）剪力墙节点设计

根据现行国家标准，相邻预制剪力墙之间的边缘构件宜采用后浇混凝土。但是，基于对现有在建项目的实地考察和研究，边缘构件的施工质量并不理想，附加连接钢筋的放置与设计要求存在较大偏差，且施工效率低下。

鉴于此，此项目 8 号楼的剪力墙节点设计采用了全预制节点方式，如图 6-5-15 和图 6-5-16 所示，即将施工难度大且质量无法把控的边缘构件移至工厂生产，保证节点区构件质量，而施工现场仅需要在剪力墙身区进行简单的一字型后浇连接，施工效率和质量大大提高。

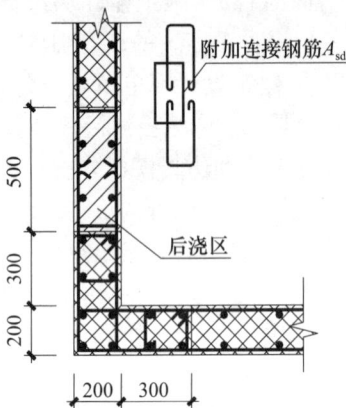

图 6-5-15　8 号楼剪力墙 L 形连接节点　　　图 6-5-16　基于 BIM 技术 L 形节点设计

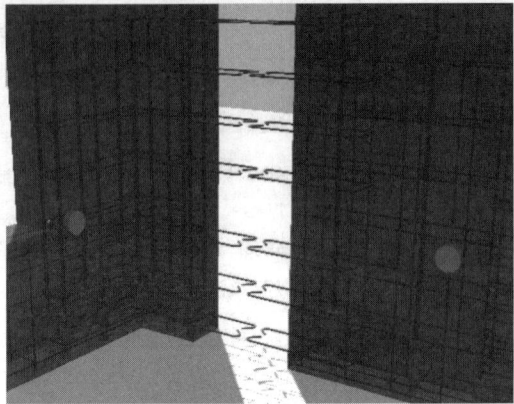

装配式设计阶段，基于 BIM 技术进行全预制节点连接设计，根据规范要求，可视化预制边缘构件设计，包括灌浆套筒布置、套筒钢筋，以及箍筋设计，并精确设计外伸钢筋长度和高度，保证其在同一水平面，便于现场施工附加箍筋的放置绑扎，同时用于指导此节点的施工工艺和流程。同时，基于 BIM 技术产生的构件数据直接传递至工厂中控端，包括构件尺寸、钢筋清单、预埋件清单、构件加工图等，实现设计到生产的数据无缝对接。

（2）叠合楼板连接设计

现有叠合楼板连接方式分为两类，一种为后浇型，另一种为密拼方式。此项目 8 号楼从设计理念到设计方法，都是基于工业化可变房型住宅考虑，减少室内剪力墙的布置，达到室内空间最大化和灵活化，因此叠合楼板的跨度也较大，楼板总厚度达到 180mm。根据设计规范并结合工厂生产、现场施工便捷性，叠合楼板拼缝设计为密拼型，参考国内密拼型楼板相关节点图集，同时结合德国对此的试验研究成果，优化密拼型节点连接，通过每边双排桁架钢筋的设置来约束附加板底连接钢筋，保证结构整体安全性，如图 6-5-17 所示。

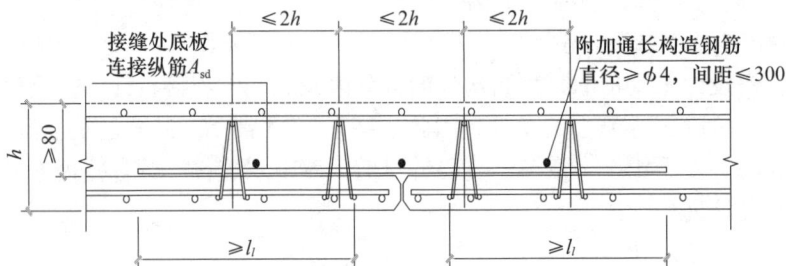

图 6-5-17　8 号楼密拼型叠合楼板连接节点

　　同样，基于 BIM 技术设计密拼型叠合楼板，如图 6-5-18 所示，保证拼缝处桁架钢筋间距符合设计要求，并通过 BIM 系统将叠合楼板设计数据至工厂端口进行自动化生产，既提高了设计和生产效率，也优化了施工流程。

图 6-5-18　基于 BIM 技术叠合楼板拼缝连接节点

　　此外，结合 BIM 三维施工模拟，分析预制墙板、预制楼梯、预制休息平台的吊装方案，指导施工有序进行，避免预制构件吊装顺序抑或支撑方式错误导致无法正常施工，如图 6-5-19 和图 6-5-20 所示。

图 6-5-19　BIM 技术楼梯间安装模拟

图 6-5-20　现场楼梯间安装

3. BIM 应用总结

　　通过对装配式设计细节的研究以及 BIM 系统的支持，此项目得以在各阶段顺利开展，为今后的装配式建筑奠定了良好的理论和实践基础。作为全国装配式建筑科技示范项目，项目从建筑到结构，从外装到内装，从设计到施工，均以 BIM 信息化为载体，大胆尝试新工艺、新工法，借以推动工业化的发展。

6.6 软件系统及平台应用案例

6.6.1 PKPM-BIM 集成应用系统

1. PKPM-BIM 总体介绍

PKPM-BIM 平台包括图形平台、数据平台与协同平台，PKPM-BIM 集成应用系统的介绍见图 6-6-1。

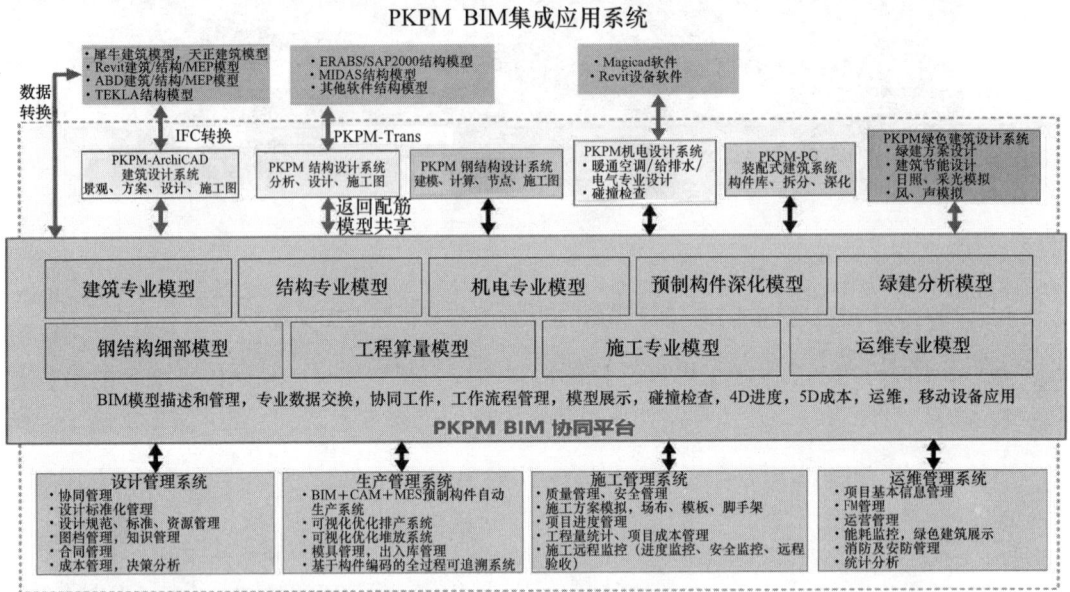

图 6-6-1 PKPM-BIM 集成应用系统架构图

2. PKPM-BIM 的特点与优势

（1）自主平台，底层可控，数据可解析，信息安全；

（2）符合我国工程建设习惯与流程，实现 BIM 的正向应用；

（3）大容量、高性能；

（4）开放的平台，数据共享与协同工作（图 6-6-2）。

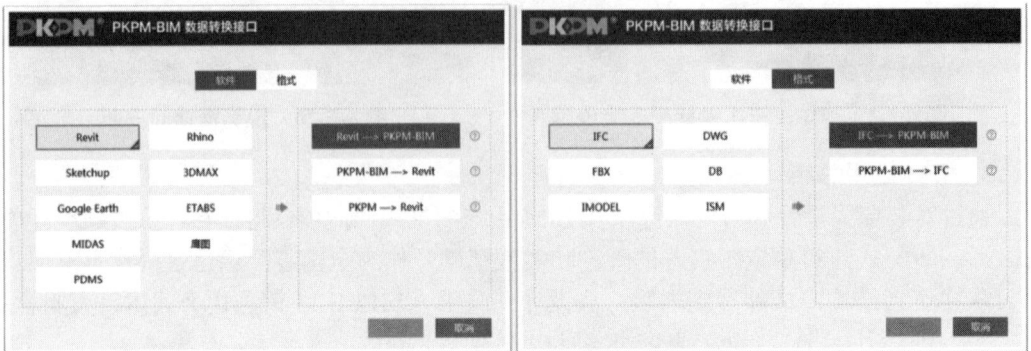

图 6-6-2 PKPM-BIM 开放的数据接口

3. PKPM-BIM 解决方案

（1）BIM 全专业正向协同设计系统

PKPM-BIM 协同设计系统为面向设计企业应用的全专业设计应用软件系统，涵盖建筑、结构、机电和绿色建筑专业，与建筑专业的 ArchiCAD 软件、PKPM 传统结构软件、绿建设计软件都进行了深度集成，在实现各专业设计内容的同时，可以实现各专业间的协同设计（图 6-6-3）。

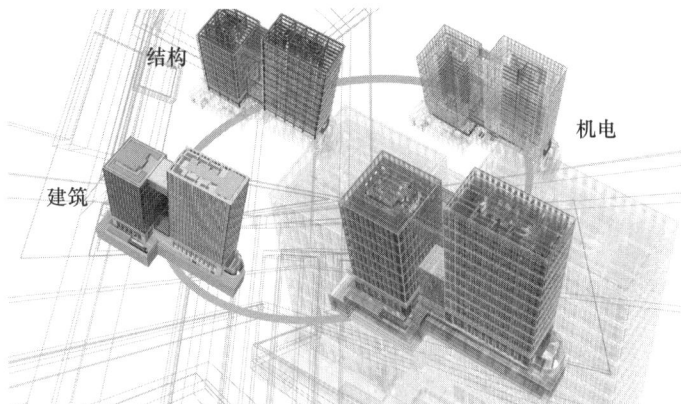

图 6-6-3 PKPM-BIM 全专业协同设计系统

（2）装配式建筑全流程集成应用系统

基于国家"十三五"重点研发计划项目"基于 BIM 的预制装配建筑体系应用技术"（项目编号：2016YFC0702000）的研发，基于自主的 PKPM-BIM 平台，解决预制装配式建筑设计、生产、运输和施工各环节中协同工作问题，建立完整的装配式建筑 BIM 全流程集成应用体系（图 6-6-4 和图 6-6-5）。真正打通了装配式建筑设计、生产、施工各环节的 BIM 数据互通，通过多个实际工程完成了验证，并通过国家信息中心软件评测。

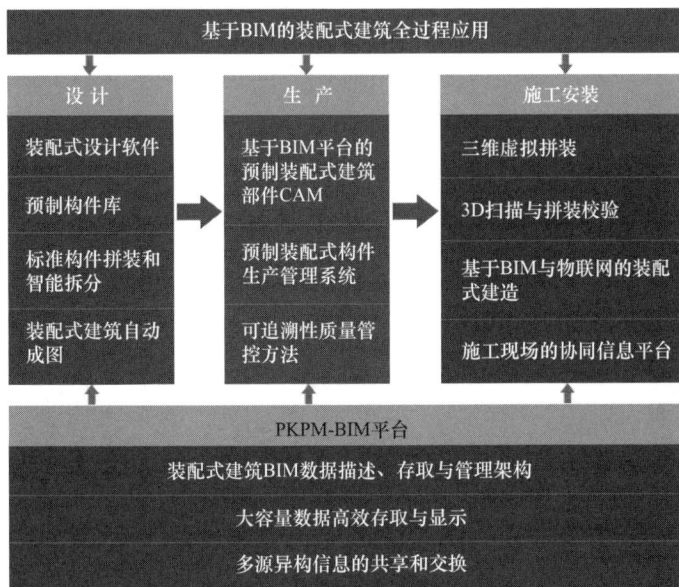

图 6-6-4 装配式建筑 BIM 全流程集成应用体系

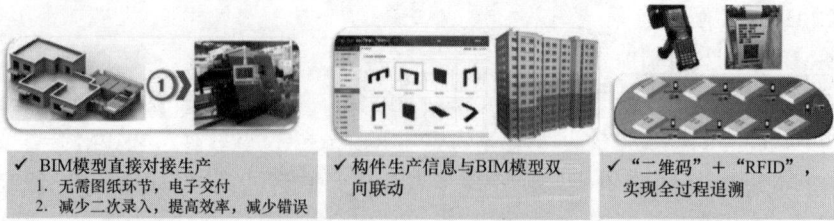

✓ BIM模型直接对接生产
　1. 无需图纸环节, 电子交付
　2. 减少二次录入, 提高效率, 减少错误

✓ 构件生产信息与BIM模型双向联动

✓ "二维码" + "RFID", 实现全过程追溯

图 6-6-5　基于 BIM 与物联网的数字化生产与安装过程管理

4. 小结

PKPM-BIM 是从底层平台自主研发的 BIM 协同系统, 具有平台自主可控, 数据可解析, 遵循的标准、习惯符合我国工程建设的要求, 而且研发团队本地化服务, 改进反馈及时, 适应市场的快速变化, 同时有中国建筑科学研究院专家团队的支持, 相信在我国大量的工程实践需求的驱动下, 系统不断迭代更新, 将会很快成为国内 BIM 应用的主流软件。

6.6.2　鸿业 BIM 设计平台

1. 鸿业 BIM 设计协同平台

鸿业 BIM 设计管理平台是为 BIM 项目设计阶段提供全过程设计协同及管理服务的软件, 为 BIM 正向设计及管理提供统一的工作环境。平台基于大数据平台, 依据最新 BIM 国家标准, 提供 BIM 资源管理、BIM 项目策划、协同设计、计划跟踪、批注校审、成果交付与管理、统计分析、轻量化协作等功能。

（1）平台架构

BIM 协同设计管理平台总体架构分为数据层、支撑层、平台应用层、专业软件对接层。整体架构图见图 6-6-6。

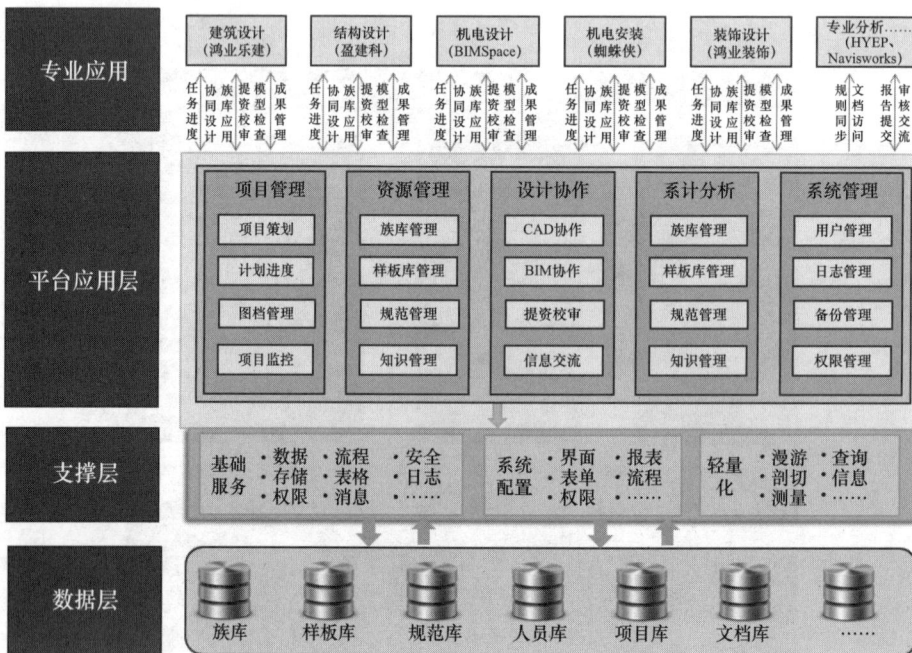

图 6-6-6　鸿业 BIM 协同设计管理平台总体架构

（2）主要模块功能

鸿业BIM管理平台从流程管理、文件管理、校审管理、计划管理、资源管理、共享交流等方面为用户业务管理提供支撑。主要模块功能说明如下。

1）共享资源库管理：资源的分类、标准的植入、入库资源的审核管理，见图6-6-7。

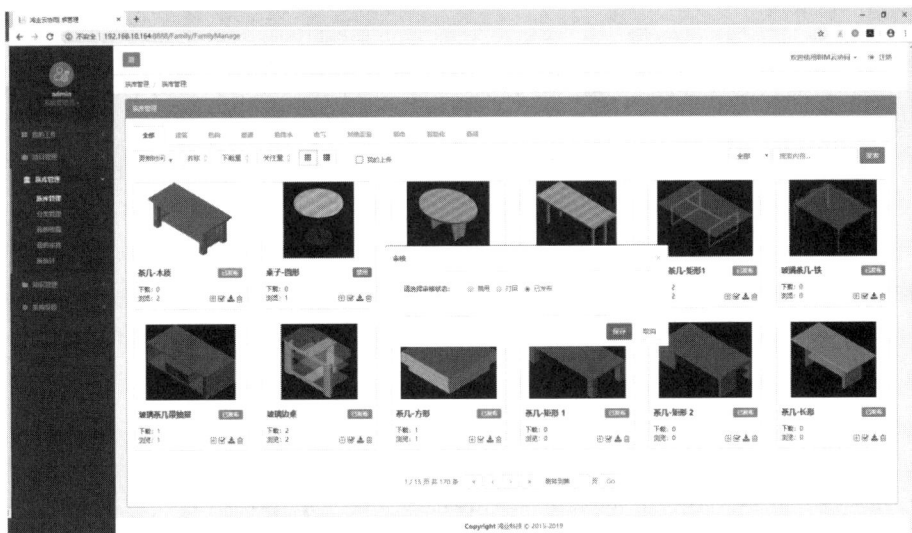

图6-6-7 共享资源库管理界面

2）项目管理

项目管理是项目管理人员主要使用的模块，在功能实现时要考虑方便项目人员进行快速项目策划，提供项目模板、计划模板、流程表单模板等的复用。提供图形化的项目看板功能，使项目管理人员能够直观的查看项目的进度、质量、成果、人员绩效，见图6-6-7。

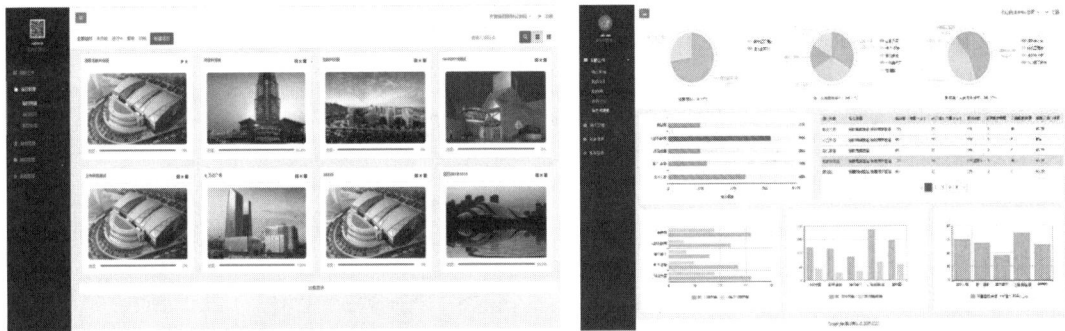

（a）项目列表　　　　　　　　　　　　　　　（b）项目看板

图6-6-8 项目管理界面

3）设计管理

设计管理模块是BIM协同设计管理核心模块，在功能实现时要重点解决协同设计模式的支持，要支持跨地域中心文件协同、链接文件协同，以及中心＋链接协同模式；解决共享资源的访问与应用，解决协同提资和交流的方便性；批注校审时，提供模型的版本比较；校审查看时，提供模型的快速定位。以场景闭环体验的方式进行功能设计研发。

2. BIMSpace 正向设计平台

BIMSpace 作为一款 BIM 类设计插件，是基于 Revit 平台二开的实用性设计产品，致力于解决行业 BIM 学习成本高，设计难，出图难等问题，紧紧围绕设计院工作流程，从 BIM 正向设计，实现模图一体化的角度出发，为设计师打造的易学、易用，高效率、高智能的 REVIT 插件产品，引领设计行业向高效率、高质量的 BIM 设计转型。

BIMspace 包括乐建、给排水、暖通、电气、机电深化、装配式设计等功能板块，新增了建筑功能 300 余项，机电功能 400 余项，大大提升了设计师的设计和出图效率，并保证设计质量。

1）乐建软件从正向设计的角度为设计单位提质增效，从产品标准化、设计智能化、出图自动化、交付数据化五大版块对软件进行了提升。

2）给排水：涵盖了给水、排水、热水、消火栓、喷淋、气体灭火系统的绝大部分功能，提供了一站式解决方案。机房设计，从水箱、水池的计算到布置，再从水泵的分析、选型、布置，管道连接设备。

3）暖通：包括从方案、初设、施工图到机电深化的设计内容。软件包含了风系统、水系统、采暖系统、多联机系统、地暖系统及防排烟系统六大模块。

4）电气：新增了合并族、族入库及族管理等一系列功能。

5）机电深化：针对施工行业机电深化的软件。是一款集快速建模、机电深化、支吊架、预制加工、安装算量于一体的产品。

6）装配式设计：装配式 BIM 软件，软件主要包含构件拆分、参数化布置钢筋、预埋件布置、构件库、预制构件出图和预制率统计、构件统计等功能。

6.6.3 优比 Revit 设计插件

1. 优比三维地质建模插件

基于 BIM 的三维地质建模是技术上的难题。优比咨询通过技术研发及 Revit 软件的二次开发，直接根据地质勘测的钻孔数据（图 6-6-9），用线性插值的方式自动生成三维地质模型，从而直观反映场地的地质分层状况，包括每个钻孔位置的持力层深度，如图 6-6-10 所示 [1]。

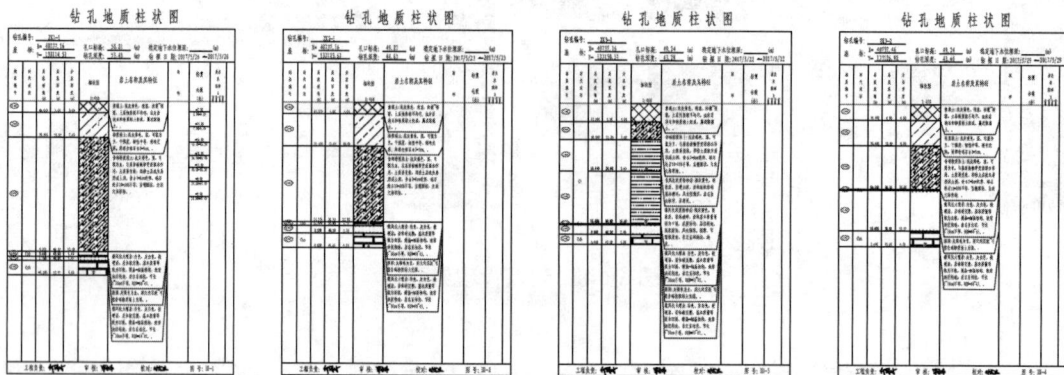

图 6-6-9 钻孔勘测数据

---

1 该案例为天健（集团）股份有限公司建筑公司的回龙埔项目地质模型，经天健公司同意予以分享，特此致谢。

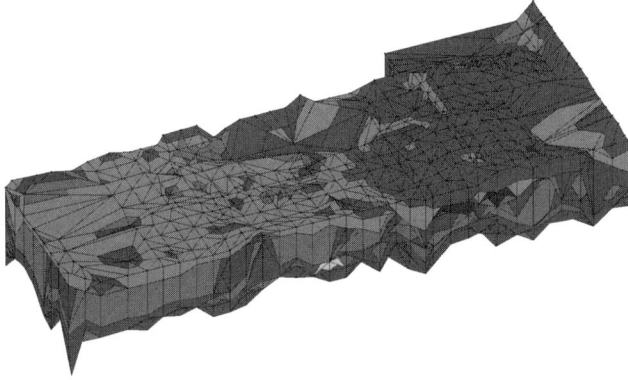

图 6-6-10　三维地质模型

这样产生的三维实体地质模型有多方面作用：

（1）可以精确统计基坑开挖的分类土方量。

（2）可以任意剖切查看每个部位的地质分层状况。该信息对于塔式起重机定位也有一定的辅助作用。

（3）地质模型与桩基础模型合模后，可以对每一根桩基础的设计桩长是否到达持力层作出直观判断。优比已开发出配套的插件，可以批量生成桩基础 Revit 模型，同时录入每根桩的数据信息，再批量在桩基础位置作出剖面并标注、批量校核设计桩长是否达到持力层（或根据持力层设定桩长），见图 6-6-11。

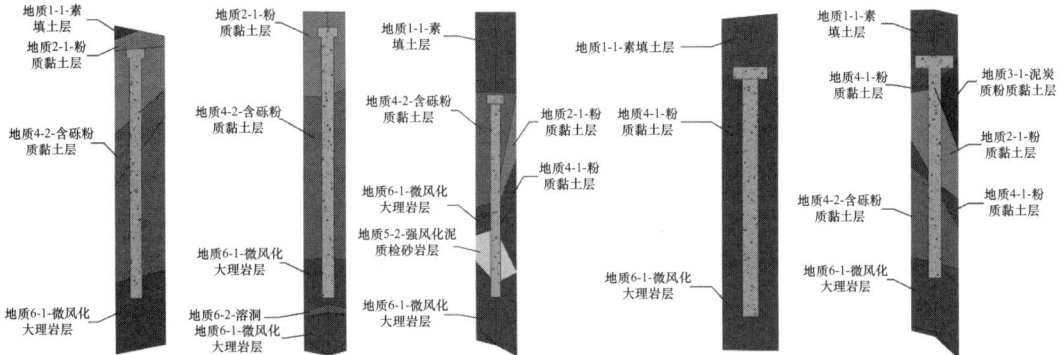

图 6-6-11　每根桩自动生成剖面并标注、校核桩长与持力层关系

（4）对于隧道，可直观反映盾构掘进路径的地质情况，辅助盾构机的施工。

2. 优比铝模板配模设计软件

铝模板配模规则复杂，对技术人员的要求较高。优比咨询基于 Revit 开发的 BIM 铝模板软件（简称"铝模王"），内置配模规则，基于土建 BIM 模型自动配模，并形成配模、错漏检查、分区编码、列表统计、出加工图等完整流程的软件解决方案。软件界面如图 6-6-12 所示。

软件提供了完整的铝模板构件库，这些构件具有高度参数化的特点，满足深化设计及编码、统计、施工及后续构件管理的需求，同时也是配模软件实现各种功能的基础。软件针对铝模板设计的流程，分为几个功能模块：

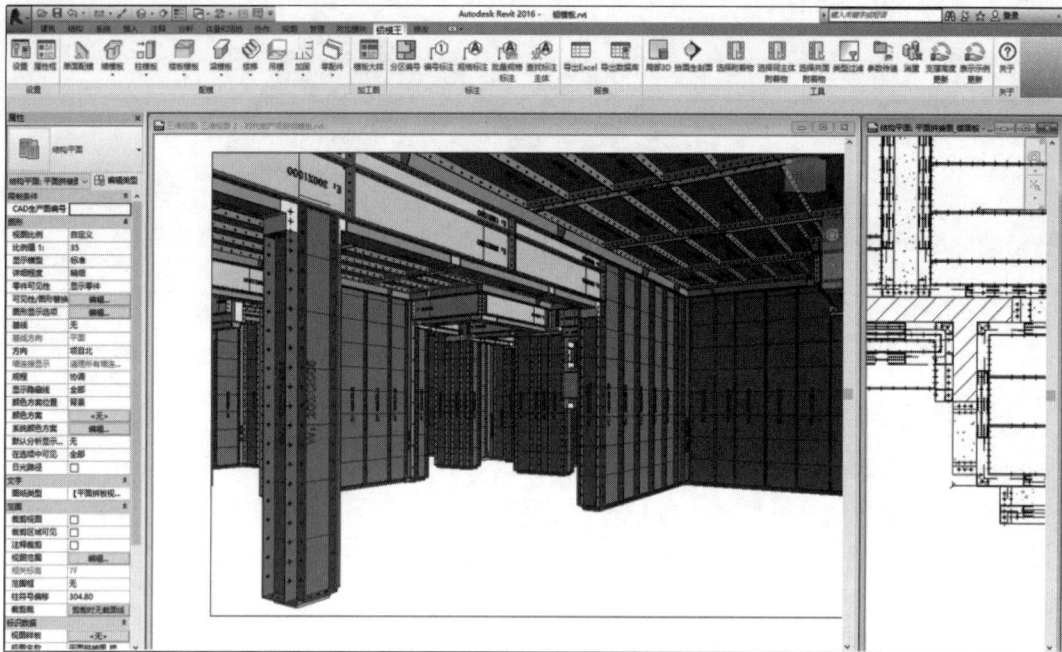

图 6-6-12 优比铝模王界面

（1）配模设计：软件基于土建 Revit 模型，通过批量自动识别或拾取楼板、梁、柱、墙等结构构件，根据配模规则及预先设定的铝模板规格尺寸，自动配置各种模板构件。对于楼梯（图 6-6-13）、沉池、凸窗等特殊部位，软件也提供了多个自动或半自动的工具进行配模。

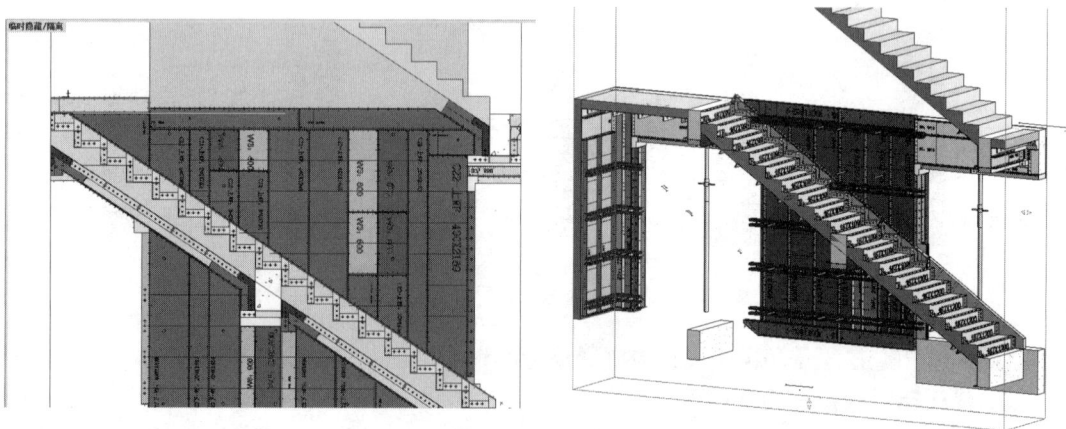

图 6-6-13 楼梯配模

（2）编码与列表统计：根据设计及施工需求，对配好的模板进行编码。

（3）标注与出图：自动标注的功能，批量生成各个结构构件的平、立面模板布置图，软件还提供了模板的加工图自动出图功能，见图 6-6-14。

（4）辅助工具：软件还提供了多种辅助工具，如局部 3D 视图、拾取面生成剖面、快速选择等工具可提升操作效率，使配模设计效果得到保证。

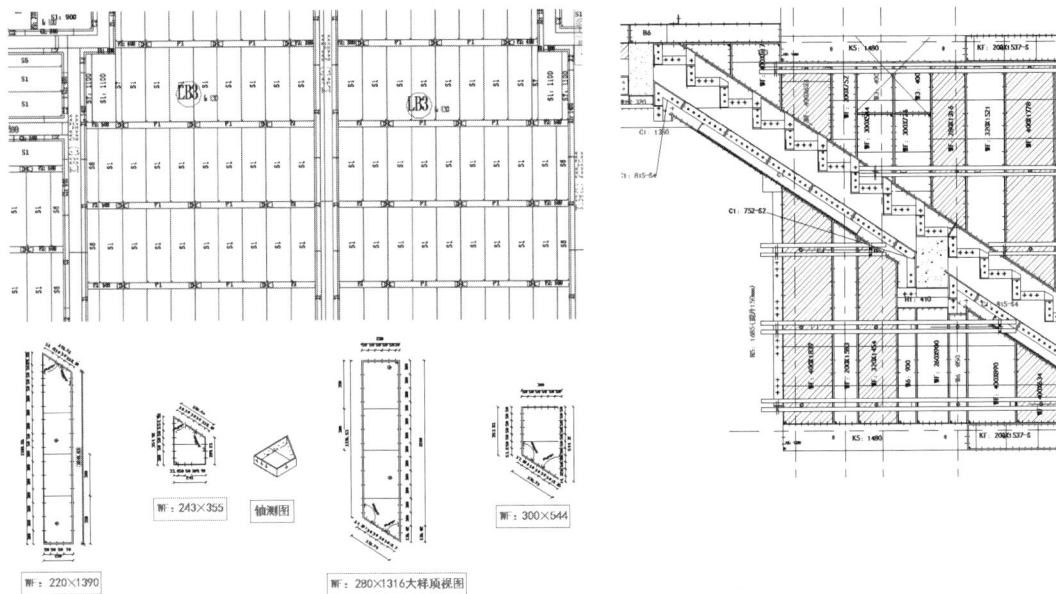

图 6-6-14 标注与出图

优比"铝模王"已在多个铝模厂家的项目中得到应用，并结合不同厂家的需求在不断升级优化。

3. 优比模型合规性检测插件

优比公司编写了一套 Revit 模型检测分析插件，实现自动化的模型合规性检测，辅助模型质量的审核，同时提供了多种可视化的构件分析功能。这些插件集成在优比公司的 uBIM Tools 工具集当中。如：竖向结构检测、构件扣减检测、构件合规检测、构件可视化检测等。

6.6.4 广联达 BIM 系列产品

1. 系统整体介绍

广联达 BIM 应用体系围绕由四大内容模块组成，分别为：BIM 轻量化引擎平台、BIM5D 管理平台、BIIM 建模工具、岗位应用软件（图 6-6-15）。广联达 BIM5D 是基于 BIM 的施工项目精细化管理平台，旨在通过产品帮助提升项目的精细化管理和管理闭环水平。BIM 建模工具包括广联达 BIMMAKE、MagiCAD、模架设计软件等。BIMMAKE 产品包括广联达完全自主知识产权的平台层和应用开发层。基于下一代施工应用场景和技术发展趋势，全新打造施工阶段的三维 BIM 建模和应用场景，实现轻量化专业化 BIM 应用。

2. 系统特点与优势

（1）自主知识产权平台：广联达从 2002 年开始开发自主知识产权的图形平台，在三维图形技术、图形算法、建模技术方面应用成熟，为软件研发和平台开发提供技术支撑。

（2）轻量化引擎，二次开发优势：BIM 轻量化引擎，支持多种格式在线浏览。

（3）系统集成优势：作为面向建筑行业的工业级物联网云平台，其核心特性包括大规模设备接入、建模和控制，海量事件数据存储与规则联动，实时数据分析与应用接口。

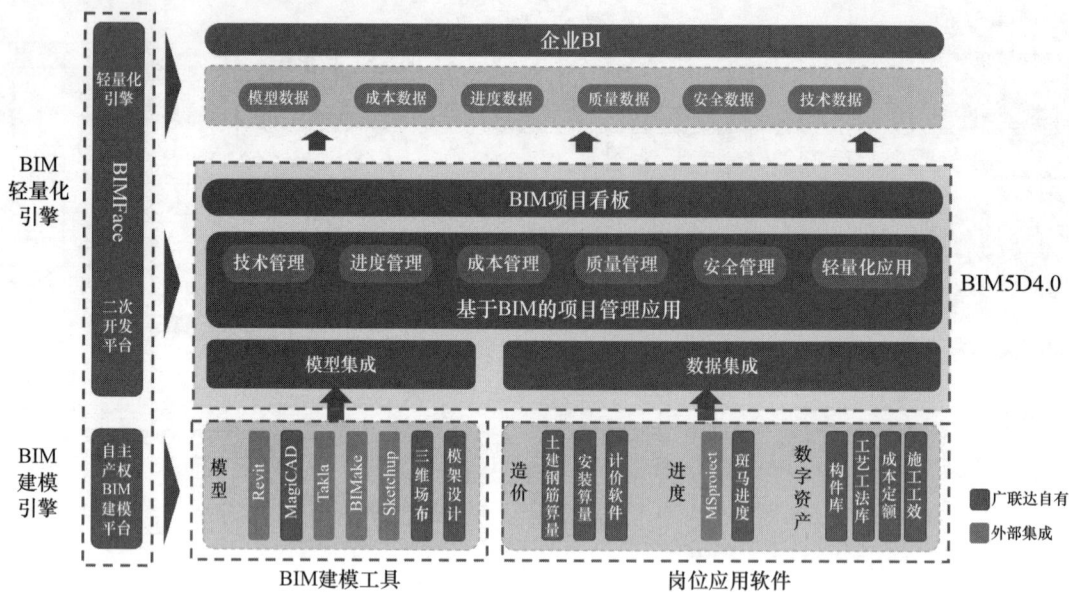

图 6-6-15 广联达 BIM 应用体系图

3. 系统亮点功能简介

（1）广联达 BIM5D

1）图纸及变更管理，三维可视化交底应用，见图 6-6-16。

图 6-6-16 BIM5D 技术管理亮点功能

2）自动生成计划

基于模型快速提取现场工程量，选择现场具体工艺，后台配置劳动力，自动生成小时级计划，支持动态优化。

BIM5D 的其他亮点：软硬件结合的实测实量、AI 现场安全隐患自动识别、自动产值统计，见图 6-6-17。

（2）广联达 MagiCAD

MagiCAD 机电深化解决方案：深化集成了模型建立、模型检查、管综调整、孔洞预留、成果交付、成本管控为一体的解决方案。

图 6-6-17　BIM5D 生产管理亮点功能

MagiCAD 机电装配解决方案：集成了设备选型、管线预制、支吊架预制和物料跟踪为一体的解决方案。

（3）广联达 BIMFACE

BIMFACE 的主要功能包括系统的管理、模型的管理以及模型相关的应用和操作、移动应用等。如：二三维联动（图 6-6-18）。图纸和模型可以进行构件间的相互定位和联动。

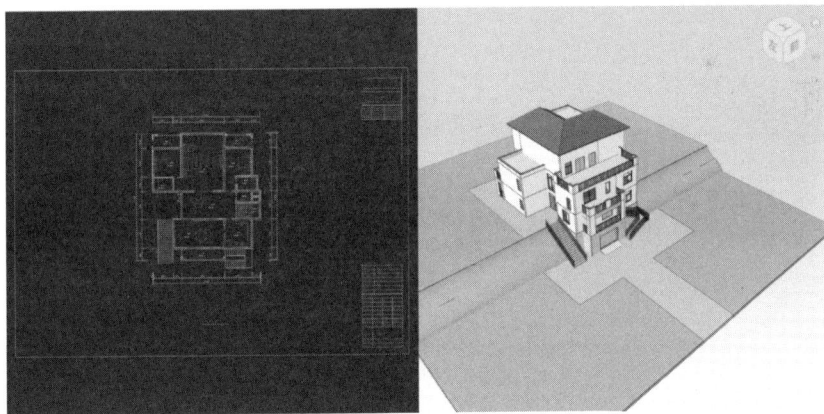

图 6-6-18　二三维联动

（4）广联达 BIMMAKE

BIMMAKE 提供建模、翻模、导模三种模型获取渠道，可在 BIMMAKE 里进行土建、场地、钢筋等深化建模，满足主体结构、二次结构、场布策划、钢筋节点深化等多场景的精细化建模需要。

基于广联达自主的图形处理引擎，一键上传 BIMMAKE 模型至云端，实现移动设备端中轻量化浏览模型，支持实时渲染与场景漫游，BIMMAKE 可与其他可视化渲染模拟等工具进行数据对接，实现虚拟现实（VR）、增强现实（AR）、"混合"现实（MR）应用，为每一个工程量身定做可视化交底方案。

4. 系统的实际应用及评价

自 2014 年市场化以来，目前广联达 BIM 产品已经陆续地应用到全球逾 3000 个工程项目中，其中北京新机场、北京通州副中心、广州东塔、天津 117、华润春笋、北京天坛医院、万科建研中心、武汉联想研发基地、广联达信息大厦等项目享誉国内。